汉字民俗史

陆锡兴 著

HAN ZI
MIN SU SHI

商务印书馆
The Commercial Press

图书在版编目(CIP)数据

汉字民俗史/陆锡兴著. —北京：商务印书馆，2019
(2022.2 重印)
ISBN 978-7-100-17227-1

Ⅰ. ①汉… Ⅱ. ①陆… Ⅲ. ①汉字—研究 ②风俗习惯—研究—中国 Ⅳ. ①H12 ②K892

中国版本图书馆 CIP 数据核字(2019)第 054546 号

权利保留，侵权必究。

汉字民俗史
陆锡兴 著

商 务 印 书 馆 出 版
(北京王府井大街36号 邮政编码100710)
商 务 印 书 馆 发 行
北京捷迅佳彩印刷有限公司印刷
ISBN 978-7-100-17227-1

2019年7月第1版　　开本 710×1000　1/16
2022年2月北京第2次印刷　印张 29½
定价：160.00元

前　言

　　汉字文化研究与汉字学是既相关又相异的学术领域。文字学研究汉字的音、形、义，特别是通过形体分析，弄清字义的演变，当然，人们也利用文字学的成果探索古代社会的各种事物，但是它的最终目的不在于此。汉字文化通过汉字来研究文化现象，它在20世纪90年代兴起，通过紧紧抓住形体和义，来探究其中所包含的各种信息，从而探索古代社会各个方面的问题。为了比较客观地反映造字的原义，研究者一般采用甲骨文、金文及更早的原始文字的形体，分析字形的方法，在传统的六书理论中，较多地使用了象形、会意、指事三法。研究者联想丰富，形象思维多于逻辑思维，分析之妙，体察之微，阅读此类著作，颇能尝鼎一脔，开启读者智慧。

　　民俗汉字研究是通过汉字研究古代风俗民情，属于汉字文化方面的研究，但是与以往的研究差别很大。首先，民俗汉字的研究范围没有那么广阔，它只对有关汉字的民族思维习惯、心理以及由此产生的现象感兴趣，对其他领域，如生产、军事、经济等则不怎么在意。但是，核心民俗观念能渗透到社会的各个方面，诸如文学、政治，所以只要与之有关的民俗现象都纳入其研究范围。民俗汉字的主体是汉字，它离不开汉字本身的基本要素。拆字是汉字形体特点造成的，根据各人的理解和联想，产生各种不同的结果。阴谋家据以制造出谶言，附会为上天的昭示，这种预示朝代变更的政治谣言，是民俗文字的一种形式。文学家把它引入诗歌，从六朝到唐风靡一时，以文字分拆成句，称之为离合诗。宋代文人把字形会意变化，形成新的体式，所谓神智体。道教的符文、倒书也是在字的形体内外寻求变化而成。

　　民俗汉字研究一般不用口头传说的材料，只选内容明确的历史文献。它遍布于经史子集，以史书和笔记小说最多。这样能真实反映古代世俗观念，避免用现代人的思维替代古人的想法。有些文字材料只有现象，并没有揭示当时的思想活动,对此尽可能地挖掘,找出那些隐含的东西,而不作过多的推想。这项研究并不排斥非文字记录,同样注意到有价值的其他资料,如古籍中的插图和实物。古籍插图内容广泛,如《道藏》中的众多符文,《事林广记》的回文诗图表等,与文字同等重要。现在考古发掘文物无比丰富,其中不乏民俗文字方面的实物。如东汉、唐、宋以及更晚的道教符文,不仅可以与传世内容对照,还可以补充其不足,从而得以找寻发展脉络,更清楚地探究其构造的原理和方法。现在存世的古代建筑,虽然因自然和人为之破坏而面目全非,但是还有一些宝贵的民俗文字方面的信息剩留。

民间流传的实物是民俗文字研究重要的资料来源。女书是民间秘密字的一种,也属于女红文化的一部分。女红主要是纺织品加工,它与文字关系密切且源远流长。汉代的文字织锦、北朝的织锦回文诗、明清的文字织绣纹样,是一个连续不断的发展过程。同时在民间流行的秘体字,以反书、半字、简体等形式从汉代到清代,一直存在于道巫、专门行业及秘密会党之中。

以前我们研究汉字,无论是文字学,还是析字式汉字文化,都是从字里做文章,开发每个字初期的历史蕴涵,寻求各种信息,有的小心求证,有的大胆设想。民俗汉字稍有不同,它是在汉字形成之后,人们对它的改造,根据当时人们的不同的愿望,赋予不同的含义、不同的要求,创造出不同的外壳。这并非汉字生来就有的而是外部附加之物。至于那些木文、石文之类,本是子虚乌有,捕风捉影。至于回文诗之类,是字的巧妙组合,更是字外的功夫。所以,民俗汉字的最鲜明特征是民间的迷信,是民间好尚在汉字上的反映,它的本质是民俗观念,外壳是汉字。

陆锡兴
2018 年 4 月

目　录

绪论 1
第一章　汉字崇拜 13
　第一节　字祖苍颉 13
　第二节　苍颉造字的传说 22
　第三节　文昌帝与敬惜字纸 28
　第四节　惜字会与焚字炉 43
第二章　字谶 50
　第一节　图谶与文字 50
　第二节　童谣 56
　第三节　天书 60
　第四节　石谶 63
　第五节　木谶 71
　第六节　动物字谶 77
　第七节　人体字谶 84
　第八节　雷书 87
　第九节　鬼书 98
第三章　拆字与测字 103
　第一节　别字 103
　第二节　测字成为职业 110
　第三节　测字的方法 113

第四章 扶乩之源流 ………………………………… 131
第一节 扶乩的起源 ……………………………… 131
第二节 扶乩的流行 ……………………………… 133
第三节 扶乩中的诸神 …………………………… 135
第四节 扶乩的方法 ……………………………… 139
第五节 扶乩是骗术 ……………………………… 146

第五章 符与符箓 …………………………………… 153
第一节 道符之起源 ……………………………… 153
第二节 符之构成 ………………………………… 157
第三节 符箓 ……………………………………… 165
第四节 符之用法 ………………………………… 167
第五节 符之用途 ………………………………… 172
第六节 符与咒 …………………………………… 179

第六章 道家之秘字 ………………………………… 183
第一节 日光镜之殳书 …………………………… 183
第二节 复文 ……………………………………… 187
第三节 云篆 ……………………………………… 196
第四节 云篆与真文 ……………………………… 200
第五节 云篆的形体特点 ………………………… 209
第六节 多变之秘字 ……………………………… 219

第七章 道家特色书法 ……………………………… 222
第一节 朱书文 …………………………………… 222
第二节 辟邪字 …………………………………… 227
第三节 反体与反书 ……………………………… 235
第四节 倒文 ……………………………………… 242
第五节 一笔书 …………………………………… 246
第六节 书法特技 ………………………………… 248

第八章　民间的秘密文字 ... 255
- 第一节　女书的发现与流传 ... 255
- 第二节　女书的起源与形体 ... 256
- 第三节　女书是闺中隐秘字 ... 262
- 第四节　社会秘密字 ... 264
- 第五节　画化字 ... 270

第九章　谜中之字 ... 281
- 第一节　谜之起源 ... 281
- 第二节　字谜的鼎盛时期 ... 286
- 第三节　隐语 ... 301
- 第四节　离合诗 ... 312
- 第五节　图形化之离合诗 ... 318
- 第六节　神智体 ... 326
- 第七节　字形笔画的寓意 ... 333

第十章　织锦回文诗 ... 340
- 第一节　汉晋文字织锦 ... 340
- 第二节　解密璇玑图 ... 344
- 第三节　回文诗 ... 356

第十一章　盘中诗 ... 365
- 第一节　盘中诗来源 ... 365
- 第二节　盘中诗种种 ... 369
- 第三节　鏊鉴图 ... 372
- 第四节　画中字 ... 376

第十二章　拆字令到拆白道字 ... 382
- 第一节　拆字令 ... 382
- 第二节　拆字嘲谑 ... 391
- 第三节　拆白道字 ... 399

第十三章 文字呈祥 ·············· 409

第一节 吉祥文字由来 ············ 409
第二节 福字 ················ 410
第三节 喜字 ················ 417
第四节 寿字 ················ 420
第五节 乐字 ················ 431
第六节 吉祥合书 ·············· 435
第七节 字舞 ················ 438

主要参考文献 ················ 446
引用古籍与版本 ··············· 456
后记 ···················· 464

绪　　论

一　何谓汉字民俗

汉字民俗是汉字系统的民俗历史,汉字系统不仅是字形,应该包括字内和字外两个部分。字内是点画、部件、部首、整字的静止平面状态。字外是书写形式、行款、标点等附属符号的流动形态。行款是复杂综合体,书写的方向:左行、右行、竖行、横书、倒书、反书;书写的分合:合书、分书;书写的变形:笔画的肥瘦变化、笔画结合变化,整体长短、正斜甚至墨色浓淡和颜色等。可见汉字民俗所见到的文字形态要超出传统汉字视野,十分丰富。

除了以上文字视觉方面,还有字义的理解、引申、附加等。总之,汉字民俗对于传统文字学而言,对于同样文字取材完全不同,角度不同,得到的结论不同。这就是汉字民俗学的方法、范围和内容。

什么叫民俗?民俗学首先在英国兴起,英文是 folklore,是民间的传说、民众的知识、学问的意思。现在它有一个特定的概念,"它包括两方面的意思:一是指世世代代传承下来的风俗、习俗和口头故事、歌谣等;二是指研究民俗的科学理论"。[①] 民俗学的核心是指民间的信仰和由此以来的风俗习惯,它涉及教育、宗教、艺术、哲学等许多领域。

民俗离不开民族,是一个民族最有特色的部分。民俗是一个民族的民情、民风,它的形成是由民族的地理环境、文化水平以及长期的发展历史所决定的,是精神世界的综合反映,具有最鲜明的特点。

汉字是世界上独立发展、与众不同的文字系统,它的构造原理和形体凝

---

① 乌丙安《民俗学丛话》第6页,上海文艺出版社,1983年。

聚了汉民族的文化结晶,所以汉字的民俗很少会与其他民族雷同。汉字是中华民族创造的具有悠久历史的文字系统,现在已经成为民族的标志物。民俗汉字是两者完美的结合,因此它应当是民族文化中最有特色的部分。

民俗的主体是民间的崇拜,带有迷信色彩的功利行为,避祸求福是不变的主题,这不仅是它的出发点,也是各种不同形式的民俗汉字的归宿。

民俗中有天象的崇拜,雷电是自然界的激烈的运动形式,它巨大的声响给人带来了恐惧,雷击造成了生命财产的破坏。人民对它产生敬畏心理,把雷电痕迹看成上天惩戒留下的文字,这样雷书的说法就出现了。

神灵的崇拜,神灵是幻想之物,驾凌在万物之上,统治着世界。在自然崇拜发展到万物有灵之后,创世神就出现了。汉字和某些民族文字不同,它不是以其他民族文字为范本改造而来,而是从远古时代的图画和记号经过长时间的演变形成。它出于众人之手,不可能是某个个人的创造。但是古人无法理解伟大的汉字是出于众人之手,而认为是神灵的创造。这样就把传说中的黄帝史官苍颉(也写作"仓颉")奉为造字之神,而且把他想象成四个眼睛的非凡长相,以天雨粟、鬼夜哭的离奇景色来形容惊天动地的造字场面。至少在东汉,把他请进了庙堂,在诸神之中有他一席之地,享受人间的祭祀。后来不止一处建造苍颉庙,成为家喻户晓的造字之神。文昌君原是斗魁之上六星总称,道教尊为主宰功名、禄位之神,本是士人命运之神。文昌帝君掌管文运,于是敬惜字纸的"惜字劝善书"之类,都借文昌帝之名推行。特别是清初的"文昌帝君功过格",使得惜字劝善文的内容具体化,根据惜字的业绩和坏字罪过的大小作出量化的处理,形成了十分功利性的条款。终于把惜字从文化领域推向整个社会,纯粹的文人意识进入到大众精神世界中去。文昌君实际上兼职监察文字的保护和使用,不仅文人、官员等经常使用文字的人更加尊崇他,用字时小心翼翼,唯恐触犯了这位尊神,而且在社会上不断制造声势、扩大影响,像滚雪球一样,把僧众、普通百姓吸引过来,膜拜文昌帝君,又造出一个汉字的守护神。

古代中国是多神崇拜,民间把对福、禄、寿、喜幸运的渴求偶像化,变成各个神灵。道教有三官,天官赐福,地官赦罪,水官解厄,三官庙供奉的就是这三位神灵。福有福星，就是岁星，原指木星。福神本汉武帝时道州刺史杨成，郡人以其爱民，立祠绘图供养，奉为本州福神。一般是以赐福天官为福神。"天官赐福"传为广泛的民间吉祥祝词，"福"字就成为家家户户的祈福标志。喜是幸运和吉庆，很早被人们视为幸福的象征。相传喜神专司喜庆，但不显露神形，只能根据喜神每日所在方位，设祭供奉求喜。旧俗新年接喜神，张贴"出门见喜""抬头见喜"，祈求好运。民间婚礼专奉喜神，新妇上轿落轿时轿口要正对喜神所在的方位。很久以来，就以书写、张贴"喜"字为风尚，无论民间还是皇宫都是如此。在清代，可能是受到道教复字的影响，出现了婚礼专用的"囍"字。寿星出现很早，《史记·封禅书》提到寿星祠，说寿星是南极老人星，其显现即意味天下太平，所以祭祀它祈求福寿。宋代以后的文学作品中寿星成为一个秃顶白须、高额长眉、大耳短身、扶杖而行的老人形象。民间把它看作尊老、敬老、祈年寿的吉祥之神，家家户户供奉，而"寿"字就是寿神的替代物。不过现代人可能已经不甚明白"福""喜""寿"字的本来含义，仅是一种吉祥的字眼，把它象征有关神仙的古代风俗遗忘了。用汉字来替代神道在生活中还不止这些，如灭蝗的刘猛将军，他的来源有二说，一说是宋代的刘锜，一说是元代的刘承忠，生前都能殄灭蝗虫，死后奉为神，田野发生蝗灾，就祭祀此神来灭蝗消灾。农人则在田地中插上写着"刘猛将军"的小旗，驱赶蝗虫。再如钟馗，相传中了进士，因为容貌丑陋，未被录用，后托梦给唐明皇，决心灭尽天下妖孽。唐明皇醒来，命吴道子绘成图像，专司驱鬼，旧俗在门上贴"钟进士"三字，禁止鬼魅入门。这也是以字代神的例子。

　　超自然力的崇拜也渗透在民俗汉字中。比如某个场合出现的某种痕迹，古人往往把它当成上天的某些征兆，把这些痕迹附会出某些文字，这些文字传达了天意。从汉代的昭帝上林苑的虫啮成字以来，这种怪事不断出现，石头上、树木里、牛腹、猪皮甚至人体的各个部位都会有上天的旨意。当然除了附会外大量是伪造的，各种超时代的"高科技"手段都用上了，拆穿了也不要紧，只要吉利，特别有利国体的好消息，都得到宽容，多数是笑纳，造假者得到奖励，弄巧成拙下不了台的，一般不予追究。假托了某种客观的物体的做法显然有局限,最好的办法是直接从使用的字眼之中寻找天意。因为文字本来是神所造,其中包含着许多玄机,冥冥之中早有安排。最早对已经出现的字作种种分拆,来构成天意,为了打破局限,主动选字来得更方便。通过术士对这些文字的分解,可以看到国运的盛衰、朝代的更替。至于那些面向社会各阶层的职业化的测字先生,选字拆字都有一定的规则,言语程式化,察言观色,伶牙俐齿,吐露出自己也不会相信的预言。扶乩走得更远,这些人生活在梦呓之中,恍惚中他们成了神仙的代言人,法力无边,不管哪路仙灵、何方神圣乃至妖魔鬼怪都在立时之间请到,登台作书,不过这是天书,普通人也看不懂。释读这些"字迹"是乩仙的专利,乘机把准备好的内容读写出来。大概是因为太玄虚了,所以要讲究一下形式,乩仙不仅要写得一手好字,而且要诗词情景生动,富有文采,引得某些文人专门收罗编成集子。凡此种种,是人们对于天意的敬畏,对各种超自然力量的崇拜。

巫术从蒙昧时期就开始影响人们的精神和物质生活,它用神秘的手段,依靠创造的幻想世界吸引人们的注意,把一种恐怖气氛投向对手。巫术活动是无处不在的,民间信仰多与巫术有关。巫术与文字有天然的联系,古代的文字最初就掌握在巫师手中,不仅古代史可以找到根据,就是现代某些少数民族的文字,也还要依靠巫师解读,如神秘的水书和纳西的文字图画。现见最古老的商代甲骨文是占卜的遗物,在进行重大的行动之前,要由卜者契刻文字,通过烧灼兽骨和龟甲,观察裂纹,判断吉凶。不过此时文字本身尚不具备神力,只有附加某种手段后,才会产生效力。朱砂是非常重要的矿物,像血一样的颜色以及对神经的功效,都十分特别。巫师用它来书写文字,就能代表上天意志,具有不可抗拒的力量,可以驱除鬼怪和疾病。占卜是原始文化之一,因为它一般由巫师操作,通过一定的敬神仪式,沟通鬼神,进行判断和预测,所以把它视为巫术是恰当的。但是,正如老友詹鄞鑫教授所说,它不改变和影响世界,与一般巫术性质不同。[1] 不过测字、扶乩无中生有,任意肢解文字,托言神鬼,贩卖私意,企图控制和影响求卜者,比起一

---

[1] 詹鄞鑫《心智的误区——巫术与中国巫术文化》第68页,上海教育出版社,2001年。

般的占卜术更带觋巫之气。

　　民俗文字并不满足于利用现成的汉字,同时还积极地创造性地改造汉字。汉代以来,汉字已经进入表意阶段,文字结构稳定下来,每个字的音形义固定化,见字即明义。民俗的隐秘性要求将符号内容隐藏起来,于是采用省体、破体、倒书甚至解散后重新组合的方式,形成认识上的障碍,只有圈子内的人才能认识。它的秘密性质,使文字变成密码。道教的符文就是这种密码,通过秘密传授,不让外人知晓。符文壁垒森严,把世俗挡在外面,莫名其妙的字形,深不可测的含义,诱发了人们的恐惧心理,符文的法力针对鬼神,倒不如说针对世人。

二　汉字民俗史的分期

　　汉字是从象形发展而来的表意文字,它形体内蕴含的意义带有主观色彩,很容易成为观念意识的代表,很自然成为一种民俗符号。殷商时期甲骨卜辞的文字可以代表上天决定人间吉凶,贞人有权解释文字内容,是以文字为媒介沟通天人之间的特殊人物,本质上与后代的巫觋没有差别。在书写材料上,商代到春秋,在墨书的同时,有在盟誓等场合使用朱砂书写的朱书,在文字上施加神秘力量。东周吴越之地在兵器上附加错金鸟纹、云纹装饰的文字,在美观之外,亦不排除沟通天人的希望。先秦的文献资料不足,无法证明当时文字民俗,但是可从那些事实中体会到民俗在文字中的存在。

开端期:西汉中后期到南北朝

　　西汉中后期文字迷信大发展,朝野均以文字迷信为尚。字谶在政坛兴起,公然把别字作为天意,把文字分拆解释作为政权更替的征兆。王莽恶刘氏,改钱文"金刀"为"货泉","货泉"认作"白水真人",以此废汉兴莽。百姓胡乱解字,"马头人为长,人持十为斗",这些别字与当时道巫有关。西汉后期爻书、复文形成,铸于镜铭,书于巫符,并有规模。道巫以似字非字的符号,制造人们对未来的恐惧,诱导到虚幻黑暗的鬼魅世界中去。汉字的神圣化,推出了造字神话,把苍颉变为神,从而建庙专奉祭祀。这段时期汉字民俗主要特点是畏天敬字。

发展期:南北朝到宋代

汉代视为至高无上的字谶,为野心家更替朝代制造舆论,因而声名狼藉。初唐发生萚(叶)子格推算本朝命运,只是个别例子。拆字地位一落千丈,昔日出入皇家的方士逐出庙堂,成为职业相士,游走民间,以此谋生。秘字成为道教专用工具,复文之后,又有云篆,宋代道士用云篆左右皇帝,影响皇朝生存。道教秘字体系完整,有特殊的组成方式和识别方法,形成了世界上最庞大、最复杂、历史最长的秘密符号系统。它的影响所及深远,不仅某些个体进入通行字,它的原理甚至用来创造民族文字。杂体诗兴起,从此汉字民俗进入到游戏之中。回文诗只是文人作诗的一种技巧,而璇玑图是一种文字智力游戏,其中还寄托着哀伤的夫妻情感。"盘中诗"形式来源于西方佛教,从《大隋求陀罗尼咒经》的旋转产生出涡旋式"盘中诗"。它从唐代后期到宋代不断变化形式,人们从中获得一种旋转美感。三国时期偶见文人拆字嘲谑,唐宋才真正流行起来,在文人相互嘲谑之余,甚至用于党派争斗,提升为相互人身攻击的武器。随着词曲的兴起,短小的拆字令渐为新宠,成为酒令中的新体式。祭祀苍颉神达到新高潮,各处设庙祭拜,衙门内设祠专门供奉,保佑文牍顺畅。汉字图形化出现,用最新的活字技术勾出佛像,出土实物证明了这一点。桑世昌编撰《回文类聚》,开创游戏文字著作的先例。

兴盛期:元明到清代

汉字民俗在这段时期继续世俗化,石谶等天书在上层统治者中失去存在空间,不惜用极刑惩罚造谣者,禁止蛊惑人心。测字先生沦落街头,市场化引导他们改进技艺,测字与情景结合,依靠多面性和灵活性赢得机会。扶乩上升为大型的字谶活动,以特有的场景和道具迷惑信众,以戏剧化的气氛控制信众。乩笔在沙盘上胡乱拖曳,毫无意义的曲线化为神仙的妙语。六朝梦呓,拙劣的骗术,竟然成为人们的膜拜对象。文昌帝的地位超过了苍颉,宣传文昌宝训,分发字纸篓、收集字纸,建行焚纸炉。这样有组织、持久、空前的民众敬惜字纸运动,造就了对汉字浓厚的民俗情节。文字游戏在明清蓬勃兴旺,拆字令、字谜、回文诗等受到文人甚至识字不多的市民的喜爱,成为日常的消遣活动,丰富了文化生活。

元明拆白道字达到极盛之境,既有智慧,又有幽默,字、语双关,充实贫乏生活。其含蓄的拆字与隐语相互促进,又使隐语走入平民社会,迎来了字谜的发展。

文字游戏的兴盛,促使杂体文字的著述。

《东坡问答录》一卷,内有苏东坡、秦少游以及东坡妹叠字诗,并有神智体《长亭诗》。《四库全书》提要称之为:"旧本题宋苏轼撰,所记皆与僧了元往复之语,诙谐谑浪,极为猥亵。又载佛印环叠字诗及东坡长亭诗,词意鄙陋,亦出委巷小人之所为,伪书中之至劣者也。"此书有万历辛丑(1601年)赵开美题跋,当是明代人拼凑之作。此为《回文类聚》后第一种文字游戏的杂著。

清代文人钟情于游戏杂体诗,纷纷模仿《回文类聚》,编制了此类著作,文辞优美,图画生动,流行于社会。它不断为文字游戏提供游戏模式,益智怡情,欢愉大众。

张潮(1650—1709),字山来,作有《奚囊寸锦》上、中、下三卷附读法一卷,有图一百幅,内容类似《回文类聚》,有织锦、回文、藏头、嵌字等式。首创了图文对照,形式多样的新格式,成为有清一代游戏文字著作的样板。

万树(1630—1688),字红友,学识明达,工词善曲,是著名的词曲家。康熙年间作《璇玑碎锦》二卷,收有60种,上下各30种,回文诗图,名物寓题,组织颇巧。有镜状、菱状、碑状等各种图形60幅,可读的诗、词、曲290余首,图文并茂,读法复杂,形式多变,堪称精品。

李旸(1759—1791),字宾谷,号禺山,乾隆年间作《璇玑碎锦》,分上、中、下三卷,图文并茂,内容有颠倒同心结、扇影、交枝方券、长命缕、葫芦、百十龄、桑蓝、横纵其久等。自称"皆文章游戏""所仿万红友先生之作也"。

清代康熙中,朱存孝编了《回文类聚补遗》一卷,内容兼及明代作品。嗣后朱向贤补齐,再编《回文类聚续编》。

童叶庚(1828—1899),字松君,晚号睫巢。博学嗜古,机敏巧思,多发明创造。他创制"益智图",在方寸之间,十五块几何体板,排列组合,可拼出各种造型。他撰《睫巢镜影》,创作了很多的神智体诗,取回文体,亦以颜色作为元素。

张起南(1878—1924),字味鲈,号橐园。清末民初谜家。工诗文,嗜好谜学,善字谜,谜万则以上。清代字谜之盛,其人贡献不小。

清代小说创作繁荣,其中不乏文字游戏内容,形式多,篇幅大,头尾完整,可以视为创作文字游戏的作品,也反映了社会热衷此文字民俗的风尚。

衰落期:民国时期

民国以来,中华文化受到西方文化冲击。民国初年,不少学子东渡日本,接受了汉字落后的思想,回国后鼓吹全面废弃汉字,实行拉丁化。汉字一度成为没落的标志,连带了汉字民俗的全面衰落。而且汉字民俗中不可避免带有迷信色彩、宗教内容,难以融入当代社会。最重要的原因是汉字民俗是一种历史文化的综合积累,包含了文字、文学、宗教、历史、风俗等知识背景,现代一般人很难理解,也很少接触。

纵观民俗文字历史,汉代为发端期,南北朝进入发展期,影响面扩大,渐入佳境,迎来唐宋的兴盛期,元明以来汉字民俗再兴热潮。总的趋势是汉字民俗由上而下,不断下移。对政治大局的干预作用越来越弱,游戏成分越来越强,恐怖逐步为喜庆取代。从业者脱去炫目的外衣,还普通人的本来面目。汉字民俗生存在这宽宏、乐观的民族中,迷信色彩不断消退,以它丰富的内容汇入到博大的中华文化中去。

汉字民俗贯穿于整个汉字的发展历史,某些现象衰微了,新的现象又冒出来,风行起来。近年来,传统文化得到了重视,道教的合体字又见报头,装饰性的龙凤书也上了大众媒体,洋溢着喜庆富裕的景象。以前用画化字作为漫画的手段,现今有人用来设计新的商标。

"脑残体",我称之为社会秘密字,近年来忽如狂飙,升腾而起,横行于网络世界,流行于少男少女之中。脑残体是一种当代的社会隐秘字体,故意扭曲书写形式。大量使用破字、坏字、别字、乱码字,混杂简体字和繁体字,兼有日文俗字、假名,甚至汉语拼音字母等,有时还夹杂一大堆杂乱的其他符号。它与古代社会秘密字相比,更原始、粗疏,使用者并不是为了保密,只是慵懒、散漫,带点恶作剧而已。为此我断言它不会长久,要么消失,要么规则化,而且前者的可能性较大。

有些汉字民俗糟粕与精华同时存在。一些人还用古老测字谋取钱财,依然有人相信,在迷惘中靠它指路。拆白道字富有深厚的文化基础,无论政界、经济界、文化界人士,经常有精彩的拆字,妙语解颐,引为理论依据。

三 汉字民俗研究概况

汉字历史悠久而传承不断,它与汉族血肉相存。汉字民俗史以特殊的角度反映了宗教、文学、风俗诸方面的历史,其丰富的内容无可比拟,深不见底。

汉字民俗如此重要,可是长期以来没有作为一个专门学问,是有原因的。近代国力屡弱,国人探求强国之道,误把汉字当作落后的源头。先进者不与其事,此项研究又不能学以致用,这种纯学术的基础性研究不会受到重视。最大的障碍来自西学东渐的不利因素。西方用的是借源文字,多民族共享一套拼音字母,文字与本民俗历史基本无关,没有文字民俗一说。我国的民俗学从西方引进,亦步亦趋,于是洋洋乎大观,颇有建树。汉字民俗学无西学可资借鉴,只能自创,难哉。难在何处?一是难在它是一种全新的研究方法。我们语言界与国际接轨,用理科方法、用描写方法研究语言。文字学不尽相同,但也不自觉地采用现象描写方法,排列分析,文字学作为人文科学的特点被忽视了。所以用文科方法的汉字民俗研究出现时,反遭责疑。二是难在汉字民俗涉及的面太广,除了文字学领域外,还有民族、政治、文学、宗教、风俗、美术、游艺、中外文化交流等方方面面的相关知识。三是难在汉字民俗是边缘学问,存在大量的学术盲区,大量久拖不决的疑难问题,每前进一步,都要付出艰辛的劳动。四是难在汉字民俗学使用的材料过于宽泛。它不仅有历史文献，还有考古文物，甚至各地保存的实物资料和活着的、消亡的民俗民风。这种高度的综合性、多面性使人很难下手。

我国的文字学主要分为两个部分：其一，汉代以来的《说文解字》的传统文字学，以《说文》为中心，上溯先秦文字，解字析文考究字形字义，解释《说文》体例以及各个名称之名实。其二，近代以来甲骨卜辞、金文大量出土，以及新出土的东周、秦汉简帛，辨别字形、考释字义，疏通文献意义。敦煌、吐鲁番文献整理落实到文字辨讹，形体分析，引发出中古俗字研究。以上两者都偏重应用型研究，尚不属纯粹的本体研究。20世纪初以来概论性著作出了不少，当作文字学教材，传授常识尚可，有新见可足称道者，为数很少。21世纪以来出版了拙著《汉字传播史》（语文出版社，2002年）、《汉字的隐秘世界——汉字民俗史》（上海辞书出版社，2003年），开垦文字学的新领地，希望从历史开始，建立该领域的专门学问。另一方面，从文字的诸方面历史构建完整的汉字史，这是必须的基础工作，是文字学不能缺少的本体研究之一。

汉字民俗研究从整体来说是一个新领域，从来没有把它作为一个专门学问提出过，因此谈不上研究的历史。因为它涉及各个方面，局部研究还颇有可观。20世纪30年代商承祚发现宋代铜镜二行八字回环读之，384句，192联，推究了回文诗乃至璇玑图的回读之词。① 杂体诗民俗文字研究主要集中在《盘中诗》的来源和原貌。郭沫若根据《四库全书提要》提出的怀疑，撰文把圆盘复原为方盘，为复原盘中诗走了第一步。② 饶少平指出古代没有正方形盘，写诗的是长方形木盘，③ 陈新却认为古有方盘，是回棋用的正方形盘。④ 林培真认为《盘中诗》创作于汉代，⑤ 梁梁著文介绍了"方角书"，

---

① 商承祚《长沙古物闻见记・续记》，中华书局，1996年。
② 郭沫若《拟〈盘中诗〉的原状》，《光明日报》1962.3.24。
③ 饶少平《盘中诗及其复原图》，《北京工业大学学报》2006年第4期。
④ 陈新《盘中诗新探》，《阅读与写作》2003年第8期。
⑤ 林培真《〈盘中诗〉为汉代作品刍见》，《南开大学学报》1985年第3期。

接近盘中诗的真相。① 李正宇对离合诗的释读,揭示了敦煌文献的特有价值,补充了传本文献不足,对确定杂体诗的年代具有很大价值。② 可惜他们没有联系传统文献的材料,对于这些杂体诗的背景没有深入挖掘,以致没有正确定名。"璇玑图"是杂体诗中最具有传奇色彩的部分,辽墓"寄锦图"发现后,有多篇文章讨论了"璇玑图"对后世的影响。

拆字汉代叫别字,拆字问题虽然常见,但从没人把它当作一个问题研究,陆锡兴比较具体地探讨了从测字到相字的发展过程。③ 扶乩是从天书延伸出来的古老骗术,自北宋至民国一千余年,形式多有变化。尽管不断有人揭露扶乩的欺诈,然而信众依然,与测字一样有很强的生命力。民国时期许地山勾稽文献,系统地介绍了扶乩迷信,为汉字民俗研究开了一个头。④ 有关汉字崇拜、苍颉事迹,杨琳⑤,王宇信⑥以及陆锡兴⑦三篇文章都做了史料钩沉,特别是后者结合新发现的考古资料,全面研究苍颉祭祀之始,祭祀遗迹,解释了传说种种疑问。以文昌帝为名的惜字活动,有众多的"惜字律""惜字宝训"文献,辛德勇首次介绍了两种。⑧ 鄢化志有杂体诗专著着眼于文学诗歌阐述,⑨有助于对汉字民俗的了解。2002 年陆锡兴《拆字令到拆白道字》首次从民俗文字角度研究了这一现象。⑩

改革开放以来,打破了禁区,在秘字道符方面取得了很大进步。20 世纪 80 年代,汉代陶瓶秘字探索尚在猜测之中,90 年代就进入了实证阶段。王育成将道教古籍中的云篆与唐代五方真文云篆作出对照,确认释读石刻

---

① 梁梁《方角书一首试析》,《敦煌研究》1983 年创刊号(总 3 号)。
② 李正宇《敦煌特型诗破解》,《寻根》2001 年第 2 期。
③ 陆锡兴《拆字和相字》,《文史知识》1989 年第 1 期。
④ 许地山《扶箕迷信底研究》,商务印书馆,1941 年。
⑤ 杨琳《仓颉的传说及索隐》,《民间文学论坛》1993 年第 1 期。
⑥ 王宇信《仓颉"始作文字"的传说及其史影》,《南方文物》2007 年第 4 期。
⑦ 陆锡兴《仓颉解谜》,《民俗典籍文字研究》第 13 辑,商务印书馆,2014 年。
⑧ 辛德勇《惜字律二种》,《中国典籍与文化》2000 年第 4 期。
⑨ 鄢化志《中国古代杂体诗通论》,北京大学出版社,2001 年。
⑩ 陆锡兴《拆字令到折白道字》,《中国典籍与文化》2002 年第 3 期。

云篆,并且作出了一些规律性的结论。① 2002年陆锡兴首次考证了汉代的两处朱书秘字,获得确凿可靠的释读,分析了汉代复文的结构特点,为进一步弄清道教符文开辟了道路。② 这个阶段发表的道教符文、秘字的文章有相当数量,或多或少地推动了道教秘字的考释和原理的研究。值得一提的是,天主教神父禄是遒清末来华,传教之余调查江南的宗教民俗,留下了丰富的资料,近年翻译出版了《中国民间崇拜——符咒说文》(上海科学技术文献出版社,2009年)等一系列著作,他以普通人的观察点收集、记录当时的隐秘现象,特别是道教的道符,有明确的说明,是我们了解汉字民俗的有效途径。道教的复文是最接近俗字的秘字,因为它出现在旅游景点,容易引起人们关注,已经有多篇文章介绍,不只老君碑秘字,陆续又有其他复文被披露。陆锡兴分析秘密会党的秘字,初步说明了构造原理。③

汉字民俗涉及多个方面,学术界在许多方面还没有关注到,更谈不上研究。例如反书、倒书等,前者文献有记载,可是语焉不详。陆锡兴《反左书钩沉》阐述了来龙去脉,第一次把看似行款的问题联系到民俗宗教上来。④ 2003年《汉字的隐秘世界——汉字民俗史》的出版基本划定了汉字民俗的范围,促使这门知识上升为一个专门的研究领域。

---

① 王育成《唐宋道教秘篆文释例》,《中国历史博物馆》1991年总15、16期。
② 陆锡兴《"黄君法行"朱字刻铭砖的探索》,《考古》2002年第4期。
③ 陆锡兴《天地会的秘文钱》,《收藏》2003年第7期。
④ 陆锡兴《反左书钩沉》,《书法丛刊》2004年第4期。

第一章　汉字崇拜

第一节　字祖苍颉[①]

远古的造字参与者并非只有苍颉一人。战国时期的《世本》载:"黄帝世始立史官,仓颉沮诵居其职。"苍颉和沮诵造字之说长期流传,东汉末年画像石中的图像就是一个明证。战国后期始作书者唯剩苍颉一家,"仓颉作书"成为共识。

《荀子·解蔽》:"故好书者众矣,而仓颉独传者,壹也。好稼者众矣,而后稷独传者,壹也。好乐者众矣,而夔独传者,壹也。好义者众矣,而舜独传者,壹也。"荀子为战国晚期著名学者,他认可苍颉传文字的说法。荀子认为虽然古时有志于文字者不只一人,但苍颉专注于此,一心一意。这个说法比较接近事实,文字作为一种社会交流工具,是经过一个很长的历史时期,逐步规范而成,这就是语言文字的约定俗成。吕不韦《吕氏春秋·君守》篇:"奚仲作车,苍颉作书,后稷作稼,皋陶作刑,昆吾作陶,夏鲧作城,此六人者所作当矣。"把苍颉作书列为六大创造活动之一,这个说法对后世的影响很大,秦汉字书称作"苍颉篇"莫不与此有关。

周宣王时字书是《史籀篇》,是以制作人籀命名的。秦改大篆为秦篆,改名为《苍颉篇》等三篇。《汉书·艺文志》载:《苍颉》七章,秦丞相李斯作;《爰历》六章,车府令赵高作;《博学》七章,太史令胡毋敬作,通谓之三《苍》。《说文·叙》云:"斯作《苍颉篇》,中车府令赵高作《爰历篇》,太史令胡毋敬作《博学篇》,皆取史籀、大篆。或颇省改,所谓小篆者也。"

[①] "苍颉""仓颉",古代文献写法不一,本书不作统一。

入汉后,闾里书师合《苍颉》《爰历》《博学》三篇,断六十字以为一章,凡五十五章,合为《苍颉篇》。

汉代《苍颉篇》可谓篆隶字书之祖,因为文字古体太多,很早就失传了。20世纪以来陆续发现部分残简,年代最早的是阜阳汉简《苍颉篇》,内容包括《苍颉》《爰历》《博学》三篇。甘肃汉代边塞遗址多次发现《苍颉篇》残简,斯坦因西域考古在居延故地多处遗址发现《苍颉篇》残简,甘肃玉门花海农场也发现《苍颉篇》残简。甘肃省永昌水泉子五号汉墓出土了一批汉简,字书简130枚,内容与出土的《苍颉篇》相近。北京大学近年入藏的西汉竹简中有《苍颉篇》82简,其中整简69枚,残简13枚,是出土《苍颉篇》中字数最多者。

古代的识字教育从小开始,八岁入小学,《苍颉篇》是学习文字的必读课本,以"苍颉作书"开端,每个孩提熟读这句话,一天又一天,一代又一代,苍颉造字深入人心,世俗由崇敬到膜拜,苍颉在人们心中达到至高无上的地位。

汉代起,苍颉被视为黄帝之史:

> 黄帝之史苍颉,见鸟兽蹄迒之迹,知分理之可以相别异也,初造书契。(汉许慎《说文解字·叙》)

苍颉的地位不断上升,被捧到帝王的位置,人面变为龙颜,眼睛多出两只。各式各样的神话陆续推出:

> 仓颉为帝,南巡狩,登阳虚之山,临于玄扈洛纳之水,灵龟负书,丹甲青文以受之。(《春秋元命苞·禅通纪》)

苍颉神化之时,正处谶纬风行之时,帝王借助字谶夺取或者巩固政权,苍颉的神话就是为了说明皇权为天命所赋。

扬州西汉刘毋智墓,出土了一个陶熏炉,炉壁墨书"苍颉"二字,字体在篆隶之间①(图1-1)。刘毋智为吴王家族,此墓葬年代为西汉初期,识字采用秦代的三《苍》。《楚辞·九歌·东皇太一》:"灵偃蹇兮姣服,芳菲菲兮满堂。五音纷兮繁会,君欣欣兮乐康。"楚人有熏香敬神的风俗,此熏炉书写"苍颉"名字,可能是专用于礼拜仓颉的礼器。据考古报告,墓地所在王家庙不远处至今还保留着"苍颉村"的地名,当地流传着苍颉在此造字的故事。

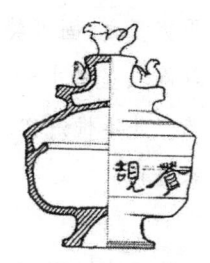

图1-1 刘毋智墓陶熏炉

东汉明帝永平二年(59年),郡国、县道行乡饮酒于学校,以大牢礼节祭祀先圣先师周公孔子,晋武帝泰始三年(267年)规定立学必先释奠先圣先师。北周时期冀俊提出祭祀苍颉,与先圣、先师同列。

  (大统十三年)寻徵教世宗及宋献公等隶书。时俗入书学者,亦行束脩之礼,谓之谢章。俊以书字所兴,起自苍颉,若同常俗,未为合礼。遂启太祖,释奠苍颉及先圣、先师。(《周书·艺术传·冀俊》)

冀俊善隶书(指楷书),特工模写,是当时著名的书法家。他曾模仿魏帝手迹敕书大将,令其行事。当时学习书法和学经书一样,要行束脩之礼,他以书法兴起从苍颉造字开始,所以学习书法之礼,要同时释奠苍颉与先圣、先师。他这样安排在当时并无越礼,苍颉已经称作苍帝,居君位,是完全可以有此礼遇的。祭祀苍颉之事恐怕长期未入朝廷祭祀的制度,史书缺乏这方面的记载,直到宋代才透露出有关的信息。

  京师百司胥吏,每至秋,必醵钱为赛神会,往往因剧饮终日。苏子美进奏院,会正坐此。余尝问其何神?曰"苍王"。盖以苍颉造字,故

---

① 薛炳宏、王晓涛、王冰、束家平《江苏扬州西汉刘毋智墓发掘简报》第21页,《文物》2010年第3期。

> 胥吏祖之，固可笑矣。官局正门里，皆于中间用小木龛供佛，曰"不动尊佛"，虽禁中诸司皆然，其意亦本吏畏罢斥，以为祸福甚验，事之极恭。此不惟流俗之谬可笑，虽神佛亦可笑也。（宋叶梦得《石林燕语》卷五）

宋代是诸神崇拜的时代，衙门胥吏多从事刀笔生涯，文字出入与生计攸关，供奉苍王可以说和职业密切相关，好比养蚕供奉蚕神，茶业供奉陆羽之类。从"禁中诸司皆然"看，衙门供苍王已经是普遍现象。明佚名《如梦录·官署纪》载，明代开封府署内有"古南衙"，正北大堂五间，"大堂东有仓颉庙"，这很可能是宋代苍颉庙的遗制。各地方衙门情况尚不见记载，无法推测是否也有苍颉庙。奇怪的是文人受惠文字最多，不但不供奉，反而笑其流俗，恐怕还是对苍颉造字的传说有保留态度吧。

胥吏本来就在社会下层，他们尊奉苍王代表民间对苍颉的崇敬。值得重视的是苍颉后裔立祠之事。清代陈浩《苍圣祠记》记述：

> 佥氏之后有仓圣脉者，自中牟来，将为神立庙。岁时以祀，乃属某为文。兹役也，起于乾隆二十七年十月，竣于二十八年十一月，鸠工者仓氏兄弟，候补道圣裔处州府知府圣潢，戊子举人圣脉，据此则中牟固有仓圣祠也。（清俞樾《茶香室三钞·苍王》）

据此我们可以肯定中牟本来就有苍圣祠，因为苍氏后人迁移新地，就在新址再建行一个苍颉祠，这个祠庙建造历时一年，估计不是一个建筑群落，也不是规模简陋的小建筑，可能是一个较大的单体建筑，有点像宗族的祠堂，是私家的祭祀场所。清范寅《越谚》卷中载："仓颉菩萨，始制文字之神，府山有祠。"菩萨是佛教的崇拜对象，把苍颉称为菩萨实在滑稽，这只是说明苍颉在信徒中的地位。苍颉作为造字的一尊菩萨，也像观世音菩萨一样，福佑百姓，接受香火是理所当然的。清李斗《扬州画舫录·小秦淮录》记蜀僧大嵒身为佛门子弟，却特别信仰苍颉，竟然把佛寺经台改建为苍颉神殿。

　　素不识字,故供奉仓颉圣像。及去蜀,迎像于舟,铁香炉烛台,亦载之行。居天台山十年,移扬州天宁寺,爱天心墩译经台,遂即其址为仓颉殿。

在古人的心中苍颉是神,是菩萨,法力无边。人们兴建祠庙,画像塑身,顶礼膜拜,香花供奉,期望他能显灵。一旦出现神佛显灵的事迹,就会迅速流传开来,香火就更加旺盛,盛极一时的苍颉庙自然也缺不了这类逸闻。

　　仓颉祠墓,在寿光县城西门濒河。刘文和公,县人也,幼时读书外塾,每往返涉水,辄有白须老人负之。久之,问何人,答曰:"我仓颉所遣迎送公者,他日富贵毋相忘。"公既贵,后谒仓颉祠,有侍者形容宛如所见,遂新其祠墓云。(清王士禛《池北偶谈》卷二十二"仓颉")

其实,寒窗苦读艰辛异常,能获取功名的人少之又少。刘某可能觉得中举做官,自己努力之外,还有神灵保佑,或许他考前在苍颉庙许了愿,所以富贵之后要花费金银装修祠墓还愿。

现在只有陕西白水的苍颉庙还保留着祭祀的仪式,每年农历谷雨节,四邻八乡的民众汇聚到地处三县之交的苍颉庙,举行隆重的拜祭仪式,形成一年一度的盛大庙会。参加祭祀苍颉的民众,大多来自乡村,没有多少文化,他们对文字之祖苍颉的虔诚礼拜,透露出对伟大中华文化的无限崇敬。

陕西白水苍颉庙

自东汉以来苍颉庙、苍颉墓等祭祀建筑很多,但是大多毁坏了,留存至今者少之又少。

白水苍颉庙为最早的祭祀建筑。苍颉庙位于陕西省白水县城东北35公里处的史官乡境内。据《苍颉庙碑》记载,在东汉延熹五年(162年)已颇具规模,宋代叫苍圣祠。

  史载苍颉死后起坟。《春秋元命苞·禅通纪》:"终葬衙之利乡亭。"《后汉书·郡国志一》:"左冯翊"下"衙"注引《皇览》:"有苍颉冢,在利阳亭,坟高六丈。""衙",也写作"䣣",在今陕西省白水县。白水县利乡亭,后改为史官镇,现今尚存苍颉庙和坟冢,北屏黄龙山,南临洛河水。庙内原有《苍颉庙碑》,正面及碑阴、碑侧皆有字,高1.6米,宽0.6米。八分书,圭首,上有穿,碑文共910余字,磨泐严重,文字残缺。1975年迁移至西安碑林博物馆保存。此碑字体俊美,早就闻名于世,传至宋代,碑文已有缺损。宋赵明诚《金石录》卷十六载:"其略可辨者有云:'苍颉,天生德于大圣,四目灵光,为百王作宪。'而其铭曰:'穆穆圣苍。'知其为苍颉碑也。考其岁月,盖熹平六年立。"碑侧有"䣣令朔方临戎孙羨□从事。永寿二年,朔方太守上郡仇君察孝,除郎中、太原阳曲长,延熹四年九月乙酉,诏书迁䣣令,五年正月到官。奉见刘明府,立词刊石,表章大圣之遗失灵,以示来世之未生"等,后有出钱修庙人姓名。清卢文弨云:"余观上所记,则是苍颉庙乃刘府君所立。"(《汉苍颉庙碑跋》)清赵绍祖云:"庙与碑皆前䣣令刘某所立,此两侧则孙羨到官后所记。"(《古墨斋金石跋》卷一)有关立庙时间,清毕沅认为:"碑侧已有永寿年号,则非熹平可知。"(《关中金石记》卷一)因为碑文残缺,无法正确判断建庙日期,一般认为此庙建造的时间不迟于延熹五年(162年),也可能更早。

  苍颉庙经过近两千年的风雨剥蚀,历代屡有修建,现在的苍颉庙大致是明清以后的建筑。主体建筑为照壁、山门、前殿、抱厅、献殿、寝殿以及苍颉墓,两侧有东西戏楼、钟鼓楼、东西配殿、廊房。整个建筑群中以寝殿前三间单面廊房年代最早,明三暗五,呈现元代风格。建筑装饰华丽,地方色彩浓厚。后有苍颉墓园,墓园之门为民国所建,东门上联为"画卦再开文字祖",下联为"结绳新创鸟虫书",横批为"通德"(图1-3)。苍颉墓现高4.5米,周长4.5米,砌一圈六棱花墙。庙内尚有40多株翠柏,古柏46株,古槐10余株,枝叶覆盖交通。古柏森森,虬枝蟠曲,如龙升腾,各呈姿态(图1-2)。其中有传说苍颉所植柏树,生机勃勃。

第一章 汉字崇拜 19

图1-2 苍颉庙古柏

图1-3 苍颉墓园之门

陕西西安苍颉造字台

苍颉造字台原叫苍颉造书堂、仓史台。唐代南郊之三会寺，寺边有大冢，世传为周穆王陵，有台俗称"迦叶佛说法台"，后传为周穆王见到西天佛于苍颉台，而造神庙名三会道场。三会寺一带为著名游览胜地，至今留下不少诗篇。

唐中宗景龙年间驾幸三会寺，与群臣赋诗。上官婉儿《十月三日驾幸三会寺应制》诗："释子谈经处，轩臣刻字留。故台遗老识，残简圣皇求。"萧至忠《奉和幸三会寺应制》诗："岧峣仓史台，敞朗绀园开。"岑参《题三会寺苍颉造字台》诗："野寺荒台晚，寒天古木悲。空阶有鸟迹，犹似造书时。"可见唐代已经有"造字台"的名称。

北宋宋敏求所撰《长安志》载："三会寺在县西南二十里宫张村，唐景龙中中宗幸寺其地。本苍颉造书堂。"宋代称为苍颉造书堂，推测当时有台阁建筑。时过境迁，台上建筑湮没无存，唯余荒丘。现在苍颉造字台在长安古城西南二十里宫张村，亦称恭张村。台高约10米，为砖面夯土台。近年来，造字台已修葺一新，南面有宽8米台阶，中间为3米

图1-4 苍颉造字台

宽的水泥抹面,上书"苍颉造字台"五个凸出的汉隶大字,约2米见方(图1-4)。

河南开封苍颉庙、苍颉墓

宋孟元老《东京梦华录·收灯都人出城探春·独乐冈》:"南去药梁园、童太师园,南去铁佛寺、鸿福寺,东西柏榆村。州北模天坡角桥,至仓王庙、十八寿圣尼寺、孟四翁酒店。"

明李濂《汴京遗迹志·陵墓》:"苍颉墓在城北时和保俗呼为苍王冢是也。按《禅通纪》苍颉居阳武而葬利乡,所谓利乡实时和保之墟也。"现今苍颉墓,在开封城东北8公里刘庄北侧,黄河大堤之外。呈椭圆形,高4米,南有残存碑座。墓东南约300米处有一方形土丘,高1.5米,传即苍颉造字台。台上原有石牌坊、仓颉庙。庙于明末清初时被拆,开封文庙的砖瓦木料一部分就是苍颉庙的原物。1992年在造字台南侧挖出大铁钟一口、石供桌一个(均被铲碎),是苍王庙旧物。开封城西25公里有个仓家寨,村中仓姓自称系苍颉后裔。

河南南乐苍颉陵

《明一统志》卷四"大名府":"仓颉冢在南乐县西三十五里,并有庙。颉黄帝时始制字者。又河南开封府亦有仓颉庙。"苍颉陵位于南乐县西北18千米的梁村乡吴村,在漳河故道之北,苍庙之东。苍颉墓现为高5米的大土丘,原有陵门,叫朝天门,硬山式砖木结构,檐下有匾额,书"史皇林"三字。陵前旧有石牌坊、石狮、石人等雕刻,为明朝隆庆年间(1567—1572年)南乐知县刘弼宽所建,毁于"文革",20世纪末复建。

恢复后的苍颉陵前有三通石碑,一字排开,正中一巨碑,兽趺龙首,宝相团花点缀两侧,十分精美。碑正面书"仓颉陵"三个大字。碑阴为碑文,记载修复苍颉陵始末。

苍颉陵为圆锥形,有砖墙围绕。陵墓围墙周长36.5米,象征一年365天之数。围墙由砖垛界开,分12节,含意为一年12个月。每节长3米、3.1

米或2.8米,其意每个月的天数不等。

朝天门里有两通大方碑,高大挺拔,皆为明朝天启年间立石,东侧方碑刻"三教之祖",西侧刻"万圣之宗",8个字皆近2尺见方。方碑是奉圣旨而立,当时朝廷有吏、户、礼、兵、刑、工六大部,三部尚书参与了立方碑,即吏部尚书崔景荣,工部尚书李从心和刑部尚书李养正。参加立碑的还有内阁大学士(宰相)魏广微,监察御史梁天奇以及大名府知府并府属各县县令等百余名官员。立碑的主持人是中国历史上有名的"叶青天"叶廷秀。

方碑后为二门,也称重门,名"仰圣门"。硬山式建筑,三间,为清朝乾隆年间重建。二门内西侧,有石刻僧人抱"万善同归"石牌。故老相传,这就是和尚李保。李保原籍南乐县蔡庄村,明初与其母自山西迁来,成家立业。李保至孝,其母卧病,双目失明。李保百计求治,均未奏效,于是求拜苍颉,许愿说若得母病痊愈,愿赴苍颉庙出家为僧。后来,李保成为苍庙主持,死后,其徒把他安葬在苍颉庙西,并建石塔,名至孝禅师塔。

河南虞城苍颉墓

苍颉墓位于河南省虞城县王集乡堆坡村西北,据传苍颉卒后葬于此地,始建于汉代。现存墓冢呈圆丘形,高3米余,墓前有祠,大殿3间,现存康熙九年(1670年)重修大殿一座,为三门出厦,明柱木雕装饰。

山东寿光苍颉墓

《明一统志》卷二四"青州府":"仓颉庙、陵墓、仓颉冢,在寿光县西。本朝宏(弘)治十六年建,在寿光县治西。"《清一统志》卷一三五:古仓颉墓在寿光县东北,县志曰《水经注》"所谓孔子问经石室即仓颉墓也"。民国《寿光县志》记载:"仓颉墓在县城西大西门外,向北百步许,久为一邑名区。"寿光苍颉墓原是一座高台,原墓封土长宽各4.5米,高2米有余,上生蓍草。明弘治十六年(1503年)知县翟唐建圆形正门,四面围短墙。在墓前建苍颉祠,周以回廊。1999年发现明嘉靖苍颉墓碑,碑正面阴刻"苍颉墓"三个大字,右上刻有"嘉靖甲寅秋七月吉旦",左下落款"寿光知县王义鞠立"。可知明嘉靖甲寅年(1554年)知县王文翰重修仓颉墓。此后在明万历年间、清康熙三十六年(1697年),县令皆有修葺。仓颉墓园原植松柏,古木参天,东西两溪,有小桥、亭榭。1960年仓颉墓毁废。① 1991年另址修建了仓圣公园,园内建仓圣堂、仓颉雕塑、翠竹亭、重檐亭等建筑物。

山东东阿仓颉墓

东阿县铜城镇王宗汤村东南1000米处,有一微微隆起的高地,相传就是史书上记载的仓颉墓地。当地人称"仓王坟"。

据说全国各地尚有仓颉遗迹几十处,多为仓颉墓、仓颉造字台等,这些遗迹应该是东汉以来各地陆续修建的建筑物,是历史遗留的一小部分。

第二节 仓颉造字的传说

仓颉造字是一件惊天动地的大事,天下出现了"天雨粟,鬼夜哭"的神异现象。

仓颉作书,鬼夜哭,古来歧见很大。一是鬼为何要哭?二是鬼夜哭,还是兔夜哭?

"仓颉作书而天雨粟,鬼夜哭"的说法最早见于《淮南子·本经训》。王充认为此说并不足信,天雨粟,鬼夜哭是自然现象,与仓颉作书没有因果关系。

《论衡·感虚》:"传书言:'仓颉作书,天雨粟,鬼夜哭。此言文章兴而乱渐见,故其妖变致天雨粟,鬼夜哭也。'夫言天雨粟,鬼夜哭,实也。言其应仓颉作书,虚也。夫河出《图》洛出《书》,圣帝明王之瑞应也。图书文章,与仓颉所作字画何以异?天地为图书,仓颉作文字,业与天地同,指与鬼神合,何非何恶,而致雨粟,神哭之怪?使天地鬼神恶人有书,则其出图书非

---

① 葛怀圣《山东寿光:仓颉造字与仓颉墓》,《潍坊日报》2013.6.28。

也;天不恶人有书,作书何非,而致此怪?或时仓颉适作书,天适雨粟,鬼偶夜哭,而雨粟、鬼神哭,自有所为。世见应书而至,则谓作书生乱败之象,应事而动也。天雨谷,论者谓之从天而下,变而生,如以云雨论之,雨谷之变,不足怪也。"从中也透出王充把鬼夜哭视为怪象,认为苍颉造字,顺乎天道,不能致使生怪。以此王充根本就不会去解释苍颉作书为何鬼夜哭的原因。

许慎解释说:"造文字,则诈伪生,故鬼哭也。"①诈伪是欺诈作伪的意思,睡虎地秦简《语书》有"民多诈巧",诈伪与诈巧意思相同。造字怎么会诈伪呢?高诱说得明白:"鬼恐为书文所劾,故夜哭也。"②《说文》"劾,法有罪也"。段玉裁注:"法者,以法施之。"

劾鬼就是驱鬼,战国用桃木驱鬼,不仅在《庄子》等文献有记载,在楚汉墓葬中也有陪葬桃人、桃梗,足见是流行的风俗。至晚在西汉后期已经有带文字驱鬼之物。《说文·殳部》:"毅,毅改,大刚卯也,以逐精鬼。"《急就篇》卷三有"射魅辟邪除群凶"。颜师古注:"一曰射魅,谓大刚卯也,以金玉及桃木刻而为之,一名毅改,其上有铭,而旁穿孔,系以彩丝,用系臂焉。亦所以逐精魅也。"在亳县凤凰台一号汉墓出土玉刚卯两件,长方体,高2.2厘米,1厘米见方,中有穿孔,可以穿线佩带。每件四面,每面刻字两行,行四字。③ 桃木制作的刚卯叫桃卯,在汉代居延遗址已经发现三枚。两者的铭文基本相同。直接以文字劾鬼多见于墓葬,用朱砂书写。如洛阳史家村东汉墓朱书文有"摄录伯(百)鬼"语,④是抓捕百鬼的意思。汉代民俗中,文字是驱鬼的重要武器,所以"鬼恐为书文所劾,故夜哭也"。

许慎、高诱另一种说法,把"鬼夜哭"改作"兔夜哭",两者所说相同,恐怕高诱就是许慎的观点,只是详略不同而已。

高诱云:"'鬼'或作'兔',兔恐见取毫作笔,害及其躯,故夜哭。"⑤"鬼"

---

① 《意林》卷二《淮南子》"仓颉作字天雨粟鬼夜哭"引。
②⑤ 《淮南子·本经训》"昔者苍颉作书而天雨粟,鬼夜哭"注。
③ 亳县博物馆《亳县凤凰台一号汉墓清理简报》第190页,《考古》1974年第3期。
④ 蔡运章《东汉永寿二年镇墓文瓶陶文考察》第650页,《考古》1989年第7期。

与"兔"两字形体相近,有可能相互混淆而误。

宋人罗愿提出质疑:"《淮南鸿烈》曰:昔苍颉作书,而天雨粟,鬼夜哭。以为鬼恐为书所劾,故哭而悲之。许叔重乃云:'鬼'或作'兔',兔恐见取毫作笔,害及其躯,故夜哭。夫自黄帝苍颉至于秦,盖二千余年。蒙恬乃始作秦笔,而兔毫竹管又出于鹿毛木管之后,彼之哭者,骨朽久矣。许说非也。"①毛笔实物可见于楚、汉墓葬,战国楚墓发现的毛笔是目前发现的最早之物,而且就是用兔毫作的笔头。从甲骨与玉器上的墨书和朱书文字看,商代就使用毛笔。蒙恬是秦代人,把毛笔的发明权归功于他,是违背事实的,因此罗愿的批评并没有说服力。写字做笔,兔毫是合适的材料,不能不用。狐兔之类小物,比之鬼魅犹轻,因此兔悲而夜哭,攀不上"天雨粟"的档次。总之,兔夜哭之说有悖情理。

"天雨粟"似乎只有高诱的解释:"苍颉始视鸟迹之文,造书契,则诈伪萌生。诈伪萌生,则云本趋末,弃耕作之业而务锥刀之利。天知其将饿,故为雨粟。"②他的意思大致如下:文字书契让人心开窍,接着人心变坏,少了纯朴,多了机巧,世俗竞利,放弃农本。农本萧条造成粮食减少,上天哀悯百姓饥饿,所以从天上下粟子。我觉得高诱是以《老子》"其政闷闷,其民纯纯"的思想为出发点,苍颉造字导致百姓饥饿,上天雨粟救民。这个观点依然是把苍颉造字作为一个不良开端,它显然违背民间敬奉苍颉的意愿。而且高诱之说逻辑性不强,从造书契,到诈伪,再弃耕作,再天雨粟,其间没有必然联系。

天上落下粟子叫天雨粟,也叫雨粟。《周书》:"神农之时天雨粟,神农耕而种之。"③神农氏是种植百谷的发明者,百谷为上天所赐。但是苍颉不在神农时代,而在后来的黄帝轩辕时代,因此,与神农雨粟没有关系。天降嘉谷之事,汉代很少有记载,仅见于元康四年。《汉书·宣帝纪》:神爵四年诏,"元

---

① 宋罗愿《尔雅翼》卷廿一。
② 《淮南子·本经训》"昔者苍颉作书而天雨粟,鬼夜哭"注。
③ 《太平御览》卷一引。

康四年,嘉谷玄稷降于郡国,神爵乃集。"笔者认为,雨粟汉代盼为祥瑞,此即苍颉天雨粟之由来。苍颉作书,天垂祥瑞,雨粟以贺,非雨粟救民饥饿也。

苍颉之"苍",后也作"仓",两字秦汉并不严分,后多作"仓"。宋人罗泌《路史》卷六"禅通纪·史皇氏仓帝":"史皇氏名颉,姓侯冈。龙颜侈哆,四目灵光。"西汉前期把苍颉神化,并未言及苍颉之特殊相貌。最具特点的"四目"之相乃起于西汉后期,是东汉流行的说法。

说苍颉四目在西汉后期,纬书兴起之时。纬相对于经而言,《河图》《洛书》阴阳灾异的众多说法皆出于此类纬书。苍颉四目之说,肇自纬书。《春秋元命苞》云:"仓帝史皇氏,生而能书,及受《河图》绿字,于是穷天地之变,仰观奎星圆曲之势,俯察龟文鸟羽,山川指掌,而创文字,天为雨粟,鬼为夜哭,龙乃潜藏。"苍颉完整的形象是龙面大口,四目闪闪发光。这是汉代造神运动所创造的神人形象之一,后世没有全盘继承这个怪异的现象,保持了人形,接受了四目。

> 人命禀于天,则有表候于体。察表候以知命,犹察斗斛以知容矣。表候者,骨法之谓也。传言黄帝龙颜,颛顼戴午,帝喾骈齿,尧眉八采,舜目重瞳,禹耳三漏,汤臂再肘,文王四乳,武王望阳,周公背偻,皋陶马口,孔子反羽。斯十二圣者,皆在帝王之位,或辅主忧世,世所共闻,儒所共说,在经传者较著可信。若夫短书俗记,竹帛胤文,非儒者所见,众多非一。苍颉四目,为黄帝史。晋公子重耳仳胁,为诸侯霸。苏秦骨鼻,为六国相。张仪仳胁,亦相秦魏。项羽重瞳,云虞舜之后,与高祖分王天下。(《论衡·骨相》)

王充认为审察表候可以知命,但是对于古人各种奇异的骨相要区别"在经传者"和"短书俗记"。前者儒者共说,是可信的,后者非儒者所见,是靠不住的。"苍颉四目"的说法就属于后者,他觉得不可信,持否认的态度。

苍颉为何四目,这是问题的关键。首先,苍颉作书,是一个圣人,圣人的骨相和凡人是不同的,他总有一点特殊的地方。王充已经列举了多位圣人不同凡响的形象,当然,他强调区别对待。其次,苍颉造字与四目有什么关系?再具体地说,造字为何要有四目?四目与二目相比,多出了两只眼睛,一般两目只能正视前方,如果增加了两目就可以看到正前方以外的方向。《书·舜典》:"询于四岳,辟四门,明四目,达四聪。"孔颖达疏:"明四方之目,使为己远视四方也。"此谓四方之目,而非四目,如果有东南西北四目,就可以观察四方了。《说文解字·叙》也说:"仰则观象于天,俯则观法于地。"造字之初,要穷尽天地之变化,观察万物之动静。明言要仰观和俯察才能全面观察,双目忙不过来,四目是必须的。

图1-5 沂南画像石中的苍颉

在汉代,"苍颉四目"的形象得到了世俗的认可,也得到了主流文化的认可。最早的苍颉像在20世纪50年代发现。沂南城西北寨村发现画像石墓,墓门、前室、中室、后室共有画像42幅。在中室的四壁画像上有许多历史人物故事,苍颉图就在南壁东段(图1-5)。此画分为上下两格,上格为苍颉造字的故事,左面一人披发,长须,穿兽皮,坐在一块兽皮上。画像下有榜题"苍颉"二字。整理者说:"苍颉右手持有柄,柄末带柔软的东西(大致表示笔)"。[①]

[①] 曾昭燏、蒋宝庚、黎忠义《沂南古画像石墓发掘报告》图版5,第22页,文化部文物管理局出版,1956年。

细看画像,苍颉右手搁在隐几之上,并没有执笔,张开五指,似乎在比划什么。右面那位也是披发,穿兽皮,坐于兽皮之上,眉骨突起,手持一植物,交谈状。右面一位有榜题位置,但是没有刻字,估计是沮诵。苍颉和沮诵背后都有一棵树,树的枝头有花有果,这个树可能是蓂荚,沮诵手中所持植物可能就是朱草,蓂荚和朱草均为汉代的祥瑞。《汉书·王莽传上》:"今幸赖陛下德泽,间者风雨时,甘露降,神芝生,蓂荚、朱草、嘉禾休征,同时并至。"朱草为朱色瑞草。《春秋繁露·王道》:"故天为之下甘露,朱草生,醴泉出,风雨时,嘉禾兴,凤凰麒麟游于郊。"《汉书·公孙弘传》:"盖闻上古至治……阴阳和,五谷登,六畜蕃,甘露降,风雨时,嘉禾兴,朱草生,山不童,泽不涸,麟凤在郊薮,龟龙游于沼,河洛出图书。"《瑞应图》:"蓂荚者,叶圆而五色。一名历荚。十五叶,日生一叶,从朔至望毕。从十六日毁一叶,至晦而尽。月小则一叶卷而不落。圣明之瑞也。"苍颉与沮诵背靠蓂荚,沮诵手持朱草,无非是烘托一种祥瑞气氛。四目人形的苍颉形象从汉代开始一直流传下来。唐张怀瓘《书断》卷上:"古文。案古文者黄帝史苍颉所造也,颉首四目,通于神明。仰观奎星圆曲之势,俯察龟文鸟迹之象,博采众美,合而为字。是曰古文。《孝经援神契》云:奎主文章,苍颉仿象是也。"

唐代的苍颉像失传,现在能见到的较早的是元代的壁画像。永乐宫壁

图1-6 永乐宫壁画中苍颉

图1-7 明刊本中苍颉

画《朝元图》中,苍颉戴东坡巾,内有束发冠,白衣,拱手,手在袖内,与仙曹、玉女在一起(图1-6)。苍颉本是史,主文字,以文士装束合乎身份。但是衣衽向左,是胡人的习惯,这是蒙元统治的原因。① 明代的苍颉像又回到了汉代的形象,树叶、茅草为衣,披发,一如鸿蒙时代的装束(图1-7)。白水苍颉庙苍颉塑像手持笏板,为官员形象,估计是呼应苍颉为史官的记载(图1-8)。苍颉四目从汉唐沿袭到元明清,从未有争议,历史文献记载凿凿。至于永乐宫壁画《朝元图》那尊六眼持笏尊者,必是上方道家神仙,不要张冠李戴,不敬神明。

图1-8　白水苍颉庙的苍颉塑像

第三节　文昌帝与敬惜字纸

字纸是写过字的废纸,古人一般不会白白丢弃,会加以利用,制作纸明器是重要用途。纸明器是纸质的丧葬用品,以日用品为主,也包括部分礼仪用品。墓葬内日用品主要是服饰,尤以帽子和鞋子为多。吐鲁番墓葬中有大量废纸制作的明器,在吐鲁番阿斯塔那等墓葬群内,发现了纸钱、纸鞋、纸帽等明器。最早是建元廿年(384年),最晚在唐大历年间,多在十六国到唐代前期阶段。382号十六国墓葬用旧文书折叠粘贴成鞋帮,包括8件文书,其中4件两面有字。最早年代为真兴六年(424年),文书最晚年号缘禾十年(441年)。360号墓为唐开元年间墓葬,出土一只纸鞋,拆出文献8件,其中有《论语·公冶长》。阿斯塔那(三堡)和哈拉和卓(二堡)两个地区的

---

① 萧军《永乐宫壁画》第160、170页,文物出版社,2008年。

晋至南北朝中期墓葬,纸鞋面涂染蓝色,外底写"鹭"。永徽四年(653年)302号墓一具尸体穿纸鞋。麻纸剪成帮、底,以丝线缝合,鞋底前尖,向上翘起,鞋面涂黑。全部使用字纸。唐开元年间363号墓葬的纸靴一件,拆开有文献四种,包括《论语郑氏注》。

阿斯塔那(三堡)和哈拉和卓(二堡)两个地区盛唐到中唐的墓葬(贞观到大历)出土有纸鞋、纸腰带、纸冠等。509号墓同时出土了纸衾,用开元年间文书档案旧纸制成。①

《庐山远公话》:"自从远公于大内,见诸宫常将字纸秽用茅厕之中,悉嗔诸人。"责备将字纸秽用,用作明器之类恐怕属不敬之例。敦煌文献《庐山远公话》虽是北宋的抄件,但是它故事却在唐代,由此可知,唐代已经形成敬惜字纸的风俗。

古人惜字,并非就事论事,而是关系到社会伦理、风俗的大事。文人以文字谋生,尤其推崇。明代小说家凌蒙初在小说中作大篇议论。从古到今,从圣人到小民,威胁利诱,苦口婆心,使人不敢不听:

> 诗曰:"世间字纸藏经同,见者须当付火中,或置长流清净处,自然福禄永无穷。""话说上古苍颉制字,有鬼夜哭。盖因造化秘密,从此发泄尽了。只是一哭,有好些个来因。假如孔子作《春秋》,把二百四十二年间乱臣贼子心事阐发,凛如斧钺,遂为万古纲常之鉴。那些奸邪的鬼岂能不哭!又如子产铸刑书,只是禁人犯法,流到后来,奸胥舞文,酷吏锻罪。只这笔尖上边几个字断送了多多少少人。那些屈陷的鬼,岂能不哭!至于后世以诗文取士,凭着暗中朱衣神,不论好歹,只看点头。他肯点点头的,便差池些,也会发高科,做高官;不肯点头的,遮莫你怎样高才,没处叫撞天的屈!那些呕心抽肠的鬼,更不知道哭到几时?才是住手。可见这字的关系,非同小可。况且,圣贤传经、讲道、齐家、治国、平天下,多用着他,不消说;即是道家青牛骑出去,佛家白马驮将来,

---

① 参见陆锡兴《吐鲁番古墓纸明器研究》,《西域研究》2006年第3期。

也只是靠这几个字,致得三教流传,同于三光。那字是何等之物,岂可不贵重他!每见世间人,不以字纸为意,见有那残书废叶,便将来包长包短,以致因而揩台、抹桌。弃掷在地,扫置灰尘污秽中,如此作践,真是罪业深重。假如偶然见了,便轻轻拾将起来,付之水火,有何重难的事,人不肯做。这不是人不肯做,一来只为人不晓得关着祸福,二来不在心上的事,匆匆忽略过了。只要能存心的人,但见字纸,便加爱惜,遇有遗弃,即行收拾,那个阴德,可也不少哩。"

"宋朝一代,中三元的,止得三人,是宋庠、冯京与这王曾,可不是最稀罕的科名了!谁知内中这一个,不过是惜字纸积来的福,岂非人人做得的事?如今世上人,见了享受科名的,那个不称羡道是难得?及至爱惜字纸这样容易事,却错过了不做。不知为何?"

"仓颉制字,爰有妙理。三教圣人,无不用此。眼观秽弃,颡当有沘。三元科名,惜字而已。一唾手事,何不拾取?"(《二刻拍案惊奇》卷一)

文昌帝君是民间尊奉的神祇,文昌原是北斗六星的合称,也叫文昌宫。《史记·天官书》:"北魁戴匡六星曰文昌宫:一曰上将,二曰次将,三曰贵相,四曰司命,五曰司中,六曰司禄。"文昌宫六星之一司禄,主文运。唐裴庭裕《东观奏记》谓"日官奏文昌星暗,科场当有事"。可知在唐代已尊为司禄之神,主宰科场命运。梓潼帝君原与文昌帝无关,本为凡人,相传名叫张亚子,仕晋战死,在四川立庙祭祀,后被看作文昌帝的化身。唐代玄宗和僖宗两度入蜀避难,均得梓潼神庇护,被封为济顺王。宋代咸平年间,受封为英显王,元明间又升级,加封为梓潼帝君(图1-10)。《明史·礼制四》:"梓潼帝君者,记云:'神姓张名亚子,居蜀七曲山。仕晋战没,人为立庙。唐、宋屡封至英显王。道家谓帝命梓潼掌文昌府事及人间禄籍,故元加号为帝君,而天下学校亦有祠祀者。景泰中,因京师旧庙辟而新之,岁以二月三日生辰,遣祭。'"宋代士子尊其为主掌禄籍之神,科考之士均往庙祈祷,求赐禄运。《梦粱录·外郡行祠》载:"梓潼帝君庙,在吴山承天观。此蜀中神,专掌注禄籍,凡四方士子求名赴选者悉祷之。"他由蜀地守土的小神道变为预知科场胜负、官场进退,具有无边法力的至尊帝君,由文昌帝府内管人间禄籍的司事,而与文昌帝合二为一。元延祐年间受封为"辅元开化文昌司禄宏仁帝君"。明代力纠前朝弊陋,将文昌与梓潼分祀,在蜀地设梓潼专祠,毁弃各地学校等处梓潼神庙。《明史·礼志四》:"夫梓潼显录于蜀,庙食其地为宜。文昌六星与之无涉,宜敕罢免。其祠在天下学校者,俱令拆毁。"

清代中期官方将文昌帝与关帝并尊,纳入正祀,咸丰以来,历代皇帝不断亲谒文昌庙献祭,道观内建文昌殿,塑文昌帝像(图1-9)。各地官民重视当地的文化建设,纷纷修建文昌宫、文昌阁、文昌祠,内设书院、社学、义学。文昌信仰不断扩散,文昌帝君有庞大信众,文昌庙成为当地宗教、文化的活动中心之一。

文昌帝君既然主文运,民间认为对文字的保护属于他的职责,于是敬惜字纸的惜字劝善书就托文昌帝神授,皆以文昌帝之名推行。宋代兴起苍颉神的崇拜,推而广之,进而形成了对文字的崇拜,那些惜字劝善书估计就是在这种风气的影响下出现的。现见的版本年代都在清代,实际远不止这么晚。明代的文集、笔记、小说的记载中有不少惜字内容,与惜字劝善书相呼应。所以,目前虽无法确定惜字律形成年代,可以肯定在明清之交,或者明代中后期。惜字劝善书的流通依靠民间的道德力量,发行的渠道很广,书中

图1-9 龙虎山的文昌殿

图1-10 梓潼帝君(《三才图会》)

图1-11 光绪年刊《文昌帝君宝诰》①

文有"抄写惜字书文,遍传人世。一本二十功"。如此建功,吸引许多人参与复制,在复制的过程中,常常按照自己的意思作出修改,并添加进新的内容。现在尚能见到的各式各样的版本,就是在这个流通过程中形成的(图1-11)。惜字劝善书版本十分繁杂,文字大同而小处多异,已经无法找到它们的祖本。惜字劝善书版本虽多,就其内容而言,只有两类,一类是劝谕文,另一类是惜字功过格。

《文昌帝君劝敬字纸文》:

> 士之隶吾籍者,皆从敬重字纸中来。如宋朝王沂公,其父见字纸遗坠,必掇拾,以香汤洗,烧之。一夕梦宣圣拊其背曰:"汝何敬重吾字纸之勤也!恨汝老矣,无可成就,他日当令曾参来汝家受生,显大门户。"未几,果生一男,遂命名曾,及状元第。此事虽远,可以为证。
>
> 余窃怪今世之人,名为知书,而不能惜书,视彼释老之文,非特万钧之重,其于吾六经之字,有如鸿毛之轻。或以字纸而泥糊,或以褙屏,或

---

① 张奋撰文/摄影《"敬惜字纸"和字纸炉》,《温州日报》"瓯越副刊·风土"http://www.wzrb.com.cn/2006.6.20。

以裹物，或以糊窗，践踏脚底，或以拭秽，如此之类，不啻相倍蓰矣。何释老之重，而吾道之轻耶？是岂知三教本一，而欲强分别耶？况吾自有善恶二司按察施行，以警不敬字纸之类。如平生苦学鸡窗，一旦场屋，或以失韵误字，例为有司所黜，终不能一挂名龙虎榜者，皆神夺其鉴，以示平日不敬字纸之果报也。诸生甘受此报，恬然不知觉，甚至于子孙之不识字，举家因之而瞎者。远则不足以为戒，故以近者言之：如泸州杨百行，坐经文而举家害癞；昌郡鲜于坤，残《孟子》而全家灭亡。果报昭昭，在人耳目。杨全善亦百行之后，埋字纸而五世登科，李子材葬字纸，而一身显宦，既能顾惜，阴报岂无？

昨因老君降生之辰，玉帝御太极之殿，修文郎颜公、葛真人等，三上表而言此事。若能以字纸为重，或埋之于土，或焚之于火，更相告谕，相率诸家，始终不怠者，即消灾而降之福。若知而不敬者，即夺其福而降之殃。玉帝旨下，专委吾遍行飞鸾，申明此事。已曾于成都就西南道院降榜晓谕矣，又曾于滇中降鸾晓谕印施，又今降于南安，普行戒谕，若见而知之，知而戒之，顾惜而敬重之，此即诸生功名之梯级，而父母责望之门路矣。诸生一诚相感，而吾可不尽言，以救士风之颓，庶几夫子之道重于泰山，而六经之文不致为蔽屣。此即吾之愿望也，信祈神者，谁为我发？若世人见此示谕之文，即当递相告戒，使人人敬重字纸，则获福无量，若揭而藏之，则殃流后代，可不畏哉！

文昌帝君的惜字劝善文特别提到宋朝王曾因父敬惜字纸而状元及第的事迹。王曾本是北宋的状元宰相，幼年丧父，靠仲父抚养成人，由乡贡试礼部廷对皆第一，凭真才实学做官。他父亲不但没有什么惜字的阴功，养育的职责都未做到。杜撰的这个故事不知起自何时，估计传说已经相当久远，明末的《西湖二集·愚郡守玉殿生春》中把它作为故事提到。讲王父一生敬重字纸，凡是在污秽之地，发现有遗弃字纸就拾起洗净，晒干后焚化，再投入长流水中。一日梦见孔圣人，说他："汝一生敬重字纸，阴功浩大，当赐汝一贵子，大汝门户。"果然生了王曾，连中三元。《愚郡守玉殿生春》主要是说南宋孝宗时赵雄之事。赵雄天生愚鲁，到十六七岁尚不开窍。先生出对"一双征雁向南飞"，他对"两只烧鹅朝北走"，先生出对"门前绿水流将去"，他对"屋里青山跳出来"。他虽然是"凿不开的混沌，刮不去的愚蒙"，但听到王曾的事迹便牢记心上。"遂虔诚发心，敬重字纸，如珍宝一般"，果然念头虔诚，自有报应。辞朝之日文昌梓潼禄帝对他说："上帝以汝敬重字纸，阴功浩大，做官爱民恤财，今特祐汝。汝入朝之时，皇帝问道：'卿从峡中来乎？风景如何？'汝但对曰：'两边山木合，终日子规啼。'不得违吾法旨。"后来安安稳稳地做了十二年太平宰相。以上两个事例是敬惜字纸，积阴功，报及子孙后代或己身，都是功名得手，享尽荣华富贵。但是能高中状元做宰相的实在是凤毛麟角，这种功利劝化难以打动普通百姓。于是，惜字与毫无关联的寿命挂起钩来了，明代就有一个长寿的故事。

> 有仆冯勤，其父佣者也，素多病，日者谓其短造，甚忧之。问一道士："何以延年？"道士曰："若为佣，不能积德，惟勤洒扫，惜字纸，乃可延耳。"佣乃市篲帚，遍历所居村巷。凡有秽恶，悉为扫除，见一字，则取置于筒，至暮焚之，岁以为常，寿至九十七，无病而终。（明朱国祯《涌幢小品》卷二十"仆惜字纸"）

《惜字劝善文》是一篇宣传性的文字，它从正反两个方面着手，比较惜字和糟蹋字的不同结果，以佛教的因果报应理论很直观地说明惜字与否对当事人的利害关系，足以使人触目惊心。然后再托玉皇大帝下旨之威，敦促世人重视和传递这个谕文，为自己和子孙造福。

大约出现在清代雍正年间的《文昌帝君功过格》里分功格和过格，按照善恶各处赏罚，使得惜字劝善文的内容具体化，根据惜字的业绩和坏字罪过的大小作出量化的处理。将惜字这种精神道德领域的内容变成十分功利性的条款，这是一切带有大众性的精神活动的特点。因为有这种虚拟的利害关系的推动，只要有迷信思想的人，或者只要对惜字表示赞同的人，就会不由自主地进入，不由自主地把自己的行为与功格、过格相对照，修正自己的所作所为。

《惜字功格》

倡举一惜字会,始终无怠心。一年二十功。

雇人拾废字于道涂。一月十功。

时时告诫童仆婢女珍惜字纸。一月十功。

为师长能以惜字训诫生徒,取前人报应与之讲说,使凛然知警。一月五功。

居官能谕书役尊敬字纸,凡示谕之单,不使贴污秽之地。一月一功。

书吏能敬惜字纸暨无用牌票、册籍、邮封,即时焚化库中,不用糊壁、包物及抹桌、纸捻。一次一功。

劝化子弟不使壁上写字。一次一功。

书肆客商能诚心劝谕工人:凡刷印、装订之处,使残篇废字随手捡入字纸篓内,不致轻弃一字。一月十功。

施字纸篓一百。一功。

妇女用字帖剪花样,能劝禁之。一次一功。

妇女有用字簿夹针线鞋样,能以白纸簿易之。一次一功。

拾秽字、遗字洗净焚化于字库中。一字一功。

劝化亲友子弟敬惜字纸。一次一功。

见器物门壁上字,即刮洗送于河中。一次一功。

雕去炮上字,不能爆烂践踏,大炮一个一功,编炮一封十功。

劝将路引老钱灰与亡人诉明,送入长江,不放棺内。一次百功。

刊刻惜字书文,遍传人世。一本十功。

抄写惜字书文,遍传人世。一本二十功。

惜字务惜字灰,以银钱买字纸焚化。其污秽者以香汤沐化,字灰送入字库、长江。一年百功。

平日赞扬惜宁书文,及劝人不以字纸、钱文放置床上污亵处。一次十功。

僧家焚文书冥赍,焚后即将字灰包裹,送入长江、字库。一次十功。

僧道不能将字灰收拾,即劝主家将字灰包裹,送至字库、长江,或埋净土。僧道与主家俱一次十功。

巫人焚科式文书、灶牒,以盆钵装好,然后焚之。既焚,即劝主家将字灰收拾,送入长江。一次十功。

巫人焚茅人,其上有字,能择净土焚化,即将灰送长江,埋净土,病者全愈。巫人一次十功。

凡训童蒙者,不使童子书中签子遍地践踏。一日一功。

《惜字过格》
随意焚烧秽地,不收取字灰投于江河。一年二十过。

书籍与钱置床褥上坐卧,并船舱底,或藏被内,坐于上,骑于上。一次十过。

出外将书信、账目、字扇插靴鞋。一次二十过。

店肆牙行将废账簿裱壁褙盒及泡纸筋。一次二十过。

将废字纸搓纸捻钉簿,捆,及引火打亮。一次二十过。

将字纸包裹什物,封坛罐。一次一过。

随手书灰字于门墙,及写于几砚。一次一过。

将字纸拭污秽,擦桌几,糊窗。一次五过。

器皿什物记号不用暗目,明书正字,或写年月日者。一次一过。

大小便不净手,取携书籍。一次一过。

因怒扯碎,团搓,并嚼烂乱弃,及点火吃烟者。一次二十过。

妇女、孩子头上、手上金银物件铸字迹,带入卧房亵渎。一次十过。

己身不敬惜字纸,又不以字书文训戒子弟,递相轻侮者。百过。

巫师焚化科式文书不择净地,既择净地而未尝嘱主家将字灰送入字库、长江。一次五十过。

僧道焚文书冥赍,不将字灰收拾,并不劝主家敬惜,随意焚化,任人践踏。一次百过。

巫人焚茅人,不惜其上有字,随意焚化,又不嘱主家将灰送入长江、净土,主家病不愈。巫人一次五十过。

家藏惜字书文不能讲明,劝人珍重宝爱,或拭秽,并糜抹烂者。五十过。

见劝善书不信、不传者。三十过。

清人邹祖堂《人生必读书》收入的《文昌帝君惜字功罪律》内容与以前相差不多,但是,对抽象的功和罪作了具体的规定,更加直观。如果泛泛的功论是支票的话,这里就成了现钱,做惜字的善举,得到好处,就像现钱交易一样。如万功,寿增一纪,长享富贵,子孙荣显;五千功,寿增一纪,得享富贵,子孙贤孝;一千功,安乐无流离,子孙昌盛;五百功,永无是非,多生贵子;等等。

且自一画开理数之源,五千启道德之要,是以在上者赖字以治国,在下者守字以成家。刑政礼乐,非字不行;士农工商,非字何藉?盖敬字为集福之基,残字乃招殃之渐。今功罪剖析分明,劝戒殷勤深切,而凡属公卿士庶,应亦鼓舞奋兴矣。

《功律》

生平以银钱买字纸至家,香汤浴焚者,万功,寿增一纪,长享富贵,子孙荣显。

生平遍拾字纸浴焚者,五千功,寿增一纪,得享富贵,子孙贤孝。

多收字纸,深埋净地者,一千功,安乐无流离,子孙昌盛。

刊刻惜字书文,遍传世人者,五百功,永无是非,多生贵子。

抄写敬重字纸书,训阃门人,令其珍惜者,三百功,子孙发达。

见惜字文,留及子孙,及己身敬信供礼者,百功,安乐无祸。

化人银钱,买字纸浴焚者,百功,寿增一纪。施财人永远富贵。

劝世人惜字,并焚怪异、淫乱等书者,百功,本身增寿,子孙昌盛。

僧道不以有字幡帐作杂用，能自戒劝人者，五十功，德名光显。

见人作践字纸，急以素纸换焚，或以他物换焚者，五十功，百病不生，转祸得福。

禁人不以字纸拭秽者，十五功，其人昌达。

凡人有难，或急或缓，见字纸必浴焚者，万字十功，即得平安。

劝人不以字纸及钱放床褥下，十功，得安乐。

偶于秽处见字纸，即收起不轻忽者，十功，一生平安。

禁人马上有文字及钱不骑坐者，十功，得安享。

不以字书夹鞋样，自戒内眷及功人者，子孙智慧，不忤逆。

劝人不以字书放湿处霉烂，并扯碎践踏者，十功，必得名寿。

生平不轻笔乱写，涂抹好书者，十功，永无凶事。

刮洗器物、门壁上字者，五功，得眼目光明。

赞扬敬字文为大功德者，五功，获福必多。

见人以字纸封盖荤臭器皿，换取浴焚者，五功，无恶事相遇。

以字纸焚香炉中者，三功，得享吉祥。

遇字纸，漂净水中，万字一功，免诸疾障。

代人收采浴焚字纸，万字一功，得享清福。

劝人多惜字纸，报应如律。

《罪律》

将人钱买要浴焚字纸，取用作践者，一百罪，夭折，子孙贫贱。

骗人买字纸钱，不买字纸焚者，一百罪，定恶病夭折。

己身不敬字纸经书，又不训教子弟，递相轻侮者，一百罪，恶疮遍体，再生痴聋喑哑。

遇字纸焚处，践踏、扑灭及收用者，八十罪，定生肿毒。

家中破书废字，将来换碗、换糖、作践者，八十罪，定生痴聋喑哑。

家藏敬字书文，或拭秽并糜烂者，七十罪，多恶事无救。

僧道以有字幡帐作囊杂用，六十罪，薄福受刑。

以字纸包药、裹经书、垫木鱼器用者，五十罪，蒙蔽慧心。

以字纸拭物拭几,及揉搓弃地者,四十罪,遭流离,去智慧。

见劝善书、惜字文,不信、不传人者,三十罪,穷年窘迫,生不孝子。

以字纸经书放船舱底,并马上骑坐者,二十罪,生毒疮,受人欺侮。

己身不敬重字纸,反又讪笑人者,十五罪,多遭横非。

以字纸漂污水,焚秽地者,十五罪,多目疾昏盲。

以经书枕头,及以钱与字放床褥下者,十五罪,穷苦受杖。

以字纸引火打亮者,十罪,生疥癣。

见妇女剪字纸做鞋样,及为花垫盘盛盒,男子不禁止者,十罪,受枷锁刑。

以字纸糊窗壁、褙屏、褙书壳者,十罪,定受冤枉不明。

以字纸嚼烂吐壁上,及扯碎作书捻者,十罪,烂唇手,生恶疮。

晻昧敬字功德者,十罪,不得吉祥。

女眷以字纸书夹鞋样,男子不禁止者,十罪,生忤逆子女。

妇女绣字于荷包、香袋、扇插、枕头上,不行谕禁,及系带于腰间,并将枕头枕卧,以致亵污者,五罪,得晕暗、拘挛之疾。

轻笔乱写,抛撒不顾,及旋写旋涂抹者,五罪,减聪明。

怒抛书卷,掷字纸于地下者,五罪,减聪明。

以字扇、书启插靴袜者,五罪,足生毒疮。

以字号写器上,致人坐践者,四罪,家不祥。

以不净手检阅经书者,三罪,生叉指疮。

以字砖垫路者,三罪,行事不顺遂。

于地上画字者,三罪,多遇险阻。

剜裁字迹者,一罪,多忧惊。

以字纸褙神像,拾堼墙壁内,一罪,虽别有功不录。

有这种功格的指导,自然有实践者,把条文进一步落实到行动中去,当时出现了很多这样的人:

残废字纸取以糊窗覆瓿,自昔为昭不足异也。有惜字者出为之收拾焚毁,要亦尊重斯文之意,无如惜者自惜,抛弃者自抛弃。间有取破书旧帐(账)簿用以夹藏花样、鞋片者,扬城徐君以为不敬莫大乎是。特倩精于绘事者绘《二十四孝》等图,附以花鸟、亭泉各景、须眉人物,无不栩栩如生,约数十页,刊印若干本,分往大街小巷。凡有旧帐簿及残编断简以为花样书者,辄以图画易之,压线者流,咸欣然乐从,以彼易此。夫于敬惜字纸之中,隐寓劝孝之意,徐君此举可谓意美法良矣。(《吴友如画宝·古今谈丛上·惜字劝孝》)

在惜字敬字的风尚影响下,社会对文字的崇拜愈演愈烈,从对文昌帝的敬畏发展到对每个字的敬畏,甚至把字当作菩萨来膜拜。明归有光记广东陈元诚,初不识字,自己拿千字书供起来,"终日拜之,久而忽能识字"。这样荒唐的事,清代文人阮葵生居然还说"此事古人亦常有之"(阮葵生《茶余客话·拜书识字》)。

《西湖二集·文昌司怜才慢注禄籍》中说:唐末罗隐诗才神速,出口成章,但是生性轻薄,出语尖刻,连鬼神也不放过。因此虽然"学贯天人,才兼文武",却功名未就。后来数年改行从善,果然文昌帝君就托梦给他,答应奏闻玉帝,"慢慢注汝之禄籍可也"。后罗隐得到越国钱镠的赏识,做到谏议大夫之官,母亲和妻子都受诰命,荣华下半世。这个故事也是宣扬惜字的,但不是敬惜字纸,而是讲究用字之慎,要求合乎道德规范。罗隐的前半生和后半生,以"惜字"为分水岭,禄籍也由此而变。

字为天下古今之宝,随身随事,皆不可少,真所谓利生民于万世者也。而世人不知敬惜,轻易书写,妄以与人及淫辞艳曲,擅写词讼退婚,与批杀斩及不正药方,以至秤卖字纸,糊器践踏,扯毁杂用,所以天之报施,亦终其身于贫贱。《文昌宝训》云:一切闲文字,皆与藏经同。故自古惜字者,每得科名报,亦得长寿报,亦得广嗣报,因果颇多,慎不可忽。若今之不敬字纸者,因其前生罪重无有智根,求善难入,所以目不识丁。

学道先当敬惜字纸，敬惜者如前，亵用咸宜永禁。（清陈苾《修慝余编》）

用字之惜，是敬惜文字中非常重要的部分，下笔遣字要合乎社会道德，如果涉及当事人性命、身家、名誉等重大问题，下笔要慎之又慎，千万不能造成不幸的后果。当然，更不能利用文字造谣生事，颠倒是非，为虎作伥，欺压良善，不要写那些败坏社会风俗、诲淫诲盗的东西。如果违反了这些原则，就是亵渎了文字。惜字律中也有这方面的条文。

《文昌帝君惜字真诠》
下笔有关人性命者，此字当惜。
下笔有关人名节者，此字当惜。
下笔有关人功名者，此字当惜。
下笔属人闺闱阴事者，及离婚字者，此字当惜。
下笔间离人骨肉者，此字当惜。
下笔谋人自肥，倾人活计者，此字当惜。
下笔凌高年，欺幼弱者，此字当惜。
下笔挟私怀隙，故卖直道，毁人成谋者，此字当惜。
下笔唆人构怨，代人架词者，此字当惜。
下笔恣意颠倒是非，使人含冤者，此字当惜。
下笔喜作淫词艳曲，兼以诗札讪笑他人者，此字当惜。
下笔刺人忌讳，令终身饮恨者，此字当惜。

敬惜字纸不只是一味的收拾有字纸张，它也要求谨慎用字，防止在文字的使用中出现违背社会道德的行为发生。一种敬惜字纸是在落笔之后，完全是精神世界的事情；另一种惜字是在落笔之前，下笔常常是财产归属、官司输赢，有关生计性命，更有现实意义。因此文人对惜字之说尤其注重。清代张允祥撰写了一篇《广惜字说》，说理更为透彻。序言中申明要义，认为

"笔端之祸为最烈也"。希望同人捉笔时倍加警惕,"则于世可以寡怨尤,于口可以杜虚枉,于心可以全忠厚"。

  案牍如山,为民上者,果以公心剖析,虽遇盘错,亦将迎刃而解,倘执己见,深文周内,则民之冤抑必多。独孤及曰,一字之加胜于三千之刑,可不慎欤?凡下笔有颠倒是非,使人衔冤者,此字当惜。
  幕客事参机务,权属文移,一字未稳,即成冤狱,司事者宜详宜慎,勿以屡驳而株连善类,勿以深词而殃及无辜。古云笔下超生,非虚语也,凡下笔有一时快意,他人永无生路者,此字当惜。
  公门最易为善,才举笔间,即他人生死所系。昔定国治狱,而子为三公,安民持平而子皆登第,人知舞文以受贿,孰如积德以遗子孙耶?凡下笔有出入,关人性命者,此字当惜。
  争讼由于愤怒,或多方劝谕,令其解散,或抑强扶弱,公道获伸,何得教唆以致倾陷?如薛敷以刀笔营生,积财巨万后家以火烬,身以水亡,是不论曲直劝人评讼之报也。凡下笔有代驾虚词,构人争讼者,此字当惜。
  夫妇人之大伦,或破人于未成,或离人于既合,损德莫甚焉。昔王固休妹婚而全家暴亡,孙洪毁离启而复显爵,皆前事之验也。凡下笔有破人婚姻,离人夫妇者,此字当惜。
  骨肉本于天性,见有参商,便当曲为调护,岂可借笔舌以离间耶?昔冒公政代偿赎女,副都之尊宠非常,费无极谗间父子,灭门之奇殃最惨。凡下笔有离间他人骨肉者,此字当惜。
  孤寡乃人之最堪怜者,遇之即宜矜恤。倘乘机骗害,孤寡暗受其侵凌,而天之报施未尝或爽。凡下笔有侵凌孤寡者,此字当惜。
  阴私人所隐讳,昔韩魏公为相,每于往来文字中,见有攻人隐恶者,即手自封之,未尝人见。陈眉公曰:好谈人闺闱者,非有奇祸,必有奇穷。凡下笔有属人闺闱,发人隐微者,此字当惜。
  体相不具,人生之大不幸也,一经品题,纤悉毕现。昔平原君美人,笑蹲者而被诛,李昭言戏孙文懿而召愧,非前车之覆欤?凡下笔有诗歌讥诮,犯人所忌者,此字当惜。

　　传奇小说,最易惑人,或写情郎之缱绻,或描丽女之幽怀。在作者不过逞锋利于毫端,见者必致荡佚其心志。凡下笔作淫词艳曲,导人邪僻者,此字当惜。

因为历史的局限,上述的某些惜字内容是荒唐的,特别是反对离婚和青年自由婚姻的追求,反映了作者的封建道德观念。但是多数内容对当今社会还是有一定的教育意义,如慎于官司,抑强扶弱,矜恤孤寡,保护残疾,不揭人隐私,不要无故拆散家庭、分离骨肉等等,也符合现代社会道德。

"不借资财,人人可勉,不费工夫,时时可行",这十条内容看起来不复杂。实际上比敬惜字纸的那套注重形式的做法要难得多。因为牵涉的不仅是人们的道德修养,还有利害关系,实施起来并不简单,所以作者提出"不徒惜字于字,而惜字于心",要从心底里爱护文字。

第四节　惜字会与焚字炉

　　惜字会是民间组织的敬字惜字活动,正式的名称叫惜字文昌会,是尊奉文昌帝的惜字香会。每年二月十五日、八月十五日,四面八方的百姓聚集在文昌祠及各乡祠等地,献上供品,顶礼膜拜,举行各种仪式,在空旷处搭台演戏,吸引大量的人来参加集会。这种多场合的大型惜字香会,宗教化的气氛具有极大的感召力,对树立敬字惜字的观念有很大的作用。

　　香会,春秋仲月极胜,惟惜字文昌会为最。俱于文昌祠、精忠庙、金陵庄、梨园馆及各省乡祠,献供演戏,动聚千人。(清潘荣陛《帝京岁时记胜·二月·惜字会》)

　　因是初十日出榜,先一日准可得信,便人家预先商量着在内城、西山两下相距的一个适中之所,找了座大庙,那庙正是座梓潼庙,庙里也有几处点缀座落。那庙里还起着个敬惜字纸的盛会。(《儿女英雄传》第三十五回)

除了一年两度的临时性香会,惜字的信众还建立起民间组织惜字社、惜字局。根据《燕京旧俗记》载,惜字组织供奉苍颉为字祖,每年农历三月廿六日"恭祝苍颉至圣先师圣诞之辰",同时奉祭文昌帝。惜字组织的成员都要出资赞助,或参加义务活动。他们制作字纸篓,分送各衙门、商号、民居,供人存放字纸,并雇来佣役背上大号字纸篓,着黄背心,上书大字"敬惜字纸",到各处去收集字纸。《吴友如画宝》中有晚清惜字会活动的情形(图1-12)。惜字会一行数人挑着竹编字纸篓筐,到住宅的大院内,收集字纸。成人、小孩纷纷拿出书册等字纸,很慎重地交给他们。

图1-12 惜字会收集字纸

有自觉收集字纸的志愿者,终日逡巡于大街小巷捡拾字纸,有的要在头上打个转圈表示恭敬,再放字纸进篓里。有的人患了眼疾,视力衰退,许下心愿来捡拾字纸,以企恢复光明。有的人求来生能读书识字,成为受人敬重的读书人。读书人和商家账房会置一个字纸篓,待沿路拾字纸者到来,由他们一并带到敬字纸炉去焚化。

有人从事宣传工作,在各处张贴"敬惜字纸"的字条,在商家的墙上或专设的字纸篓上,还有建筑物上也张贴这类标语。上海四川北路大德里以干弄为界分为两部分,一侧为"恒安坊",一侧为"大德里",为1927年由天德公司开发建造的新式石库门里弄。风格亦中亦西,颇具特色。墙角加强处理,嵌设弧形条石,坚固美观。最具特色的是在转角处和山墙上布设了石刻文字。文字字体端庄,宣扬社会公德,极富文明意味。1966年"文革"期间,石刻用水泥涂抹封闭,逃过浩劫。2010年5月的整修中,隐没40余年的石刻再度面世,轰动一时。令人惊奇的是新式里弄内居然有"敬惜字纸,延年益寿"石刻,这是现代城市中目前可见的仅存的惜字会宣传实物(图1-13)。①

图1-13 石库门里弄的"敬惜字纸"刻石

惜字会有两件比较特殊之物,一件是字纸篚(图1-14),也叫字纸篓,是竹片、柳条、藤条编制的篓子,专门用来存放字纸。字纸篚古今形制不同,现代是口大底小的桶形,放在地上,可以随手抛废纸,它只是为了环境整洁,免得废纸乱飞;古代是小口大身像鱼篓形,挂在墙上,字纸是塞进去的,它是为了敬惜字纸设立的。现在虽然还遗留字纸篚的名称,

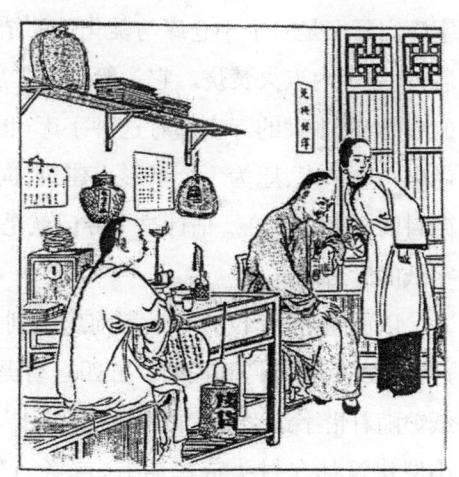

图1-14 墙上挂字纸篚

---

① 布衣的BLOG,《大德里的石刻》,http://blog.sina.com.cn/kyxu,2009.8.16。

但是，无论形状、用途都有很大的差异。字纸篓是临时存放字纸之所，一旦放满就要送到字库去焚烧掉，绝不能随意处置，否则前功尽弃。据说，字纸烧成灰，不可亵渎，尤以伟人烈士所遗，正气所在，不可等闲视之。清丁星海《湖北诗徵传略》："赵继抃字介臣，于国初起义，被获，不屈死。工书，笔力遒劲，某姓藏最夥，烧灰制疟有奇效。"纸灰中没有药物成分，是碰巧，病痊愈了。

《惜字功格》中说"施字纸篓一百。一功"。当时惜字已经形成风气，书斋、课堂、店堂、账房等一切产生字纸的地方都有字纸篓，到后来出版书籍的作坊也鼓励设字纸篓。《惜字功格》说："凡刷印、装订之处，使残篇废字随手检入字纸篓内，不致轻弃一字。"

焚烧字纸有专门的炉具，又叫字库、惜字宝库、化字炉等。焚字炉不知始于何时，从实物看最早也不过清代。清初朱彝尊《南泉寺新建惜字林记》："有禅上人者，衣蒿衲，持顷筐，拾字纸于道，月之朔望辄焚之，越三载，结数椽于文昌阁下，扁曰'惜字林'，贮之有库，焚之有炉，来请予作记。"这字库实际上是一个小仓库与焚化炉的结合体，破书、字纸积累到一定数量之后，就在炉内点火焚烧。它一般建在文昌阁的旁边，稍有例外的是建在寺庙的一侧，几乎大的寺庙都有这种字库（图1-16）。江苏苏州西园寺东南角尚存一个字库，原为一个亭形小建筑，向外正面开一个小券门，现在已经用砖封闭（图1-15）。估计这个券门就是焚化炉，炉的后面是用来存放破书、字纸的库房。

以前庙堂、学校、街市、屋前房后到处设置化字炉，以便随时焚烧字纸，这种情况一直维持到民国。五四运动提倡新文化运动，破除了汉字迷信，字纸炉随着惜字运动的式微而逐步退出人们视野，至今已经所余不多。这些小型建筑都在村头或民居旁，或者石作，或者砖砌，呈宝塔形，多数破残不堪。

广东清远连州市普查发现多处焚纸炉，楼阁式建筑，平面多为六角形，三层居多，少数为五层、六层。高5至10米，第一层、第二层正面有炉口，一般采用方石或砖砌成。外形像宝塔，置石刻葫芦宝瓶。炉口上方有炉名，或

 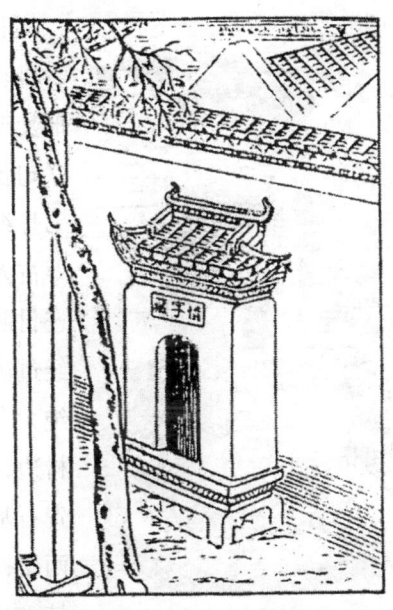

图1-15 苏州西园惜字宝库　　图1-16 惜字藏(《点石斋画报》)

称"字纸亭""惜字亭""化字炉",两侧有对联。连州保安镇卿罡村化字炉为青砖方形亭式建筑。四角飞檐,攒尖顶石质宝葫芦顶。须弥座。通高2.85米。炉壁镶咸丰十一年(1861年)"鼎建化字炉碑"。

连州市瑶安乡大营村矮山岗上有一座焚字炉,建于民国癸丑年(1913年),平面六角,形攒尖顶,砖砌,叠涩出檐,通高3.2米。砖壁镶民国癸丑年"鼎建字炉亭碑",南面有圭式炉门。

连州星子镇敬联村焚字炉建于清代,为二层六面亭阁式石亭,六角飞檐攒尖顶,宝葫芦塔刹。通高3.1米。亭壁西面刻"惜字亭"及对联:"字内能存千古事,炉中可化万年书"。冲头村也有二层六角石亭,清代建造。上层阳刻"惜字亭"及对联:"虽无雅文尊圣□,觉有襟怀重贤□""砥柱冲天通学海,字亭秉地尉人文"。①

---

① 黄敬强《字内能存千古事,炉中可化万年书——从化字炉管窥连州辉煌的历史文化》,《南方文物》2011年第4期。

图1-17 冲头村惜字亭

旧时浙江温州各县,凡人口较为密集的乡村和集镇的村头巷尾,都建有焚纸炉。各地焚纸炉大体相同,只是在字纸炉两边镌刻联句各异,如"敬惜字纸,功德无量""毋弃六书片纸,只因一字千金""一炉纸化氤氲气,万古人存爱护心""案有残篇须烂熟,都因字迹付鸿炉""偶来付丙者,便是识丁人"等。经过历史的沧桑变化,特别是"文革"破坏,绝大多数已被拆毁。浙江平阳县凤卧镇塔边村边,有一座完好的清代字纸炉。须弥座式青石基座,四角饰有虎爪。青砖炉身,分上下两层,高约6米,飞檐翘角,上下两层均有廊柱,内壁堆塑人物图案。柱上刻有数副对联,其中有"向吾还字债,俾尔继书香"。炉左面为烧字纸的黑门洞,尚留有烟尘烧痕的余迹。整座字纸炉造型匀称坚固,玲珑雅观。①

陕西韩城党家村始建于元至顺二年(1331年),是历史悠久的大型村落。这里古建筑保存完好,有高耸的文星阁,还保存多个惜字炉,上有顶,下有炉膛,中间有投放字纸的孔洞,孔上有"惜字"二字。每个巷口的院墙外,两座房屋之间,都建有这样的小型惜字炉(图1-18)。

图1-18 党家村惜字炉

南昌湾里仙游谷有一条麻石铺就的古商道,上山经过八角亭,伫立一座古塔,用青砖砌成,爬满老藤。周边老乡称之为熄字塔,何年建

---

① 张奋撰文/摄影《"敬惜字纸"和字纸炉》,《温州日报》"瓯越副刊·风土",2006.6.20。

造不清楚,这是用来焚烧字纸的,"惜字"误作"熄字"。① 敬惜字纸,贯穿整个生活,即使在行旅之中,也需要遵守惜字条例,这个惜字炉就是专门为出行人准备的。

笔者幼时在江苏省武进县东郊华严乡北塘区紫云庵小学就读,学校的部分房舍就是从庵堂改建而来,外墙也有字库,不过是一个砖砌的小龛。当时听大人讲,字是墨写的,墨是糯米做的,糟蹋字纸是罪过,所以要把它烧掉。大人讲的理由与文昌君惜字不同,可是要求是相同的。在字库中经常可以发现烧毁的纸张,说明在20世纪的50年代还有这种风俗。

---

① 《我们用脚板丈量"南昌丝绸之路"》,《南昌晚报》2008.3.2。

第二章 字谶

第一节 图谶与文字

　　天神的预言叫谶,"谶书,河洛书也"。图谶起源于河图洛书传说,是巫师与方士制作的隐语和预言,并收编成集,在西汉成帝、哀帝开始流行,西汉后期渐成气候。《隋书·经籍志一》:"王莽好符命,光武以图谶兴,遂行于世。"王莽首创图谶为自己改朝换代服务,伪造天命粉墨登场。

　　　　(居摄三年)宗室广饶侯刘京上书言:"七月中,齐郡临淄县昌兴亭长辛当一暮数梦,曰:'吾,天公使也。天公使我告亭长曰:"摄皇帝当为真。"即不信我,此亭中当有新井。'亭长晨起视亭中,诚有新井,入地且百尺。"十一月壬子,直建冬至,巴郡石牛,戊午,雍石文,皆到于未央宫之前殿。臣与太保安阳侯舜等视,天风起,尘冥,风止,得铜符帛图于石前,文曰:"天告帝符,献者封侯。承天命,用神令。"骑都尉崔发等眂(颜师古注:眂,古视字也。视其文而说其意也)说。及前孝哀皇帝建平二年六月甲子下诏书,更为太初元将元年,案其本事,甘忠可、夏贺良谶书臧兰台。(《汉书·王莽传上》)

　　王莽与群小相勾结,捏造出铜符帛书要"摄皇帝当为真",并把此谶书入藏兰台。
　　替莽而起的刘秀,继承了王莽的做法,继续利用图谶为执政服务。汉光武帝"善谶",于中元元年(56年)宣布图谶于天下。《后汉书·张衡传》:"《河洛》《六艺》,篇录已定。"李贤注云:"《衡集》上事云:'《河洛》五九,

《六艺》四九,谓八十一篇也。'"此为宣布图谶的篇目。东汉图谶进入盛行期,"儒者争学图谶,兼复附以妖言",各种谶语层出不穷,值得注意的是,其中大部分是离别字形式。汉张衡《东京赋》:"高祖膺箓受图,顺天行诛。"《文选》薛综注:"膺箓,谓当五胜之箓,受图,卯金刀之语。"可知图谶中包含了离合字法。如:

宝文出,劉(刘)季握。卯金刀在轸北,字禾子,天下服。(《孝经右契》)

按:刘邦字季;轸,轸宿。

是县界有嘉禾生,一茎九穗,因名光武曰秀。(《后汉书·光武帝纪下》)

图谶从理论来讲是上天垂示,是一种凌驾于人意志之上的神秘力量。但是这种图谶,实际上是方士等刻意运作的结果。他们把这类内容形成文字,谶书中有大量记录。例如:

《孝经中黄谶》曰:"日载东,绝火光。不横一,圣聪明。四百之外,易姓而王。天下归功,致太平,居八甲;共礼乐,正万民,嘉乐家和杂。"此魏王之姓讳,著见图谶。《易运期谶》曰:"言居东,西有午,两日并光日居下。其为主,反为辅。五八四十,黄气受,真人出。"言午,许字。两日,昌字。汉当以许亡,魏当以许昌。今际会之期在许,是其大效也。《易运期》又曰:"鬼在山,禾女连,王天下。"(《三国志·魏志·文帝纪》"以肃承天命"裴松之注引《献帝传》)

"日载东"是"曹"字。《说文》"曹"字上从二"東(东)",但是下面是"曰"字,不是"日"字。而且汉代"曹"字上多不从"東(东)",唯见于《曹全碑》《校官碑》。可见谶书改变字形，证明魏王姓"日载东"之征。又拆开"许昌"二字，汉亡于许，而魏以昌。接着又拆"魏"字，说"王天下"之征。

执政者可以根据图谶显示的内容，避害就利。"劉（刘）"离合为"卯、金、刀"，王莽因此改钱文为"白水真人（泉字）"，汉为火德，按照五行相克的说法，以水克火，这是用"泉"字的原因。

> 王莽篡位，忌恶刘氏，以钱文有金刀，故改为货泉。或以货泉字文为白水真人。（《后汉书·光武帝纪》）

图谶不是都先有字后说解的，有的主动改动字形，以就谶言。

> 诏以汉火行也，火忌水，故"洛"去"水"而加"佳"。魏于行次为土，土，水之牡也，水得土而乃流，土得水而柔，故"佳"加"水"，变"雒"为"洛"。（《三国志·魏志·文帝纪》"戊午幸洛阳"裴松之注引《魏略》）

汉火德，忌水，因此改"洛"为"雒"，曹魏土德，"得水而柔"，又改"雒"为"洛"。

图谶一出现就受到正统的儒家的反对，不断揭穿他们的把戏，立场分明，言辞激烈。桓谭、张衡等通儒，不遗余力，力陈利害。张衡以图谶为虚妄，非圣人之法。"复采前世成事，以为证验""欺世罔俗，以昧势位，情伪较然，莫之纠禁"，所以"宜收藏图谶，一禁绝之"。（《后汉书·张衡传》）他指出了图谶最关键的问题，不是"立言于前，有征于后"，而是"采前世成事，以为证验"，事实上图谶是倒着做，根据已经发生的事来立言。

因为图谶有"神"的力量，能帮助制造舆论，在汉代已经有人利用它作为夺取政权，取得名分的重要途径。

> 述梦有人语之曰："八厶子系，十二为期。"觉，谓其妻曰："虽贵而

祚短,若何?"妻对曰:"朝闻道,夕死尚可,况十二乎!"会有龙出其府殿中,夜有光耀,述以为符瑞,因刻其掌,文曰"公孙帝"。(《后汉书·公孙述传》)

很明显,这个梦是公孙述自己制造出来的,通过他自己的散布,形成舆论。魏晋以后政治野心家几乎都有此招,每当有重大的变故,就会出现这种谶言。

> 昉入佐相府,便为非法,三度事发,二度其妇自论。常云姓是"卯金刀",名是"一万日",刘氏应王,为万日天子。(《北史·刘昉传》)

刘昉阴谋篡位,袭用汉代刘之卯金刀老话,又拆"昉"为"一万日",鼓噪应为天子。

> 宋朝初,议封高帝为梁公,祖思启高帝曰:"谶云:'金刀利刃齐刈之。'今宜称齐,实应天命。"(《南史·崔祖思传》)
> 齐末,为歌曰"水丑木"为"梁"字。及梁武兵至新林,遣弟子戴猛之假道奉表。及闻议禅代,弘景援引图谶,数处皆成"梁"字,令弟子进之。(《南史·隐逸传下·陶弘景》)

很明显,以齐代宋,以梁代齐,都有崔祖思、陶弘景之流精心策划,不惜生搬硬套,援引图谶,作为换代的必备条件,顺天而行的象征。

东汉后期及南北朝时期,图谶的发展体现在内容的泛化,不仅是有关皇权,其他一些意见也会用谶语表达。前秦对鲜卑的策略有分歧,为了使苻坚下决心灭鲜卑,大臣不惜借谶言来鼓动。

> 时有人于坚明光殿大呼谓坚曰:"甲申乙酉,鱼羊食人,悲哉无复遗。"坚命执之,俄而不见。秘书监朱肜等因请诛鲜卑,坚不从。(《晋

书·苻坚载记下》)

有人仅仅是为了做官,也希望用字谶来证明,真有点小题大做。

> 溥先时家贫,穿井得铁印,铭曰:"傭力得富,钱至亿庚,一土三田,军门主簿。"后以一亿钱输官,得中壘(垒)校尉。三田一土,"壘"字也;中垒校尉掌北军垒门,故曰军门主簿。(晋王嘉《拾遗记·后汉》)

谶纬在东汉之后,除了少数王朝外,历代争议很大,禁止的声浪越来越高。但是,帝王们的心理又是十分矛盾的,他们想利用谶言给自己增加光彩,为自己的政权服务,又不想被别人利用来危害自己。这种摇摆态度,使得谶纬之术难以禁绝。一般情况是在上台时鼓吹图谶,在位后严禁图谶。

例如前秦苻氏初建国以图谶起家,到苻坚即位,就有人献图谶:

> 新平郡献玉器。初,坚即伪位,新平王彤陈说图谶,坚大悦,以彤为太史令。尝言于坚曰:"谨案谶云:'古月之末乱中州,洪水大起健西流,惟有雄子定八州。'此即三祖、陛下之圣讳也。又曰:'当有艸付臣又土,灭东燕,破白虏,氐在中,华在表。'按图谶之文,陛下当灭燕,平六州。愿徙汧陇诸氐于京师,三秦大户置之于边地,以应图谶之言。"坚访王猛,猛以彤为左道惑众,劝坚诛之。(《晋书·苻坚载记下》)

这些图谶有苻坚的"堅(坚)"字的离合,又有对统一大势的断语,是很对苻坚的胃口,实际上他是接受的,只是王猛的反对才没有成功。此时政权已稳定,图谶的利用价值有限,相反会带来不利因素,所以才对此采取了严厉的措施。

南朝各朝,以禅让更迭,新朝帝王都要举图谶,以托天命,更替之后,又严加禁止。谶纬对本朝开国是有功的,对本朝的巩固往往又是有罪的。《隋书·经籍志一》:"至宋大明中,始禁图谶,梁天监已后,又重其制。及高祖受禅,禁之逾切。炀帝即位,乃发使四出,搜天下书籍与谶纬相涉者,皆焚之,为吏所纠者至死。"炀帝这样的措施,就因为他碰上了利用谶言夺权的对手。

　　上(文帝)因下诏数其罪曰:"……妄道清城出圣,欲以己当之,诈称益州龙见,托言吉兆。重述木易之姓,更治成都之宫,妄说禾乃之名,以当八千之运。横生京师妖异,以证父兄之灾,妄造蜀地征祥,以符己身之箓"。(《隋书·文四子传·庶人杨秀》)

诏书明确地指出,杨秀"托言吉兆""妄造蜀地征祥",用图谶来谋取帝位。图谶与谋逆等同起来,问题严重到这个地步,使它走到了绝路。自唐以来图谶略略转入了低潮,由上层转入民间,多以吉瑞的形象出现,文字也以更加隐晦的拆字形式出现。不过唐代出现了叶子格,流传极广,影响深远。据说唐太宗问一行禅师唐朝存国年数,一行没有直接回答问题,却进了叶子格。"葉(叶)"字上半可拆成"廿世",下半"木"可与"子"合成一个"李"字,"葉子"二字就是"二十世李"。后来又有寇天师的石谶,预言唐朝的变故,中宗时编于国史。

　　寇天师谦之,后魏时得道者也。常刻石为记,藏于嵩山之上。上元初,有洛川鄅城县民因采药于山,得之,以献。县令樊文言于州,州以上闻,高宗皇帝诏藏于内府。其铭记文甚多,奥不可解,略曰"木子当天下",又曰"止戈龙",又曰"李代代不移宗",又曰"中鼎显真容",又曰"基千万岁"。所谓"木子当天下"者,盖言唐氏受命也。"止戈龙"者,言天后临朝也。止戈为武,武,天后氏也。"李代代不移宗"者,谓中宗中兴,再新天地。"中鼎显真容"者,"显"实中宗之庙讳,"真"为睿圣之徽谥,得不信乎?"基千万岁"者,"基",玄宗名也;"千万岁",盖历数久长也。后中宗立极,樊文男钦贡以石记本上献,上命编于国史。(唐张读《宣室志》卷五)

宋代内忧外患不断,政局动荡,各种谶言不断,不仅出现频繁,而且形式多样。石谶之外,木谶兴起,天书屡降,君臣测字,庙堂成为儿戏的场所。

元明以来谶语已经不成气候,托仙道下谶语的扶乩以及字谶的后继形式测字流行于民间,对政治大局的干扰越来越小。

谶纬之术以谶语为要,谶语载于谶书,魏晋以来屡次焚禁,几使亡绝。谶语托命上天,形式五花八门,童谣、天书、石头、树木、牛驴、虫龟,无所不有,而且以离合文字为常,这些内容安排在其他各章节内再作介绍。

第二节 童 谣

童谣是流传于儿童中的歌谣。一般语言浅显,节奏轻快,有韵。童谣通过儿童传播,可以毫无阻碍地传达到每一角落,影响面十分广。更重要的一点是童谣代表童稚,天真无邪,似乎透出了上天的声音。童谣实际上是一种谣言,性质上和成人的歌谣没有区别。人们很早就发明用童谣作为政治武器,可以有力地打击对手。历史上童谣极多,本文只选录离合字的部分。

东汉有一首有名的字谶童谣,在京师流行:

京都童谣曰:"千里草,何青青。十日卜,不得生。"(《后汉书·五行志一》)

"千里草"中"千里"合成"重",加草头为"董"字,"十日卜"倒过来相叠成"卓"字,很明显这首童谣是针对董卓,董卓得势,百姓遭殃。童谣召唤起对董卓的不满,成了他失败的预兆。

武帝太康三年平吴后,江南童谣曰:"局缩肉,数横目,中国当败吴当复。"……案,"横目"者"四"字,自吴亡至元帝几四十年。……元帝

懊而少断,"局缩肉"者,有所斥也。(《晋书·五行志中》)

这是晋南迁之变,"局缩肉"言元帝无能,"数横目"言西晋兴亡几四十年。

童谣曰:"江桥头,阙下市,成都北门十八子。"(《魏书·赍李雄传》)

"十八子"三字相加为"李"字。

先是童谣曰:"白羊头𪎌秃,𣪸䮕头生角。"又曰:"羊羊吃野草,不吃野草远我道,不远打尔脑。"……羊为"愔"也,"角"文为"用刀"。(《北史·杨愔传》)

"羊"谐声为"杨愔"之"杨","角"拆开为"用刀"二字。

王恭在京口,百姓间忽云:"黄头小人欲作贼,阿公在城,下指缚得。"又云:"黄头小人欲作乱,赖得金刀作藩扞。""黄"字上,"恭"字头也,小人,"恭"字下也。寻如谣言者焉。(《晋书·五行志中》)

"车无轴,依孤木,绳缚腹,芒笼目。"桓玄时童谣。上二句"桓"字,下二句言其败死。(《琅邪代醉编·童谣》)

"车无轴","車(车)"字去掉中间一竖,成为"亘"字,"依孤木"是"木"字,相加是"桓"字。

司马元显时,民谣诗云:"当有十一口,当为兵所伤。木亘当北度,走入浩浩乡。"又云:"金刀既以刻,娓娓金城中。"此诗云襄阳道人竺昙林所作,多所道,行于世。(《宋书·五行志二》)

有人解释:"十一口"者,玄字象也;"木亘",桓也;"金刀",刘也,倡义诸公,皆多姓刘。

苻坚中,歌云:"鱼羊田斗当灭秦。""鱼羊","鲜"也。"田斗","卑"也。坚自号秦,言灭之者鲜卑也。其群臣谏坚,令尽诛鲜卑,坚不从。及淮南败还,为慕容冲所攻,亡奔姚苌,身死国灭。(《宋书·五行志二》)

童谣云:"周里跂求伽,豹祠嫁石婆,斩冢作媒人,唯得一量紫綖靴。"……(徐)之才曰:"靴者革旁化,宁是久物?"至四月一日,后果崩。(《北史·艺术传下·徐之才》)

一束藁,两头然,河边羖䍽飞上天。(《北史·齐本纪中》)

"藁"字燃去两头,只剩"高"字,指高洋。
以上南北朝之前的童谣。

宝历二年,度请入朝,逢吉党大惧,权舆作伪谣云:"非衣小儿坦其腹,天上有口被驱逐。"以度平元济也。(《新唐书·裴度传》)

"非衣"合为"裴"字,指裴度,"天上有口"合为"吴"字,指吴元济。

穆宗登极,调公督四川,公方携湘中兵随征,而以记名道黄忠壮公醇熙、记名按察使萧壮果公启江分统之。二公先后阵亡,公率所部,卒以同治元年四月,擒石逆于紫打,蜀乱始平。先是蜀中谣云:"四川地土薄,硝磺用不着。若要太平时,除非马生角。""萧"俗书作"肖",萧、黄同剿石逆,犹于二字加"石"旁也。治贼无效,故曰用不着。"角""各"音近,马生角,马旁"各"字,指公姓也。然则前史所纪诸谣谶,非尽秉笔者之好采异说矣。(清陈康祺《郎潜纪闻三笔·骆文忠平石达

开之童谣》)

所有的童谣、歌谣都是别有用心地炮制出来的,不过炮制者一般只有极少数人知道。南朝宋太宗曾故意放出谣言警戒王景文,以求自保。

> 时太子及诸皇子并小,上稍为身后之计,诸将帅吴喜、寿寂之之徒,虑其不能奉幼主,并杀之,而景文外戚贵盛,张永累经军旅,又疑其将来难信,乃自为谣言曰:"一士不可亲,弓长射杀人。""一士","王"字;"弓长","张"字也。景文弥惧。(《宋书·王景文传》)

《抱朴子·论仙》:"狂夫童谣,圣人所择。"古人早就看穿所谓童谣,并非童稚自然吐出,而是幕后的成人教习而来。编造者以及教习者都有一定目的,且俱有很强的针对性,假借儿童之口迅速传布大街小巷,威力之大,不可估量。

许地山认为:"'谣'实是造谣者对于某事观察未周,认识未清的时候由心情的激荡所起的判断,或所认定的事实。所以童谣、民谣,都是谣言,不过其中有些是有利的,有些是有害的而已。过时的谣言,如果还有影响人心的势力,便成为谶语。所以谶语都是由事后回观而得了解的。因为其本质是谣言,回观者不能抓住造谣者的实指,便举事来证明它,这样便成为以成事附会谣谶,不是以谣谶解释当来事态了。"[①] 出于政治目的编造的谣言叫政治谣言,这种谣言以谶语的外衣出现,具有较大的迷惑性,能欺骗一些人,带动一些人,给自己以精神力量,给对手以压力。当然这种童谣都是人为制造,而不是出于儿童的心灵。

---

① 许地山《扶箕迷信底研究》第86页,商务印书馆,1940年。

第三节 天 书

从天上直接降下天书，代表了上天的直接指示。因为这种天书难以操作，汉晋时期为术士所不为，唐宋反倒频频出现，不过起先只是小说家提及。

> 杨贵妃忽昼寝惊觉，见帘外有云气氤氲。令宫人视之，见一白凤衔一书有似诏敕，自空而下，立于寝殿前。宫人白贵妃，贵妃起而熟视之，遂命焚香亲受其书。命宫嫔披阅其文，曰："敕谪仙子杨氏，尔居玉阙之时，常多傲慢，谪尘寰之后，转有骄矜，以声色惑人君，以宠爱庇族属。内则韩虢蠹政，外则国忠秉权。无知过之心，显有乱时之迹。比当限满合议复归，其如罪更愈深，法不可贷。专兹告示，且与沉沦，宜令死于人世。"贵妃极恶之，令宫阙间切秘其事，亦不闻于上。其凤寻去，其书藏于玉匣中，三日后失之。（唐李隐《潇湘录》）

白凤衔书自空而下，上面还有那么些文字，要导演这幕剧很不容易，所以只能在小说中记载。

> 天宝十三年宫中下红雨，色若桃花，太真喜甚，命宫人各以碗勺承之，用染衣裾，天然鲜艳，惟襟上色不入处若一"马"字，心甚恶之。明年遂有马嵬之变，血污衣裾，与红雨无二，上甚伤之。（宋阙名《致虚杂俎》）

上面两则都是有关天降文字的记录，所不同的是，前文是飞降帛书，后文是红雨衬出"马"字。这都是关于杨贵妃的故事，她的浪漫故事一直被人们乐为流传。天书的说法不是正式的记载，并未取得全社会认可，作为神话故事，它们只能是饭后茶余的谈资。但是这种绝顶荒谬的事到了宋代却得到皇家的青睐，屡屡制作，甚至被载入史册。

　　大中祥符元年正月乙丑，帝谓辅臣曰："朕去年十一月二十七日夜将半，方就寝，忽室中光曜，见神人星冠、绛衣，告曰：'来月三日，宜于正殿建黄箓道场一月，将降天书《大中祥符》三篇。'朕竦然起对，已复无见，命笔识之。自十二月朔，即斋戒于朝元殿，建道场以佇神贶。适皇城司奏，左承天门屋南角有黄帛曳鸱尾上，帛长二丈许，缄物如书卷，缠以青缕三道，封处有字隐隐，盖神人所谓天降之书也。"王旦等皆再拜称贺。帝即步至承天门，瞻望再拜，遣二内臣升屋，奉之下。旦跪奉而进，帝再拜而受之，亲奉安舆，导至道场，付陈尧叟启封。帛上有文曰："赵受命，兴于宋，付于眘。居其器，守于正。世七百，九九定。"缄书甚密，抉以利刀方起。帝跪受，复授尧叟读之。其书黄字三幅，词类《书·洪范》、老子《道德经》，始言帝能以至孝至道绍世，次谕以清净简俭，终述世祚延永之意。……戊辰，大赦，改元，百官并加恩，改左承天门为左承天祥符。（《宋史·礼志七》）

　　四月辛卯朔，天书再降内中功德阁。六月八日，封祀制置使王钦若言："泰山西南垂刀山上，有红紫云气，渐成华盖，至地而散。其日，木工董祚于灵液亭北，见黄素书曳林木之上，有字不能识，言于皇城使王居正，居正睹上有御名，驰告钦若，遂迎至官舍，授中使捧诣阙。"帝御崇正殿，趣召辅臣曰："朕五月丙子夜，复梦乡者神人言：'来月上旬，当赐天书于泰山，宜斋戒祗受。'朕虽荷降告，未敢宣露，惟密谕王钦若等，凡有祥异即上闻。朕今得其奏，果与梦协。上天眷佑，惟惧不称。"……己亥，迎导天书，安于含芳园之正殿。辛丑，帝致斋。翼日，备法驾诣殿再拜受，授陈尧叟启封。其文曰："汝崇孝奉吾，育民广福。锡尔嘉瑞，黎庶咸知。秘守斯言，善解吾意。国祚延永，寿历遐岁。"（《宋史·礼志七》）

　　宋真宗是这场戏的主角，他自己布置了这场骗局。有些神诘场面，如

"室中光曜""神人星冠、绛衣""复梦乡者神人言"之类,是他自己的口述,没有他的梦,好戏无法开场。在鸱尾曳黄帛,在林木间曳黄素书就比较容易了。这种近于儿戏的天书,居然还让真宗根据天书改元,称为"大中祥符"。

  大中祥符天书之事,起于佞臣,固无足言。而寇莱公在永兴军,信朱能之诈,亦为此举,以得召入,再登相位。驯致雷州之祸,凤德之衰,实为可惜。而《天禧实录》所载云:"周怀政与妖人朱能辈伪造灵命,冀图恩宠,且日进药饵。宰相王钦若屡言其妄,复密陈规谏。怀政惧得罪,因共诬谮,言:'捕获道士谯文易,蓄禁书,有神术,钦若素识之。'故罢相也。"朱能之事,钦若欲以沮寇公之入则有之,谓其陈规谏,当大不然。倪非出于寇,则钦若已攘臂其间矣。(宋洪迈《容斋三笔》卷五"永兴天书")

寇准为北宋名相,苟且求全,有亏名节,足以令后人警惕。

  天圣中,贺五王出阁。启云:"芝函晓列,星飞降天上之书;棣萼晨辉,岳立受日中之字,隐五字。"(宋赵令畤《侯鲭录》卷四)

真宗之后的仁宗年间,又出现了天书,场面更大,这五个字怎么个隐法是个谜。此后在徽宗年间,天书再现,而且遗留至今。总之北宋的天书现象是比较突出的。

天书需要书于帛,并且挂到屋脊,比空中成像要方便得多,没有实物,全凭一张嘴,怎么说都可以。这个办法,不仅帝皇使用,臣子也效仿起来了。

  公幼时,尝见天门开,中有公姓名二字。弟昶乘间问之,公曰:"要待死后墓志上写,吾不知。"此言虽云拒之,亦可见实尝有是事矣。庞庄敏公帅延安日,因冬至奉祀家庙,斋居,中夜恍惚间,天象成文云:"庞某后十年作相,当以仁佐天下。"凡十有三字。驻视久之方灭。公因自作诗纪其事云:"冬至子时阳巳生,道随阳长物将萌。星辰赐告铭心骨,愿以宽章辅至平。"……至皇祐三年登庸,适十年。(宋朱弁《曲洧旧闻》"王文正遗事")

明代视天书为妖异,偶有发生,已不能有大作为了。洪武十五年(1382年),洪武帝闻报即诛杀,开大明一代好风气。

《明史·太祖本纪三》:"壬戌,盱眙人献天书,诛之。"

嘉靖信道教,接受仙桃,并有天书献上。海瑞冒大不韪,引宋代大儒孙奭之言进谏,力斥天书之荒诞:"昔宋真宗得天书于干佑山。孙奭曰天何言哉?岂有书也?"(《明史·海瑞传》)

崇祯丙子,西安县市人王氏忽雷雨中偶触产室,雷雨遂霁。阶上有天书"二子不孝,他日重治"八字、似行书,径二尺余,似以积沙成之,涤之不能去,顷之自灭。(清谈迁《枣林杂俎·和集·妖异·天书》)

天书实为无中生有,然为民俗,历时久远,难以根除。

第四节 石 谶

所谓石谶就是指石头上的谶语,它是谶纬的一部分,兴起于汉代,盛行于南北朝到唐宋时期,是字谶中重要的部分。石谶的文字一般是文字直接表露,不用拆字的方式,因为石头上的文字本身弥足珍贵。

最早的石谶发生在三国时期,吴主孙皓十分迷信谶言,图谶如潮起潮涌,连续不断,臣下积极逢迎,朝野相互呼应。曾把神谶刻上石碑,即有名的《天发神谶碑》,也称《吴孙皓纪功碑》,字形奇伟,下垂锋芒阴森可怖。当时两次现出石谶,孙皓两次改变年号,与石文相呼应,孙之贪婪愚昧令人吃惊。

(天玺元年,吴郡临平湖开通)又于湖边得石函,中有小石,青白色,长四寸,广二寸馀,刻上作"皇帝"字,于是改年,大赦。

鄱阳言历阳山石文理成字,凡二十,云"楚九州渚,吴九州都,扬州士,作天子,四世治,太平始。"……明年改元,大赦,以协石文。

裴松之注引《江表传》:历阳县有石山临水,高百丈,其三十丈所,有七穿骈罗,穿中色黄赤,不与本体相似,俗相传谓之石印。又云,石印封发,天下当太平。下有祠屋,巫祝言石印神有三郎。时历阳长表上言石印发,皓遣使以太牢祭历山。巫言,石印三郎说"天下方太平"。使者作高梯,上看印文,诈以朱书石作二十字,还以启皓。皓大喜曰:"吴当为九州作都、渚乎!从大皇帝逮孤四世矣,太平之主,非孤复谁?"重遣使,以印绶拜三郎为王,又刻石立铭,褒赞灵德,以答休祥。(《三国志·吴志·三嗣主传》)

这些石头的谶言都是假的,都是根据孙皓的欲望编造出来的,但只要是吹捧他做太平皇帝的,即使假的他也不在乎。例如,明明是印章的刻文,却变成了朱书文,这种作假的行为,恐怕当时的使者已经发现,但是谁敢说穿呢?

以下十则是历代发现的石谶,长短不一,最长者是唐贞观凉州五石,其他比较短。有的文字隐起,有的是朱书文,有的用通行字,有的用古篆,个别石谶还是离合字或者是谜语。

(天平四年)六月壬申,神武如天池,获瑞石,隐起成文曰"六王三川"。(《北齐书·神武纪下》)

(永和八年,慕容俊僭即皇帝位)石季龙使人探策于华山,得玉版,文曰:"岁在申酉,不绝如线。岁在壬子,真人乃见。"(《晋书·慕容俊载记》)

初,太延中,有一父老投书于敦煌城东门,忽然不见,其书一纸八字,文曰:"凉王三十年,若七年。"又于震电之所得石,丹书曰:"河西河西三十年,破带石,乐七年。"带石,山名,在姑臧南山祀傍,泥陷不通。……牧犍立,果七年而灭,如其言。(《魏书·沮渠蒙逊传》)

会稽剡县刻石山,相传为名,不知文字所在。升明末,县民儿袭祖行猎,忽见石上有文凡三处,苔生其上,字不可识。刊苔去之,大石文曰:"此齐者,黄公之化气也。"立石文曰:"黄天星,姓萧字某甲,得贤帅,天下太平。"小石文曰:"刻石者谁?会稽南山李斯刻秦望之封也。"(《南齐书·祥瑞志》)

嵩高山,升明三年四月,荥阳人尹午于山东南涧见天雨石,坠地石开,有玺在其中,方三寸。其文曰:"戊丁之人与道俱,肃然入草应天符。"又曰:"皇帝兴运。"午奉玺诣雍州刺史萧赤斧,赤斧表献之。(《南齐书·祥瑞志》)

大业十三年,西平郡有石,文曰"天子立千年",百僚称贺。有识者尤之曰:"千年万岁者,身后之意也。今称立千年者,祸在非远。"明年而帝被杀。(《隋书·五行志上》)

开皇初,邵州人杨令悳近河,得青石图一,紫石图一,皆隐起成文,有至尊名,下云:"八方天心。"永州又得石图,剖为两段,有杨树之形,黄根紫叶。汝水得神龟,腹下有文曰:"天卜杨兴。"安邑掘地,得古铁版,文曰:"皇始天年,赉杨铁券,王兴。"同州得石龟,文曰:"天子延千年,大吉。"臣以前之三石,不异龙图。何以用石?石体久固,义与上名符合。龟腹七字,何以著龟?龟亦久固,兼是神灵之物。孔子叹河不出图,洛不出书,今于大隋圣世,图书屡出。(《隋书·王劭传》)

开元末,含元殿火去,基下出丹石,上有隐语不可解,云:"天汉二年,赤光生栗,木下有子,伤心遇酷。"此亦不能辨也。(唐柳宗元《龙城录·含元殿丹石隐语》)

王哲,虔州刺史,在平康里,治第西偏。家人掘地拾得一石子,朱书其上,曰"修此不吉",家人揩拭转分明,乃呈哲,哲意家人惰于畚锸,自

磨朱，深若石脉，哲甚恶之，其年哲卒。（唐段成式《酉阳杂俎续集·支诺皋下》）

开元元年，内中因雨过地润微裂，至夜有光，宿卫者记其处所，晓乃奏之，上令凿其地，得宝玉一片，如拍板样，上有古篆"天下太平"字，百僚称贺，收之内库。（五代王仁裕《开元天宝遗事》）

开元末，于弘农古函谷关得宝符，白石赤文，正成"桒（桑）"字，识者解之云："'桒'者四十八字也，所以示圣上御历数也。"及幸蜀之来岁，四十八矣。初得之时，天下歌之，遂改年天宝。（宋钱易《南部新书》卷九）

广南刘龑初开国，营构宫室，得石谶，有古篆十六，其文曰："人人有一，山山值牛，兔丝吞骨，盖海承刈。"解者云："人人有一，大人也。山山，出也。值牛者，龑建汉国，岁在丑也。兔丝者，晟袭位，岁在卯也。吞骨者，灭诸弟也。越人以天水为赵为盖海，指皇朝国姓也。承刈者，言受刘氏降也。"（宋吴处厚《青箱杂记》卷七）

唐末刘建峰定长沙，遣马殷领众浚城濠，得石碣，有古篆十八，其文曰："龙举头，狼掉尾。羊为兄，猴作弟。羊归穴，猴离次。"解者以殷乾宁三年丙辰岁代立，乃龙举头也；至乾祐辛亥岁国亡，乃狼掉尾也；殷子希范以己未岁生，又以开运丁未岁薨，乃羊归穴也；又子希崇壬申岁生，后为江南所俘，乃猴离次也。又马希振亦殷之子，清泰中卒，葬长沙之陶浦，掘得石碣，其文曰："乱石之壤，绝世之冈。谷变庚戌，马氏无王。"盖马氏诸王雄于周广顺，辛亥岁迁于江南，然其国之变，实在庚戌岁故也。（宋吴处厚《青箱杂记》卷七）

宋代的祥瑞之事特别多，这与帝王的态度有关，所谓上有所好。皇帝不仅接受瑞石，而且邀请群臣观赏，以此增强天命意识。

（仁皇帝以嘉祐七年十二月丙申幸天章阁），召两府两制台谏等观三朝御书。置酒赋诗于群玉殿，庚子再幸天章阁，召两府以下观瑞物十三种：一瑞石文曰："赵二十一帝。"二瑞石文曰："真君王万岁。"三瑞木曰："大运宋。"隐起成文。(宋邵博《闻见后录》卷一)

政和二年，玄圭始出。晋州上一石，绿色，方三尺余，当中有文曰"尧天正"。其字如掌大而端楷类手画者，"尧"字居右，"天正"字缀行于左。都堂验视，砻石三分而字画愈明，又于"尧"字之下隐约出一"瑞"字，位置始均，盖曰"天正尧瑞"云。或谓晋阳尧都也，方玄圭出，乃有此瑞。(《宋史·五行志四》)

(宣和)五年，荥阳县贾谷山麒麟谷采石修明堂，得一石有文曰"明"，百官表贺。(《宋史·五行志四》)

建炎三年四月，鼎州桃源洞大水，巨石随流而下，石间有文，似天书，而字画皎然可识。凡三十二字，云："无为大道，天知人情；无为窈冥，神见人形。心言意语，鬼闻人声；犯禁满盈，地收人魂。"(《夷坚丙志·桃源石文》，又见《宋史·五行志四》)

上行下效，群臣也玩起瑞石把戏，辛弃疾自称"未之见也"，也照样祝寿，祝长生。可见当时风气。

宋辛弃疾《渔家傲》词并序："为余伯熙察院寿。信之谶云：'水打乌龟石，三台出此时。'伯熙旧居城西，直龟山之北。溪水啮山足矣，意伯熙当之耶？伯熙学道有新功，一日语余云：'溪上尝得异石，有文隐然，如记姓名，且有长生等字。'余未之见也。因其生朝，姑摭二事为词以寿之。"

　　道德文章传几世，到君合上三台位。自是君家门户事，当此际，龟山正抱西江水。三万六千排日醉，鬓毛只恁青青地。江里石头争献瑞，分明是，中间有个"长生"字。

实际上，历史上绝大多数的石谶都是人为制造的，原因很简单，客观上没有那么巧的事情，正好符合自己的需要。

秦始皇推行苛政，天下怨声载道，于是有人趁机活动，制造混乱。他们在陨石上刻字，将自己的意愿变作天意。

三十六年，荧惑守心。有坠星下东郡，至地为石，黔首或刻其石曰"始皇帝死而地分"。始皇闻之，遣御史逐问，莫服，尽取石旁居人诛之，因燔销其石。（《史记·秦始皇本纪》）

永嘉二年（308年），刘元海僭即皇帝位，大赦境内，改元永凤。

太史令宣于修之言于元海曰："陛下虽龙兴凤翔，奄受大命，然遗晋未殄，皇居仄陋，紫宫之变，犹钟晋氏，不出三年，必克洛阳。蒲子崎岖，非可久安。平阳势有紫气，兼陶唐旧都，愿陛下上迎乾象，下协坤祥。"于是迁都平阳。汾水中得玉玺，文曰"有新保之"，盖王莽时玺也。得者因增"泉海光"三字，元海以为己瑞，大赦境内，改年河瑞。（《晋书·刘元海载记》）

刘元海迁都平阳，为了迎合吉瑞，有人竟然把王莽时的玉印加刻文字，以迎合上面的需要。

武平三年，白水岩下青石壁傍有文曰"齐亡走"。人改之为"上延"。后主以为嘉瑞，百寮毕贺，后周师入国，后主果弃邺而走。（《隋书·五行志下》）

时有人于黄凤泉浴，得二白石，颇有文理，遂附致其文以为字，复言有诸物象而上奏曰："其大玉有日月星辰，八卦五岳，及二麟双凤，青龙朱雀，驺骥玄武，各当其方位。又有五行、十日、十二辰之名，凡二十七字。又有'天门地户人门鬼门闭'九字……于大玉则有皇帝姓名，并临南面，与日字正鼎足。复有老人星，盖明南面象日而长寿也。皇后二字在西，上有月形，盖明象月也。于次玉则皇帝名与九千字次比，两'杨'

字与'万年'字次比,'隋'与'吉'字正并,盖明长久吉庆也。"劭复回互其字,作诗二百八十篇奏之。上以为诚,赐帛千匹。劭于是采民间歌谣,引图书谶纬,依约符命,捃摭佛经,撰为《皇隋灵感志》,合三十卷,奏之。上令宣示天下。"(《隋书·王劭传》)

瑞石作伪成功,是因为有人要利用它达到某种目的。

　　承嗣伪凿洛水石,导使为帝,遣雍人唐同泰献之,后号为"宝图",擢同泰游击将军。于是氾人又上瑞石,太后乃郊上帝谢况,自号圣母神皇,作神皇玺,改宝图曰"天授圣图",号洛水曰永昌水,图所曰圣图泉,勒石洛坛左曰"天授圣图之表",改氾水曰广武。(《新唐书·后妃传上》)

　　唐同泰洛水得白石紫文,云:"圣母临水,永昌帝业。"进之,授五品果毅,置永昌县。乃是将石凿作字,以紫石末和药嵌之。后并州文水县于谷中得一石,还如此,有"武兴"字,改"文水"为"武兴县"。自是往往作之,后知其伪,不复采用,乃止。(《太平广记》卷二三八引唐李肇《国史补》)

这几个例子包括了两种作假的办法。第一种是把石头上的字作修改,符合形势的需要。这种伎俩在前面已经谈及。第二种是无中生有,在没字的石头上弄出字来。简单的办法是顺着石头的纹理处理成文字,纹理越多,造字的余地越大。其中有的要大动手脚,如唐同泰年的造假行为,先在石头上凿字,然后再用石末和着药物(估计是黏合剂)嵌入,浑然天成,有点像现代的高科技手段,朝廷竟然会因此改换地名。这个办法似乎很有效,所以作假者一而再地尝试,直到败露为止。这可以说明造假与当政者的态度有密切的联系。

另一方面,现成的玉石文字也有一个正确理解的问题,并不是可以随意歪曲字义,来适合自己的需要。刘曜从终南山崩处得白玉方,供奉于太庙。

但是中书监刘均分析出相反的意思,言之凿凿,刘曜为之改容,只得承认是灾瑞,此为石瑞历史上的一桩著名的事件。

终南山崩,长安人刘终于崩所得白玉方一尺,有文字曰:"皇亡,皇亡,败赵昌。井水竭,构五梁,咢酉小衰困嚣丧。呜呼!呜呼!赤牛奋靷其尽乎!"时群臣咸贺,以为勒灭之征。曜大悦,斋七日而后受之于太庙,大赦境内,以终为奉瑞大夫。中书监刘均进曰:"臣闻国主山川,故山崩川竭,君为之不举。终南,京师之镇,国之所瞻,无故而崩,其凶焉可极言!昔三代之季,其灾也如是。今朝臣皆言祥瑞,臣独言非,诚上忤圣旨,下违众议,然臣不达大理,窃所未同。何则?玉之于山石也,犹君于臣下。山崩石坏,象国倾人乱。'皇亡,皇亡,败赵昌'者,此言皇室将为赵所败,赵因之而昌。今大赵都于秦雍,而勒跨全赵之地,赵昌之应,当在石勒,不在我也。'井水竭,构五梁'者,井谓东井,秦之分也,五谓五车,梁谓大梁,五车、大梁,赵之分也,此言秦将竭灭,以构成赵也。'咢'者,岁之次名作咢也,言岁驭作咢酉之年,当有败军杀将之事。'困'谓困敦,岁在子之年名,玄嚣亦在子之次,言岁驭于子,国当丧亡。'赤牛奋靷'谓赤奋若,在丑之岁名也。'牛'谓牵牛,东北维之宿,丑之分也,言岁在丑当灭亡,尽无复遗也。此其诚悟蒸蒸,欲陛下勤修德化以禳之。纵为嘉祥,尚愿陛下夕惕以答之。《书》曰:'虽休勿休。'愿陛下追踪周旦盟津之美,捐鄙虢公梦庙之凶,谨归沐浴以待妖言之诛。"曜怃然改容。御史劾均狂言謷说,诬罔祥瑞,请依大不敬论。曜曰:"此之灾瑞,诚不可知,深戒朕之不德,朕收其忠惠多矣,何罪之有乎!"(《晋书·刘曜载记》)

自古以来中华民族对美石怀有特别的感情,对玉的崇拜贯穿了整个中国历史。此外对其他石头物体,如泰山君、白石神君等,视为尊神,认为它们主宰人间的命运。因此,人们把美好的愿望寄托在石头上就非常自然了,石瑞是这种观念的集中反映。各个朝代对石瑞都看得很重,从三国吴起,就把它记入史册,在当时产生了一定影响。

当然,某些"天书石",不过是石头的纹理。有些地方发现的天书石,平时没有什么异常,可是当泼上一盆水后,石面登时显示出大量类似文字、印章、图案的东西,人们就叫它天书石。①

从古到今,这种石头文字只有两种可能,要么是人工伪造,要么是一般的石纹,附会成什么字句。

第五节 木 谶

木字是树木劈开后显露出来的天然的字迹。木谶是指木字中包含的谶语。木字的出现比较晚,最早见于南朝齐的传说。

> 建元二年夏,庐陵石阳县长溪水冲激山麓崩,长六七丈,下得柱千余口,皆十围,长者一丈,短者八九尺,头题有古文字,不可识。江淹以问王俭,俭云:"江东不闲隶书,此秦汉时柱也。"后年宫车晏驾,世变之象也。(《南齐书·五行志》)
>
> (永明九年),秣陵县斗场里安明寺有古树,众僧改架屋宇,伐以为薪,剖树木里,自然有"法大德"三字。(《南齐书·祥瑞志》)

最初的木字可能是一种天然木纹,把树木劈开后,在浅色的木质上有深色的纹理,因为错乱像字,人们就附会成什么字了。当然,这些"字"的出现有偶然性,无法挑选,不可能组成有什么有意义的词句,无论南朝还是后代都是如此。

> 三衢毛氏庭中,一木忽中裂,而纹成"衍"字,如以浓墨书染者,体

---

① 《广东发现500年前明代古石城》,《南昌晚报》A4版,2007.10.18。

作颜平原书。会其子始生,因以名之。(宋何薳《春渚纪闻》卷五"木中有字")

树木中有些树种容易出现"木字",因为纹理较多,深淡分明,如柿子树之类。这在宋代有明确记载。

晋江尤氏,其邻朱氏圃中有柿木,高出屋上。一夕雷震,中裂木身,亦若以浓墨书"尤家"二字,连属而上,不知其数,至于木枝细者,破视亦随枝之大小成字。尤氏乞得其木,作数百段分遗好事。字体带草,劲健如王会稽书。朱氏后以其圃归尤氏。(宋何薳《春渚纪闻》卷五"木中有字")

木中有文,多是柿木。治平初,杭州南新县民家析柿木,中有"上天大国"四字,予亲见之。书法类颜真卿,极有笔力,"国(國)"字中间"或"字仍挑起作尖口,全是颜笔,知其非伪者。其横画即是横理,斜画即是斜理。其木直剖,偶当"天"字中分,而"天"字不破,上下两画并一脚皆横挺出半指许,如木中之节。以两木合之,如合契焉。(宋沈括《梦溪笔谈·异事》)

当然柿子树的纹理不可能产生像汉字一样的图形,很多都是加工的结果,沈括虽然明理也未必敢把它道破。

这种"木字"发现的机会还是比较多的。在南朝时只是作为一种奇怪的现象记录,并没有涉及迷信问题。但是这样的现象在术士看来就非同小可,往往将它神化,认为它与一般的木纹不同,是上天的某种征象。

邵阳某县人或闻其山实异,斋祷积稔,果有蹈空而至者,涉笔附楹久之,乃罢去,既而熟视木文,则字皆隐起成列矣。(唐司空图《月下留丹灶》)

谶纬中重要的内容是祥瑞,嘉禾瑞木的说法就是由此兴起的。《礼稽命征》:"王者得礼之制,则泽谷之中生赤木。"又,"王者得礼之宜,则宗庙生祥木"。(《太平御览》卷八七三引)木纹当作瑞木受到重视,开始于唐代,在成都得到一木,中有"天下太平"这四个吉祥的字,当作点缀太平的装饰品。

(大历)十二年五月甲子,成都府人郭远,因樵获瑞木一茎,有文曰"天下太平"四字。(《旧唐书·五行志》)

五代起木字的价值升级,与国运联系起来。后梁开平年间,木身内发现了"天十四载石进",对这些字的解释也众说纷纭。

始梁开国之岁,即前唐天祐四年也,潞州行营使李思安奏:"壶关县庶穰乡乡人伐树,树倒自分两片,内有六字如左书,云'天十四载石进'。"梁祖令藏于武库,然莫详其义。至帝即位,识者曰:"'天'字取'四'字中两画加之于傍,则'丙'字也,'四'字去中之两画,加'十'字,则'申'字也。"帝即位之年乃丙申也。又,《易》云:"晋者,进也。"国号大晋,皆符契焉。(《旧五代史·晋书·高祖纪一》)

梁开平二年,使其将李思安攻潞州,营于壶口。伐木为栅,破一大木,木中隶书六字曰:"天十四载石进。"思安表上之。其群臣皆贺,以为十四年必有远夷入贡。司天少监徐鸿独谓其所亲曰:"自古无一字为年号者,上天符命,岂阙文乎?吾以为丙申之年,当有石氏王此地者。移'四'字中两竖,书置'天'字左右,即'丙'字也;移'四'之外围,以'十'字贯之,即'申'字也。"后至丙申岁,晋高祖以石姓起并州,如鸿之言。(宋徐铉《稽神录》卷四"木成文")

梁开平中潞州军前李思安奏,壶关县庶穰乡人因伐树倒,分为两片,内有六字,皆如左书,曰"天十四载石进",乃图其状以献,仍付史馆。尔后唐庄宗皇帝自晋王登位,以为应之。中间石氏自并门受国称首朝,湖南马希范解释此字表闻焉。(宋孙光宪《北梦琐言》卷十六"木中异文"）

同一件事在三本书里居然有三种不同的叙述,可见此类传说的真实性大有问题。识者都把"天十四"三字改成"丙申"二字,是石敬瑭起事之年,与后晋皇帝即位之年联系起来,加上"晋"与"进"同义,勉强使它变成后晋开国之祥瑞。另一种说法是指后唐庄宗自晋王建国登皇帝位之征。无论哪一种说法,对后梁来说都是个恶谶。在后蜀的广政末年,成都也发现"太平"字样的木字,因为国运不济,成不了嘉瑞。

  伪蜀广政末,成都人唐季明父,失其名,因破一木,中有紫纹隶书"太平"两字,时欲进蜀主以为嘉瑞。一有识者解云不应此时,须至破了方见太平尔。果自圣朝吊伐之后,频颁旷荡之恩,宽宥伤残之俗。后仍改太平兴国之号。即知识者之言谅有证矣。（宋黄休复《茅亭客话·太平木》）

宋代是一个比较迷信的朝代,特别注重图谶,凡是祥瑞的东西都会得到重视,上下称颂,并且载入史册。对木瑞特别重视,"乾德六年,尝诏和岘作《瑞木》《驯象》《玉乌》《皓雀》四瑞乐章,以备登歌"。（《宋史·乐志五》）其歌云：

  奠瓒用《瑞木》,木符启瑞,著象成文。于昭大号,协应明君。
  奠瓒,《瑞安》淳清育物,瑞木成文。（《宋史·乐志九》）

有宋一代,这种木字特别多,文字内容以"天下太平"为主,还有"太平之道""万宋年岁"等。

  治平四年三月,汀州军事解桐木板,心有文,成四字,曰"天下太平"。州将遣人诣阙献之。（宋吴曾《能改斋漫录·神仙鬼怪·桐板有

天下太平字》,《宋史·五行志三》亦载)

天圣三年,汉州德阳县均渠乡民张胜家析木,有"天下太平"字,因进上之。朝廷赐以茶彩,仍改乡名"太平"。(宋范镇《东斋纪事》卷一)

太平兴国六年正月,瑞安县民张度解木五片,皆有"天下太平"字。(《宋史·五行志三》)

庆历三年十二月,澧州献瑞木,有文曰"太平之道"。(《宋史·五行志三》)

治平四年六月,汀州进桐木板二,有文曰"天下太平"。(《宋史·五行志三》)

(熙宁)十年八月乙巳,惠州柚木有文曰"王帝万年,天下太平"。(《宋史·五行志三》)

(政和三年)十月,武义县木根有"万宋年岁"四字。(《宋史·五行志三》)

宣和二年四月,永州民刘思析薪,有"天下太平"字。(《宋史·五行志三》)

绍兴十四年四月,虔州民毁敝屋析柱,木理有文曰"天下太平",时守臣薛弼上之,方大乱,近木妖也。(《宋史·五行志三》)

(淳熙十六年)七月,晋陵县民析薪,中有木字曰"绍熙五年",如是者二。是时,绍熙犹未改元,其后果止五年。此近木妖也。(《宋史·五行志三》)

德祐二年正月戊辰,宝应县民析薪,中有"天太下赵"四字,献之。制置使李庭芝赏以钱百千。(《宋史·五行志三》)

女真建立的金国与南宋对峙,女真贵族汉化程度很高,宋朝风气也影响了他们,所以也有类似的事情发生。尽管文字不甚理想,但还是作为太平之吉兆存入史馆。

（兴定元年）华州渭南县民裴德宁家伐树，破其中有赤色"太"字，表里吻合。有司言与唐大历中成都瑞木有文"天下太平"者其事颇同，盖太平之兆也。乞付史馆。（《金史·五行志》）

有的纹理实在不像什么汉字，就想往梵文上靠，可是要把它组成词句就不那么简单，如果通晓梵文的人不配合，事情就糟糕了。

至道六年，修昭应官，有木断之，文如点漆，贯彻上下，体若梵书。（《宋史·五行志三》）

景祐年间，景灵宫工匠解木，木中有几十个虫镂文，如梵书旁行之状，因进呈。宋仁宗遣都知罗崇勋、译经润文使夏竦诣传法院，特诏开堂导译，希望得祥异之语以忏国。译经鸿胪少卿、光梵大师惟净焚天香导译逾刻，就说："五竺无此字，不通辨译。"内臣怒曰："请大师且领圣意，若稍成文，译馆恩例不浅。"而夏竦亦以此意讽之。惟净说："某等幸若蠹文稍可笺辨，诚教门之殊光，恐异日彰谬妄之迹，虽万死何补。"二官竟不能使惟净屈服，只得以非字上奏。

梵文翻译坦言"恐异日彰谬妄之迹"，表明对这种作为是有看法的，相反内侍要求要领圣意，"恩例不浅"，利诱作假。从中可以看出木瑞是怎样出现的。

有关瑞木的事例，在宋代之后很少再见到记载，这倒不是这些东西突然少了，而是因为统治者对此已经不感兴趣，贡献者无法得到回报，自然就无人关心了。举一个例子来说，木纹中有天尊神像形象，宋代会隆重地奏闻，皇帝也会专门下圣旨，供养起来。但是，明朝的皇帝却采取了完全相反的态度，认为这是"非礼"的举动。

天理己巳平江十字翼万户府初构正衙，解巨木，中分有"天下太平之王"六字，其大如斗，字画相连如缁不断。众皆以为瑞世之符，识者

云此木妖也。(元高德基《平江记事》)

余杭徐第之斫后园树,破之,中有"右卫王通所"五字,人皆怪之,以之供神。余为考之:南唐天历间平江木有"天下太平之王"六字;齐永明秣陵安明寺木中有"法大德"三字;宋太平兴国元年瑞安木中有"天下太平"字。熙宁惠州木有"王帝万天下太平"字;政和武义木有"万宋年岁"四字;治平杭州南新街柿木中有"上天大国"四字,类颜真卿书法,皆木妖也。(明田艺蘅《留青日札》卷三四"木中字")

云南晋宁州塔墩有大树颇著灵异,土人号为"塔墩圣母"。永乐时大风折其树,军人陈福海锯以为板,内有神像,戴冠执简,容貌如画。人皆惊异,立祠以祀。正统初,州官请加封号,英宗谓礼部臣曰:"淫祀徼福,非礼也。"圣见之不惑如此。(明余继登《典故纪闻》卷十一)

明代记载木中字很少,在笔记中仅见几例,太祖斥责瑞祥,开了一个好的先例,故而明代敬而远之,臣民不敢造次。所以没有记录,留下的空白说明了朝廷的态度。

第六节　动物字谶

各种动物也是谶语的来源之一,迷信的人认为动物的行踪或者动物躯体上的纹理和皮毛都可能接受上天的旨意。动物字谶最早是发生在皇家园囿内的小虫子身上,它吞噬树叶,居然成为五个字,当时轰动了朝野:

(永明八年四月)长山县王惠获八目龟一头,腹下有"万欢"字,并有卦兆。

(永明八年六月)建城县昌城田获四目龟一头,下有"万齐"字。(《南齐书·祥瑞志》)所谓"万"是千秋万岁之省,"齐"是南齐国号,"欢"乃欢欣之意。

昭帝时,上林苑中大柳树断仆地,一朝起立,生枝叶,有虫食其叶,成文字,曰"公孙病已立"。(《汉书·五行志中之下》)

妙就妙在仆地的柳树能再起立,且树上的虫子发出了谶言。以后虫子的怪事还继续发生。唐代传说虫子吃了书中的"神仙"两个字,变成了五彩的身体,人如果再吞食这虫子,就能变成神仙。

唐张祎尚书有五子,文蔚、彝宪、济美、仁龟皆有名第,至宰辅丞郎。内一子,忘其名,少年闻说壁鱼入道经函中,囚蠹食"神仙"字,身有五色,人能取壁鱼吞之,以致神仙而上升。张子惑之,乃书"神仙"字,碎翦实于瓶中,捉壁鱼以投之。冀其蠹蚀,亦欲吞之,遂成心疾。每一发作,竟月不食,言语粗秽,无所回避。(宋孙光宪《北梦琐言》卷十二)

壁鱼就是衣鱼,体披银色鳞片,常栖身于衣服和书籍中。壁鱼不识字,吃了字也不会改变虫子的习性。唐代张尚书的公子听信传说,上了当,最后精神失常。

睿宗尝阅内库,见一鞭,金色,长四尺,数节有虫啮处,状如盘龙,靶上悬牙牌,题象耳皮,或言隋宫库旧物也。上为冀王时,寝斋壁上,蜗迹成"天"字,上惧,遽扫之,经数日如初。及即位,雕玉铸黄金为蜗形,分置于释道像前。(唐段成式《酉阳杂俎·忠志》)

内库里的虫子是半个艺术家,把鞭子咬出一条龙来,它用图形预示帝王的出现。蜗牛是软体动物,能分泌黏液,行经的路线会留下发亮的痕迹,称作蜗迹。这个蜗牛也通灵性,能把上天的安排显露出来。

秦末陈胜吴广起义,假鬼神来增加号召力量。就在帛上丹书"陈胜王"三字,造成天意的效果(《史记·陈涉世家》)。想不到唐宋时代的鱼真有这种本事,鱼腹或者鱼额上有丹字,早就预言将要发生的事情。

唐小说所载:吴郡渔人张胡子,于太湖钓得巨鱼,腹上有丹书曰:"九登龙门山,三饮太湖水。毕竟不成龙,命付张胡子。"近建昌一事亦然。淳熙八年春,南城县境久雨溪涨,渔者于岸浒设网罟,前此郡无大鱼,江中所得,极不过一二斤,他皆池塘中豢养者耳。是岁民杨寿子置网于章山支港,及举之,觉其太重,独力牵挽不能胜,遂为所困,几坠而溺,叫呼求救。同业者三人共助举之,乃一鱼绝大,腾跃于中,徐徐曳出岸,百计攻刺死,凡重百斤。熟视之,额上隐隐有红字,众渔皆村甿,无有识者,一士人至,为识之曰:"三渡入潮门,四度遭大水,下梢却逢杨寿子。"彼村多杨氏,取此鱼者正杨寿子云。(宋洪迈《夷坚志乙·杨寿子》)

鱼身上的字自然是人弄上去的,至于为何要这样做,令人费解。不过有的鱼身字是可信的,像"王"字这样对称的线条是可能存在的。

鲤鱼多是龙化,额上有真书"王"字者,名王字鲤,此尤通神。(宋陶榖《清异录·鱼·王字鲤》)

鱼化龙是历史悠久的传说,这样的附会并不算很过分,而且它并不预示什么天意。

万岁蟾蜍头上有角,颔下有丹书重"八"字。(晋束皙《发蒙记》)
或以月蚀时刻,三千岁蟾蜍喉下有"八"字者,血以书所持之刀剑。(晋葛洪《抱朴子·杂应》)

束皙说的是万岁蟾蜍,葛洪说的是三千岁蟾蜍,它们喉下有"八"字。这个"八"字可能是皮肤的皱纹。

高宗承祧后多患头风,召医于四方,终不得疗……官人开坎作药

炉,穿地方深一二尺,忽有一虾蟆跳出,如金黄色,背上有朱书字,宫人不识。(唐李隐《潇湘录》)

唐高宗遇到的蛤蟆,背上是朱书字,身上有点法力。这些都是蛤蟆文字的奇闻,但是与字谶没有多大的关系,附带在这里提一下。

龟是四灵之一,龟壳是占卜的主要材料,龟腹甲钻槽烧灼,根据出现的裂纹卜问吉凶。相传洛书就是由神龟背来的。"天与禹,洛出书。神龟负文而出,列于背,有数至于九。"(《书·洪范》孔传)前秦高陵(今河北临漳县西)发现大龟当本于此,以此证明谶纬之可靠,恐怕当时正需要谶言张目。

车频《秦书》曰:苻坚建元十二年,高陵县民穿井得大龟,三尺六寸,背负八卦古字,坚如石,作池养之,则"河图""洛书"信矣。(明田艺蘅《留青日札》卷三十"龟书")

龙是中华民族最崇拜的动物,四灵之首,是上天的神物,能直接传达旨意,它的出现往往标志着吉祥。汉高祖之母刘媪,"蛟龙于其上,已而有身",生出了高祖(《史记·高祖本纪》)。这个故事影响深远,下面故事中的杨家可能受了启发,托言有龙的谶言,要说明自家是天命富贵。

忽有声若发其庭者,云物阴晦,默不可辨。既而杨氏觉其臂若捧千斤,重莫能举,久方开霁,乃视之,有二金龙长数尺,蟠绕其左右臂,龙顶上有字曰:"赐杨氏"。自是其家日丰,至为富室。(《太平御览》卷四一五引唐张读《宣室志》)

真正有文字的动物往往是家畜,主要是牛和驴,估计这些字容易处理,所以屡屡出现,不过都是些个人的琐事,无关国家大事,虽算不上谶言,似乎也是冥冥之中上天所遣。

有崔君者,贞元中,为河内守。崔君贪而刻,河内人苦之。尝于佛寺中假佛像金凡数镒,而竟不酬。其寺僧亦以太守终不敢言。未几而崔君卒于郡。是日,寺有牛产一犊者。其犊顶上有白毛若缕,织成文字曰:"崔某者。"寺僧相与观之,且叹且异曰:"崔君为吾郡太守,尝假此寺中佛像金,而竟不还。今日事,果何如哉?"崔君之家闻之,即以他牛易其犊。既至,命剪去毛上文字,已而复生。回至其家,虽豢以刍粟,卒不食。崔氏且以为异,亦竟归其寺焉。(唐张读《宣室志》卷二)

广陵有王姥,病数日,忽谓其子曰:"我死,必生某西溪浩氏为牛子,当赎之,而我腹有'王'字是也。"倾之,遂卒。其西溪者,海陵之西地名也。其民浩氏生牛,腹有白毛成"王"字。其子寻而得之,以束帛赎之以归。(宋徐铉《稽神录》卷二"王姥")

庐州营田吏施汴尝恃势夺民田数十顷,其主退为其耕夫,不能自理。数年汴卒,其田主家生一牛,腹下有白毛方数寸。既长,稍班驳。不逾年,成"施汴"字,点画无缺。道士邵修默亲见之。(宋徐铉《稽神录》卷四"施汴")

天圣中,侍中冯拯薨。次年京城南锡庆院侧人家生一驴,腹下白毛成"冯拯"二字。冯氏以金赎之,潜育于槽中。四方皆知之。(宋张师正《括异志》"冯拯",宋方勺《泊宅编》卷下记载同)

长洲人尤二十三者,富民也,居于大渎村。绍兴三年,感疾死。初无它异,既而邻邑昆山之东,农家牛生白犊,胁下黑毛成七字,曰"尤廿三曾作牢子"。盖尤始贫时,曾为县狱吏,有隐恶云。尤氏子欲赎以二万钱,其家不许。(宋洪迈《夷坚丙志·大渎尤生》)

宣和六年,强休父知潍州。屠者以猪皮一片来呈,上有六字如指大,云"三世不孝父母",朱书赭然,表里相透,郡中争传观之。屠者亦即日改业。(宋洪迈《夷坚丙志·潍州猪》)

(常琚,晋州平阳人)甫三十岁,强壮无疾,忽作牛鸣一声而毙。是夕,康氏牛产犊,一蹄出背上,朱书其姓名二字于胁间。德休二子读书识义,不忍露其丑迹,匿之舍后。牛鸣吼勃跳,触篱而出,奔进邑市,观

者以故尽知之。(宋洪迈《夷坚志甲·常琡牛》)

房州房陵民李政为保正，顽猾健讼，侵人田园，夺人牛马，官司莫能治。淳熙十四年暴亡。其家水牛当日产一犊，腹下白黑毛相间，成"保正李政"四字，字如崇宁当三钱，了了可识。每妻子到其傍，辄泪下。甫半年，为虎所食，血骨皆尽。惟四字连皮，宛然如初。(宋洪迈《夷坚志戊·房州保正》)

有盐商从鄂州来，见村人家牛生白犊，胁间隐起十四字，曰"苏州直塘广安寺前张八郎之子"。以告翁，翁悲怆不释。因商复西，托持钱三十万，并买犊母归，善饲之。(宋洪迈《夷坚志补·直塘风雹》)

流行于唐宋的牛犊等文字，一部分标志牲畜的所有者，因事关财产权之争，这些毛皮上的文字可能是有人做上去的。一部分被说成亡魂的托身，这肯定是有人恶作剧，把牲口当某人出卖，引得家属丢人现眼，丧魂落魄，这是十足的恶行。

有关字谶也有数例，唐朝末年黄巢起义，接着连年灾荒。乡民切开猪肝，肝中有手掌人的纸片，"烟水苍苍，明年无粮"。纸片上的字"如新书"，说明是有人刚放进去的。

白浦民割猪肝，肝中有一纸，大如手，色如新书，云："烟水苍苍，明年无粮。"次年巢寇起，州郡多荒。(唐冯贽《云仙杂记·猪肝中有谶书》)

动物字谶到了明清两代，不再受人重视，自然这类奇闻也难再流传，偶有发生，只是饭后谈资而已。

吾杭嘉靖七年五月官巷口屠儿李姓偶杀猪，吴姓者买去，未及烹，第见油膜内字文隐隐，起膜视之，则油上如印成之书四行，其色如蜜，其大如豆，其文曰："赢官手壁雨身敌，功在鸡鱼则廉矣。"初行五字，第二行二字，第三行五字，末行二字，共四行，似前后尚有字焉，乃为众分买而食之矣。此则亲见者,又闻嘉兴正德年间曾杀一猪,背上三圈,每圈中有"王"字一个,亦不知何说也。(明郎瑛《七修类稿》卷四十八)

正德中,守备内臣雷某建永宁寺于安德门外。宰一猪,上梁,猪腹上有"秦将白起"四红字,遂埋之。(清张怡《玉光剑气集·征异》)

在清代乾隆年间,佃户蔡某家黄牛身有八字,一边有"天下太平"四字,认为是来年的吉兆,奏闻。但是朝廷似乎不信这套,发还。

朱明经云翔有佃户蔡鸣皋者,家畜黄牛忽生黑毛排八大字,左曰"主皮字",三字可辨,又一字模糊,右侧"天下太平"四字,一时观者甚众。汛兵牵入城,报城守营。用醋喷湿,其毛不落。抚军某亦见之,拟奏闻,不果,仍发还。是岁田禾大熟,并无他异,殆丰年佳兆也。此乾隆辛巳六月事。见明经自撰年谱。(清钱咏《履园丛话·祥异·牛背书》)

动物躯体上本来有一点花纹像文字,如老虎额上的"王"字就是一个典型的例子,但是这种巧合的机会不是很多,特别不可能出现连续的成内容的文字,凡是这种情况肯定是在弄虚作假。在动物身上造假太容易了,因为动物无法揭穿阴谋,人虽然能识别,只是考虑到无恶毒的用心,往往不予追究。

襄州胡延庆得一龟,以丹漆书其腹曰:"天子万万年",以进之。凤阁侍郎李昭德以刀刮之并尽。奏请付法。则天曰:"此非恶心也。"舍而不问。(唐张鷟《朝野佥载》卷三)

今上一日见蟹行地,问何物,内臣以蟹对。取看,背有字曰"桂萼""张璁",惊问其故,转相追究,乃太监崔文所书。因知言二人横行也。文谪南京。(明李诩《戒庵老人漫笔》卷二"蟹背字")

在动物躯体上造字谶,把它打扮成祥瑞,几乎各朝各代都会发生,以上只是这类迷信行为的一部分。

第七节　人体字谶

谶言附于物,可谓无所不至,也加于人的身体上。史籍记载伟人常常有非凡的体魄和奇特的长相,这种生而俱来的异于常人的特点实际上已经为身体的字谶铺设了空间。手掌纹交错复杂,字谶就从这个地方开始,这是发生在春秋时代的故事。

> 晋唐叔虞、鲁成季友生,文在其手,故叔曰"虞",季曰"友"。宋仲子生,有文在其手,曰为鲁夫人。(汉王充《论衡·自然》)

躯体字谶出现较晚,开始于十六国的前秦苻氏。苻氏,氐族,原来以蒲为姓。《晋书·苻洪载记》:"始其家池中蒲生,长五丈,五节如竹形,时咸谓之蒲家,因以为氏焉。"后因其孙(苻坚)背有"艸付"字,故改姓"苻"。

> (永和六年)时有说洪称尊号者,洪亦以谶文有"艸付应王",又其孙坚背有"艸付"字,遂改姓苻氏。(《晋书·苻洪载记》)
>
> 其母苟氏尝游漳水,祈子于西门豹祠,其夜梦与神交,因而有孕,十二月而生坚(坚)焉,有神光自天烛其庭。背有赤文,隐起成字,曰"草付臣又土王咸阳"。臂垂过膝,目有紫光。(《晋书·苻坚载记上》)

苻坚背上的字是赤文,"草付臣又土王咸阳"。"草付"合成"苻"字,"臣又土"合成"坚(坚)",连起来是谶语"苻坚王咸阳"。

人体字谶的办法也为后来的帝王采用:

> 高祖以宋孝武大明八年甲辰岁生于秣陵县同夏里三桥宅,生而有奇异,两骻骈骨,顶上隆起,有文在右手曰"武"。(《梁书·武帝纪

上》)

为人龙颔,额上有玉柱入顶,目光外射,有文在手曰"王"。(《隋书·高祖纪上》)

人们还会回头给古代圣人的身体上加字谶,例如孔子不仅生而"异质",而且胸有文字(图2-1)。

孔子诞生之夕,颜氏之房闻钧天之乐,空中有声云:"天感生圣子,降以和乐之音。"故孔子生而有异质,凡四十九表,胸有文曰"制作定世符"。(《孔圣家语·天乐文符》)

清代俞樾系统地整理了此类情况,生而手上有文,这些文都是对以后命运的预言,果然一一实现:

图2-1 孔子胸文

明张萱《疑耀》云:唐《元和姓纂》,尧之长子监明死而子生,有文在手曰"刘",故封于刘。周平王少子生而有文在手曰"武",遂为武氏。又,《南氏姓源韵谱》,盘庚妃姜氏梦龙入怀,孕十二月而生,手把"南"字,长封荆州,号南赤龙。又,《鲜于氏血脉谱》,子仲之子曰文生,而有文在手,左曰"鱼",右曰"羊"。又,《阎氏唐表》周昭王少子生而有文在手曰"阎康王",封于阎城。又,《薛氏血脉谱》,文王曹夫人见赤龙交而孕,十二月生子,手把"薛"字,因以为氏。按,此则古人生而有文在手者屡见矣。谱牒家言或非实乎?其言盘庚妃为姜氏,文王有曹夫人,皆异闻也。(清俞樾《茶香室续钞》卷七"有文在手")

当然不是所有的身体文字都是预言,有的用它起了名字:

  张文潜生而有文在其手,曰"耒",故以为名而字"文潜"。(宋陆游《老学庵笔记》卷四)

有的是鬼神的批语,或者前世所书:

  俞一郎者,荆南人。虽为市井小民,而专好放生及装塑神佛像。……被病困厄,为二鬼卒拽出……王遂判:"俞一本寿只六十三岁,今来既增二纪,目下差童子押回。"俄两青衣童子,引行青草路,至一缺墙,推其背使过,不觉复活。左手掌内有朱字数行,不可认,盖批判语也。(宋洪迈《夷坚三志己·俞一郎放生》)

  乡人郭某,有子名官寿,年数岁病死。某与妻痛惜之,殡时以墨署其名于背。俗说以此冀其转生可辨认也。至明年,复生一子,背上有"官寿"二字,笔意了然,人皆谓儿再生云。(明陆粲《庚巳编》卷五"官寿")

人体之上的文字是不可能存在的,如果有的话,手掌上的纹理最复杂,比较有可能出现类似文字,但是,那只是一种主观上的想象。

皮肤上的病理反应能够产生条状红肿,人们把它神秘化了:

  秀水陈局一太史尝欠伸,左臂隐隐有文,旋肤理若动出,文中起寸许,长过之,乃玉箸篆一"进"字。即以朱涂其文,用楮印倒篆数纸,钩画宛然,晡而稍平。(清谈迁《枣林杂俎·和集·丛赘·臂纹》)

第八节 雷 书

雷电是自然界强大的放电现象,雷电经过之处,高温会把物体烧焦。由于物体导电不均匀,雷击后,表面会出现深色条状痕迹,从东汉起人们把这种雷电的痕迹称作"雷书"。

雷书是指雷电通过物体的烧灼痕迹,按照物体的不同,可以分为人体、山石和建筑,其中以人体最为常见。人体本身是一个导电体,在旷野中它常常处于一个较高的位置,所以容易遭到雷击。人体遭到雷击,被强大的电流通过,会造成死亡。皮肤有灼伤的痕迹,而且死亡2至4小时尸体底下部位出现色斑,是因为毛细血管扩张充血形成。古人中有老实记载的,皆称未见字。"予在汉东时,清明日,雷震死二人于州守园中,胁上各有两字,如墨笔画,扶疏类柏叶,不知何字。"(宋沈括《梦溪笔谈·异事》)"人言雷击者其背必有朱书,每每验之,未见。但有青紫火焰伤,衣服亦焦烟气熏臭不可闻者。"(明田艺蘅《留青日札·雷书》)古人对于雷击抱有巨大的恐惧心理,认为是上天对人类的惩罚,遭雷击的就是有过错的人,同时,把尸体上的烧灼痕迹和尸斑当作是上天留下的文字。在震天动地的雷响之后,瞬间把一个活人变成一个焦尸。这种触目惊心的现象在得不到科学解释时,人们自然会用超自然的神力去理解,把它看成上天的惩罚是最合适的。

早在西汉初的《淮南子》已经明白"阴阳相薄,感而为雷,激而为电"的道理。东汉王充斥责无知之说为"虚妄之言":

夫雷,火也。[火]气刻人,人不得无迹。如炙处状似文字,人见之,谓天记书其过,以示百姓。是复虚妄也。使人尽有过,天用雷杀人。杀人当彰其恶,以惩其后,明著其文字,不当暗昧。图出于河,书出于洛。《河图》《洛书》,天地所为,人读知之,今雷死之书,亦天所为也,何故难知?

雷书不著，故难以惩后。夫如是，火剡之迹，非天所刻画也。

(《论衡·雷虚》)

这种比较正确的认识，虽然得到部分士人的认同，但是始终未被主流社会意识接受。雷击这个现象无法摆脱神鬼影子的笼罩。

雷书，传为雷鬼所书，所以也叫鬼书。它的形状当然不是字，人们只能从各个角度去想象，或者说是篆文，或者说是隶书（八分）。唐韦续"五十六种书"中第五十三种有"鬼书"，刘宋元嘉年间，"京口有人震死，臂上有篆，似八分也。今日雷书。"(《墨薮》卷一)

雷击迷信认为是雷公所为。雷公也叫雷神、雷师。《楚辞·远游》："左雨师使径侍兮，右雷公以为卫。"汉代雷公尊为神，立庙祭祀。雷公是观念中的虚空之物，它的形象完全是虚构的。《山海经·海内东经》云："雷泽中有雷神，龙身而人头，鼓其腹。"汉王充《论衡·雷虚》："图画之工，图雷之状，累累如连鼓之形；又图一人，若力士之容，谓之雷公，使之左手引连鼓，右手推椎，若击之状。"这个形象在汉代画像石可以见到，它与后世的雷公已经相当接近：

尝有雷民因大雷电，空中有物豕首鳞身，状甚异，民挥刀以斩，其物踣地，血流道中，而震雷益厉。其夕凌空而去。自后挥刀民居屋频为天火所灾，雷民图雷以祀者，皆豕首鳞身也。(唐房千里《投荒杂录》"雷公形")

元明以来，雷公已经拟人化，除了雷公嘴以外，稍作奇古之相而已。明何良俊《四友斋丛说》卷二九："尝见徐髯仙家有杜古狂所画雷神一幅，人长一尺许，七八人攒在一处，有持巨斧者、有持火把者、有持霹雳砧者，状貌皆奇古。"

雷神经常出现在各种通俗文学之中，是民间重要的尊神之一，《历代神仙通鉴》称他"主天之灾福，持物之权衡，掌物掌人，司生司杀"。他下辖一个复杂的雷部组织,总部为神雷玉府,下设三十六内院中司、东西华台、玄馆妙阁、四府六院及诸各司,各分曹局。雷神的形象有各种演绎,大致是似人非人,面目狰狞,其实雷神多变,并非一个面相。现在能见到的较早雷神,可见于永乐宫壁画,在太乙神之后有雷部诸神,朝服执笏,神态肃穆,其中一位手持环鼓,象征滚雷,是司雷之神(图2-3)。①

明清时代,雷公的形象趋于统一,裸胸袒腹,背插两翅,额具三目,脸赤如猴,足如鹰爪,左手执楔,右手执槌,作欲击状(图2-2)。自顶至傍,环悬连鼓五个,左右盘蹑一鼓,称为雷公江天君。他不仅主宰雷电,还

图2-2 明刊本中的雷公

有一个特殊的责守,代表天庭惩罚人间的恶人。在东汉的画像石里雷神乘云车,遨游苍穹,似乎一个快活神仙。《楚辞·离骚》:"鸾皇为余先戒兮,雷师告余以未具。"道教中雷神演变为庞大的神雷玉府,有主神带领众雷神。三十六雷公掌三十六天曹刑律,遵照九天应元雷声普化天尊的命令,代天刑罚,可旱即旱,可雨即雨,必奉帝令,真所谓雷厉风行。雷神面貌变化很大,他变为一尊面相严厉的三眼武将。过去雷神庙到处都有,庙里供奉着雷神的神像,他一手执锤子,一手拿凿子,一次击发雷电,形成震天巨响和撕裂黑云的刺目电光。北京故宫内玄穹宝殿为道教神殿,东配殿为雷神殿,有三尊雷神铜像,第一尊为九天应元雷声普化天尊,是雷部最高神,白面三目,面相温和,手执钢鞭,全身披甲,赤足端坐(图2-4)。他管辖众多雷神,主天之灾福,持物之权衡,掌物掌神,司生司杀。第二尊为雷神苟元帅铜像,战袍带甲,三目圆睁,面相威严。左手握凿子,右手执锤子(已失)(图2-5)。他明辨善恶,击杀恶人。第三尊雷神张天君铜像,袒胸露肚,形同力士,左手握令

① 萧军《永乐宫壁画》,文物出版社,2008年。

牌,背插双翅,猴脸、鸟嘴、鹰爪足。①

图2-3 永乐宫壁画中司雷之神　　图2-4 雷部最高神　　图2-5 雷神苟元帅

明清时代各处建造雷神庙,庙内奉雷公塑像。阴历六月廿四为雷公生日,称为"雷公诞",民间要奉祭雷公。《清嘉录》记苏州雷公诞盛况:是日,"城中玄妙观,阊门外四图观,各有神像。蜡炬山堆,香烟雾喷,殿前宇下,袂云而汗雨者,不可胜计"。人们祈求风调雨顺外,恶人乞求雷公宽宥,善人祈求雷公保佑,惩罚恶人。

雷公代天惩罚恶人,也击杀鬼怪,如果有所疏漏,人间竟然可以书字上告,看来雷神也有失职之时。

　　　　有夕,睹一绝色女立松上,众皆错愕走,公略不为意,以刀刮树皮,大书曰:"作怪风雷析,成形斧锯分。"夜半,雷击碎之。(清张怡《玉光剑气集·征异》)

有关雷击伤人的记载很早就有了,比较笼统,具体的记录在唐宋时期才多起来。

---

① 王家鹏《亮相大洋彼岸的皇宫神佛》,《紫禁城》2004 年第 5 期。

柳子厚《龙城录》,盖刘无言所作,皆寓言也。其一云:元和元年六月,惠州一娼女震死于市,胁下朱书云:"李林甫以毒虐弄正权,帝命列仙举三震之。"近者绍熙元年春,汉阳军阳台市蔡氏女,七岁遭雷震死,有文在其背,若符篆然,识者读之曰:"唐相李林甫,七世为娼,今生灭形。"凡十三字,甚类前事也。襄阳道士黎大方尝见之。(宋洪迈《夷坚支志戊·李林甫》)

良久开霁,不见其人,相率寻觅,得尸于郭门外,剜其两眼,截其舌,朱字在背,历历可识,曰"不孝之子"。(宋洪迈《夷坚支志甲·熊二不孝》)

绍熙五年六月,妻产一子,名之曰婆儿,甫两岁,庆元二年四月二十二日晡时,天地晦冥,雷电暴作。儿在门首,忽失所在,移时开霁,得之于果棚下,伏卧不动。有朱书七字在其背,曰:"天下太平庆元年"。字阔二寸,分作两行,唯"太"字颇暗。观者拊摩,隐隐然隆起。凡半月余,始没而不见,儿如常。监镇务官具告郡,书坊图其事,刻板鬻之。(宋洪迈《夷坚支志庚·黄州宁氏儿》)

雷收烟散,邱十六已死,须发烧尽,布衫绔皆破裂,独裈不动,脑穿小穴,左胁有字。(宋洪迈《夷坚三志壬·雷击邱十六》)

端拱二年八月,兴化军民刘政震死,有文在胸曰"大不孝"。(《宋史·五行志一下》)

玄妙观李道士,早岁颇精于焚修,晚更怠忽。尝上青祠,乘醉戏书"天尊"为"夫尊","大帝"为"犬帝"。一日,被雷震死,背上朱书耳行可辨,云:"夫尊可恕,犬帝难容。"事在天顺成化间。(明陆粲《庚巳编》卷九"雷谴道士")

不仅人体遭到雷击,动物也会遭到雷击。奇妙的是雷击的动物体表却有人名,当然这个人名是去世的人或者古人,它们已经无法还原到人间,只得又变作动物受到报应。这当然是民间对那些恶人,在现实世界斗不过他们,想在虚拟的神话世界中惩罚恶人。这种编造的故事,现在看来滑稽可笑,不过在信奉因果报应的信念中,也是一种强大的力量,使得那些作恶者产生莫名的后顾之忧,上天总有一天会找到他算账,可能就是雷轰,而且将罪孽昭示天下。

> 我所闻有一个牛,为雷打死,上有朱字,道他是唐朝李林甫,三世为娼,七世牛,这是诛奸之雷。……一蜈蚣被打,背有"秦白起"三字,他曾坑赵卒二十万,是剪暴之雷。(《型世言》三三回)

这些雷击的事例,都有雷书,雷书的形状"若符篆",是常人看不懂的"字",所以可以编出那么些内容来。"其犯杀人也,谓之阴过,饮食人以不洁净,天怒,击而杀之。"(王充《论衡·雷虚》)雷击人历来是与阴过联系在一起的。以上例子除了绍熙五年(1194年)是歌颂太平以外,玄妙观的李道士因为戏弄天帝,遭到天谴雷击。有两例是击毙忤逆子的,有雷书"不孝之子""大不孝",这是佛教因果报应思想的反映,是阴过观念的发展。民俗认为有的坏人,人间无法处置,雷神能惩处,并有雷文昭示。《二刻拍案惊奇》中描写李三被屈打成招之后的雷击情景:

> 文卷已完,狱中取出李三解府,系是杀人重犯,上了镣肘,戴了木枷,跪在庭下,专听点名起解。忽然阴云四合,空中雷电交加,李三身上枷扭,禁行脱落。霹雳一声,掌案孔目震死在堂上。二十多个吏典头上吏巾,皆被雷风掣去。县官惊得浑身打颤,须臾性定。叫把孔目身尸验看,背上有朱红写的"李三冤狱"四个篆字。(《二刻拍案惊奇》卷三八)

盛夏之时,雷电迅疾,"世俗以为击折树木、坏败室屋者,天取龙"。(王充《论衡·雷虚》)高大的寺庙建筑最容易发生雷击,古今庙堂遭雷火而焚毁的不在少数。古人认为这没有善恶问题,是一种偶发现象。"或问雷之破山、坏屋、折树、杀畜何也?曰:'此气郁而怒,方而奋击,偶或值之,则遭震矣。'"(宋周密《齐东野语》卷十二"雷书")雷书最有名的是关于"谢仙火"的传说。这件事发生在宋真宗大中祥符年间,岳州华容县(今湖南岳阳市华容县)的玉真宫,天火焚烧后在木柱上发现刻有倒书的字。

右"谢仙火"字,在今岳州华容县废玉真宫柱上,倒书而刻之,不知何人书也。传云:大中祥符中,玉真宫为天火所焚,惟留一柱有此字。好事者遂模于石。庆历中,衡山女子号何仙姑者,绝粒轻身,人皆以为仙也。有以此字问之者,辄曰:"谢仙者,雷部中鬼也。夫妇皆长三尺,其色如玉,掌行火于世间。"后有闻其说者于《道藏》中检之,云实有谢仙名字,主行火,而余说则无之。(宋欧阳修《集古录跋尾·谢仙火》)

倒书的"谢仙火"三字居然在《道藏》中找到"谢仙","火"自然推测为"主行火"。这三个字作为仙迹摹刻上石,连岳阳楼上也有。不过在德清(今浙江德清)觉海寺的巨材油漆剥落后也露出倒刻"谢均李约收利火"十多字,而且大小与"谢仙火"一样。此时再用雷书解释已经勉强,终于有人明白这是伐木者所作的记号,刻上名字,以示区别。做记号的习惯,是从根部往下,而木材建造时根部在下,所以出现了倒书。这个"火"字,是唐宋时的惯语,"十人为火",是指一个十人组成的劳作组织。

治平中,予令岳州巴郡。州有岳阳楼,楼上有石,倒刻"谢仙火"三字。其序述庆历中,华容县一日晦冥震雷,已而殿柱有此,太守滕公宗谅子京问永州何仙姑,答以雷部中神昆弟二人,并长三尺,铁笔书之。然予在江湖间,人多以"仙"为名,又其字类世所闻者。孙载积中宰吴兴德清新市镇觉海寺殿宇宏壮,其碑云皆唐时所建。巨材髹漆,积久剥落,见倒书迹曰"谢均李约收利火"十余字,去地三二尺。以纸墨拓之,与岳阳字大小一同。积中因曰:"夫伐木于山者,其火队既众,则各刻其名,以为别耳。凡记木必刻于木本,营建法本在下,故倒书。"由是知仙姑之妄也。(宋王得臣《麈史》卷中)

此事传开以后,陆续各地都有发现类似的情况,华亭(今上海松江)天王寺雷击后,在木柱上出现了倒书"高洞扬鸦一十六人火令章"十一字。

> 世传湖湘间因震雷有鬼神书"谢仙火"三字于木柱上,其字入木如刻,倒书之。此说甚著。近岁秀州华亭县亦因雷震有字在天王寺屋柱上,亦倒书,云"高洞扬鸦一十六人火令章"凡十一字。内"令章"两字特奇劲,似唐人书体。至今尚在,颇与"谢仙火"事同。所谓"火"者,疑若队伍若干人为"一火"耳。(宋沈括《梦溪笔谈·异事》)

在常熟县(今江苏常熟)破山寺的木柱上竟然有三处倒书,刻的隶体。

> 常熟县破山寺僧堂,李唐新建,柱有雷神书,凡三处。盖昔人所传谢仙火之类。内一柱题字最端谨可识,云"具力溪作火田",凡六字,上一字作从具从力,字书所无,字皆作隶体。倒书入木三分,不类雕刻,然各去地丈余,与旧说身长三尺者差异。(宋郭彖《睽车志》卷六)

在宜兴县(今江苏宜兴)的善拳(有的也写作"权")寺、湖州(今浙江湖州)的项王庙、觉海寺都发现倒书的"侯米谢"和"侯米"等字。

> 岳州华容县玉真宫柱上有"谢仙火"字,常州宜兴县善拳寺佛殿柱上有"侯米谢"字。湖州项王庙、觉海寺亦有"侯米"等字,皆倒书。《六一集·跋龙书》云:"恐是簿筏中记号。"(宋赵彦卫《云麓漫钞》卷二)

善拳寺的雷书一直保存到明代,文字刻得很深,难以铲除,增加了神秘色彩。实际上可能因为年岁久远,字迹深深地渗入木质,一时确实难以清除。

余游荆溪善权寺,正殿乃唐大中年造,庭下古桧乃萧梁时植。殿中三柱,一书"谢钧记"三字,一书"诗米汉"三字,皆楷书。一书"诗米汉谢钧之记"七字,皆草书,每字各方径尺许,亦皆倒书也。周文襄公忱命以刀削之,随削随深,惧而止。今洼处犹存,谓雷为二气抟击,而无鬼神可乎?(明董谷《碧里杂存·雷书》)

吴中(今苏州一带)慧聚寺雷击后有大字"勳溪火"及一些无法辨认的形体。在众安桥南的酒肆内,雷击后的桌面上也有雷书三字。

吴中慧聚寺大殿二柱,尝因雷震,有天书"勳溪火"三字,余若符篆不可晓。及近岁德清县新市镇觉海寺佛殿柱,亦为雷震,有字径五寸余,若汉隶者,云:"收利火谢均思通。"又云:"酉昇李沩火。"此乃得之目击者。又宜兴善权广教寺柱,亦有雷书"骆审火及谢均火"者。华亭县天王寺亦有雷书"高洞扬雅一十六人火令章",凡十一字,皆倒书。内"令章"二字特奇劲,类唐人书法,然则雷之神,真有谢姓者耶。近丁亥六月五日,雷震众安桥南酒肆,卓间有雷书"迎壶永"三字,此类甚多,殊不可测,此所以神而不可知者乎?孔子不语怪力乱神,非不语也,盖有未易语者耳。(宋周密《齐东野语》卷十二"雷书")

以上的事实证明,寺庙中所谓的"谢仙火"之类的雷书是伐木者或者放排时做的人名记号,因为刻字和建造的习惯不同,造成了倒书。本来这些字深藏在油漆底下,因为雷击火焚,或年久油漆剥落,使字迹重新显露出来。所以木柱上的雷书根本就不存在。

还有一种雷击出来的文字,也叫霹雳书,或叫霹雳石文。它出现在土地和石头之上,列为古文十七种之一。它不是普通人用的字体,而是鬼神所用,状如古篆,人无法释读,传说唐代诗人李贺(字长吉)临死时就有天使以霹雳文召他:

长吉将死时,忽昼见一绯衣人,驾赤虬,持一版,书若太古篆或霹雳石文者。云当召长吉,长吉了不能读。(唐李商隐《李贺小传》)

唐张怀瓘《书断》卷上:"霹雳之下,乃时有字,或锡贶之瑞,往往铭题,以古书考之,皆可识也,夫岂学之于人乎?"这种在霹雳下出现的铭题到底是什么,没有具体的说明,但是可以肯定不是雷击产生的文字,而是托霹雳之名伪造的文字。

霹雳书,唐开元中,漳、泉分界,两讼不均,台省不能断。俄而雷雨霹雳,崖壁中裂,所争之地,拓为一径。中有古文篆六行。贞元中李协辨之,曰:"漳、泉两州,分地不平。永安、龙溪,山高水清,千年不惑,万古作程。"(《衍极》卷上 元刘有定注)

前面召李贺的霹雳书是无法辨认的太古篆文,这里居然是可以辨识的古文。雷书竟然会解决土地之争,实在是奇怪的事情,因为上天不可能管得这样具体,而且也不合乎雷书的习惯。它只可能是人为的,假托霹雳之名,以壮声威。雷击有时会造成地面的痕迹,在土地上产生浅沟,古人称之为"雷耕"。

雷人阴冥云雾之夕,呼为雷耕,晓视田中,必有开垦之迹,有是乃为嘉祥。(唐房千里《投荒杂录》"雷耕")

雷耕的痕迹是直的,如果是弯弯曲曲的,好事者就会联想到雷书,从这方面去想象,把文字附会上去。

王大父古川公言:成化丁未七月二十五日申时,雷击吴县张家园梓树地上有字,其文曰:"子乃言"三字,横径五六寸,长二尺余,画如指大,入土寸深,雨洗不灭,此又不知何理也。(明田艺蘅《留青日札·雷

书》)

在泥地上雷书是比较少见的,仅此一例,虽然无法进一步了解情况,也可能是做假。

> 万历十五年六月,获嘉辛丰里人王好仁妻帅氏抱儿乳哺,忽雷震死,所存仅皮,骼齘辄消尽,儿无恙也。皮有雷神书两行,乡人莫识。(清谈迁《枣林杂俎·和集·雷神书》)

> 尝闻震死之人有朱背书☰○月)(,如此四字,人无识者,后有人云,此"米中用水"四字,特去中之直画耳,予则以为好事者为之也。昨浙省都司周恒斋,亳人也,云其乡果有朱书批背三行而字不识者,又有自见红旗于盥盆,数日后人闻空中云:"不可错,不可错,红旗者是也。"遂击死。据是,则雷之击之者皆神之有意者矣,然则击木石者又何为哉?如《酉阳杂俎》所纪怪诞者又何为哉?呜呼!不可谓无,亦不可谓有,此不测所以为神也。(明郎瑛《七修类稿·奇谑·雷震人死》)

> 雷方奋击一巨树,树中有红衣女子突出,雷遂远树数舍,红衣下,雷复至,红衣出,则雷复远去。格斗良久,终不能击。民乃引毒矢,伺红衣出,射中之。辟历大作,遂拔其树。民归,家人为言:"雷适入屋,震人几死,惟釜翻,露朱书数字于底,不可读。"有黄冠通雷文,云是"助神威力,延寿一纪"八字。按唐小说中亦有神追朱衣女子,自树中出,久之渐上,落绯雨数点,云是帝命诛飞天夜叉。此事类之。(清张怡《玉光剑气集·征异》)

所谓的雷书,本来就不是文字,全靠人们猜测附会,有识之士自然会大胆否认。但是某些传说添油加醋,把假的说成真的,在充满迷信的时代,人们是难以突破这个藩篱的。

第九节 鬼 书

鬼书,传说是鬼魅所用的字。

南朝梁庾元威《论书》:古今杂体六十四书,有"鬼书惟有业杀"。"业杀"《酉阳杂俎》写成"业煞",意思是有凶神恶鬼之气。鬼书是什么样的字迹呢?

段成式的三从房叔父某遇鬼,访内弟樊元则,提到鬼书的事:

> 元则自少有异术,居数日,忽曰:"兄安得此一女鬼相随,请为遣之。"乃张灯焚香作法,顷之,灯后窣窣有声,元则曰:"是请纸笔也。"即投纸笔于灯影中。少顷,旋纸疾落灯前,视之,书盈于幅。书杂言七字,辞甚凄恨,元则遽令录之,言鬼书不久辄漫灭。及晓,纸上若煤污,无复字也。元则复令具酒脯纸钱,乘昏焚于道。有风旋灰直上数丈,及聆悲泣声。诗凡二百六十二字,率叙幽冤之意,语不甚晓,词故不载。其中二十八字曰:"痛填心兮不能语,寸断肠兮诉何处,春生万物妾不生,更恨魂香不相遇。"(唐段成式《酉阳杂俎续集·支诺皋下》)

鬼书之形,有的认为就是散淡不清的字迹:

> 礼部贡院,凡有榜出,书以淡墨。或曰名第者,阴注阳受,淡墨书者,若鬼神之迹耳,此名鬼书也。(五代范资《玉堂闲话·高輦》)

胡书,南朝梁任昉《述异记》卷上记:陶唐之世,越常国献千年神龟,背上有科斗书,记载开辟以来的事。帝命令记录下来,谓之龟历。伏滔在述帝功德铭中称:"胡书龟历之命。"这个胡书是蝌蚪书。唐韦续《墨薮》:"外国胡书者,何马鬼魅王之所授,其形如小篆。"这胡书篆体古文一类的字,也可算是蝌蚪字。可知这种胡书不是真正的胡人使用的文字,是广义的古文字,特别是那些看不懂的离奇文字。它在晋唐时期常指那种虚构的鬼字,在阴间流通,它可能与佛教的关系十分密切。中牟令苏韶卒,与他的堂弟苏节说要改葬。

韶曰:"吾将为书。"节授笔,韶不肯,曰:"死者书与生者异。"为节作其字像蕃书也。乃笑唤节为书。(《太平御览》卷八八三引晋王隐《晋书》)

这里把死者书与胡(蕃)书联系起来了,阴间与阳间使用的文字不一样。

饶州龙兴寺奴名阿六,宝应中死,随例见王。地下所由云:"汝命未尽,放还。"出门,逢素相善胡,其胡在生,以卖饼为业。亦于地下卖饼。见阿六忻喜,因问家人,并求寄书。久之,持一书谓阿六曰:"无可相赠,幸而达之。"言毕推落坑中。乃活,家人于手中得胡书。读云:"语地下常受诸罪,不得托生。可为造经相救。"词甚凄切。其家见书,造诸功德。奴梦胡云:"劳为送书,得免诸苦。今已托生人间,故来奉谢。"(《太平广记》卷三八四引唐戴孚《广异记》)

这位卖饼的胡人写的胡书,应该是实用的文字,不像是蝌蚪文字那样的臆造东西。按照佛教的说法,冥间是由阎罗主管,而阎罗是西土输入之神,它原本属于西方世界。所以这里的胡书是指真的胡书,具体讲就是梵文。魏晋南北朝时期,佛、道两教经常会有一些交流和融合,这种胡书也是其中之一。

鬼书是捏造出来的东西,谁也没有见过,也不可能见到。所以给人很大的遐想空间,因此无论什么样的设想都可以叫鬼书。

斜月尚明,有老人倚巾囊坐于阶上,向月检书,固步觇之,不识其字,既非虫篆八分科斗之势,又非梵书,因问曰:"老父所寻者何书? 固少小苦学,世间之字,自谓无不识者。西国梵字,亦能读之。唯此书目所未觌,如何?"老人笑曰:"此非世间书,君因何得见?"固曰:"非世间书,则何也?"曰:"幽冥之书。"(唐李复言《续玄怪录·定婚店》)

幽冥之书就是鬼书的别称。这个鬼书既非梵书,亦非淡墨书,又是一种体式。

1997年巴中市凤溪乡在水利大修中发现一石质地券,由长0.51米、宽0.46米、厚0.13—0.14米的石英砂石板制成。另有一块板石一面凿成长0.395、0.335、0.075米的凹框,地券置于框石内,与其面平。地券的正面朝向墓内。地券正面上端有三星,中间为正文,右边上部"九天玄女地券宝字"八个大字,下部二十四个宝字。左边楷书:"大宋蓬州伏虞县顶山乡钦贤里居进士李濬,同妻室楚氏六娘,先于今年八月内卖地到此丁山之下寿堂基址二所。今以嘉定十年十二月初五日,下席兴工,切恐此地山神龙神曾未得知,地下百鬼妄生侵占。故立此券,以为永远之凭者。"(图2-6)①

伏虞县治所在今营山县东北,顶山乡,古今名称未变。嘉定十年(1217年)为南宋年号。内容与一般地券相似。告知此地的山神、龙神,禁止百鬼侵扰。九天玄女是道教人物,传说是天上的神女,黄帝得授兵法,战胜蚩尤。《史记·五帝本纪》"蚩尤最为暴,莫能伐"裴骃《集解》引《龙鱼河图》:"天遣玄女下授黄帝兵信神符,制伏蚩尤。"后道教奉为诸神之一。《云笈七签》卷一百"轩辕本纪":"天降一妇人,人首鸟身,帝见稽首再拜而伏。妇人曰:'吾玄女也,有疑问之。'帝曰:'蚩尤暴人残物,小子欲万战万胜也。'玄女教帝三宫秘略五音权谋阴阳之术,玄女传阴符经三百言。帝观之,十旬讨伏蚩尤。授帝灵宝五符真文及兵信符,帝佩之灭蚩尤。又令风后演河图法而为式用之创十八局,名曰遁甲。"又卷一一四"九天玄女传":"九天玄女者,黄

---

① 岳钊林《巴中"九天玄女地券"考》,《四川文物》1999年第5期。

图 2-6 九天玄女地券宝字

帝之师,圣母元君弟子也。""玄女即授帝六甲六壬兵信之符,灵宝五符策使鬼神之书,制妖通灵五明之印,五阴五阳遁甲之式,太一十精四神胜负握机之图,五岳河图策精之诀,九光玉节十绝灵幡命魔之剑,霞冠火佩,龙戟霓旌,翠辇绿軿,虬骖虎骑,千花之盖,八鸾之舆,羽簶玄竽虹旌玉钺神仙之物,五龙之印,九明之珠,九天之节,以为兵信,五色之幡以辨五方。"《水浒传》第四十一回言九天玄女授宋江三卷天书,"宋江看时,可长五寸,阔三寸",九天玄女叮嘱:"此三卷之书,可以善观熟视,只可与天机星同观,其他皆不可见。功成之后,便可焚之,勿留在世。"九天玄女的法术集中在玄女符中,可以制敌,也可以制鬼神。从《水浒传》的描写看,大仅如手掌,并非是书籍,而且秘而不宣,不为外人知晓。凤溪乡的"宝字"长约30厘米、宽约20厘米,可能就是玄女符。其文字的内容估计与《九天玄女传》有关。神仙写的字称作宝字。如,唐王勃《七夕赋》:"上元锦书传宝字,王母琼箱荐金约。"此宝字恐怕不是泛称的神仙之字,而是上天的符命。《史记·赵世家》中赵简子"藏宝符于常山上",诸子先得者赏。此宝符是权力的象征。这里的宝符特指九天玄女的"六壬六甲兵信之符",蕴含克魔擒鬼的兵机。宝字既然是符,它当然是秘文之一,但是与云篆、复文又不相同。从笔画看,有一笔书、飞白、草书、楷书、篆书,集字体之大成,从结体看,与通行字相异,还有一些奇怪的部件,即使有相像的字,如中间的一个"米"字,恐怕不能按照"米"字来读。总之,宝字似字非字,实际上我们一个字都不识,所以无法解读它的内容。

"鬼书,杂体微昧非人所解者也。"(《云笈七签》卷七)此"宝符"诸体混杂,人间一字不识,符合鬼书的要求,可以断定为现见的鬼书的实物。

第三章 拆字与测字

第一节 别　字

拆字是分解字形的意思,宋代叫作相字,拆字的目的是探测未来,所以又叫测字。拆字汉代叫别字,也是分解字形的意思。清钱大昕《恒言录》卷六:"《隋书·经籍志》有《破字要诀》一卷,《颜氏家训·书证篇》云:《栻卜》《破字》及鲍昭《谜字》,皆取会流俗。卢绍弓云'破字即今之拆字也'。"汉代谶纬之术利用别字为其服务,多有发明,并且形成了别字之法。《后汉书·五行志一》:"凡别字之体,皆从上起,左右离合,无有从下发端者也。"拆字又叫离合字,对字形该分的分,该组合的合。别字不同于《说文》之类文字学上的字形分析,而是根据自己的意愿来随便分拆字形。按照一定的科学方法,分析字形,从而寻求字之本义,这是文字学,随心所欲地分拆字形并加以发挥,作为自己某种观点的依据,这就是拆字。汉代是篆隶变革时期,也是拆字的形成时期。《汉书·艺文志》称"后世经传既已乖离,博学者又不思多闻阙疑之义,而务碎义逃难,便辞巧说,破坏形体"。在许慎《说文·叙》中对这类"诸生竞逐说字解经义"有所介绍,如"马头人为长""人持十为斗""虫为屈中"。这种胡乱肢解文字,信口开河解释字义的做法,虽然不能与拆字完全等同,但已经是很接近了。

一般认为,《左传·宣公十二年》中楚庄公"止戈为'武'"之说为拆字的滥觞,其实并不正确,因为这个字样的分析在字形上合乎规范,字义也有逻辑性,与谶纬学的别字是完全不同的。

以上所引《汉书·艺文志》之文颜师古注云:"苟为僻碎之义,以避它人之攻难者,故为便辞巧说,以析破文字之形体也。"别字的特点是"便辞巧

说,破坏形体",即随意地拆开字形,作为花言巧语的依据。例如:

夫劉(刘)之为字,卯金刀也,正月刚卯,金刀之利,皆不得行。(《汉书·王莽传中》)

王莽篡位,忌恶刘氏,以钱文有金刀,故改为货泉,或以货泉字文为白水真人。(《后汉书·光武帝纪论》)

"劉(刘)"拆为卯、金、刀,简称金刀,利器。"泉"拆为白水,"货"拆为真人,《说文·匕部》"真"字上从匕,"货"从化。化,《说文》从匕从人。匕,从倒人。《说文》:"真,仙人变形而登天也。从匕、目、乚、八,所以乘载之。""货"与"真"皆从匕(倒"人"),字形相近而拆。但是,这些已经违背字学,仅为俗流所主张。对此北宋时沈括已经提出质问:

卯金刀为"劉(刘)",货泉为"白水真人"。此皆出于纬书,乃汉人之语。按"劉(刘)"字从戼从金,如"柳""騮""留"皆从戼,非"卯"字也。"货"从貝(贝),"真"从具,亦非一法,不知何缘如此?(《梦溪笔谈·书画》)

谶纬家虽然侈言王道,托名上天,但是于文字的说解不过村夫俗子的野言。汉代的别字无一不是荒唐言论,不必一一驳斥,正派的学人从不视其为正宗的学问。如:

心止于一中者,谓之忠;持二中者,谓之患。(《春秋繁露·天道无二》)

(铅)则金之公,而银者金之昆弟也。(《太平御览》卷八一二引汉桓谭《新论》)

人十四心为德。(《春秋说》)

土立于乙为地。(《春秋元命苞》)

四合共一为日。(《春秋元命苞》)

十夹一为土。(《春秋元命苞》)

人散二者为火。(《春秋元命苞》)

八推十为木。(《春秋元命苞》)

二在天下为酉。(《诗说》)

日月为易。(《说文·易部》引秘书说)

颜之推说:"《春秋说》以人十四心为德,《诗说》以二在天下为酉,《汉书》以泉货为白水真人,《新论》以金昆为银,《国志》以天上有口为吴,《晋书》以黄头小人为恭,《宋书》以召力为邵,《参同契》以人负告为造。如此之例,盖数术谬语,假借依附,杂以戏笑耳。"(《颜氏家训·书证》)确实,这种类似儿戏的说解风行一时,成为东汉时期的主流派,统治着政坛,即使有识之士忠言进谏,也无济于事。

帝以敏博通经记,令校图谶,使蠲去崔发所为王莽著录次比。敏对曰:"谶书非圣人所作,其中多近鄙别字,颇类世俗之辞,恐疑误后生。"帝不纳。敏因其阙文增之曰:"君无口,为汉辅。"帝见而怪之,召敏问其故。敏对曰:"臣见前人增损图书,敢不自量,窃幸万一。"帝深非之,虽竟不罪,而亦以此沈滞。(《后汉书·儒林传·尹敏》)

尹敏校图谶,越来越觉得荒谬,直言"谶书非圣人所作,其中多鄙别字"。但是皇帝相信,无奈之下,他也只能做起别字来"君无口,为汉辅","君"字去"口"为"尹"字,言尹敏自己为汉之辅臣是天命所托。

汉代别字是谶纬之一部分。字谶就是利用拆解文字作政治预言的依据。谶是预言,而其著作则是纬。别字与纬书结合是经典的谶纬之学。

宋升明中,遣王洪范使焉,引之共谋魏。齐建元三年,洪范始至。是岁通使,求并力攻魏。其相国刑基祗罗回表,言"京房谶云:卯金苹,

草肃应王。历观图纬,代宋者齐。"(《南史·夷貊下》)

王洪范所使者为北狄,相国刑基祇罗回看似北狄人,是否汉人不清楚,居然如此自如运用谶纬解字决策,可知别字之风远播,于政治干扰之深。

进入魏晋南北朝,谶纬之风被视为妖孽而屡遭打击,但是拆字却无收敛,还是不断地冒出来,特别当政局变动之间,几乎每个朝代都有记录。

　　武平七年,后主为周师所败,走至邺,自称太上皇,传位于太子恒,改元隆化。时人离合其字曰"降死"。竟降周而死。
　　周武帝改元为宣政,梁主萧岿离合其字为"宇文亡日"。其年六月,帝崩。
　　(宣帝)改元为大象,萧岿又离合其字曰"天子冢"。明年而帝崩。
　　开皇初,梁王萧琮改元为广运。江陵父老相谓曰:"運(运)之为字,军走也。吾君当为军所走乎?"
　　炀帝即位,号年曰大業(业)。识者恶之,曰:"于字离合为'大苦未'也。"寻而天下丧乱,率土遭荼炭之酷焉。

(均见《隋书·五行志上》)

"隆化"把"隆"字最末笔加在"化"字之上,有点像"降死","宣政"把"宣"字下"日",放到最后,"政"拆开,形似"文亡",成为"宇文亡日","大象"变为"天子冢"要添加笔画,"運(运)"之离合为"军走"不合字学,而"大業(业)"分拆成"大苦未",虽然形似,却十分勉强。很明显,这些拆字都是别有用心的,有的是政敌所为,通过这种莫名其妙的解释给人蒙上恶运,诅咒他的命运,起到了其他力量无法起到的作用。

唐代以来,对国运的关注经常寄托在拆字之中,李唐终朝被一个"葉(叶)子"二字的阴影所笼罩。

　　欧阳文忠公云:"唐人宴聚,盛传叶子格,五代周初犹然,后渐废不传。"此盖李唐谶语,宜其久远而遂泯也。夫"葉(叶)子"二字,拆"葉(叶)"字上一半乃"廿世"字,余"木"字凑下"子"字作"李"字,乃"廿世李",正合有唐历代二十帝之数,当作谶语,如此而谓非天命,可乎?(宋袁文《瓮牖闲评》卷八)

这是离合拆字法,离"葉"字为"廿""世""木",最末"木"与"子"相合,于是成"廿世李",认定李唐只有二十帝之数。

僖宗幸蜀回,改元光启(啓)。俗谚云:军中名血为"光",又字体"户口负戈"为"啓(启)",其未宁乎?俄而未久乱作,长安复陷。(宋王谠《唐语林·补遗四》)

"啓(启)"字拆成"户口负戈",成为战事连绵的征兆。明明是政治腐败引起大规模的起义,却归结于年号用字不当。此风一开,宋代君主变得战战兢兢,生怕年号字带来凶兆。君臣讨论、切磋方得安心。

仁宗即位,改元"天圣",时章献明肃太后临朝称制,议者谓撰号者取"天"字,于文为"二人",以为"二人圣"者,悦太后尔。至九年,改元"明道",又以为"明"字于文"日月"并也,与"二人"旨同。(宋欧阳修《归田录》卷一)

这"天""明"二字的分拆实是为太后临朝称制声张。

熙宁末年旱,诏议改元。执政初拟"大成",神宗曰:"不可!'成'字于文,一人负戈。"继又拟"丰亨",复曰:"不可!'亨'字为子不成,惟'丰'字可用。"改"元丰"。(宋叶梦得《石林燕语》卷一)

"一人负戈"显然是受到唐"光启"之"啓(启)"的"户口负戈"的影响,

所以神宗是断断不敢用这年号的。

　　宣和岁乙巳冬十二月,报北方寒盟。二十有三日,上皇有旨内禅。时去岁尽不数日,故事,天子即位逾年即改元,于是中书拟进,取"日靖四方,永康兆民"二句,请号年曰"靖康"焉。靖康之初,今上在康邸,因出使讲解而威德暴天下,故识者多疑以为靖康于字为"十二月立康"也。是后一年而中兴。(宋蔡絛《铁围山丛谈》卷一)

把"靖"拆成"十二月立",再加上"康"字,就变成"十二月立康"了,不过这绝对不是预言,而是事后诸葛亮。

　　高宗初即位,改元建炎,以火德微故也。苗刘之乱,以为"炎"乃两"火"字,故多盗。明年还自海上,改五年为绍兴,久之既与虏议和,遂不复改。(宋李心传《建炎以来朝野杂记甲集·典礼·年号》)

刘为汉之国姓,汉属火德,所以"建炎"之"炎"助盗。

　　嘉泰元年辛酉三月二十八日宝莲山下大火,被灾者五万四千二百家,绵亘三十里,凡四昼夜乃灭。那时术者说"嘉"之文,如三十五万口,"泰"之文,如三月二十八也;又都民市语,多举红藕二字,"藕"有二十八丝,红者火也,谶语之验如此。(明周清源《西湖二集·认回禄东岳帝种须》)

南宋建都临安,几次大火,造成巨灾。于是有术士从年号上去找毛病。宁宗之嘉泰年竟被拆为"三十五万口"及"三月二十八",以此寻到祸首。

年号是各皇帝临朝的标志,简单明了,又非常突出,历史上经常有人把它作为拆字的对象,都是附会离合为之辞,洪迈曾详论之,录于下:

自汉武帝建元以来,千余年间改元数百,其附会离合为之辞者不可胜数,固亦有晓然而易见者。如晋元帝"永昌",郭璞以为有二日之象,果至冬而亡。桓灵宝"大亨",识者以为一人两月了,果至仲春败。萧栋武陵王纪同岁窃位皆为"天正",以为二人一年而止,其后皆然。齐文宣"天保"为一大人只十,果十年而终。然梁明帝萧詧亦用此,而尽二十三年,或人云詧,蕞尔一邦,故非禨祥所系。齐后主"隆化"为降死。安德王延宗"德昌"得二日。周武帝"宣政"为宇文亡日。宣帝"大象"为天子冢。萧琮晋出帝"广運(运)"为军走。隋炀帝"大業(业)"为大苦未。唐僖宗"廣(广)明"为唐去丑口著黄家日月,以兆巢贼之祸。钦宗"靖康"为立十二月康,果在位满岁,而高宗由康邸建中兴之业。熙宁之末将改元,近臣撰三名以进,曰"平成"、曰"美成"、曰"丰亨",神宗曰:"'成'字负戈,'美成'者犬羊负戈,'亨'字为子不成,不若去'亨'而加'元'。"遂为"元丰"。(宋洪迈《容斋续笔》卷十三"纪年兆祥")

泰昌登极,颁年号至南京。一道人见晏给谏,曰:"泰昌于文,一大二小,二日而亡,上御世匪久,嗣自年号当为天启。若言而中,君宜急归,不去,有大祸。"已而果然。谢以十金,曰:"吾无所用金。"给谏请告未得,值卫军之变,毁室逐杀,几不免焉。(清张怡《玉光剑气集·技术》)

泰昌,其泰字上三横分拆为一与二,下水字,俗体与小字近似。上部分拆出一大字,二横与水凑为二小。昌字分拆为二日,这是常见的拆法。此道人所谓二日而亡,只是大概的说法,并不精准。

拆字的发展不仅取决于朝廷的重视,还必须有民间广泛的认同。至晚在东汉时期开始用别字法来探测个人命运,进入南北朝更见频繁。入宋以来拆字大盛,朝野均热衷此道,从业者独立出来,成为专业的相字者,正式以相字悬牌营业,其中涌现了众多的高手。在拆字的理论方面,重要著作逐渐面世。据传有邵雍《梅花易数》五卷,把事物分别求属十八类卦名,区别五行,并且把笔画偏旁附会到五行干支上去解释。把拆字与八卦、五行结合起来,增加了玄虚的成分。谢石是相字大家,著有《心易秘占》,景齐有《神机相字法》,元明之间邵居敬有《龟鉴易影皇极数》及《相字心易秘牒》传世。清代的程省《测字秘牒》、周亮工《字触》的内容与拆字关系十分密切。拆字的实践与理论相互促进,测字的市场化水平不断提高,适合于各种人群,从帝王、高官到商人、农夫,能解决各种疑难问题,军国大计、生死疾病、刑狱官司、农商生计、科举仕途、失物寻人,几乎无所不能。明清间测字摊遍布大街小巷,标榜通六书,善触机,达到空前繁荣的境界。

第二节　测字成为职业

　　从别字发展到相字经过了一个质量上的变化,这体现了一个市场化的过程。具体地说,拆字者从业余到专业,使之成为一个谋生的行业。在各个方面迎合市场的需要,在操作上向求测者倾斜。首先,在拆字的"字"上有明显的差异,唐宋之前的字往往是拆字者自己提出,然后自己分拆,基本上是以拆者为主。

　　早期的别字,所用之"字"多来源于图谶,是实物或者情景,别字者据此提取文字,这个"字"一般由别字方来决定。

　　　　茂初在广汉,梦坐大殿,极上有三穗禾,茂跳取之,得其中穗,辄复失之。以问主簿郭贺,贺离席庆曰:"大殿者官府之形象也。极而有禾,人臣之上禄也。取中穗,是中台之位也。于字禾失而为'秩',虽曰失之,乃所以得禄秩也。衮职有阙,君其补之。"旬月茂征焉,乃辟贺为掾。(《后汉书·蔡茂传》)

　　　　京兆人董丰游学三年而返,过宿妻家。是夜,妻为贼所杀,妻兄疑丰杀之,送丰有司。丰不堪楚掠,诬引杀妻。(司隶校尉㽲)融察而疑之,问曰:"汝行往还,颇有怪异及卜筮以不?"丰曰:"初将发,夜梦乘马南渡水，返而北渡，复自北而南，马停水中，鞭策不去。俯而视之，见两日在于水下，马左白而湿，右黑而燥。瘼而心悸，窃以为不祥。还之夜，复梦如初。问之筮者，筮者云：'忧狱讼，远三枕，避三沐。'既至，妻为具沐，夜授丰枕。丰记筮者之言，皆不从之。妻乃自沐，枕枕而寝。"融曰："吾知之矣。《周易》坎为水，马为离，梦乘马南渡，旋北而南者，从坎之离。三爻同变，变而成离。离为中女，坎为中男。两日，二夫之象。坎为执法吏。吏诘其夫，妇人被流血而死。坎二阴一阳，离二阳一阴，相承易位。离下坎上，既济，文王遇之囚牖里，有礼而生，无礼而死。马左而湿，湿，'水'也，左'水'右'马'，'冯'字也。两日，'昌'字也。其冯昌杀之乎！"于是推检，获昌而诘之，昌具首服，曰："本与其妻谋杀董丰，期以新沐枕枕为验，是以误中妇人。"（《晋书·苻坚载记下》）

以旱祈带石山，玄安欲登之，弟名犯世宗讳曰："世人云登此山者破家身亡。"玄安曰："安有此也！"策马登之，马倒伤足。御史房屋柱自燃爘折，或曰："柱之为字也，左木右主，'宋'字含木，木爘，宋破而主存，灾之大也，宜防之。"又所乘马五匹，一夜中髻尾秃，人曰："尾之为字也，尸下毛，毛去尸，绝灭之征。"玄安曰："吉凶在天，知可如何。"未几，玄安司马张邕起兵杀玄安，尽诛宋氏。先是谣曰："灭宋者田土子。"（《魏书·张寔传》）

上面的例子中"秩""冯昌""柱""尾"都是由拆字人指出，并就此展开活动。即使到了宋代，仍旧有这种情况。

温州城东有唐李卫公庙，州人每精祷祈梦，无不应者。绍兴三十二年，郡士木待问蕴之得漕荐，谒庙扣得失，梦著紫衫独立于田间，士子数千辈拥一棺驰去，皆回首视蕴之。明旦，以语同舍生潘柽。柽解曰："君尝魁天下，'棺'之字从'木'从'官'，君得官无疑。数千辈舁之，明皆出君下也。"果如其言。（宋洪迈《夷坚丁志·李卫公庙》）

靖康已前，汴中家户门神，多番样戴虎头盔，而王公之门，至以浑金饰之,识者谓虎头男子,是"虏(虏)"字,金饰更是金虏在门也。不三数年,而家户被虏,王公被其酷尤甚。(宋袁褧《枫窗小牍》)

宋代起,字一般由求测者自己提出,如果求测者不识字,那么有一种折中的办法,测字者自备一定数量的字牌,供求测者抽取,这种办法在清代十分流行。

更加重要的一点是,别字者由业余的兼职人员逐渐变化为相字的专业人员。汉晋时期,别字或者离合字是由智者代劳,这些人主要是官员,或者未入仕的文人。同时也有一些专业人员进入这个领域,不过他们不是专门别字者,而是卜筮者,如前面的"董丰问梦于筮者"。他们替人预卜吉凶,主要用的占卜的办法,拆字不是他们的专长,只因为有涉占卜,所以才会去过问拆字的事。

一是占梦者,占梦是卜筮的行当,分析梦境,指点迷津。

梦青衣二人谓余曰:"吕走天年,人向主寿。"既觉,吾乃诣占梦者于江陵市,占梦者谓余曰:"吕走,'迴(回)'字也。人向主,'住'字也。岂子住乃寿也?"(唐牛僧孺《玄怪录·张左》)

洛社杜玄有一牛,玄甚怜之。夜梦其牛有两尾,以问占者。李仙药曰:"'牛'字有两尾,'失'字也。"经数日,果失之。(唐张鷟《朝野佥载》卷三)

占梦者就是占者,名称不同,实质相同。

专业的拆字人员大概在宋代出现,当时称之为"术士""相字者",后来称之为"测字先生"。这些相字者的来源比较复杂,有一部分是卜筮者分化出来的专职人员,有的本是道士,有的是落第的文人,当然也有社会的其他闲散人员。

杨王沂中闲居,郊外遇相字者。相者以笔与札进,杨王拒之,但以所执拄杖大书地作一画。相者作而再拜曰:"阁下何为微行至此？宜自爱重。"杨愕然而诘其所以。则又拜曰:"土上作一画,乃'王'字也。公为王者无疑。"(宋叶绍翁《四朝闻见录》甲集)

初,乙辛母方娠,夜梦手搏殺羊,拔其尾角。既寤占之,术者曰:"此吉兆也。羊去角尾为'王'字,汝后有子当王。"(《辽史·奸臣传上·耶律乙辛》)

第三节 测字的方法

测字的方法主要有字形分合加减等法,以及随机应变等手段构成,它由汉代的别字法、离合法发展而来,逐步完善,从而形成了一整套的拆字技巧。有关别字之法,有明确的规定：

献帝践祚之初,京都童谣曰:"千里草,何青青。十日卜,不得生。"案千里草为"董",十日卜为"卓"。凡别字之体,皆从上起,左右离合,无有从下发端者也。今二字如此者,天意若曰:卓自下摩上,以臣陵君也。青青者,暴盛之貌也。不得生者,亦旋破亡。(《后汉书·五行志一》)

按照《后汉书》的说法,别字之则,先上后下,先左后右,所谓离合,推想就是把字拆开后重新组合。按此规则,"千里草"之合"董"字,"草"字不应该放在最后,而应该是"草千里"。同样"十日卜"应该是"卜日十"。所以只能用天意来解释,"自下摩上,以臣陵君也"。"刘(刘)"为卯金刀,"泉货"为白水真人,其中卯金刀符合"从上起,左右离合",白水也符合"从上起",另外"人十四心为德"也符合左右离合,从上起的原则。看来这个别字的原则原来是实行过的,只是拘泥于此,不便操作,因此到东汉末年就搁置一边了。《后汉书》中已经提到"左右离合",不过从实际的例子看,它只限于一个字的范围之中。《文心雕龙》中虽然称"离合之发,则明于图谶",但是此时的离合要在二字之间进行。如"佃渔思化,人民穴处。意守醇朴,音应律吕。"(晋潘岳《离合诗》)"佃"中离出"田","意"中离出"心","田""心"合"思"。突破一个字的界限,在两个字之间分拆,这对拆字术的发展是一个很大的启发。例如:

> 郑所南当最为典型。南宋亡后,他改名所南,寓士誓不北向之意;字"思肖",即"思赵"之意;匾其堂为"本穴世界",藏"大宋"之意。(《宋遗民录》卷十三《宋郑所南先生传》)

这段文字是隐语,但是在拆字法上是相通的。其中"思肖"中的"肖"隐"趙(赵)"字,是加法。"本穴"至"大宋"是"本"字离出"十",再加在"穴"之下合成"宋"字。这是离合法的典型例子。

测字是利用字来预卜未来,拆字是实施测字的手段。拆字虽然十分灵活,但是基本上是有规则的,这种规则的核心部分继承汉魏以来的方法,加上相字者的变通实践,呈现出五花八门的拆法。自宋代以来,相字书中的字法就是拆字的方法,有的还打着"六书"的幌子。我们作为客观的研究者,没有必要全盘接受那一套拆法,只需举要了解它的主要部分就可以了。如果简单地归纳一下,拆字法也就是合法、离法、加法、减法、添字法、改法、字貌法、训释法、谐声法。

合法

离合字的"合"就是这个合法,它是最基本的拆字法之一。

> 建国中,衍死。中书监庾冰废衍子千龄,立其弟岳,改年曰建元。初岳之立,当改元,庾冰立号,而晋初已有,改作,又如之,乃为建元。顷之,或告冰曰:"子作年号,乃不视谶也。谶云:'建元之末丘山崩。'丘山,岳也。"冰瞿然,久而叹曰:"如有吉凶,岂改易所能救乎?"遂不复改。(《魏书·僭晋司马睿传》)

把"丘""山"二字结合成一字,是典型的合法,不过比较简单原始,以后发展得越来越复杂,合的方式变化无穷。

宋孙光宪《北梦琐言》卷十二:李昌有书,召玉局观杨德辉赴斋。有老道崔无致,自言愚聋,却通算术,往往预知吉凶。德辉问曰:将欲北行如何?崔令画地作字。就写了"北千"两字,崔老道把"千"字插在"北"字之中,曰"去即乖耳"。李昌在斋日就擒,道士多数遭其祸。这里崔老道测字,不是把两个字叠合在一起,而是巧妙地把"千"字插入"北"字中,合成一个"乖"字,因而他一举成名。

离法

离法,就是把字分拆开,这是一个古老的拆字法,别字之别,离合字之离,主要指的是这个"离法"。分,把字形分解成一个个有用的部件。如《后汉书·蔡茂传》之"秩"字,拆开为"禾""失"。再如:

> 淳化四年十二月,蜀寇王小波死,李顺继之。明年正月己巳,即蜀王位。五月丁巳,两川招安使王继恩克成都,顺就擒。开禧三年正月,大将吴曦叛蜀,归款于虏,甲午,即蜀王位。丁酉,受虏册。二月乙亥,随军转运安(丙)奉密诏枭曦于兴州。说者析"顺"字,谓居川之傍一百八日。拆"曦"字,谓三十八日,我乃被戈。较其即位、受册之日,不差毫发,又俱终始于蜀。嘻!亦异矣。(宋岳珂《桯史》卷二"李顺吴曦名谶")

把"顺(順)"拆成"川"字和"頁(页)"字,再分解为"一百八日",成"居川之傍一百八日"。又把"曦"字"日"与"羊"分拆成"三十八日",余下部分分拆为"我乃被戈"。这种分法要比早期复杂得多。

> (理宗刚亡故,议谥,拟曰理)盖以圣性崇尚理学,而天下道理最大,于是人无间言。而不知理字析文取义,乃四十一年王者之象,可谓

请谥于天矣。(宋周密《齐东野语·理度议谥》)

把"理"分成两部分,"里"拆成"四十一",其中"四"字实际上是个"田"字,有点勉强,"土"拆成"十一","王"依然读"王"。

高宗幸杭,有日者姓杨,忘其名,召问之,杨奏曰:"自今可贺矣。杭字于文离合之,有兀、尤字。且杭者,降也。兀尤其降乎?"(宋赵彦卫《云麓漫钞》卷十二)

公至,欲修桥,桥跨海,工难施。欲以文檄海神,忽一醉卒趋跄而前,曰:"愿痛饮,能赍檄往。"饮至大醉,自没于海,若有擎捧之者。俄而以"醋"字出,公解其意。遂以八月二十一日举工,潮旬日不至,工遂成。(清张怡《玉光剑气集·征异》)

加法

加法,就是在所测的字上面加一些内容,使它变为需要的文字,为展开测字铺设道路。早期的加法比较简单,加的内容不多,而且都是加一次。

自居晋阳,寝室夜有光如昼。既为王,梦人以笔点己额。旦以告馆客王昙哲曰:"吾其退乎?"昙哲再拜贺曰:"王上加点,便成主字,乃当进也。"(《北齐书·文宣帝纪》)

这里只是在"王"字上加了一点,成为一个"主"字。
在宋代,加法是最常用的字法:

庆历七年,贝州卒王则据城叛。诏明镐加讨,久无功。参知政事文彦博请行,仁宗欣然遣之,且曰:"'贝'字加'文'为'败',卿必擒则矣。"未逾月而捷报闻,诏拜平章事,曲赦河北,改贝州为恩州。(宋王辟之《渑水燕谈录·事志》)

不但拆字,避讳中也会使用此法:

> 本朝高宗讳构,避嫌名者,仍其字更其音者,勾涛是也;加金字,钩光祖是也;加丝字,绚纺是也;加草头者,苟谌是也;改为句字者,句思是也;增勾龙者,如渊是也;勾龙去上一字者,大渊是也。已上,皆臣下避君讳也。(宋周密《齐东野语》卷四)

减法

减法就是在拆字的过程中把字的某些部分去掉,也是为了改变原来的字。

> 右丞卢藏用、中书令崔湜,太平党被流岭南,至荆州,湜夜梦讲座下听法而照镜。问善占梦张猷,谓卢右丞曰:"崔令公大恶梦。坐下听讲,法从上来也。'镜'字金傍竟也。其竟于今日乎?"寻有御史陆遗勉赍敕,令湜自尽。(唐张鷟《朝野佥载》卷三)

上一例把照镜之"镜"字去掉"金"字旁,成了竟了之"竟",最后引出自尽的结果。

下例崇祯内臣问国事,一连出了三个字,均未得佳音。测字者兼用加减法,把"友"字作"反","有"字作"明"之半,"酉"字作"尊"之中段,种种可怕的预言吓得内臣咋舌。

> 崇祯末年,流寇信急,上日夜忧勤。一夕,遣内臣易服出禁,探听民间消息,遇一测字者,因举一"友"字询之。问:"何占?"曰:"国事。"曰:"不佳,反贼早出头了。"急改口曰:"非此'友'字,乃有无之'有'。"曰:"更不佳,大明已去其半矣。"又改口曰:"非也,申酉之'酉'耳。"曰:"愈不佳,天子为至尊,至尊已斩头截脚。"内臣咋舌而还。(清梁绍

壬《两般秋雨盦随笔·测字》)

　　高品道:"下场年问卜是最不灵的。我头一次在江宁考试,有个起梅花数的为我起数,得泰卦五爻。他说不用说了,一定中元的。爻辞是'帝乙归妹,以祉元吉',你还讲甚么?且象辞还是'中以行愿也'。……不但此,那年是乙未年。你想帝乙的'乙'字,与归妹的'妹'字,去了'女'字旁,不算'乙''未'两字么?"(《品花宝鉴》第三十二回)

添字法

添字就是在拆字的过程中不断地在原来的字前后不断添加其他字,使它组成新的词或词组,以便进一步展开内容。

　　郭中丞青螺,与蔡见麓冢宰同官于浙,是时冢宰为右方伯。有引去意。一日坐弘济堂。冢宰曰:"子为我拆一字。"指堂匾"弘"字。郭曰:"公为何事?"曰:"子只拆字,不必问事。"郭曰:"公意将引而去,数未能。"公曰:"何也?"郭曰:"'弘'字左为'弓'而无'丨',是未能引,右为'厶'而无'上',是未能去。"公笑曰:"奇哉!"郭又曰:"非徒如此也。堂匾有'济'字。公将开府齐鲁,或操江。又不徒如此也。'堂'字尚书而归土。"公笑曰:"是太穿凿。"后其言一一验。(明朱国祯《涌幢小品·拆字》)

郭青螺不是专业的测字先生,但是测字很具水准。他先用换法把"弘"字的两个部分一一拆解,说出了蔡进退两难的困境,虽然已经点出了他的心病,还是不能帮他从烦恼中解脱出来。郭就把"弘济堂"的另外两个字添进去,先是"济"字,拆成"齐"和"水","齐"引出开府齐鲁,"水"引出操江。接着再是"堂"字,拆成"尚"和"土","尚"引出尚书,"土"谓乡土,引出告老还乡,意思是做官最高到尚书。添了两个字,却给人展示了美好的前景。

改法

改法,就是改动字的笔画,使之变为另一个字。

  入夜人来请测,不及书字,时已戌时,即口占戌字以请。问:"何占?"曰:"欲有谋耳。"测曰:"不可直向彼言,须转一弯,其谋可遂。"盖"戌"字一点转弯即为"成"字也。(清刘廷玑《在园杂志》卷一)

这位测字先生知道已经是戌时,听到谋事,就改"戌"字内一横为一勾,变为"成"字,十分老练干脆。

字貌法

即象形法,是从字的体貌着眼,展开联想,从而得出结论。

  同邸一选人病,书"申"字以问,中带燥笔,石对之伸舌,但云:"亦好。"客退,谓坐者云:"丹田既燥,其人必死。"或曰:"应在几日?"曰:"不过明日申时。"(宋洪迈《夷坚志补·谢石拆字》)

谢石看到"申"字略干燥,就说:"丹田既燥,其人必死。"这是根据笔画的干湿来下的断语。

  赵元镇、秦会之同作左右相,客言有术者善相字,甚奇,二公令呼来姑试之,各书一"退"字视之。术者熟视久之,曰:"左相行须引去,右相宜在中书。"二公问其故,曰:"左所书日下人远,右书人向日边。"已而果然。(宋王明清《投辖录·相字》)

左右二相同书一个"退"字,赵书"退"字"艮"内"人"与"日"稍稍离开一点,秦书相反,于是就言二人不同的去留。

训释法

训释法就是按照字义作出解释,作为测字的依据。

  书"易"字求相,朱曰:"得非有更易之意乎?此字从日从勿,当切

勿易,终必得。"(宋洪迈《夷坚志补·朱安国相字》)

朱安国就"易"之本义发挥,嘱咐求相人切勿更易。

谐声法

谐声法就是用同音假借引出同音字,作为进一步测字的台阶。拆字的谐声比较宽,只要音近即可。

一字多拆

测字绝对不是机械地拆解字形,而是要根据基本判断用字形来解说,就是说判断是主观的,拆字也是主观的,要因人而异,因事而异,这样就需要对同一个字作出完全不同的预言。如谢石拆"問(问)"字,宋徽宗求相,云:"右为君,左为君,圣人万岁!"纯为阿谀之词。道士求相,却说:"门虽大,只有一口。"明显带有讥讽之意。

一丧父,不得入试,一领荐。或问之,弘曰:"丧父者问时,适有人汲水而过。水与立,泣字也,故知其当有哭泣之戚。领荐者问时,偶有人立于旁,成位宁,故知其必中。"又有上人应试,书串字问之。弘云:"君不唯中举,兼擢进士。串字者,二中也。"别一士闻其语,亦书串字以问。弘云:"君且勿言科名,当忧疾病。"其后二人一连捷,一得重疾。弘云:"前问者出于偶尔,后问者从而效之,则有心矣。串字下加心,故应得患也。"(明陆粲《庚巳编》卷九"胡弘")

拆字先生以此谋生,有江湖办法对付自以为聪明者。如果求卜者预先知道结果,拆字先生就没有饭吃了,灵活处置是生存之道。外人视为神奇的结果,本在常规的方法之内。"串"字拆成两个结果分别采用了常见的两个拆法,先是重复使用减法,分出两个"中",后用加法,得到"患"字。

同一个字,即使不同的拆法,也可以达到同样的预言。例如拆"一"字,都是判死。

少时见一拆字者,一人跄踉来问其父之病,随手拈"一"字,术者曰:"一者'生'字之尽,'死'字之初也。汝父殆不起也。问汝父生年云何?"其子曰:"丁丑生。"术者曰:"然则尔父不死。牛加一画则'生'字矣。"(清赵翼《陔馀丛考·测字》)

而在《志异续编》中测字者拆"一"字,曰:"此不治之症,盖一画乃'不'字起笔也。"问死否。曰:"死。盖一画又'死'字起笔也。"

各种方法的综合运用。测字是一个动态的过程,它要根据求测者的情况不断地变化,只要有用,各种方法都会使用,在拆字实践中很少使用单一的拆法。

一面林之孝家的进来说道:"姑娘们大喜!林之孝测了字回来,说这玉是丢不了的,将来横竖有人送还来的。"众人听了,也都半信半疑。惟有袭人、麝月喜欢的了不得。探春便问:"测的是什么字?"林之孝家的道:"他的话多,奴才也学不上来。记得是拈了个赏人东西的'赏'字。那刘铁嘴也不问,便说:'丢了东西不是?'"李纨道:"这就算好。"林之孝家的道:"他还说:'赏'字上头一个'小'字,底下一个'口'字,这件东西,很可嘴里放得,必是个珠子宝石。"众人听了,夸赞道:"真是神仙!往下怎么说?"林之孝家的道:"他说:底下'贝'字拆开,不成一个'见'字,可不是'不见'了?因上头拆了'當(当)'字。叫快到当铺里找去。'赏'字加一个'人'字,可不是'償(偿)'字?只要找着当铺就有人,有了人便赎了来,可不是偿还了吗?"(《红楼梦》第九十四回)

这是《红楼梦》中一节,丢失了通灵宝玉,去测字寻求去向。测字先生先把"赏"字分拆出"小""口",断定是珠玉之类。再分出"贝",改作"见",引出不见(遗失)。再分出"尚",加上"田"成为"當(当)"字,加上"人"字,成为"償(偿)"还之"偿"。拆字中依次使用了离法、离法、改法、离法、加法。

一人失马,来书"奇"字。测曰:"必不得矣!以为无马在旁,则骑不成,但立可耳。"(清刘廷玑《在园杂志》卷一)

这么寥寥的几句话中,"奇"字到"骑",是用了加法,"奇"到"立可"是离法。一连使用了两个字法。

以物代字,由物得字,以此拆字,如槐树之"槐",分拆为"木"旁"鬼"。

　　孝昌元年广陵王元渊初除仪同三司,总众十万讨葛荣。夜梦着衮衣倚槐树而立,以为吉征。问于元慎。曰:"三公之祥。"渊甚悦之。元慎退还,告人曰:"广陵死矣,槐字是木傍鬼,死后当得三公。"广陵果为葛荣所杀,追赠司空公,终如其言。(北魏杨衒之《洛阳伽蓝记·城东》)

一种物配以动作,在某些物体上有所作为,两者各为一字,合起来作为拆字的依据。

　　蔡元长当国时,士大夫问轧苹,往往画一人戴草而祭。辄指之曰:此蔡字也,必由其门而进。及童贯用事,又有画地上奏乐者,曰:土上有音,童字也。其言亦往往有验。及二人者废,则亦无复占得此卦。绍兴中,秦会之专国柄,又多画三人各持禾一束,则又指之曰秦字也。其言亦颇验。及秦氏既废,亦无复占得此卦矣。(陆游《老学庵笔记》卷十)

戴草而祭,草头之下为祭,合为"蔡",指出蔡京(字符长),三人持禾,乃"秦"拆字成句,明言秦桧了。

　　殷愿夜梦牛皮有二土,又有赤玉在其上。其子年十六,解曰:"牛皮,革也。二土是'圭'字,是'鞋'字也。赤,朱色,朱、玉,'珠'字也。

大大得珠履乎?"果然。(《说郛》卷三二引元尹世珍《琅嬛记》)

以物就字需要灵活掌握,有些颇费周折,另一方面主观选择性很大,给予拆字者充分的余地。如上例"牛皮"这词可以提取"牛""皮"和"革";"二土"这词可以提取"二""两""土"和"泥";"赤玉"可以提取"赤""红""朱"和"玉"。这些可选的字中,解者根据主观的需要挑选,达到要预言的内容。

测字是一门综合性很强的技艺,字法不过是技巧,它要建立在一定的文化知识基础之上,特别是传统学说中对人生影响很大的阴阳五行八卦、天干地支,一方面可以借此作理论依据,增加可信度,另一方面,使人觉得高深莫测,肃然起敬。这种结合始于宋代,明清间善于此道的人不多,但是一般还是会以此糊弄人。

> 明张萱《疑耀》云:宋人胡易鉴,能以易卦拆字,知吉凶,於咸其辅颊舌,得癸丑状元,於臀无肤,得丁未探花。盖《说文》臀即尻也,殿谐其声,乃以无肤去肉,为殿头之祥。而以卦爻第三,知其名次,此拆字法也。易鉴有《易说》行于世,必有可观,惜今不传矣。按,此拆字之别一法,后无传其术者。(清俞樾《茶香室续钞·易卦拆字》)

字法之外,更要讲究心法,这就是随机应变,如何下恰当的预言。

拆字需要寻找一切有利因素,创造机会,制造根据。因此仅仅是以字拆字是消极被动的。字是所有事物的标志,所以可以在现象中寻求需要的字,这样往往可以达到出奇制胜的效果。

> 丙辰会试,有一举子梦苏城大街盛张鼓乐,两人执旗,上书状元二字,两人执竿,遍身流血。一时喧传状元必在苏州,后果为昆山朱公希周,方悟二人被血,乃朱字也。
>
> 戊午夏,西直门有熊突入,守卫者不知,间有被伤者。大司马谓:"野兽入城非宜,乞严武事,以备盗贼。"时郴阳何主事孟春在职方,谓

同列曰:"熊之谓兆,既当备盗,亦须慎火。"未几,城内数有火灾,礼部毁焉。盖熊于字为能火,宋人赵允蹈曾言之也。(清张怡《玉光剑气集·杂记》)

在清代的测字界,提出了"触机"的说法,测字摊都大字书写"触机测字"或"触机论字"等,每以触机标榜(图3-1)。那么什么是触机呢?

图 3-1　清代的触机测字摊(《点石斋画报》)

触机,是指测字过程中观察对象、分拆文字时触动灵机,从而把握主动。如何触机,主要是抓住对象的体貌形态、一举一动以及周围的细微动静。这就是字法外的功夫,它需要测字先生不仅有丰富的社会阅历,还要机智敏锐,洞察别人的心理。清宋永岳《志异续编·测字》认为测字之"机"至关重要:"测字,原祖亥首六身之遗意,就一字纵横添减测之,然亦时有验者。盖事应于彼,机见于此。与求神、问卜、占课、起数同一理也。但须测字之人,心细而方能静会。"

尝见一测字者灵验异常。有三少年至,拈一"鸿"字为问。问:"何用?"少年曰:"我等皆系去看戏者,未知今日演何戏,故来问耳。"测字者曰:"佛殿。"少年曰:"如非此戏若何?"曰:"是佛殿加倍谢,不是佛殿,愿毁招牌。"众少年去未久,复来曰:"戏虽是佛殿,但须说得有理,方加倍奉谢。"测字者曰:"鸿字三点水,添去字为法聪之法。工字添糸字为红娘之红。鸟字添䒑头,为莺莺之莺(鶯),非佛殿而何?"众少年哗曰:"张生何在?"测字者曰:"三点水添各字为洛阳之洛,洛阳才子,岂非张君瑞乎?"众曰:"字虽测得不差,然亦只是将本字拆开,勉强凑成几字,幸而说中,究无深义。"测字者曰:"测字不外理数二字,虽是就字说理,而所重却在机,所谓数也。"众曰:"机何在?"曰:"公等拈字之时,我正将字拆开。适有人担水经过,口中应人曰:'听明白了。'忙迫而去,所以于水傍添去为法字。曰'听明白',非聪乎?故知为法聪。又见店内工人,一手携一小女,一手握丝一束来。所以于工旁添糸为红字。小女非良女乎?故知为红娘。又见门上插三炷香,一熄二燃。门上二火,非䒑头乎?所以于鸟上添䒑为莺字。时适有二雀飞过。故知为莺莺。又见公等三人皆脱帽露顶,公等客也,三客去帽,非三各乎?所以于三点旁添为洛字,时太阳正照三公,故知为洛阳。张生洛阳人也。非张生而何?既是字中应有之义,复有机应之。乃数之所在。故灵也。"众始叹服,置金而去。又有问病者,拈一"一"字,测字者曰:"此不治之症,盖一画乃不字起笔也。"问:"死否?"曰:"死。盖一画又死字起笔也。"问:"死在何日?"曰:"今日初十无妨。十一至十七俱无妨。以诸字皆可安放一字。至八字则不能安。其死于十八乎。"又问:"死在何时?"曰:"子丑寅皆无妨,至卯时则难过。以卯字内无一字故也。"其人曰:"字虽如此测,但拈一字者亦多,岂问病拈一字者,即可断其必死乎?"曰:"君不见拈字之时,有二人抬一木经过,此本就木之兆也。"后果如所言。(清宋永岳《志异续编·测字》)

宋永岳说的"机"是什么呢?是事物变化的缘由、先兆。《庄子·至乐》:"万物皆出于机,皆入于机。"成玄英疏:"机者,发动,所造化者也。"触机就是捕捉灵机。上述的那位测字先生把"机"说成测字时周围发生的种种变化,如担水人经过、工人携小女、门上三炷香、二雀飞过、三位客人脱帽,以及后面测病时见到抬一木经过,测字者都是受此启发,所以把字测得正确。其实,测字中接受外界的信息,随机应变是基本原则,但绝不是照单全收,而是有所选择的。所谓触机主要还是察言观色,估量求测者的身份、所处的境地、可能发生的情况,作大概的判断,然后再套取有关的信息,进行测字。上面测字者讲的那些"机"不过是放出的烟雾。

清代的测字著作对如何捕捉机会作过细致的分析,并且作为行内的诀窍公布。

凡是挥毫落楮时,便将吉凶此中推。
忽听傍语如何说,便把斯言究隐微。
倘是欢颜多吉庆,若闻愁语见伤悲。
听得鹊声云有喜,偶逢鸦叫祸无移。
带花带酒忧还退,遇醢逢醯事转迷。
更看来人何服色,五行深处说根基。
有人抱得婴儿至,好把阴阳两字推。
男人抱子占儿女,妇人抱子问熊罴。
一女一子好成事,群阴相挽是仍非。
若见女子携女子,阴私连累主官非。
忽然写字宽衣带,诸事从今可解围。
跛子瞽人持杖至,所谋蹇滞不能为。
竹杖麻鞋防孝服,权衡柄印主操持。
见果断之能结果,逢衣须问说良医。
若见丹青神鬼像,断他神鬼事相随。
若画翎毛花果类,必然妆点事须知。
有时系磬敲椎响,定有佳音早晚期。

寺观铃铙钟鼓类，要知仙佛与禳祈。
倘是携来鱼雁物，友朋音讯写相思。
逢梅可说娣媒动，见李公私理不亏。
见肉定须忧骨肉，见梨只怕有分离。
出笔拔毫通远信，笔头落地事皆迟。
墨断须防田土散，财空写砚忽干池。
犬吠如号忧哭泣，猫呼哀绝有人欺。
贼盗将临休见鼠，喜人摧动爱闻鸡。
马嘶必定行人至，鹊噪还应远客归。
字是朱书忧血疾，不然火厄有忧危。
楼上不宜书火字，木边书古有枯枝。
朱书更向炉边写，荧惑为灾信有之。
破器偶来添砚水，切忧财耗物空虚。
笔下忽然来蟢子，分明吉庆喜无疑。
若在右边须弄瓦，左边必定产男儿。
叶上写来多怨望，花间书字色情迷。
果树边傍能结果，竹间阻节事迟疑。
晴宜书日雨宜水，夏火秋金总是时。
更审事情分向背，玄黄克应细详推。

（《玄黄克应歌》）

歌诀谈得非常具体，除了一些迷信成分外，都是对付人的办法，看神色、看衣着、看体态、看落笔、看持物，判断来者是为何而来，然后考虑怎么应付。

现代的笔迹研究，不同的人笔迹是不一样的，它反映了一个人的综合情况，包括文化修养、社会地位、职业、性格甚至情绪，等等。测字者十分注意从中抓到信息，给正确判断提供依据。《笔法筌蹄》比较全面地总结了经验：

笔画稳重衣食丰隆，笔画平直丰衣足食。

笔画端正衣禄铁定,笔画分明决定前程。
笔画圆静富贵无并,笔画肥浓富贵无穷。
笔画洁净功名可决,笔画轻快诸事通泰。
笔画刚健力量识见,笔画精神必有声名。
笔画光发荣显通达,笔画气势慷慨意志。
笔画宽宏逞英称雄,笔画尖小其人必了。
笔画如线有识有见,笔画似绳一世平宁。
笔画挑剔奸巧衣食,笔画乌梅面相恢恢。
笔画懒淡兄弟离散,笔画分扫破荡家早。
笔画弯曲纤巧百出,笔画迭荡一生浮浪。
笔画枯槁财物虚耗,笔画糊涂戆蠢无谋。
笔画黏滞是非招怪,笔画大小有歉有好。
笔画高低说是说非,笔画淡薄疮痍克剥。
笔画反复心常不足,笔画破碎家事常退。
笔画依斜漂泊生涯,笔画愚浊无知无学。
笔画如蛇常不在宅,笔画偏侧衣食断隔。
笔似鼓槌至老寒微,笔画如针其人毒心。
笔画勾丫官事交加,笔画如钩害人不休。
笔画散乱财谷断绝,笔画常奇诀以别之。
(《心订指明心法·笔法筌蹄》)

文中把笔迹分成稳重、端正、洁净、刚健、宽宏、懒淡、弯曲、枯槁、黏滞、高低、欹斜等,以此推断其人的为人情况,提供测字的依据。

一次精彩的拆字是以心法为先,字法殿后,两者紧密结合,随机应变,方可使求测者五体投地,得到充分的满足。我们可以以《十五贯》为例,展示这种场面。

清朱素臣的《十五贯》传奇,来源于宋人话本《错斩崔宁》(《醒世恒言》收作《十五贯戏言成巧祸》)。作者把故事的背景改到了明代,并以清官况钟为主线展开,情节错综复杂,增强了戏剧的效果。此戏目后来经过改编成为昆曲的《十五贯》,引起轰动,当时有"一台戏救活了一个剧种"的说法。传奇《十五贯》中有一出精彩的"廉访",况钟为了寻访真凶,扮成测字先生与娄阿鼠斗智,昆曲《访鼠》一折保留了原戏的主要内容。戏中况钟臂悬招牌,上面写着"天目山人观枚拆字神数泄天机",他抓住娄阿鼠急于摆脱困境的心理,用他名"鼠"字,始终以心法为主,结合阴阳五行,巧妙地驾驭拆字技巧,步步紧逼,把真凶归入罗网。当然这个测字是经过艺术加工的,情节起伏跌宕,引人入胜。

(外)你这个"鼠"字,是那里用的么?(丑)官司。(外作手写介)一十四画,数遇成双,乃属阴爻。况鼠又属阴,阴中之阴,乃幽暗之象,若占官司,急切不能明白哩!(丑)明白是不曾明白,看可有缠扰累及?(外)自己用,还是代占?(丑支吾介)代占。(外)依数看起来,只怕不是代占。这桩事体,是为祸之首。(丑)何以见得?(外)"鼠"为十二生肖之首,岂非你是造祸之端?(丑惊呆介)(外)况且竟像在里头窃取了东西,构起这桩事的。(丑)有些古怪。偷东西你那里看得出来?(外)鼠性属于偷窃,所以如此断。(丑呆介)(外)还有一说,这个人家可是姓"游"么?(丑)你是那里晓得?(外)老鼠最喜偷油,故尔晓得。(丑背介)这不是拆字的先生,竟是仙人了!(外点头介)(丑向外介)已先不要管他,只看目下,可有是非口舌连累得着?(外)怎么连累不着?如今正是败露之时了。(丑)怎见得?(外)你是"鼠"字,目下正交子月,当令之时,自然要明白了。(丑)先生,意欲躲避,外面度度,可避得过?(外)你只要实对我说,果然是代占,还是自家占?说得明白,我好指引你。(丑)实不相瞒,其实是自家用的。(外)这个好,避得脱的。(丑)避得脱!何以见得?(外)你若自占,本身不落空了。"空"字头,着一个"鼠"字,岂不是"窜(窜)"字?就是逃窜之"窜"。(又思介)咦,逃窜是逃窜得的,只是那老鼠多畏多疑,怕做了"首鼠两端",不能出去。(丑)先生妙数,效验非常,其实我疑惑不定,所以起数。今承指点,竟依了先生,外面躲避躲避如何?(外)若能走避,万无一失的。只是今日就走好,若到明日,就走不脱了。(丑)今日天色渐晚,有些不便。(外)又来了。鼠乃昼伏夜动之物,连夜逃最妙的。(丑)有理。还要请教:走到那一方去便好?(外)鼠属巽,巽属东,东南方去最好!(丑)还是水路走旱路走?(外)鼠属子,子属水,是水路去好。(丑)水路东南方去,只是一时那有便船?(外)你若要去,老夫倒有便船在此,正要今晚下船,到苏杭一路去赶趁新年。若不嫌弃,同舟如何?(丑)如此极妙。若能逃脱,先生是小子大恩人了。请上,容小子一拜!

况钟拆字,配合干支、五行、八卦,在"鼠"字上做足了文章,从生肖的第一位,点出"造祸之端",从鼠的习性,推出罪在偷窃,而且是偷油(谐音"游"),点出被害人"游二"之"游"。再用加法,"鼠"字头上加"空"字头,示意逃窜,由巽之属东方,指明水路。一步一步,最后把娄阿鼠赶到准备好的船上,束手就擒。

相字有一个前提,求卜者必须认字、能写字,古代识字的人并不多,无疑限制了测字先生的生意。

第四章　扶乩之源流

第一节　扶乩的起源

扶乩又叫扶箕、扶鸾。有关神鬼下降的事,历史非常久远。《汉书·武五子传·广陵厉王》载:刘胥迎女巫下神祝诅。女巫曰:"孝武帝下我。"左右皆伏。又言:"吾必令胥为天子。"通过女巫使汉武帝降临,发出指示。与后世的扶乩十分相像,女巫托身降旨无疑是扶乩的直接源头。实际上扶乩与道巫的关系最密切,最早的有关扶乩文字保存在六朝时期的《真诰》和《周氏冥通记》里面,《真诰》记的是紫微夫人、南岳夫人等降仙子丰权、许长史等人,言语由别人所记,《周氏冥通记》记的是隐居弟子周子良死后与家人往来的神迹,同《真诰》的性质相同,此类内容在《道藏》中可以找到很多。《道迹灵仙记》里有灵人辛玄子的序和诗,说是汉明帝时辛隐之子,可实际上这也是六朝人的作品。

萼绿华者,自云是南山人,不知是何山也。女子年可二十上下,青衣,颜色绝整,以升平三年十一月十日夜降厶厶(注:此两字即应是"羊权"字)。自此往来,一月之中,辄六过来耳。云本姓厶(注:此一字应是"杨"字),赠此(此一字本是"权"字)诗一篇,并致火浣布手巾一枚、金玉条脱各一枚,条脱似指环而大,异常精好。神女语见(此见字应为"权"字):"君慎勿泄我,泄我则彼此获罪。"访问此人,云是九嶷山中得道女罗郁也。宿命时曾为师母毒杀乳妇,元洲以先罪未灭,故令谪降于臭浊,以偿其过。与权尸解药。今在湘东山,此女已九百岁矣。(《真诰》卷一)

升平三年(359年),萼绿华降羊权。羊权,字道舆,忱之少子,羊欣之祖,后为东晋简文帝黄门郎。六年后,即兴宁三年(365年),紫微夫人降于句曲山,授杨羲、许长史父子要道。此后,紫微夫人、南岳夫人、青灵真人等相继下降。降灵是通过问答,由神仙下令记录成文。例如:

> 六月二十九日夜,桐柏真人同来降,复谕授令某书曰:夫八朗四极,灵峰辽邈。奇言吐颖,琼音餐振。晨飞陵清,元气赴霄。体迈玉虚,心遗艰锋。沈滞于眇罗之外,凝和于寂波之表。若此人者,必能旋腾元汉,周洒真庭矣。三元可得而见,绛名可得而立耳。如其心并怨浪,目击色袂,动与罔罟共起,静与争竞之分者。此乃适仙路邈,求生日阔也。子其慎之。某书毕取视,乃以见与。(《真诰》卷二)

这些就是下降的桐柏真人的辞语,但不是桐柏的亲书,而是由他人代劳当场写下来。那么神仙为什么不自己手书呢? 紫微夫人曾经作过回答:"至于书迹之示,挥形纸札""上站逸真之咏,下亏有隔之禁,亦我等所不行,灵法所不许也。"人神之间是两个世界,神仙不愿在浊世留墨迹,上界也禁止这样的接触,"故不敢下手陈书墨以显示于字迹也"(《真诰》卷一)。可知,原来扶乩之术,神仙是不留真迹的。这样的安排为作假预设了一个防空洞,因为要弄出这么多的神仙字迹在技术上有很大的难度,书法的优劣、文字的规范、离奇的体式、各路神仙的不同风格等。这些都是难以处理的问题,搞不好就会造成大麻烦,露出马脚。

如果以传统说法,扶乩本是箕上插箸在沙盘上写字,它要在唐代之后才真正形成。当时民俗取饭箕以卜,支戬"乃画粉成宛'司空'字",这是最早的扶乩实例,详细情况后面再介绍。

第二节 扶乩的流行

扶乩本来是乡间民俗,是一种有点自娱自乐的民间游戏。在每年的正月十五夜间,迎接厕神,这个活动早在南朝时期已经形成风俗,南朝梁宗懔《荆楚岁时记》载"正月望夜迎厕神"。不过到五代十国时期才见到有关箕卜的情节,这天夜里,取出饭箕,罩上衣服,插上箸(筷子),根据箸在粉盘上留下的痕迹来占卜:

  会正月望夜,时俗取饭箕,衣之衣服,插箸为嘴,使画盘粉以卜。(支)戬见家人为之,即戏祝曰:"请卜支秀才他日至何官?"乃画粉宛成"司空"字。又戬尝梦至地府,尽阅名簿,至己籍,云:"至司空,年五十余。"(《太平广记》卷一五八引宋徐铉《稽神录》)

从这段文字来看,卜前先要祝,然后箸落在盘上,根据粉的痕迹来判断吉凶。这种痕迹不尽是文字,也有各种图形。箕卜是游戏性质的活动,原来在家人范围内进行,家人一般是指女眷和孩童,男主人是不参加的,所以支戬并不是严肃地对待此事,称之"戏祝"。宋代箕卜颇具规模,而且活动的主体是文人。但是箕卜作为一个传统的节令活动依然在家人中流行。范成大说,帚苇针箕之卜,"多婢子之辈为之"。因为受到文人的影响,箕卜也出现了诗句。所谓"帚卜拖裙验,箕诗落笔惊。"(宋范成大《上元纪吴中节物俳谐体三十二韵》)其中已有竖子参加,卜问考试之事,但是明眼人都明白此为儿戏一场,不过玩笑而已:

  孟春百草灵,古俗迎紫姑。厨中取竹箕,冒以妇裙襦。竖子夹扶持,插笔祝其书。俄若有物凭,对答不须臾。岂必考中否,一笑聊相娱。诗章亦间作,酒食随所须。兴阑忽辞去,谁能执其祛。持箕畀灶婢,弃

笔卧墙隅。几席亦已彻,狼藉果与蔬。纷纷竟何益,人鬼均一愚。(宋陆游《箕卜》诗)

直到清代,无论江南还是岭南,妇女中始终保持正月十五箕卜的传统。她们遵循古俗,依然以箸插箕上,既写字,也作图画。当然也有改动,箕上覆的不再是衣服,而是象征春天的青帕。

南雄之俗,岁正月,妇女设茶酒于月下,罩以竹箕,以青帕覆之,以一箸倒插箕上,左右二人捷之作书,问事吉凶,又书花样,谓之踏月姊。令未嫁幼女,且拜且唱,箕重时,神即来矣,谓之踏月歌。(清屈大均《广东新语·诗语·粤歌》)

望夕迎紫姑,俗称接坑三姑娘,问终岁之休咎。(清顾禄《清嘉录·接坑三姑娘》)

望夕就是十五晚,迎接紫姑,卜问一年的吉凶。

宋代扶乩得到了迅速的发展,这是文人参与的结果。文人对此情有独钟,有两个原因:第一,科考一向是扶乩问卜的重要内容,这是性命攸关的大事,卜问题目、卜问中第,吸引了他们的注意力,大量的士子自愿或不自愿地卷入这个迷信活动;第二,乩辞采用了诗赋文章形式,而且假托神仙,给人们开拓了一个新的有神秘色彩的文学创作的园地,相互酬唱,乐在其中。扶乩的判词一般是用诗歌的形式,而且也粗通文墨,别具意境,实际上这些人是有一定文化水平的,有的还是落第秀才、落魄文人,有时一些文人也会以此为戏,甚至做起业余的乩仙来。同时,扶乩的大主顾是应考的士子,在彼此往来之中,相互了解,产生了共同语言。所以,扶乩与文人的关系非同一般。科举时代的士子结诗文社的举动在各处都很盛,有时也会设箕坛,用来与乩仙唱和。箕坛一般设在祠庙里,而举子预备课艺、切磋文章常在祠庙寺观中。所以,举子们在那里与仙姑仙翁们结缘。以福建漳州府城为例,在府城,有专祀箕仙的大愿堂,此外这种箕坛在城内外,包括各个乡镇都设立过。

清代同治年间城北北山箕坛并有箕诗刊行，收罗十分丰富，多为唱和之作。

文人的推波助澜，促使扶乩从妇孺的游戏走向正式的迷信活动。

扶乩的本质是迷信的占卜，这个活动从来是有专业人士把持的。事实上，任何带游戏意味的预测，起先都是从自娱自乐最后走向专业化的。扶乩也逃不出这个规律，宋代开始，它就逐步为专业扶乩者——乩仙所占领，成为他们兴风作浪、大把捞钱的途径。但是，扶乩依然与士人密切相关，乩仙主要周旋于士林。至晚在明代，扶乩的对象开始扩大到普通民众，在市场设坛，开设店铺，对外营业。记录明代城市风貌的《如梦录·街市记》载：半截街，往东，"有淫店二座、助老扶幼、走马、乌须、扶乩、戏术、棒伤料理"。由此可见，这是层次很低的行业。清代扶乩以特有的文化气氛，借助与普通民众对神灵的迷信，深入到社会的各个角落，甚至散落在住宅区中，扶乩活动也达到了巅峰。

第三节　扶乩中的诸神

紫姑神是扶乩中最重要的人物，她身份低微，遭遇悲惨。最早见于六朝时期的《异苑》，唐宋时期多有记录。

世有紫姑神，古来相传云是人家妾，为大妇所嫉，每以秽事相次役，正月十五日感激而死。故世人以其日作其形，夜于厕间或猪栏边迎之。祝曰："子胥不在（是其婿名也），曹姑亦归（曹即其大妇也），小姑可出戏。"捉者觉重，便是神来，奠设酒果，亦觉貌辉辉有色，即跳躞不住。能占众事，卜未来蚕桑，又善射钩。好则大僊，恶便仰眠。平昌孟氏恒不信，躬试往捉，便自跃茅屋而去，永失所在。（南朝宋刘敬叔《异苑》卷五）

紫姑，后也称三仙姑，是一个下贱的小妾，劳作场所是肮脏的厕间和猪栏。她生前受到大妇的欺侮，死后变成神鬼，还要候他们不在时才能出现。从记载看，原先她是以偶像的方式出现的，如果求仙者觉得偶像沉重，就是紫姑显灵的征象，此时偶像容光焕发，不停地跳动，此时即能占事。可以卜来年的养蚕收获，也可以问卜隐微的事情。如果是吉就会跳舞，如果是凶则仰面而卧。

值得注意的是，《真诰》中的萼绿华自称"先罪未灭，谪降于臭浊"，与厕间、猪栏的情况相似，萼绿华与紫姑可能有某种联系。

紫姑作为厕神是比较广泛的说法，但是随着在人们心目中的变化，她的来历也发生了变化。宋苏轼《子姑神记》有紫姑自我介绍："妾，寿阳人也，姓何氏，名媚，字丽卿。自幼知读书属文，为伶人妇。唐垂拱中寿阳刺史害妾夫，纳妾为侍妾，而其妻妒悍甚，见杀于厕。妾虽死，不敢诉也，而天使见之，为直其冤，且使有所职于人间。盖世所谓子姑神者，其类甚众，然未有如妾之卓然也。"后也称为上帝后宫诸女（《梦溪笔谈·异事》）。苏轼《天篆记》中记黄州郭氏家紫姑神自称："名全，字德通，姓李氏。"同时代的孔平仲《孔氏谈苑》卷二中又称紫姑"姓竺，《南史》竺法明乃吾祖也。"总之，紫姑神是厕神，并无分歧，

图 4-1　紫姑
（明刊《三教搜神大全》）

但是她（他）不是单一的来源，而是多源，不过，大多数认为她是一位女子（图 4-1）。

北宋时期在降仙中甚至有紫姑的"真身"出现，但见腰以上的美女子，其之下为云气所拥（《梦溪笔谈·异事》），这种障眼术在现在社会还常能见到，那种美女头蛇身的幻术即属此例。从女子的想象生发，变为一名光艳照人的美女。接着想入非非的风流韵事就油然而生，那些痴情后生把紫姑作为才子佳人戏的女主角。

郑明之,字晦道,彭城人,修敏公仅之仲子。少时有神降于室,白昼接膝,相与如伉俪,笑语不避人。时元符季年,修敏为太府卿,惧其为妖所累,令其兄顾道侍郎切责之曰:"汝少年不自爱,以淫佚妄想,而迷惑天常之性,为鬼物所诱,岂唯性命是忧,使父母何所望!且汝所接者何人?"对曰:"世俗所谓紫姑仙也,但常人唯能箕召之来,而我则真见之。乃娟然一美女子,容仪端秀,衣碧霞之衣,绾堆云之髻,贯白玉搔头,光艳照人,殆不可正视,异类中安能有此!"又出李廷珪墨一饼,云是所遗。顾道试使召之,既至,戏云:"何故与吾弟绸缪,而某不得见!"即书曰:"顾道是心硬人,不可入。"时宰相章申公欲去位,试问他日代者为谁,乃大书"布"字,已而曾子宣,名布。果相。(宋洪迈《夷坚志补·郑明之》)

天圣壬申正月几望,予以守职暇斋,太夫人思江西燃灯之盛,忽忽有不乐之色。亟遣僮稚蠲洁隅馆。沿袭旧俗,祷赛紫姑,以豁太夫人之幽郁。于时漏板初惊,月华微明,人祝神以诚,神凭物以应,降之筵几,俟乎指踪,移咎聚观,乃云篆盘飧中数十字,悉无能解之者。因请从其俗,贵使情接,于是去篆从隶,顾予从容而呼曰:我乃天之令女也。(《岁时广记》卷十一引《三仙杂录序》)

其实,降箕坛的神仙很多,从来就不只一个紫姑,如巫山神女(九华天仙)、关帝、北山翁、文昌帝君、吕纯阳、辛元帅、铁拐李、笑口大仙等。除了神仙以外,还请已故的文人,这个风气也是宋代流行开的。宋张世南《游宦纪闻》卷三记扶乩前要写下姓名,都是近世文人,如于湖(张孝祥)、石湖(范成大)、止斋(陈傅良)。元《辍耕录》卷二十亦记"悬箕扶鸾召仙,往往皆古名人高士来格"。明清以来,请的古代有名文人有柳宗元、石曼卿、杨升庵(慎)、周起元、黄石斋、何楷等。扶乩的对象相当一部分是文人学子,与他们交往,文章诗词要有一定的水准,否则很容易挑出毛病。如果托名古代有名的文人,一般人就会从尊奉的心理附加到这些作品上去,产生盲目崇拜的情绪,拔高这些作品的地位。那些对乩仙作品的溢美之词,多与他们托名有关。乩仙请的神道是十分复杂的。《儒林外史》中乩仙陈礼就讲:"各位仙人都可请,就是帝王、师相、圣贤、豪杰都可启请。"扶乩的特点是跟着时代走,他请的各路神仙一直在变化,只要管用,就会被邀请到场(图4-2)。

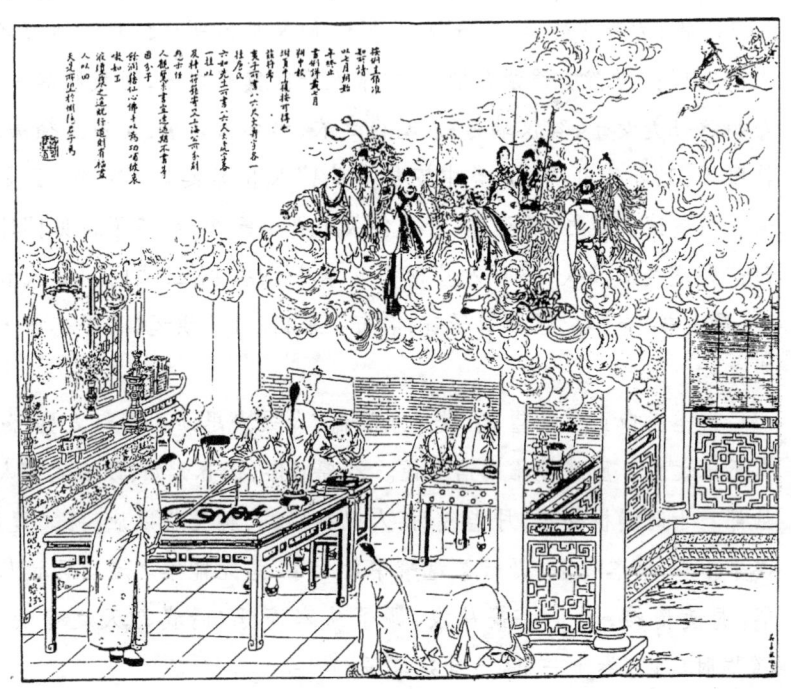

图4-2 扶乩中的诸神(《点石斋画报》)

  辛亥秋北京羊肉胡同一乩坛扶鸾。沙盘飞舞,大书云:"大阿哥到。"众问:"是端庶人之子大阿哥否?"则书云:"对子而称其父曰庶人,无礼已极,吾去矣。"遂寂然不动。近日有同善社者,分社满中国,社中皆有乩坛,降坛者有孔子、老子、释迦牟尼、谟罕默德、耶稣基督、拿破仑、华盛顿、托尔斯泰等人,智者目笑其后矣。(柴萼《梵天庐丛录》卷三三)

  辛亥年是清朝终结的一年,国内革命运动即将成功,中国处于风雨飘摇之中。人们心目中的权威已经无可适从,权势显赫的大阿哥也不在话下,结果只能请儒、道、佛、回、基督诸教之首,请法国、美国元首,以及俄国文豪掌坛,不过这些人物罗列在一起,不伦不类,有点漫画的味道。

第四节 扶乩的方法

子姑,也称紫姑,原来并非真人,而是简陋的箕帚。箕帚能数数画字,以箸为口,置笔口中,能答问,箸、笔皆不能发声,如何表达?画出不可识的天篆,而且绝对不可把它用真书释出。此为苏轼笔下的奇异现象。苏称之"天篆",为其立传,岂非奇哉!

苏轼谪居黄州,官场失意,写出诗、书双绝的《寒食诗》,宣泄压抑悲凉的情绪。那里的子姑神激起了他的兴趣,他不止一次描写了扶乩场景。

> 江淮间俗尚鬼。岁正月,必衣服箕帚为子姑神,或能数数画字,黄州郭氏神最异。

> 予去岁作何氏录以记之。今年黄人汪若谷家,神尤奇。以箸为口,置笔口中,与人问答如响。曰:"吾天人也。名全,字德通,姓李氏。以若谷再世为人,吾是以降焉。"著篆字,笔势奇妙,而字不可识。曰:"此天篆也。"与予篆三十字,云是天蓬咒。使以隶字释之,不可。(宋苏轼《天篆记》)

以箕代偶像是一种简单易行的办法,当然其中还有种种变化,如箸上再加笔,或者加上木手等等。

是仙姑自己写字,但不用手。"神尤奇,以箸为口,置笔口中,与人问答如响。"(宋苏轼《天篆记》)

> 古传紫姑神,近世尤甚,宣和初,禁之乃绝,尝观其卜神,用两手扶

一筲箕,头插一箸,画灰盘作字,加笔于箸上,则能写纸,与人应答。自称蓬莱大仙,多女子也。有名字伯仲,作文可观,着棋则人无敌者。余寓南海,有一假儒衣冠者,能迎致其神,在书室中和余诗云:古书读尽到今书,不独才余力有余。自是丹山真凤子,太平呈瑞只须臾。其人自不能文,疑有神助,然不识字人致之,则不能书,但以箸宛转画灰盘尔,此何理也。(宋朱彧《萍洲可谈》卷二)

扶乩写的东西可以分成两种,一种是符,所谓符,实际上是不成字的曲线。这种情况的发生有其必然性,汉字书法的难度很高,不仅需要良好的技巧,最起码要有一个自如的书写条件。降仙时,或者插笔(或箸)于箕,或者口含,很难写出像样的字来。道符是普通人无法辨认的,所以顺水推舟就称之为符。同时,因为无法辨认的东西,就可以把准备好的内容附会上去。苏轼《天篆记》是专门为此做的文章,他说:"篆字笔势奇妙,而字不可识,曰:此天篆也。与予篆三十字,云是天蓬咒,使以隶字释之,不可。"这位乩仙说天蓬咒,连内容都无法解释,压根儿就说不出是什么字。不过大多数的乩仙还是能借画符道出诗词等文字内容来的,各种仙迹也由此而来。

另一种是写的字,乩仙善于书法,所以也用乩架上装笔写字。《萍洲可谈》中提到筲箕头插一箸。箸上加笔,笔能写字。宋代的笔记多次谈到乩仙能模仿各种手迹,这都是毛笔所书。不过,由两个人操纵丁字形的乩架写字难度很高,一般只能写大字,因为幅度大,可以不受小的摆动的干扰。乩仙历来有写大字赠送的习惯,估计与此密切有关。

扶箕的全套仪式十分复杂。降仙前,先要在当门焚烧纸钱祈祷(宋洪迈《夷坚志》"焚楮镪而祷"),再念咒,咒语是一个系列,有的还要画符。"先念净天地咒,洞中元虚。次念北斗咒,咒斗。又次,顺念揭谛咒,又口念揭谛咒七遍。画将入匋〇,圈内先写煞字。又次写魁魃魖魑魍魎魖。仍念诀。次念四句咒,云:我今请大仙,愿降蓬莱阙,骑鹤下云端,谈风咏明月。不绝口念之。"(宋周密《志雅堂杂抄》卷下)明清时期的扶乩仪式并无大变,大致的顺序差不多。《儒林外史》第七回言之甚详:在请仙前,先起焚香,摆开沙盘、乩笔,求乩人默祝,乩仙自己拜,烧一道降坛符,请两位求乩人两边扶乩笔,再念一遍咒语,烧一道启请符,那乩笔就动起来了。向降仙献茶,再焚符,叫众人息静,仆人退出。又过了一顿饭的工夫,乩笔开始写字,不断有字出现。乩仙自己拿笔记录,并作解释。最后焚一道退送符,撤下乩笔、香炉、沙盘。

当然如有需要,没有任何仪式,降仙的灵迹照样可以发生,由此可见,这套形式不过是烘托气氛罢了。

> 雍王之国,舟经岳阳。土人传岳阳楼自纯阳降灵之后,往往多仙逸迹。往年有仕者大作道曲,事毕撤筵场。翌日,命从人再登楼洒扫。忽见案上有大字两行曰:"岸嘴长,状元出。城巢鹤,藩王过。"字势飞逸,不类人手,真神仙书也。亟下报,郡邑咸往观之,已不见矣。因记其语,邦人盛传之。嘴在洞庭湖滨,久没于洪波,至天顺丙子,忽沙泥顿涨,岸嘴遂出湖中。明年丁丑,华容黎尚书淳果魁天下。又数年,忽有群鹤作露巢于城颠,众皆异之。已而有王府建国于衡,道出城下焉。至是始信吕翁降笔也。(明陈洪谟《治世馀闻》下篇之卷二)

清代以来,扶乩成为一种普通的迷信行当,程式方面越来越简单,操作也日趋简练。陈森是清代中期道光年间之人,他纵游歌楼舞馆,熟悉世情,在《品花宝鉴》第四十五回,有一大段扶乩情景的描写:主人要衣冠而去,扶乩的仙坛设在叫含万楼的大酒楼上,先吃饭,"神仙也是吃肉的,只不用葱蒜五荤罢"。吃好了上坛,记人数有十九位,三桌酒。开坛共五大间,中间设仙坛。陈设奢华,看不尽的玉虎宝鼎,古画奇书。

> 这边子云取出商彝周斝、汉鼎秦盘,斟上百花酿,焚了百和香,中铺上一盘净沙,摆了一个仙乩。大家下楼冠带,盥洗已毕,重新上楼。王胡子上前虔诚默祷,一连叩了九个头。先焚一通风符,次云符,又鹤符。候了约有半刻时候,要请两位仙童扶乩,便点了玉林、漱芳,二人扶上。

又有半刻功夫,不见运动,王胡子又磕了头,再焚个催符。玉林、漱芳呆呆的扶着,见那乩像有些动,玉林把手一拨,便旋转起来,满盘走了回,画了无数的圈子。玉林疑是漱芳,漱芳疑是玉林,两人对着微笑。那乩画了一回,略停了停,忽又运动,上下往来,成了两个字。王胡子将笔写了,子云等就在两边看时,分明是"珍珠"两字。后又一连写了五个,是"为辇玉为轮"。再看又写了七个,王胡子一一记了,已得两句七言诗。众人点头,暗暗称奇。又见运动得更快了,斜斜的两行,写得甚草。王胡子却认得,写了出来是:珍珠为辇玉为轮,去请瑶台绛阙真。朱鸟窗前问阿母,碧桃花树几千春。

此后又写出数语,末了问:"王髯有何疑问?"王胡子下拜,问道:"那位要问,就请祷告,好请上仙判断。"于是求乩者磕头,乩笔运动,王胡子写出仙诗句子,最后王胡子代仙批注,解答卜问。这种扶乩活动,可以进行多时,仙诗和仙判也可连续不断,直到乩上写道"奉敕赴凌云殿撰文,不能久留,去矣"。大家拜送为止。

今人于光远也曾目睹扶乩全过程:

> 我伯父还带我去看扶乩。年轻的人,我想大都没有看到过乩坛。我就把见到的情景描绘一下。我去的乩坛设在一个石库门房楼下的大厅里。正面挂着关云长的像,像前点着香烛。这儿就是关帝爷经常通过乩坛"发表言论"的地方。开坛时,有两个人扶着乩架。乩架是一个丁字形的木制架子。两个扶乩的人各用自己的一只手的三个手指托着丁字的那一横笔的两头。那一竖笔的顶端固定有一个也是木制的乩笔,笔头向下,垂立于放在桌面上的乩盘上。当关帝爷来到时,乩架就乱动起来,乩笔在沙盘上划出道道,于是有一个能认识关帝爷手迹的人读出关帝所写的指示来,边读边把沙盘上的沙抹平,同时有人笔录下来。关帝的指示,有时是话,有时是诗。这分明是读的人胡诌的。(于光远《六十二年前的两件事》,《文汇报》1996年7月13日)

扶乩的工具主要是箕,是饭箕,也称作筲箕,是什么样子的呢?紫姑是厕神,原来应该是畚箕,用来装垃圾,清理猪圈。但是自从与箸配对以后,箕由畚箕改用筲箕,不过这筲箕虽然也叫箕,但是功能与畚箕不同。《说文·竹部》筲,"陈留谓饭帚曰筲"。《三才图会·器用》:"今人亦呼饭箕为筲箕,慎(许慎)既汉人所记,疑皆秦汉时事,今之饭箩亦饭帚之类耳。"它的插图是箕形,上有提(图4-3)。至少在唐代民俗中,已经是箸插饭箕了。

图4-3 饭帚
(明刊《三才图会》)

宋代依然是"以箸插筲箕,布灰桌上画之"。(张世南《游宦纪闻》卷三)"用两手扶一筲箕,头插一箸,画灰盘作字"。(宋朱彧《萍洲可谈》卷三)筲箕是日用的器具,如果作为民间的游戏,使用无妨,但是它不便于把持,不便于操纵,大约在清代乩仙弃箕用乩架。乩架是专门为扶乩制作的木架,一般成丁字形,横贯的长杆可供左右两人扶持,中间的短杆的前端装有乩笔。为了乩架的平衡,有的设计成十字形,设乩笔的木杆穿过横杆,略短。划字最早用粉盘,这个粉,可能是谷物的粉。后来改用灰盘,是盛灰土的盘子,最后采用盛沙的沙盘,专业的盘子为朱红色的漆盘。在灰沙上写字的原来是箸,靠箸的移动在上面画出痕迹,但是箸太长,顶端又没有明显的尖锐的锋,效果不理想。后来再用乩笔替代了箸,乩笔是箸的改良,长短适中,画沙的一端成毛笔一样的尖锥体。乩笔画沙可以起到毛笔写字的效果,沙上的字有粗细的变化,字大字小都能自如地写出(图4-4)。

扶乩在民俗中可问各种隐微之事。从支戬开始,扶乩就主要用来卜问仕途官运,士子逢考必到乩坛,请求乩仙指点迷津、透露考试题目、能否高中。乩仙作为上界神仙的代言人,周旋于士林之中,吟咏诗歌,放浪形骸,以超凡脱俗之态,玩弄那些迷茫的官员和学子。这些学子甚至以此为家,平时研习经文,考前切磋对答。所以在扶乩的记载中,有关考试的内容最多,俯拾皆是,不胜枚举。

图 4-4　扶箕用的乩架和灰盘(《点石斋画报》)

扶乩之灵,由士人传入宫禁,在国事危急之际,皇帝会请仙求乩,这种情况在明末屡有发生。

正月,翰林及都察院接出圣上平台,诏百官起大数问天下事。仙降云:"九九气运迁,泾水河边,渭水河边,投秦入楚闹幽燕。兵过数番,寇过数番,抢夺公卿入长安。军苦何堪,民苦何堪,父母妻子相抛闪。家家皇天,人人皇天,大水灌魏入秦川。流寇数载即息,红顶又将发烟。虎兔之间干戈乱,龙蛇之际是荒年。"圣上又问,玄帝书云:"等闲不管间,汉朝将相在眼前。""九九气运",言运之将尽也。"大水灌魏",应决汴梁事。失秦川,应失西安事。红顶,应清朝来也。末二句言戊寅、己卯即该大乱,庚辰、辛巳该大荒也。语语应着。观此,则知世之治乱,莫

不数存焉。(清计六奇《明季北略·降乩》)

  上以风震,有忧色,沐浴焚香,拜天默祷曰:"方今天下大乱,欲求真仙下降,直言朕之江山得失,不必隐秘。"仙即降乩曰:"帝问天下事,官贪吏要钱。八方七处乱,十爨九无烟。黎民苦中苦,乾坤颠倒颠。干戈从此起,休想太平年。"上见诗,默然不悦。(清计六奇《明季北略·降乩》)

古代刑狱之事凶险异常,其中因素复杂,结果难以预料,为了及早安排,有人会召仙求乩。《儒林外史》第七回,刘大老爷梦见李梦阳参张国舅的事下狱,请乩仙问吉凶,乩上降下"七日来复"四个大字。后出狱,罚了三个月的俸禄。

扶乩与一切迷信行业一样,是一种经济活动,不会放过任何赚钱的机会。所以,乩仙就说"凡人富贵、穷通、贫贱、寿夭,都从乩上判下来,无不奇验"。(《儒林外史》第七回)为此,乩坛不仅召仙,也可召鬼,而且召鬼比召仙更赚钱,因为平民求乩,以召鬼为多。

  苏州胥门内某善堂设坛扶乩,颇称灵验。有个叶茂才新抱鼓盆之痛,伉俪情深,欲到此坛借乩灵与亡妻诉说衷肠。亡妻果然降坛,大书四句。茂才见了大哭不止。看到的人说字迹清楚,他的妻子素善文墨,芳魂未散,留此哀音。(《点石斋画报》"思妻扶乩")

关亡是召请死人灵魂的一种骗术,术师声称能把死人灵魂召来,让灵魂附身,成为亡灵的代言人。不过关亡形式简单,不需要扶乩,与降仙有本质上的差异。

第五节　扶乩是骗术

扶乩是骗术，它的技法实际上是一种骗法，所谓骗就是显示假象，遮盖真相。同时为了达到骗的目的，必须要具备相应的伪装，以迷惑对方。

古代用沙作为书写材料是有传统的，很早就有人用硬笔在沙上练字，古人用箸在沙上书写，熟习字的结构，观察笔势的变化。因为干燥的沙没有黏性，划痕自然形成一个等腰形，笔尖居中，成为中锋运笔的立体教材。唐褚遂良《论书》："用笔当如锥画沙，如印印泥。"唐颜真卿《述张长史笔法十二意》："乃悟用笔如锥画沙，使其藏锋，画乃沉着。当其用笔，常欲使其透过纸背，此功成之极矣。真草用笔，悉如画沙，点画净媚，则其道至矣。"后人论述很多，虽说法不一，大致上看法是中锋行笔，藏锋其间。所以用沙练字，有其特别的意义。古代的沙书十分流行，既有在沙上作书，也有用沙在地上作书。宋灌圃耐得翁《都城纪胜·瓦舍众技》云："写沙书，改字。"这个沙书就属于后者。

专业的乩仙都是在沙上写字，沙是取之不尽的河沙，颗粒小而均匀，不会沾染灰尘。扶乩用沙写字，无疑是受到了它的影响，专业的乩仙在沙上写字，有各方面的考虑。这不仅是不花钱的取之不尽的材料，而且它对扶乩有着无比的优越性。不但可以不断地重复写字，而且随时可以抹平字迹，不留任何痕迹，不授人以柄。同时，沙上划出的只是一点凹凸的痕迹，不是黑白分明的字迹，朦朦胧胧，似有似无，掩盖了作伪的事实。

乩仙有时也写墨书，和沙书一样，写毕就涂掉，写一次，涂一次，不嫌其烦，使人在恍惚之间接受神示。实际上这些乩仙给求乩者写的都是差不多的内容，如果留下字迹，岂不滑稽？

　　开禧乙丑，予窃太常第，敕头毛自知同在期集所，从容问及预有朕兆否？曰：无之。独仙卜陈省干者自应举以至省试，皆以"魁"相许，而皆不验。唱名前一日,再扣之,仍大书一"魁"字,即以墨涂去。续书"默而知之"四字。诘朝,果在第一。子初料墨涂者,不欲泄尔。阅三年,有旨降五甲,岂非前定乎?尝记政和中有观妙明真洞微先生王老志喜言人休咎。编修王甫问他日所至,书"太平宰相"四字遗之,而以墨涂灭其字。后甫败,才悟其意。"甫"即"黼"也。事有相类如此。(宋刘诗昌《芦浦笔记·仙卜》)

刘诗昌所见到的四次涂抹可以说明这是乩仙惯例,涂抹形成的空白留给求乩者,让他们以后一次次地联想,哪一次碰着了,就算神示的结果。

在躲躲闪闪之际,乩仙也会不时地耍一些小戏法,神秘莫测,在人惊恐之余,任其摆布。

宋代洪迈记一事,所谓"特为惊听":

衢人沈生之术,特为惊听。其法:从占者各自书心疏,仍自缄封,用印蜡亦可,沈漫不知。既至当门,焚褚镪而祷。沈居武雄营门,无厅事,只直头屋一间,逼街狭小,室仅容膝,供神九位,标曰侍御玉虚真人、太乙真人、南华真人之类。先焚疏毕,乃入室中,磨墨濡毫,展幅纸于案。来者又增拈白纸成卷而实缄之,多至四十幅。沈接置于砚傍而出,虽垂疏帘,不加糊饰,了然可睹。沈同客坐伺于外,少则闻放笔声,共入视,才有数字,只是报真人名称为何神。又坐食顷,复放笔,然后取其书,上有讫字皆满,墨迹未干,凡所谒,无不报。但每问弗许过三事,钱至三百五十文,可谓奇奇怪怪矣!无用论其或中或否也。(宋洪迈《夷坚三志壬·沈承务紫姑》)

于光远提到的在旧上海的"隔夜算"与此有相似之处。说有人到"隔夜算"的算命先生那里去,这个算命先生问了一通,讲了一通后,即从抽屉里拿出一张纸,上面有此人的姓名、命相。并说昨天就已经知道你要来,所以把你命已经算好了。于光远的伯父是一个痛恨这种欺诈行为的人,听了算命先生这样一番表演之后,他立即推翻桌子,墙上暴露出一个洞。原来在算命先生询问时,隔壁的人就作了记录,然后通过此洞送进抽屉里。由此推想,沈术士的这个小小头屋肯定大有文章,写字的一定躲在屋的隔壁,这些字就是出于他的手。

扶乩的判词出自箕的抖动,是最神秘、最奥妙的事情。求乩者一见箕动,往往惊慌失措,由恐惧而至崇拜,在精神上已经变成俘虏。思维正常的人都知道,箕动不是鬼神所主使,是人手的力量。许地山对此作过解释:"我们可以简明地说箕的动移是由于思想力或者观念力集中于扶箕者,使他受了暗示于不知不觉中,两手服从暗示的指挥。至于移动箕笔一层,观念力集中也可以使自己无意识地写。最简单的实验是试把食指按在桌上,再将一支铅笔或一把木尺均衡地放在上头,观念集中于所安置的笔或尺上。经过相当时间,那东西就会两头上下摆动,像小学生玩的秋千板一样。假如执一管笔,它也可以自动写字,作画。"①他基本揭穿了箕动的原因,无非是心理生理两个方面的作用。心理上的紧张和生理持续的疲劳都会造成手的震颤,扶的人即使自己不想动,但是时间一长,手臂累了也会动起来,而且扶的人是两个,手的抖动不可能是同步的,由于方向和左右的差异,乩笔就在沙盘留下了弯弯曲曲的痕迹。乩仙乘机把准备好的文字内容以沙书的名义告诉求乩者。

扶鸾之戏,不知始终于何时,而往往有奇验。丁丑十一月,闻苏州桃花坞,周姓家,来一术士,能请乩。余屡候,始得见,乞请乩,叩终身,有紫霞真人降坛,判数人皆以诗,余亦得一绝云:"也曾丹篆学长生,偷顾兰芝误上清。记否醉中同博戏,仙云遥护许飞琼。"秦肤雨亦请乩,有仙女韩碧霞自称紫府侍书,降乩书一绝云:"重将旧事说瑶清,一隔人天岁月惊。记得花阴同立候,郁洲山上看云生。"黄养初先生填《沁园春》词一,解详集中,两诗俱不能解。夫今生淹困,岂前生尚有凤缘

---

① 许地山《扶箕迷信底研究》第88页,商务印书馆,1940年。

欤?(清邹弢《三借庐笔记·乩诗》)

自己都无法弄清乩诗的内容,却认为高深莫名,轻易地把自己人生的困顿凑上去,真不知"奇验"何在?有时乩仙实在无法应付问题,只能临时发挥,东拉西扯,此时就需要求乩者积极主动地寻求答案。

大比之年,有父子同叩鸾仙,问得失。鸾书曰:"速往南行,路遇疯僧,问之不已,可决前程。"父子大奔而去。其子年少足捷,果追及一僧,问之不应,苦缠不休。僧瞪目大骂,曰:"入你娘的!中!"生怒欲殴,经众劝释。是科其父捷,始悟其言。(清吴炽昌《客窗闲话初集》卷一)

和尚明明是在骂人,说粗话,少年硬是把它理解为暗指父亲,启发自己,得到"始悟其言"的结果。

道光戊子乡试,余年十七,闱前偕二三友人闲游西湖,行至苏公祠,见人在内扶鸾,因入观之。其仙则吕祖也。其人多应试者,叩功名事,仙答以俪语,语在可解不可解之间,余固不之信也。第见人均肃恭致问,姑长揖问己之功名,乩忽奋迅大书曰:"尔甲子举人也。"戊子距甲子三十六年,众皆视余而笑,余亦笑而出曰:"不灵。"乩复书曰:"到期自知。"众追而告余,余又一笑置之。然自是屡蹶秋闱,至同治甲子,余年五十三矣。时在宁郡总办厘捐局务,浙江甫经收复,并不开科,余偶忆乩言,辄笑甚诞。至冬间,左季高爵相荐举浙江人才,以陈鱼门、丁松生及余应诏,奉旨以直隶州知州发往江苏补用。次年乙丑,余在江苏需次,闻浙江补行乡试,余忽忆乩言,乃请于中丞,回籍应试。比到浙江,则格于例,不能入闱,废然而返。复笑乩言之诞。至丙寅春,奉檄总办天津海运,谒见刘松岩中丞,在坐有言乩仙不可信者,余因述"甲子举人"一说以证之。中丞沉思良久,忽曰:"如子所言,乩仙颇可信矣。子非于甲子年荐举人才乎？明明道是'甲子举人',何尚不悟乎？"余闻是论,不觉恍然。嘻！乩语诚巧,或真有仙降耶？（清陈其元《庸闲斋笔记》卷九"乩语之灵验"）

笔记作者陈其元再三申言不信扶乩,但时时萦绕心头,遇事对照,暗求灵验。乩语"甲子举人"四字看似明白,其实范围很大,"甲子"可指科考之年,亦可指求乩者年岁等。"举人"为乡试所中者,本无疑义,然"中丞"曲解为"荐举之人",自然入套。陈其元借机转变为信徒。其实陈念念不忘希冀应验,以证功名富贵为天定。故而将此故事著书立说,广为宣传。所谓此类灵验故事,依然不可相信。

扶乩作为一种职业,从业人员要靠它吃饭,以骗取钱财为目的。大致有两种骗法,一是说些不着边际、模棱两可的语言,让求乩者自己去猜那些糊糊涂涂的话来哄哄人,弄得人丈二和尚摸不着头脑,其后果是让人多了一个心病,很可能会影响一辈子的生活。

莆田方焘次云,绍兴丁巳秋,将赴乡举。常日能邀致紫姑神,于是以题目为问。神不肯告,曰："天机不可泄。"又爇香酹酒,祷请数四,乃书"中和"二字。焘时方十八岁,习词赋,遂遍行搜索,如"天子建中和之极""致中和天地位""以礼乐教中和""中和在哲民情",如此之类,凡可作题者,悉预为之。是岁以举子多,分为两场。其赋作前题曰"中兴日月可冀",后题曰"和戎国之福",始悟所告。（宋洪迈《夷坚支志戊·方焘招紫姑》）

不过这种莫名其妙的伤害还是比较轻的,因为乩仙讲的都是空话,不着边际,如果往牛角尖里钻,那是自找苦吃。有的求乩者听信乩仙的一派胡言,对自己命运采取消极态度,不求进取,耽误了前途。更有甚者,完全按照乩仙的"指点",成了他们精神上的俘虏,结果往往是非常悲惨的。

扶乩的危害非同一般,这些胡言乱语,都假借神道鬼怪推演,气氛诡异,神秘阴森，这种气氛很容易控制人们的精神，使得他们堕落莫名的深渊之中。扶乩装神弄鬼骗钱也就罢了，损失可以用金钱来计算，如果因此终日惶恐，精神迷茫，乃至失智，毁了一生。明代郎瑛《七修类稿·奇谑》记金陵顾某，召箕求诗，得诗如"古来花貌说仙娥，自是仙娥薄命多。一曲霓裳未终舞，金钿早委马嵬坡"。似乎召来了大美女杨贵妃，且屡屡召来，情意绵绵，顾某迷惑其中，不能自拔。"意欲一睹真形以畅平生之慕，淫欲炽矣，忽薄暮有妇人自空而下，然亦畏死失声惊走，家人共守过夜，明日方念则妇人又至，恐怖怀忧，无时宁息，将至丧心者焉，后得一二友人挽之远游，久而方绝。"因而此书作者郎瑛说"乩仙不可频召"，呼吁世人勿落魔障。可知扶乩之害，是多方面的，所设骗局，令痴迷者不能自拔。

实际上扶乩的骗局不难拆穿，它的乩语模棱两可，往往不能实指，本来可以一笑置之，抛到九霄云外。可是大部分人却把它牢记在心头，而且时时刻刻把发生的事与乩词挂钩，在无数次的对照中，只要有一次挂得上关系，就会认为扶乩灵验。这实际上是受到乩仙的心理暗示，并且经过无数次的反复，这种暗示不断地强化，证明乩词的正确性成为自己的愿望。

紫姑之虚假，并非所有人皆深信不疑。有人借紫姑阴谋不良，也有人胆小愚昧，不欲开罪神鬼，也有人异想天开，多欲于虚无世界，亦有人世故练达，以逢场作戏视之。从来不乏旷达之士，洞察鬼蜮伎俩，直斥持箕者狡狯，不断有人揭穿它的骗局。宋代周密就说："降仙之事，人多疑为持箕者狡狯以愚旁观，或宿构诗文托为仙语。"(《齐东野语·降仙》)这种骗术尽管有许多迷人的花招，乩仙也有各种很专业的技巧，事实证明他们不可能真正预测未来的事情，改变人们命运。所以历史上代不乏人呼吁禁止这种邪术。清代昭梿就表示："余素恶扶乩之事，以假鬼神以惑众。"(《啸亭续录·彭氏科目之盛》)俞樾也说："扶箕之术，余雅不谓然，尝言绝地天通宜首禁此。"(《茶香室丛钞·扶箕》)

在扶乩盛行之时，有的朝代发出禁令，取缔此类活动。北宋后期曾经下过严令捉拿扶乩的奸猾之徒，从政和六年(1116年)到宣和初年，数年之中基本清理完毕。

《国朝会要》政和六年五月二十三日诏:近来京师奸猾狂妄之辈,辄以箕笔聚众,立堂号曰天尊大仙之名。书字无取,语言不经,窃虑浸成邪慝,可令八厢使臣,逐地分告示,毁撤焚弃,限三日,外立赏钱三千贯,收捉犯人,断徒二年,刺配千里,官员勒停,千里编管。(宋岳珂《愧郯录·仙释异教之禁》)

元代也有明文禁止:

祈神赛社,扶鸾祷圣,夜聚明散,已尝禁治。(《元典章新集·刑部·禁治集场祈赛等罪》)

旧时扶乩始终没有禁绝,原因是多方面的。首先因为人性上的缺陷,总会有一些人相信冥冥中人的命运是上天安排的。他们希望通过乩仙得到一些启示,获得意外的收获。当然并不是每个求乩者都是迷信之人,也有人并不相信,但是在乩仙的诱导下,很容易落入圈套,最终解除戒心,成为忠实的信徒。最重要的是,宋元禁扶乩,并不是着眼于它的迷信活动本身,取缔骗取钱财,或者误导人生的骗人勾当。朝廷要禁的是以乩坛为据点,招集人员,宣传邪说,危害政权。有宋一代,各地军民造反连续不断,成为朝廷的心腹之患。有些造反者为了招集人马,常借助宗教力量,搞一些迷信活动。北宋后期是多事之秋,扶乩竟然在京师设坛立堂,纠集信众,自封大仙,对政权是极大的威胁。所以严令禁止是必然的。不过宋代的皇帝大多迷信道教,接天书的事情也不是个别例子。从本质上来讲,朝廷对迷信的态度是鼓励的,是保护的,所以屡禁不绝就难以避免了。

第五章　符与符箓

第一节　道符之起源

符,也叫符节,本是帝王授权的凭证。《六韬·阴符》:"主将有阴符,凡八等。"又云:"诸奉使行符,羁留者,若符事泄,闻者告者,皆诛之。"为了保证命令的安全,符的内容是秘密的,泄密就意味失败,所以叫阴符。战国、秦汉时期的兵符多次发现,如秦杜虎符、南越王墓发现的楚虎符,汉代虎符出土和传世皆有。安徽寿县八公山发现的"鄂君启金节",自铭"金节",是楚怀王颁发给鄂君启运输货物的免税通行符节。汉代符节使用十分广泛,重要之事皆有节,六寸符在居延汉代遗址已经多次发现。史载利用符决定大事,著名的有刘盆子为上将军:

刘盆子赤眉欲立宗室,以木札书符曰"上将军"。与两空札置笥中。大集会三老从事,令刘盆子等三人居中,央一人奉符以年次探之,盆子最幼,探得将军,三老等皆称臣。(《东观汉记》卷二三"刘盆子")

探符看似碰运气,古人认为是上天的选择,结果是神圣的,不能违背。此符虽然没有明言"天帝",已有巫符的意味了。《云笈七签》卷三"道教本始":"伏羲受图,轩辕受符。"汉代道巫自称天帝使者,奉法而行,作法书符,鞭笞百鬼,驱怪责神,治疗众病。东汉建和三年陶瓶朱书自称为"天符地节",也就是行于天地之符节。后来叫做符信。模仿官方"如律令"收尾,自称"符"。《后汉书》多处记载道巫使用符书驱邪行医、召集百姓,甚至作符书"称太上皇"。《抱朴子·遐览》载:"符节神明所授"。失符,法力全无。

《后汉书·费长房传》载费长房善以符来治疗众病,鞭笞百鬼,驱怪责神,"后失其符,为众鬼所杀"。

汉代道巫使用的符信有两种,一是符玺,有"黄神之印""黄神越章""黄神使者印章""天帝神士""天帝使者"等,使用的通行字,如宝鸡汉代遗址出土的"天帝使者"铜印就是代表。①

道巫作法用常用符,早期也是用通行文字。甲渠侯官破城子出土汉简E. P. T49—3:"厌魅书,家长以制日疏魅名魅名为天牧鬼之精,即灭亡。有敢=苛者,反受其央,以除为之。"简在"天牧"两字中有一穿孔。② 此简年代大致在两汉之间,下限在东汉初年。

用于丧葬的陶瓶朱书符,早期只使用通行字书写。

宝鸡市斗鸡台发现和帝永元四年(92 年)陶瓶朱书文,全文以"永元四年"开始,以"如律令"结束。③ 应该指出,道符使用通行字一直延续到后代,通行字与秘字都可以单独成符。

采用秘字的道符,以洛阳西花坛汉墓发现者为早,是通行字与秘文结合的朱书符,此瓶有明确的纪年为安帝延光元年(122 年)(图 5-1)。④

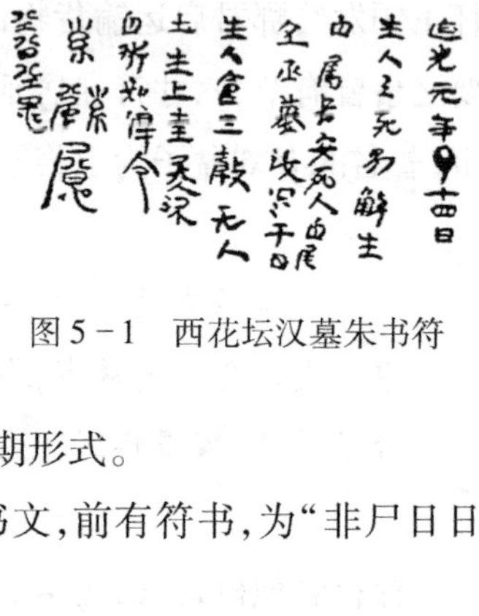

图 5-1 西花坛汉墓朱书符

陕西户县医院汉墓出土的顺帝阳嘉二年(133 年)陶瓶朱书文和秘文(图 5-2)。⑤ 它的秘文与后来的秘文相似,是此类秘文的早期形式。

陕西高陵出土桓帝建和三年(149 年)朱书文,前有符书,为"非尸日日

---

① 阎宏斌《宝鸡县出土"天帝使者"铜印》,《文博》1991 年第 3 期。
② 甘肃省文物考古研究所、甘肃省博物馆、中国文物研究所、中国社会科学院历史研究所《居延新简——甲渠候官》下册第 143 页,中华书局,1994 年。
③ 王光永《宝鸡市汉墓发现光和与永元间朱书陶器》,《文物》1981 年第 3 期。
④ 中国社会科学院考古研究所洛阳考古队《1984 至 1986 年洛阳市区汉晋墓发掘简报》,《考古学集刊》第 7 辑第 60 页,科学出版社,1991 年。
⑤ 禚振西《陕西户县的两座汉墓》,《考古与文物》1980 年创刊号。

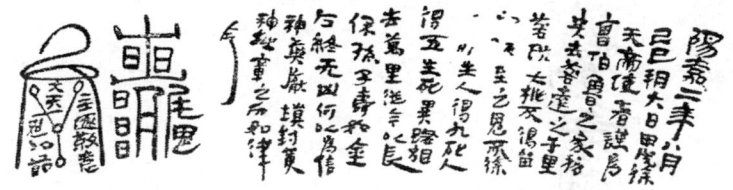

图 5-2 户县医院汉墓朱书符

日……厄",后曰:"天符地节,转咎移央,更至他乡。"①

临潼斜口乡高沟村砖厂发现献帝初平元年(190年)陶瓶朱书符,其秘字与后世接近(图5-3)。

《云笈七签》卷八:"符者信也。太上之信召会群灵消魔者灭鬼也。"厌胜(或压胜)是符的主要用途。甲渠候官木简"厌魅书"是最早

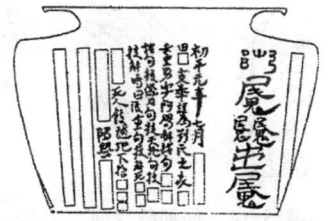

图 5-3 高沟村砖厂朱书符

的巫符,墓葬厌胜的巫符以咸阳发现的东汉明帝永平三年(60年)陶瓶朱书文最早。② 而通行文加秘文的道符以洛阳西花坛汉墓陶瓶的延光元年(122年)最早,嗣后阳嘉二年(133年)户县曹氏道符既有秘文又有星图,发现朱书陶瓶的墓葬大多在东汉后期。《后汉书·刘焉传》:"初,(张鲁)祖父陵,顺帝时客于蜀,学道鹤鸣山中,造作符书,以惑百姓。"张陵(34—156年)明帝永平二年(59年)拜巴郡江州令,不久遂弃官隐于北邙山(今河南洛阳北)。章帝、和帝诏征不就,至云锦山(今江西龙虎山)炼九天神丹。顺帝汉安元年(142年)创立道教,符水治病,百姓奉之为师。实际上专用于墓葬厌胜的朱书符在和帝、安帝时普遍使用,顺帝时已经形制完备。在明帝以前厌胜之符已流行到边陲。张陵"造作符书",并非创造道符,而是使用道符治病,与民谋利。总之,从出土资料来看,道符形成的时间在两汉之交,最迟在东汉初年,大约在顺帝时期大体完备。

三国之后道符发现较少,仅见零星数例,而且大多在河西。

---

① 刘卫鹏《陕西高陵出土的东汉律和三年朱书陶瓶》,《文物》2009年第12期。
② 刘卫鹏、李朝阳《咸阳窑店出土的东汉朱书陶瓶》,《文物》2004年第2期。

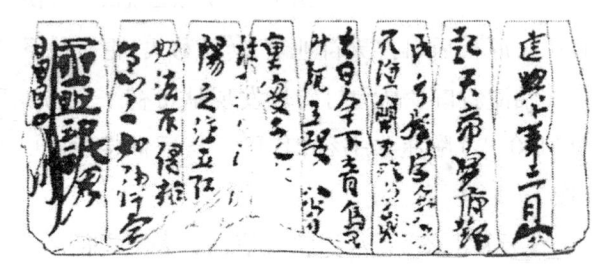

图 5-4　仙师敕令简　　　　图 5-5　有道符的八棱泥瓶

《敦煌汉简》2317A、B:"仙师敕令三赍都星镇定空烝安。""金　木　水",属西晋简,真书,有"天"秘字,背面真书写五行之"金""木""水"(图5-4)。① 道家的人生目标是成仙,常用"仙"来描述有关事物,《史记》言"求仙人不死之药",东汉有"仙人唐公房碑"。晋以来有"天师"的说法,《晋书》有"天师道",南朝梁李膺《益州记》曰:张陵避病疟于丘社中,"自称天仙师"。"仙师"的说法在传本文献中很晚才出现。

甘肃安西(今瓜州)的前凉建兴三年(322年)9号墓发现自铭"斗瓶"的八棱泥瓶,一面为秘字,七面为行草字。有云:"建兴十年三月□□起天帝阳府邓氏之妇……急急如律令。"(图5-5)② 西晋年代与前凉建兴三年接近,书法风格接近,只是后者较为粗率。后者道符的秘字接近东汉道符,渊源关系清晰。

秘字成熟以来,在符书中占有重要地位,于是符或符字就常常成为秘字的代名词。

---

①　甘肃省文物考古研究所《敦煌汉简》第176页,中华书局,1991年。
②　王元林《前凉道符考释》,《文物》2011年第4期。

《抱朴子·遐览》:"郑君言,符出于老君,皆天文也。老君能通于神明,符皆神明所受。"所谓天文就是秘字。进入南朝梁,秘字是符书的重要内容。

第二节 符之构成

从巫符到道符,符经历了一个完善的过程。完整的道符内容丰富,形式完备。

立七十二精镇符,以制百邪之章。(《抱朴子·登涉》)

以道之精气,布之简墨,会物之精气,以却邪伪,辅助正真,召会群灵,制御生死,保持劫运,安镇五方。然此符本于结空,太真仰写天文,分置方位,区别图象符书之异。符者,通取云物星辰之势。书者,别析音句铨量之旨。图者,画取灵变之状。然符中有书,参以图象。书中有图,形声并用。故有八体六文,更相发显。(《云笈七签》卷七"三洞经教部·符字")

道教形成之后,道符的品种日趋繁复,形式日趋丰富。《云笈七签》说明道符"符中有书,参以图象"。所谓书即文字,"别析音句铨量之旨",包括通行文字和秘字;图象即"云物星辰之势"的星图以及天神图象。星图即"云物星辰之势""画取灵变之状",星图早在东汉出现,以后只有形式变化。

符的图象中太阳占有很重要的位置。早期的符中就用图形来表示。如陕西户县县医院汉墓的陶瓶符书中,在文字的上方画了一个朱红色的太阳。以下文字云:"太阳之精,随日为德,利以丹砂,百福得。"《论衡·说日》:"日者,火之精也。"《说文》:"日,实也,太阳之精。"日为阳中至极,万物生长之源,又用丹砂配合,丹砂也具阳气,人死归阴,缺阳。所以以丹砂画得太阳,使阳气充实,冲阴回阳,百福随之而来。

道符中星图占有重要的地位。现在道符中最早的星图在陕西户县朱家堡汉墓陶瓶的符书上，为危宿。《晋书·天文志上》："坟墓四星，属危之下，主死丧哭泣，为坟墓也。"但是，后有人改释由太一与天一两星合成的太一锋星图，《史记·孝武本纪》："为伐南越，告祷泰一，以牡荆画幡日月北斗登龙，以象太一三星，为太一锋，命曰灵旗。为兵祷。则太史奉以指所伐国。"裴骃《集解》引晋灼曰："画一星在后，三星在前为太一锋也。"似以后说为优。在星图周围，还写"大天一主逐敦恶鬼，以节"。"大天一"即太一与天一的合称。

> 吾闻吴文皇帝曾从介先生受要道云，但知书北斗及日月字，便不畏白刃。帝以试左右数十人，尝为先登锋陷阵，皆终身不伤也。（《抱朴子·杂应》）

北斗星地位极其重要。

> 北斗七星在太微北，七政之枢机，阴阳之元本也。故运乎天中，而临制四方，以建四时，而均五行也。魁四星为璇玑，杓三星为玉衡。又曰，斗为人君之象，号令之主也。
> 石氏云：第一星曰正星，主阳德，天子之象也。二曰法星，主阴刑，女主之位也。三曰令星，主中祸。四曰伐星，主天理，伐无道。五曰杀星，主中央，助四旁，杀有罪。六曰危星，主天仓五谷。七曰部星，亦曰应星，主兵。（《晋书·天文志上》）

古人认为北斗星掌管人间生死，北斗文昌宫的六星中包含司命、司禄，它们兼有治理幽灵之职。北斗古为人君之象，在地下也是厌胜之神。三里村朱书陶瓶"北斗君"的星图之下朱书四行："主乳死咎鬼，主白死咎鬼，主币死咎鬼，主星死咎鬼。"王育成认为指夭死的婴孩、自杀的鬼、战场上死的鬼和受刑而死的鬼。古人有祭祀北斗祈求延命的风俗，如三国吴吕蒙病危之中,孙权命令道士在星辰下为之"请命"(《三国志·吴志·吕蒙传》)。南朝梁庾黔娄因父遘疾,"至夕,每稽颡北辰,求以身代。俄闻空中有声曰:徵君寿命尽,不复可延,汝诚祷既至,止得申至月末。"(《梁书·孝行传·庾黔娄》)当然,北斗星不仅人间敬畏,也是"鬼"畏惧。长安三里村汉墓的朱书文有"告上司命、下司禄"之语。在出土的符中,经常有北斗星的图象。如江苏高邮邵家沟遗址的木符,左上角即北斗七星。

有些星图是多个星的结合形式。如武昌何家湾南朝齐刘觊墓的石符就是以北斗星为主,还有文昌六星、天枪三星、三台六星等。

武威市新华乡红崖支渠升平十三年(369年)墓出土道符,是父母给亡者乌独浑陪葬的衣物疏和道符合一的木牍。① 正面为通行文字,大概内容是告诫亡者:"十三年五月廿一日主人父母与乌独浑十九种衣物生时所著所衣,山川各部,黄泉江津,桥梁不得妄荷……持券上诣苍天,如律令。"内容与东汉朱书符一致,都是说明人鬼殊途,不要纷扰生人(在世亲人)之类。背面上画人形,下面为衣物疏(图5-6)。

这个形象应该是天帝所遣武士,头戴羽毛,站在星图之上。

新疆吐鲁番阿斯塔那高昌时期303号墓出土朱书纸符1张,长27.5厘米、宽10厘米,折叠成2厘米的小块缝在绢袋里,置于门洞内。纸符上绘一人物,左手持大刀(图5-7)。② 这名武士应当是天帝派出的神将。《灵宝

图5-6 绘天帝使者的道符

---

① 梁继红《武威出土的汉代衣物疏木牍》,《陇右文物》1997年第2期。此简影承李永平先生提供。
② 新疆维吾尔自治区博物馆《新疆吐鲁番阿斯塔那北区墓葬发掘简报》,《文物》1960年第6期。

领教济度金书》卷二六四"青玄破酆都符"和"太乙救苦天尊"皆有人形,为天尊形象。①

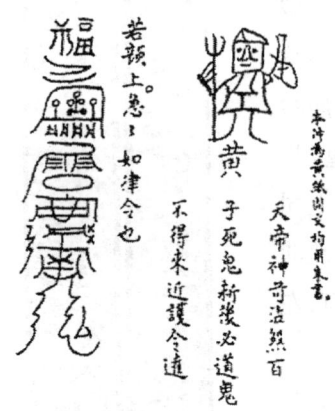 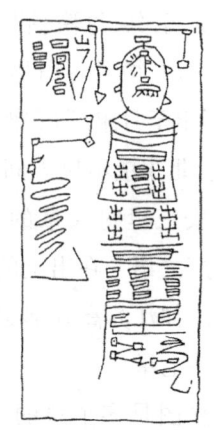

图 5-7　高昌朱书纸符　　　　图 5-8　水井砖刻符

　　湖南衡阳后宰门发现一口五代土坑水井中的砖刻符,符的构成复杂。顶端星座下有半身坐像,下有秘文"出""日"等字。② 这尊半身像是谁? 很可能是太乙天尊,也可能是元始天尊(图 5-8)。总之,从南北朝开始,道符开始流行加绘神像。《抱朴子·杂应》:"但谛念老君真形,老君真形见则起再拜也。老君真形者,思之姓李,名聃,字伯阳。身长九尺,黄色身,嘴隆,鼻秀,眉长五寸,耳长七寸,额有三理,上下彻足有八卦。"称"老君能通于神明,符皆神明所授",有老君出山符等。这尊神像当为老君。明代墓葬出土冥途路引有太上老君像,并以文字注明。

　　宋代以来有专以图绘成符,此又一新形式。

　　大日如来鎏金铜佛像,内腔铸有大理国盛明二年为南宋隆兴元年(1163 年)造的发愿文体题记,满行 13 字,字径约 0.9 厘米。③ 在发愿文中间有梵汉合体的咒语,这个咒语⊙为六字真言的"唵",代表六字真言,下面

---

①　黄烈《略论吐鲁番出土的"道教符箓"》,《文物》1981 年第 1 期;马啸《吐鲁番 59TAM303 墓所出道教符箓考释》,《西域研究》2004 年第 4 期。
②　周世荣、冯玉辉《湖南衡阳南朝至元明水井的调查与清理》,《考古》1980 年第 1 期。
③　杭侃《大理国大日如来鎏金铜佛像》,《文物》1999 年第 7 期。

10个 ? 代表念出声音,而下面 ? 是一个仿道教的符号。一"大"字包孕整个字符,有完整的"日""吽",再下是分解的汉字,目前尚不能解释(图5-9)。

图5-9 大日如来铜佛像道符

图5-10 余妙果地券道符

明正统十一年余妙果地券,题为左行"太上女青符券",右边有道符。①此符符形清晰,非常难得,有人专门以此造作北魏符书(图5-10)。② 上有三台,《晋书·天文志上》:"三台六星,两两而居,起文昌,列抵太微。一曰天柱,三公之位也。在人曰三公,在天曰三台,主开德宣符也。西近文昌二星曰上台,为司命,主寿。次二星曰中台,为司中,主宗室。东二星曰下台,为司禄,主兵,所以昭德塞违也。"以下"玄敕"为"敕"合体秘字,"敕",敕令之省略。"玄"恐为玄始天尊。《隋书·经籍志》:"道经者云有元始天尊,生于太元之先,禀自然之气,冲虚凝远,莫知其极。"元始天尊为道教第一尊神。再下为多字组成的秘文,以"天"字覆盖,有星宿、"日""月",再以下又为秘字。最后是"罡"。《抱朴子·地真》"左罡右魁",罡为北斗之柄。这个道符明显区别于"日"为主的东汉道符,革新创立以三台为顶、敕令、"天"罩"日""月"和秘字等形式,代表明代道符的基本形式之一。此符秘字套合,愈加复杂,在明清间大大发展起来。

---

① 陈柏泉《江西出土地券综述》,《考古》1987年第3期。
② 张丽华《北魏张正子为亡父母合葬立镇墓石》,《中国书法》2005年第11期。

道符上一方面直接用通行汉字,如明王玺墓道符上有"玄敕",符内嵌入"光""日""月""星"等字,十分显眼(图 5-11)。①

明清以来道符上出现了一些新的符号,就如王玺墓道符三道盘旋线那样,其意义比较复杂。

法国耶稣会教士禄是遒(Henri Doré,1859—1931年),1884 年来华,在上海及江南一带担任神职,前后达 30 多年。他在全国各地调查民间信仰、礼仪习俗,收集大量民俗、宗教资料。其《符咒说文》专门解释道符的符文,图文结合,有些道教套合符、曲线符号、秘字在此书中得以解释。

图 5-11 玄敕道符

曲线符实质是代号:

〇代表天或者太阳;⊗表示地;〇 表示太阳与月亮;〇—〇表示和合二仙;☯ ☯表示天地和阴阳;

表示三教、三元、三清、三宝、三皇、三魂;

四大功曹、四大王、四季、四时、四凶、四体;

表示五雷、五方、五帝、五斗、五福、五行、五星、五肠;五岳、五色、五瘟、五金、五圣;

---

① 张才俊《四川平武明王玺家族墓》,《文物》1989 年第 7 期。

第五章 符与符箓 163

六甲和六丁、六神、南斗六星、六道（生死轮回的六个去处）、六气、六宗、六大魔王、六煞；

北斗七星、七政、七仙、七窍、七魂；

八卦、八神、八仙、八节、八字、八难；

九宫、九天；

十天、十方、十大阎王；

十二地支、十二相属、十二大天师。

秘字如"为被杀害者亡灵所绘之符"：

主，即鬼主；月，即鬼；井，即颈绳；引；天；五彩云；弓，即张字，田即场地；田，即坟地；棺材；人；

又"破佛教地域之符"：

【符】张，敕令；【符】三湾，即承；【符】鬼，即鬼魂。

中央：【符】如来敕令；【符】三魂；【符】地狱门，出；

北方：【符】三宝；【符】三；【符】魂；【符】阴阳和合。

东方：【符】来；【符】引；【符】三；【符】月，即魂；【符】解；

又"驱避时疫之符"：

【符】五。【符】雷。【符】正，即镇。【符】三清。【符】六丁。

【符】凶；【符】神。

解释：张天师亲自来到凶杀案的发生地，下令将死者的尸体收入棺椁，得到安葬。①

这些套合符中既有秘字，又有指示图，又有通行文字，其中有楷字也有草字，字形一般都作变形，如草书【符】（引）、【符】（天）、【符】（神），异化后不能认出是字还是图符。故而字图难分，道外人无法辨别符意。

符文难识自古如此，南朝时能识之者已属少数。

  昔吴世有介象者，能读符文，知误之与否。有人试取治百病杂符及诸厌劾符，去其签题以示象，皆一一据名之。其有误者，便为人定之。自是以来，莫有能知者也。（《抱朴子·遐览》）

---

① 〔法〕禄是遒著，据〔英〕甘沛澍英译本，张旭虹译，李天纲校《中国民间崇拜——符咒说文》，上海科学技术文献出版社，2009年。

道符从产生之日起就是神秘化的符号,此后各朝各代,门派变化,更加难识了。

禄是遒收集整理了大量道符,总体上是了解道符的:"符咒是非常难解的,因为有时符咒是用年代久远的书法写成,而有关这方面的知识在中国只有少数的人才知晓,传统的形式和符号也会使用,但只有专业画符者明了。即便是最普通的文字,也会随意地简化、破坏,在点画形状上做古怪的增减,这就令至少九成中国人迷惑不解。中国草书的随意性对于读者而言意味着又一个障碍,文人学士也莫不如此。"①实际上道符的复杂性远比甘沛澍想到的复杂,道教有解密道符的书,只要找到钥匙,解开道符还是可能的。

第三节　符箓

箓,本来就是符的意思。汉张衡《东京赋》:"高祖膺箓,受图顺天。"薛综注:"膺箓,谓当五胜之箓,受图卯金刀之语。"南朝齐王融《永明十一年策秀才文》:"朕秉箓御天,握枢临极。"李周翰注:"箓,符也。天子受命执之,以御制天下也。"道教之箓由此而来。

符箓始于何时?传统的说法有二:远古黄帝之时,西王母授之;人君受符箓以北魏为最早。《山堂肆考》卷一四八"符箓":"黄帝出军决帝讨蚩尤,梦西王母遣人以符授之。帝喾,立坛而请,有玄龟衔符从水中出,置之坛中,道家符箓始此。人君诣道坛受符箓始于南北朝。"

《魏书·释老志》载,泰常八年十月,牧土上师李谱文临嵩岳,授寇谦之《天中三真太文录》,劾召百神,以授弟子。《文录》有五等,一曰阴阳太官,二曰正府真官,三曰正房真官,四曰宿宫散官,五曰并进录主。坛位、礼拜、衣冠仪式各有差品。凡六十余卷,号曰《录图真经》。"上师李君手笔有数

---

① 〔法〕禄是遒著,据〔英〕甘沛澍英译本,张旭虹译,李天纲校《中国民间崇拜——符咒说文》"英译版序"第5、第6页,上海科学技术文献出版社,2009年。

篇,其余,皆正真书曹赵道覆所书。古文鸟迹,篆隶杂体,辞义约辩,婉而成章。"始光初年,寇谦之奉书上献,世祖乃令谦之居张曜之所,供给食物。

真君三年,谦之奏曰:"今陛下以真君御世,建静轮天宫之法,开古以来,未之有也。应登受符书,以彰圣德。"世祖从之,于是亲至道坛,受符录。备法驾,旗帜尽青,以从道家之色也,自后诸帝每即位,皆如之。(《魏书·释老志》)

道巫均称天帝使者,寓意天帝授予法力。自称"天帝使者""黄神使者",不是尘寰中人。既然上天可派遣使者下凡,凡人也可受箓仙籍。《晋书·艺术传》载:戴洋,吴兴(今苏州)人,"年十二,遇病死,五日而苏。说死时天使其为酒藏吏,授符录,给吏从幡麾,将上蓬莱、昆仑、积石、太室、恒、庐、衡等诸山"。戴洋受符录(箓)在死亡之时,或为梦境之中,没有道教的正式仪式,没有权威认可。但是天授符箓的概念在东吴末已经形成,如果单纯说符箓,不晚于三国末期。

道教声称,箓是天神的文字,是传达天神意旨的符信,用它可以召神劾鬼,降妖镇魔,治病除灾。

正一受天箓,腰垂神虎章。群魔狱幽隐,秘篆刻青苍。(宋文同《誓鬼碑》)

符和箓是有区别的,道符用以厌胜、驱鬼,而箓不仅可以厌胜,而且是持有者获得道籍、仙籍的证明文书。《隋书·经籍志四》:"箓皆素书,纪诸天曹官属佐吏之名有多少,又有诸符错在其间,文章诡怪,世所不识。受者必先洁斋,然后赍金环一,并诸赘币,以见于师,师受其赘,以箓授之。仍剖金环各持其半,云以为约,弟子得箓,缄而佩之。"道教称天帝所赐为天箓、真箓。

清河公房建,居于含山郡,性尚奇,好玄元之教,常从道士受六甲符及九章真箓,积二十年。(《太平广记》卷四四引唐张读《宣室志·房建》)

天箓内含天机,秘而不宣,不可泄露,外人窥探,必降祸于身。

道箓的形式大致如《隋书》所云"箓皆素书,又有诸符,错在其间"。箓文使用云篆、复文等秘字,以通行字说明之,有的绘有神将之像,如"三将军箓",通行文字与秘文之间有"右上灵隐影大将军"图像(图5-12)。①

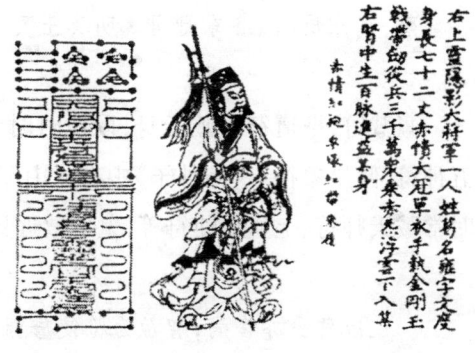

图5-12 三将军箓

符箓是符和箓的复合名词,人们常把箓称为符箓,也把符称为符箓,民间自古依然。不过研究者需要明辨。

第四节 符之用法

早期的符本身具有威力,书于何处,何处即具法力,墓葬中的朱书符均属于此类。

符水,可能是书符入水,水备法力。

钜鹿张角自称大贤良师,奉事黄老道,畜养弟子,跪拜首过,符水咒说以疗病,病者颇愈,百姓信向之。(《后汉书·皇甫嵩传》)

---

① 刘忠宇《符箓平话》第9页,宗教文化出版社,2013年。

太平道师持九节杖,为符祝,教病人叩头思过,因以符水饮之。(《三国志·魏志·张鲁传》引三国魏鱼豢《典略》)

其人道家,符水禁咒、阴阳历数、天文药性,无不通解。(《北史·艺术传上·由吾道荣》)

王妙坚者,本兴国军九宫山道姬也。居尝以符水咒枣等术行乞村落。(宋周密《齐东野语·明真王真人》)

佩戴符,把道符佩戴于身,以便时时刻刻保护佩戴者。《太平经》有佩五神符,佩星象符。《抱朴子》中有入山佩戴符(图5-13、5-14),又说,到时常戴天师符、上皇竹使符等,鬼不敢近身。

应詹少亦多病,智乃为符使詹佩之。(《晋书·艺术传·淳于智》)

(陶遗令)佩符络左腋下,绕腰穿环结于前,钗符于髻上。(《南史·隐逸传·陶弘景》)

时有东莞郑氏,执得仇人赵氏,克明晨会宗族,当就墓所刑之。赵氏求救于早,早为占候,并授以一符曰:"君今且还,选取七人,令一人为行主者佩此符,于鸡鸣时,伏在仇家宅东南二里。平旦,当有十人相随向西北,行中有二人乘黑牛,一黑牛最在前,一黑牛应第七。但捉取第七者将还,事必无他。"(《北史·艺术传上·王早》)

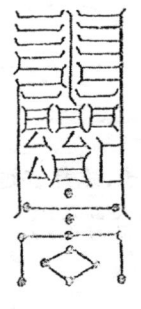  

图5-13 入山符　　图5-14 入山佩戴符　　图5-15 市符

近来在吐蕃古墓内发现了道符,墓内有很多残破的陶罐残片,还有散落的碳化谷物。道符就在陶罐近处,有复文"大吉来来急急""日""市""□□大吉"等通行字(图5-15)。发掘者认为此符与市场贸易有关,是吐蕃与中原之间互市的佑护之符。①

《醒世姻缘传》第二九回:薛教授送给还山的真君三两银子、一件布衫、一件单裤、一双蒲鞋、五百铜钱。为了答谢施主,真君"要了一张黄纸裁成小方,用笔画了几笔,教众人各将一张戴在头上"。后来在水灾中皆有神将保护,不曾落水。此也佩符之法。

吞符,把符直接吞下,法力入体,各种病患立刻消除,可强健体魄。《太平经·要诀》:"欲除疾病而打开道者,取诀于丹书吞字也。"

《抱朴子·杂应》言不寒之道,以立冬之日,服六丁六甲之符;不热之道,立夏日,服六壬六癸之符。吞符之人可不学而通,忽然聪明,学富五车。《北史·艺术传上·吴遵世》记:北朝时吴遵世进入恒山,忽然遇见一位老翁,老翁授之开心符。遵世跪受,和水吞之,一下子就精通占卜之道。《龙城录·韩退之梦吞丹符》载:唐代大文豪韩愈常说少年的时候曾经做过一梦,梦见一个人给他丹篆一卷,叫他吞下去,旁边有一个人又拍手又笑。韩愈醒来后觉得胸口像有东西堵着,过了好几天才舒服。韩愈成年后还记得丹篆上的一两字,笔势不像人间的文字。后来结识了孟郊,好像在哪儿见过,仔细想一想,这就是梦中在一旁笑的人。

吞符难以下咽,可制作如蜜丸,和酒或水,效力更加显著:

> 《呓语》:一奇僧传难产方:用杏仁一个,去皮,一边书日字,一边书月字,外用熬蜜为丸,或滚水或酒吞下。试之有验。(清褚人获《坚瓠余集》卷四"治难产方")

投符,把符投入某处,使法力到达,发挥作用的针对性强。

---

① 齐东方《吐蕃墓葬中竟出现道符》,《广州日报》2009.5.23。

及至汾河,遇水暴长,桥坏,船渡艰难。是人乃临水禹步,以一符投水中,流便绝。(《北史·艺术传上·由吾道荣》)

贴符,对于需要厌胜的房屋舟车等大型物品,可以把道符张贴在上面。《抱朴子·登涉》说入山符的用法:"上五符,皆老君入山符也。以丹书桃板上,大书其文字,令弥满板上,以著门户上,及四方是隅,及所道侧要处,去所住处,五十步内,辟山精鬼魅。户内梁柱,皆可施安。"《遵生八笺》记五道"杀瘟神符"分五方贴在房中。贴符不仅驱魔,也可催生。

焚符疗病始于东汉末年,是下层贫民的精神疗法(图5-16)。宋代皇室笃信道教,居然以此法治疗妃子。

图5-16 烧符
(《点石斋画报》)

王仔昔,洪州人。始学儒,自言遇许逊,得《大洞》《隐书》豁落七元之法,出游嵩山,能道人未来事。政和中,徽宗召见,赐号冲隐处士。帝以旱祷雨,每遣小黄门持纸求仔昔画,日又至,忽篆符其上,乃细书"焚符汤沃而洗之"。黄门惧不肯受,强之,乃持去。盖帝默祝为宫妃疗赤目者,用其说一沃,立愈。(《宋史·方技传下·王仔昔》)

《七修类稿·辩证八·呼鼠召鹤》:"世有能呼鼠召鹤者,予尝求之,乃以蟹黄和生漆,假以书符焚之,则群鼠自至,盖鼠性喜其气也。"道士利用气味吸引老鼠,这是一个小把戏,不过借符为幌子而已。

《古今小说·杨谦之客舫遇侠僧》:"李奶奶念动咒,把这道符望空烧了。"《警世通言·假神仙大闹华光庙》:"裴道戴上法冠,穿领法衣,仗着剑,步起罡来。念动咒诀,把朱砂书起符来,正要烧这符去,只见这符都是水湿的。"明洪楩《清平山堂话本·西湖三塔记》:"天色将晚,点起灯烛,烧起香来,念念有词,书道符灯上烧了。"有的符在燃烧之后再吞服。如《灵宝领教济度金书》卷二六四载"神府治病符"云:"用朱书烧灰调法水而东北服之。"

飞符,这有点玄,似乎是不大可信,属于神话中的境界。唐牛僧孺记一事:

> 少顷,老狐负美女至,才及笄岁,红袂拭目,残妆娇媚。又有一狐负美酒二瓶,香气酷烈。严四兄即以美女洎美酒瓶,各内一壶中,以朱书二符,取水噀之,二符即飞去。(唐牛僧孺《玄怪录·萧志忠》)

有的符有时效,有一年期、一月期和一日期:

> 岁符岁易之,月符月易之,日符日易之。(《抱朴子·杂应》)

敦煌卷子 P3358 有《护宅神历卷》虽然名为"护宅",实际是全面保护自身安全的各个方面。据高国藩介绍,有镇四角符、安门上符、床符、室内符、桃木板符、床脚符、门沿上符、门头符、脚符(图5-18)、床上符、吞符、物符(图5-17)、地穴符、室内符、垫符、神树符、树神符、衣领符。① 这些符覆盖了居所的方方面面,房屋、家具、人身等,人们可以依靠18种符安居其间。这些符采用通行字、秘字、图画不同形式,适合那些不识字的百姓使用。这些符使用办法有张贴、吞咽、画三种。

图5-17 物符

图5-18 脚符

符为神授,只要书符正确,就有法力,因此,不必道士亲临作法,买来的符可用,也可以依样画葫芦,自己书符使用。宋元之交的家庭百科全书《事林广记》就收录了道符,在"杂术类"的"祈禳"一节提供三个符,给家居选择采用(图5-19)。书中的"蒙先生请紫姑仙法"的仪式、"篆符",并有"祝水""祝纸""祝墨""祝笔""祝符"之辞。镇怪符,"应一切

---

① 高国藩《敦煌民俗学》第418—426页,上海文艺出版社,1989年。

不测之怪,书中所不载者,并以朱书此符厌怪处,及男女左右佩带,其怪自灭"。厌房屋怪符,"禳屋宅井怪,符贴大门,吉"。厌舟车怪,"禳舟船车乘怪,厌怪处,吉"。这样一般家庭

图 5-19　佩符、禳屋符、禳舟车符

中的"精怪"都可以自己对付了。明代高濂辑的《遵生八笺》是著名养生著作,高濂平日博览群书,参以己意,编成此书。在"四时调摄笺下"一节的"五月事宜"中,收录了七个道符,如"赤灵符",《抱朴子》曰:"五月朱书赤灵符著心前,辟兵祛瘟去百病,此即治百病符也。正月元日佩此符。"(《抱朴子·杂应》:"或以五月五日作赤灵符,著心前。")除"辟瘟符"外,另有"北极黑煞天丁五方杀瘟神符",云:"书符须澄心静虑,存自己精炁神者,上与北斗三台星合一,元真气入笔""每符一道颂咒七边",至诚贴之。其法用天罡日制白杨木五块,长一尺五寸,阔三寸六分,在上面写朱书符五道。"凡人家瘟疫传染不绝,以此安镇宅中五方,或钉壁上,病阴,乃烧五符。"书中附"中方戊巳黄瘟之鬼神符""东方甲乙青瘟之鬼神符""南方丙丁赤瘟之神符""西方庚辛白瘟之神符""北方壬癸黑瘟之神符"。清代施鸿保《闽杂记》卷八也记有催生符、断疟符等,称之"甚灵"。

第五节　符之用途

东汉的符书用途比较简单,一是治病;二是劾鬼。

古人迷信鬼神,认为一切厄运皆与鬼神有关,所以发生了不祥之事就要驱鬼,这个事情就得由巫觋来做。驱鬼的办法很多,用桃枝击打等都认为是有效的举动。至晚东汉,开始用印章、丹符驱鬼,这实际上是借"天帝"之令来劾杀诸鬼。《后汉书·方术传》的几位术士就是以符制鬼,"厌杀鬼神而使命之",鬼怕的符,一旦失符,术士会遭受"为众鬼所杀"的命运。道士始终以驱鬼为己任,这种记载数不胜数,而符与鬼是密不可分的。《抱朴子·

登涉》:"劾鬼神,施符书。"符对于鬼,几乎随心所欲,杀鬼、驱鬼,甚至能差鬼做事,无所不能。魏晋之后,符书得到了很大的发展,符书的应用十分广泛,不仅不限于治病和劾鬼,而且使用也十分专业。东晋葛洪仅在《抱朴子·登涉》中举出的符书就有几十种,入山有"入山符"(或称"升山符")十种,入山佩带符三种,辟虎狼有"玉神符""八威五胜符""李耳太平符""西岳禁山符""七十二精镇符",涉江渡海有"东海小童符""制水符",辟山川、庙堂、百鬼有"天使符""上皇竹使符"。在《遐览》篇中提及诸符,有"自来符""金光符""太玄符"三卷,"通天符""五精符""石室符""玉策符""枕中符""小童符""九灵符""六君符""玄都符""厌怪符""壶公符""九台符""六甲通灵符"十卷,"六阴行厨龙胎石室三金五木防终符"合五百卷,"军火召治符""玉斧符"十卷,这些都是成套的大符,还不包括零碎的小符。大符都是几件甚至几十件配套的符书。《上清灵宝大法》中"二十四将符"有符二十四品,"修炼佩符"有八十一品符,《灵宝领教济度金书》内"二十八宿符"有八十六品符,"五雷符"有七十二道(宋洪迈《夷坚志支乙·谭真人》)。

护身符,保护自身的道符。《抱朴子》说的佩带符就属于此类护身符。唐王建《隐居者》有"朱书护身咒",此为符咒并用。护身符常见于小说,可以在各种场合保护佩主不受侵害。

行雨符,唐李复言《续玄怪录·李卫公靖行雨》言夜半龙宫叩门甚急,曰:"天符,大郎子报当行雨,周此七百里,五更须足,无慢滞,无暴伤。"应者受符入呈。

召雷神,道士能借助五雷法以符召唤雷神。宋洪迈《夷坚丙志·郑道士》:"建昌王文卿既以道术著名,其徒郑道士得其五雷法,往来筠、抚诸州,为人请雨治祟,召呼雷霆,若响若答。"欲求见所谓雷神者,拒之不克,乃"诵咒画符",仗剑而召。《夷坚志支乙·谭真人》:"即插剑于地曰:仰五雷判官速传七十二符,限只今毕。"此以符召雷神之事。

上天,凭符可以叫天神迎接上天。

晋葛洪《神仙传》记:沈羲消灾治病,救济百姓,大神迎接上天,沈离大时,老君遗羲曰:"暂还人间,治百姓疾病,如欲上来,书此符,悬之竿杪,吾当迎汝。乃以一符及仙方一首赐羲。"

疾病是对人类最大的威胁之一,古人认为疾病往往是鬼魅作祟所致,因此用巫术或者符来化解很有效。而且药石是道家炼丹的原料,冶炼升仙的灵丹也是道家所长。道家与医药有密切的关系,用符来治病就十分自然了。早在东汉时期道巫用符治病招徕信众,发展成员,后代聚敛人心的功能削弱,然而道符治病始终为人迷信。

古人常常求助道符催生,祈求顺产,以免难产痛苦。催产用符办法有多重,大多是吞符,直接下肚,在前面"符的用法"已经提到。

> 于九仙观道士所授,凡妇人临蓐,以黄纸调朱砂,用净笔写一"车"字在中,四周环写"马"字,须遍,且须端楷,大小则不拘,烧灰如水,令饮之,虽难产亦立娩。(清施鸿保《闽杂记》卷八"催生符")

值得注意的是,催产用符是被正宗医生认可的,当时并不认为是歪门邪道。南宋医学家陈自明(1190—1270),字良甫,历史上有名的医生,著有《妇人大全良方》等著作,内有"催生灵符第十一"云:

> 书符时宜以水飞朱砂书之,贴于房内北壁上,遇坐蓐之时,札于针上,就盏内以灯烧之庶免飞扬,温水调服。(《妇人大全良方·入月预备药物》)

治病,道符治病充其量是一种心理疗法,但是,在无钱看病或者久治不好的情况下,也是一种无奈的选择。明褚人获《坚瓠五集·刮字疗病》记一事,很说明问题。雍熙中,回道人拜访宿州天庆观,不遇,就在门上题诗,其中一首为:"时传丹篆千年术,口颂黄庭两卷经。鹤观古坛槐阴里,悄无人迹人长扃。"字用的是玉柱篆体。老百姓以为是道符,刮去煎汤治病,据说"字迹复生",实际上墨汁渗入木门,刮两下是刮不掉的。

祝由科是一种以符咒治病的医科,旧时在上海松江城内,一条冷僻的路上有一招牌,上书"世传神医祝由科善治百病",这里的一位老者会作法念咒,用黄纸画几张符,贴在门楣上,病就会好。据说他们也用药,不过不是《本草》中的草药,而是一些古怪的东西,如猫头鹰的眼睛、乌龟的尿、刺猬的血之类。

老子问甲曰:"汝久应死,吾昔赁汝,为官卑家贫,无有使役,故以太玄清生符与汝。所以至今日,汝何以言吾,吾语汝到安息国,固当以黄金计直还汝,汝何以不能忍?"乃使甲张口向地,其太玄真符立出于地,丹书文字如新。甲成一聚枯骨矣。喜知老子神人,能复使甲生,乃为甲叩头请命,乞为老子出钱还之。老子复以太玄符投之,甲立更生。(《太平广记》卷一引晋葛洪《神仙传》)

驱鬼逐魔,是符最早最广的用途。《云笈七签》卷八:"符者,信也。太上之信召会群灵消魔者灭鬼也。"《太上玄灵北斗本命延生真经注》:"符者,律令也。可以召万神,禳众恶也。"汉代的日光镜和刚卯上的殳书作驱鬼纳福之用。鬼有家鬼和外鬼,人死为鬼,于家为家鬼。汉代的陶瓶朱书符多告家鬼不得骚扰。如阳嘉二年曹氏陶瓶朱书文:"生人得九,死人得五,生死异路,相去万里……神药压坟,封黄神越章之印,如律令。"北朝颜之推《颜氏家训·风操》:"偏傍之书,死有归杀,子孙逃窜,莫肯在家;画瓦书符,作诸厌生;丧出之日,门前然火,户外列灰,祓送家鬼,章断注连;凡如此比,不近有情。"

墓冢是逝者长眠之地,古人认为地下有鬼怪侵袭、蛇虫滋扰,需要镇墓之物保证墓主平安。新石器时代墓冢撒朱砂,或是镇墓之用。战国以来镇墓物多样化,有的放置镇墓兽,如楚墓放置的木质镇墓兽,环目长舌,令人惊心骇目。有的楚汉墓葬在棺椁内陈放桃人、桃梗,其中桃梗面目狰狞。东汉开始在墓内放朱书陶瓶,朱书文中一般都有符书。符书镇墓砖出现最晚,洛阳东汉墓出土过"黄君法行"朱书文砖,这种简单有效的镇墓办法到魏晋南北朝时期逐步流行起来。南京雨花台区宁丹路10号东晋墓出土镇墓砖5件,其中4件文字清晰,正面边缘残存钱文放射纹。镇墓砖一面有字,没有通行字,只有阴刻符书,内有朱砂痕迹(图5-20)。符书方正,形体简洁,与汉代的符书风格接近,但没有《抱朴子》所见的篆符。①

图5-20　宁丹路东晋墓4件镇墓砖(正、背面)

贵州遵义深溪镇有南宋播州安抚使、土司杨粲夫妇合葬墓,年代在理宗年间。墓葬内夫妇各有镇墓石一块,石上雕刻道符。杨粲镇墓石顶为三个相连的小圆,代表三台,次为连笔书"敕"字,再下是太上三台皇天垕土镇墓大吉(图5-21)。其中"天"为小篆,"太""大"作篆体包孕式。杨粲夫人镇

图5-21　杨粲镇墓石

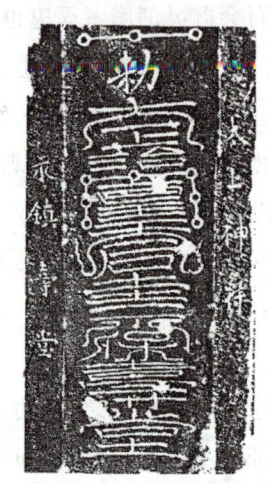

图5-22　杨粲夫人镇墓石

---

① 岳涌《南京市雨花台区宁丹路东晋墓发掘简报》,《东南文化》2014年第6期。

墓石顶为三台,下刻楷书"敕",以下再以北斗七星覆盖,下为"皇天垕土永保寿堂"。文字字体为篆、真混合体,"后""永"笔画拉长。身披北斗,头戴三台之意(图5-22)。三台与北斗皆为道教掌管人间生死寿夭之星神,北斗自汉代以来列为符书之首,是驱鬼之星。所以夫人镇墓石两侧称为"太上神符""永镇寿堂"。①

"画瓦书符,作诸厌生"的风俗经久不衰,直到明清时期依然保持。河南辉县大司马明清墓共出土朱书板瓦6件,在棺内头端和棺外头端。符书周围有"安""镇""大""吉"等字,作为镇墓之用。符书中有"奉敕""斩鬼"等,据"敕令宝符"等字判断这些都称为"宝符"(图5-23)。除了河南以外,在天津、河北、北京、山东、山西、安徽等地的元、明、清墓葬也有发现。②

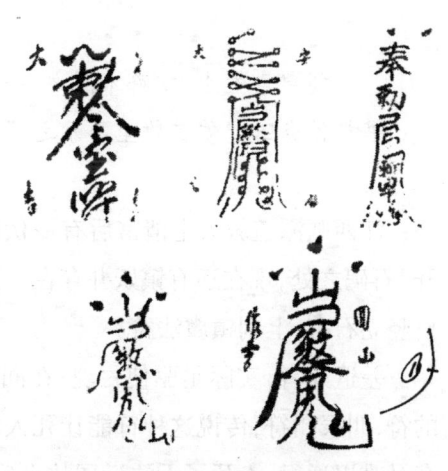

图5-23 朱书板瓦

鬼魅之事为人乐道,六朝志怪小说、唐代神怪故事以及宋元以来传奇小说笔记常常出现,不胜计数。对付这种阴类,道符是必不可少的。《岁时广记》卷十二引《夷坚甲志·惑妖女》:宋宣和年间,京师士人于街衢遇美妇携归,疑为妖。葆真宫王文卿法师善符箓,谓士人曰:"俟其寝,以一置其首,一置其箧中。……妇人已大骂曰:托身于君,许久不能见信,乃令道士书符,以鬼待我,何故?"某家一妇瘵疾三年,临终,忽大呼曰:葆真宫王法师杀我,遂死。家人为之沐浴,见首上及腰间箧中,皆有符。

---

① 龚扬民、白彬《贵州遵义南宋杨粲墓道教因素试析》,《四川文物》2013年第4期。
② 李金凤、白彬《河南卫辉县大司马明清墓葬出土朱书板瓦初探》,《四川文物》2012年第1期。

忽有道人过门,自称何法师,望见此女在门内,去而复还,探袖中幅纸,磨朱砂,濡笔书一符,又以水精珠照太阳,取火焚符,抛入门内,女大叫一声,寂灭无迹。(宋洪迈《夷坚志补·蔡五十三姐》)

驱怪物,怪物是一种不知名的东西,可能是鬼,也可能是凶险的动物。

刘急索盆水,施符术照之,一巨蟒盘旋于内,似若畏缩者。刘研朱书符付炎曰:"俟其物至则示之。"(宋洪迈《夷坚志补·钱炎书生》)

江西鹰潭道教大上清宫后有一伏魔殿,据传就是《水浒传》中"遇洪而开"石碣之处,现在还有镇妖井存在。为防止这些妖魔逃逸生事,在殿内井口竖立石碑,上刻镇魔法符。

差遣死者,实际是驱使亡魂:在湘西辰州特别流行祝由科,还出售他们的符,叫辰州符,传说这种符能让死人走路。湘西一带到处都是高山深谷,车马难以通行,人死了无法运回故乡安葬。唯一的办法是请祝由科把死人带回家。祝由科画一道符,贴在死人的额头上,念了咒,由摄魂铃引导,死人就会跟着走。带死人回家,必须在深更半夜,一个祝由科后面跟着一个甚至几个死人。走到天色将明,就投奔当地的祝由科家。死人进了门,要靠在门背后,不能让他躺下,否则就破了法术,以后叫不起来,次夜再不会行走了。死人在路上,不能给人看见,死人一见了生人就倒下,不会走了,因此祝由科在前面摇铃,叫行人躲避。这种荒唐的事比特异功能还不可思议,当地的人居然相信。死人是肯定不会走的,怎么使他移动,只有一个办法,使用外力将他搬动,由于山路崎岖,车马难以胜任,舟轿不能畅行,余下的办法是靠人,很可能是背在身上行走。摇铃在前,让人躲避,无非是障人耳目,不使看到真相。①

---

① 北山《祝由科的巫术》,《新民晚报》1988.8.2。

第六节　符与咒

　　符起源于汉代，咒的起源可能更早。中原的咒是祷告，是对上天的祈求。原来叫做"祝"，《书·洛诰》："王命作册，逸祝册。"孔疏："读册告神谓之祝。"同样专司告神者也叫祝。《诗·小雅·楚茨》："工祝致告。"孔疏："工善之祝以此之故，于是致神之意以告主人。"《太平经·神祝文诀》："天上有常神圣要语，时下授人以言，用使神吏应气而往来也。人民得之，谓为神祝也。祝也，祝百中百，祝十中十，祝是天上神本文传经辞也。"祝实际上是做神与人之间的媒介工作，可以沟通两者之间的信息。一般是向神去灾求福。《史记·滑稽列传》："道旁有禳田者，操一豚蹄，酒一盂，而祝曰：瓯窭满篝，污邪满车，五谷蕃熟，穰穰满家。"咒近于祝，也是祷告上苍。

　　仕郡为五官掾。时夏大旱，太守自出祈祷山川，连日而无所降。辅乃自暴庭中，慷慨咒曰："辅为股肱，不能进谏纳忠，荐贤退恶，和调阴阳，承顺天意，至令天地否隔，万物焦枯，百姓喁喁，无所诉苦，咎尽在辅。今郡太守改服责己，为民祈福，精诚恳到，未有感彻。辅今敢自祈请，若至[日]中不雨，乞以身塞无状。"于是积薪柴聚茭茅以自环，构火其傍，将自焚焉。未及日中时，而天云晦合，须臾澍雨，一郡沾润。世以此称其至诚。(《后汉书·谅辅传》)

　　祝的反面就是"诅"，《新序·杂事一》："一人祝之，万人诅之，一祝不胜万诅。"东汉已经有禁咒的说法，此咒可能是口诀一类的语言，朱书文中合辙压韵的句子即为咒语。道教中，咒与符的作用同等重要。可以各自单独使用，也可符、咒并用。《北史·艺术传上·刘灵助》："刻毡为人象，书桃木为符书，作诡道厌祝法，人多信之。"当时，尔朱兆屡战不利，灵助唱言："尔朱自然当灭,不须我兵。"

《抱朴子·登涉》中记载了较早的道教咒语。如往山林中,可使人鬼不见之咒,禹步而行,三咒曰:"诺皋,太阴将军,独开曾孙王甲,勿开外人;使人见甲者,以为束薪;不见甲者,以为非人。"

又六甲秘祝,祝曰:"临兵斗者,皆阵列前行。"

又辟蛟龙之祝:"卷蓬卷蓬,向伯导前辟蛟龙,万灾消灭天清明。"

自汉末佛教东传以后,道教从佛教的形式方面得到了一些启示,引起自身的一些变化。佛教出入中国,咒语随之而入。佛图澄为天竺人,"善诵神咒,能役使鬼神。""取钵盛水,烧香咒之,须臾钵中生青莲花,光色曜日,勒由此信之。"并能"咒愿数百言。如此三日,水泫然微流,有一小龙长五六寸许,随水而来"。(《晋书·艺术传·佛图澄》)僧涉西域人,少入沙门,"能以秘祝下神龙,每旱,坚常使之咒龙请雨"。(《晋书·艺术传·僧涉》)鸠摩罗什是天竺人,"日诵千偈,偈有三十二字,凡三万二千言。""罗什未终少日,觉四大不愈,乃口出三番神咒,令外国弟子诵之以自救。"(《晋书·艺术传·鸠摩罗什》)其在咒的使用上与真言宗有密切的关系。唐开元初,善无畏、金刚智、不空来华翻译传播,形成宗派。把佛教的烦琐理论简化为颂咒祷告,因为简单方便,易于施行,很快就流传开了。佛教的咒实际上是Mantra的意译,为真实不妄的言语。《大日经疏》卷一:"真言,梵曰漫怛捋,即是真语不妄不异之音。"所以,佛教的真言强调的是读音忠实于梵音,它本来是梵文,不是华文,当然没有什么本字。它要用的字最好是专门的表音字,尽可能不用因此而产生别义的字,至晚在南北朝时期就采用了加"口"旁的无义有音的新字。此种真言咒语在唐以来流行于世,在墓葬中多有发现。浙江诸暨水庵口出土了唐代广德元年(736年)的铜钟一口,有铭云:"维广德元年岁次癸卯朔十一月廿日,越州诸暨县石渎村檀越主,僧道勤、僧难陀奉为亡兄承之铸钟一口,用铜卅五斤,永完供养。"上面刻有经咒:佛说尼广大秘密善住宝楼阁心陀罗:"唵摩尼跋阇犁吽,随心唵,摩尼达哩吽哺吒。"大威德金轮佛顶一字王真言:"勃噜欱。"这些真言咒语都是梵文的音译,无法从字面上了解任何意义。①

其有善男子善女人,若有称摩诃衍名者,若真若伪,我等皆当为是人等,作无畏咒而守护之。而说是咒:"呲翅吒吒啰呲翅,鲁楼丽,摩诃鲁楼丽,阿罗摩罗多罗,悉波诃。"魔王白佛言世尊:"是咒能令诸乱心者得深妙定,能令诸恐怖者,离诸恐怖,能令为法师者辩才无断,悉能降伏外道,诸有能护正法者,为是咒所护,如佩神剑。我此咒术,所说诚谛,若有人能持此咒者,若止旷野,凶害毒兽,水火难等,若持若说,众难悉除。"(《释氏源流·魔王说咒》)

道教的咒语与佛经的咒语有明显的不同,大部分可以从字面上看出意思来的,当然有的咒语词的含义隐晦,外人不容易弄懂,这不过是内容的问题。唐代佛教咒语流行以来,道教有些咒语也采用口旁的表音字,咒言只表示声音,道外人完全不懂内容。如"追奴婢夭恶伤亡符敕符咒":"唵吽留叉野味菩提诃菩诃","追疾患善丧亡魂符敕符咒":"唵吽吽吽吽卢吽吽吒诃"。从形式上看,与密宗的咒语并无区别。

王君善书符,行天心正法,为里人疗疾驱邪。仆尝传此咒法,当以传王君。其辞曰:"汝是已死我,我是未死汝。汝若不吾祟,吾亦不汝苦。"(宋苏轼《东坡志林》卷三"记天心正法咒")

政和丙申岁,杭州汤村海溢,坏居民田庐凡数十里,朝廷降铁符十道以镇之。壬寅岁,盐官县亦溢,县南至海四十里,而水之所啮,去邑聚才数里,邑人甚恐。十一月,铁符又至,其数如汤村,每一符重百斤,正面铸神符及御书咒,贮以杀青木匣。府遣曹官同都道正管押下县,县建道场设醮,投之海中。(宋方勺《泊宅编》(十卷本)卷四)

里有白以忠者,偶买得役鬼符咒一册,冀借此演搬运法,或可谋生。

---

① 方志良、张光助《浙江诸暨发现唐代铭文铜钟》,《文物》1984 年第 12 期。

乃依书置诸法物,月明之夜,作道士装,至墟墓间试之。据案对书诵咒,果闻四面啾啾声。俄暴风突起,卷其书落草间,为一鬼跃出攫去。众鬼哗然并出,曰:"尔持符咒拘遣我,今符咒已失,不畏尔矣。"聚而攒击,以忠踉跄奔逃,背后瓦砾如骤雨,仅得至家。是夜疟疾大作。困卧月余,疑亦鬼为祟也。(清纪昀《阅微草堂笔记·滦阳消夏录六》)

道教的符咒使用范围很广,可以驱邪疗疾、役鬼甚至镇海,法力无边。实际上,道教之咒不仅吸收了佛教密咒的某些东西,而且获得了更大发展,可以与之分庭抗礼了。

第六章 道家之秘字

第一节 日光镜之殳书

西汉流行日光镜和昭明镜,以及两者结合而成的日光重圈铭文镜。日光镜的铭文简单,第一句都是"见日之光",日光是日之精华,阳之最盛,所以能纳福(图6-1)。日光镜之首句"见日之光","见"当读为"现","见日之光"就是镜子照耀日光的意思。所谓昭明为镜光,如日月光一样纯彻。两者都以日光申明铜镜的力量。日光由太阳而生,是万物生命之源,是世界的核心之一。人间从日光而获得生命和财富。户县县医院汉墓陶瓶朱书文:"太阳之精,随日为德。利以丹砂,百福得。"[①]昭明镜铭文通常为:"内清质以昭明,光之象乎日月,心忽扬而愿忠,然雍塞乎不泄。"虽然直言镜之昭明,实际还是说明日光的重要,与日光镜内涵是相同的。

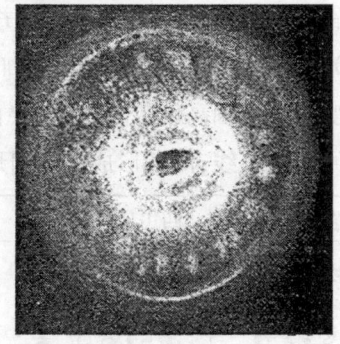

图6-1 日光镜铭文及其透光

---

① 禚振西《陕西户县的两座汉墓》,《考古与文物》1980年创刊号。

有人做过实验,使一枚武帝后的日光镜(铭文"见日之光,天下大明")镜面承受日光或灯光聚光时,对面墙上就映出镜背相对的图像,称之为透光镜。在铸造过程中,镜背的花纹凹凸处凝固收缩,产生铸造应力,同时在研磨时产生应压力,此两者叠加发生作用,镜面具有与镜背花纹相应的曲率,因而产生透光现象。此种铜镜在历史有过记载。汉镜铭有云:"见日之光,天下大明,服者君卿,镜辟不祥,富于侯王,钱金满堂。"隋王度《古镜记》云:隋汾阴侯生临终赠王度以古镜,曰:"持此则百邪远人。"值得我们注意。

古人视纳福与辟邪去殃咎是一事之两面。

民间认为镜能辟邪,春秋时代佩镜于身已成风俗。《左传·庄公二十一年》:"郑伯之享王也,王以后之鞶鉴予之。"杜预注:"鞶,带而以镜为饰也,今西方羌胡犹然。古之遗服。"《左传·定公六年》:"昭公之难,君将以文之舒鼎、成之昭兆、定之鞶鉴,苟可纳之,择用一焉。""鞶鉴"是穿带铜镜的革带。考古发现战国至唐墓葬,墓主腰侧的铜镜上有带钩同出,都附有布帛的痕迹,当时以带钩用袋囊或者带子固定铜镜,佩于腰际。汉代日光镜直径在8厘米以下,圆钮,正是适合佩带的铜镜。古人佩双卯可以解殃咎,佩镜的威力似乎更大。

武帝之后日光镜和昭明镜的文字一变篆体,出现了奇谲的文字形体,形体浓缩省减,并且重新组织,与原来字形拉开了距离,变成了一个新的形体。

日光镜的文字是在草体基础上加以变化。字形变化的途径是省略以后再加以变形。笔画高度收缩,它主要由两种形式组成,一是各种形状的点,一是曲线和短直线,两者形成了几何形的形体,更加神秘,难以辨认。

广西贺县西汉墓	四川成都西汉墓	宁夏固原西汉墓	河南镇平汉代墓葬

图6-2 汉墓日光镜文

铭文的空间扩大了,字与字之间常有一些符号,这些符号有 ◉、◯ 等。

字形夹在符号之间,似字非字,似画非画。

日光镜,如:见､日､之､光､亍､天､下､大､明､长､不､相､忘。

昭明镜与日光镜既有相同的一面,也有不同的一面。相同点是以草书为基础,字形高度变形。不同的是出现了圆体和方体,圆体是由圆转组成,近乎草书。方体是方折、直线为主,形体成方形。

宁夏固原西汉墓	广西贵港汉墓	广州大元岗西汉墓	洛阳西郊汉墓

图6-3 昭明镜及日光昭明镜文

昭明镜之圆体,如:内、清、质、以、昭、明、光、而、象、乎、月、心、忽、扬、愿、朋、忠、然、不、泄。

昭明镜方体,如:内、清、质、以、昭、明、光、象、夫、日、月、忽、忠、不、泄。

字形变化的方式主要是两个:省减和变形。

省减包括减少笔画和部件两个方面:

日光镜,如:明—、忘—、长—、见—、光—、昭—。

昭明镜,如:清—、质—、昭—、明—、光—、而—、乎—、月—、心—、忽—、扬—、愿—、然—。

其中有省部件：忠▢—▢▢、泄▢—▢。

比较而言，日光镜字形更加简约，字形更加离奇。

所谓变形有几种，一是直接采用其他字体，如：象▢—▢▢，前者是采用了古文，后者采用什么字体不得而知。一是采用草体，如：泄▢—▢；一是采用隶书，如：以▢—▢▢。还有一种是在草书基础上重组，如：天▢—汉简草书▢▢—▢、大▢—汉简草书▢—▢、不▢—汉简草书▢▢—▢。大多数的变形是没有多少规则可以寻求的，似乎是任意为之，镜铭在长期使用正篆之后，日光镜、昭明镜的镜铭文字忽然一变，从构形特点和镜的特殊功用都与刚卯书有内在联系。

日光镜、昭明镜出现在西汉中期晚段（宣昭），东汉中期消失。因此镜铭中的殳书大约在这段时期内流行。

刚卯书字体省略的特点，人们自然会联想到同样多省体的镜铭。吴大澂《古玉图考》"汉刚卯"下指出：刚卯文字"略似镜文中减笔假借字"。王正书进一步比较两者异同，两者均有减笔字，而某些刚卯书如"化兹"作"化是"，"灵殳"作"令殳"，极似镜铭中常见的同音假借字，认为刚卯的减笔字与镜铭的减笔字有许多相似之处。两者虽然形制不同，字形也不同，但是减笔变形的原理是相通的，这些都属于殳书，一种镇邪压胜的符书。刚卯是辟殃祈福之物，辟邪与求福是一事之两面。镜铭和朱书文都是辟邪之物，它们都使用了殳书。①

目前我们还无法具体地描写殳书如何演变为东汉中期以来的符字，但是殳书与后来的符字发展脉络还是清楚的，日光镜的碎散形体为洛阳西花坛汉墓陶瓶符字所继承，但是流传不广。而昭明镜中的方体为后来复文所继承，成为主流符字的形体。

---

① 陆锡兴《从出土文物看〈说文〉殳书》，《民俗典籍文字研究》第 11 辑，商务印书馆 2013 年。

第二节 复文

　　复文也叫复字,它是由多个通行字组合而成的秘文。早期道经《太平经》中有"兴上除害复文""令尊者无忧复文""德行吉昌复文""神佑复文"等(图6-4)。《太平经》的复文,分析起来,可分为两种结构,一种是同字重复,另一种是异字合成。

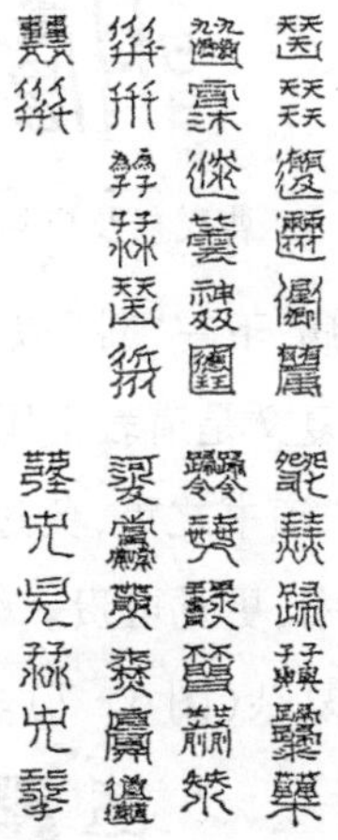

　　字形结构的重复在先秦的大篆中已经出现,如秦公簋中"秦"字写作"𥣫",从双"禾",《说文》所收的籀文字多重复,成为特征。缪篆兴起,这种重复结构作为一种均衡结构的手段,东汉碑石多取缪篆之法,同样有重复结构,如"曹"作𣍯,"云"作霣。这些写法无疑影响到复文的形成。

图6-4 《太平经》复文

　　早期的复文是同字的重复。同字重复堆叠起来的形体,最多的是"日"字复字,东汉朱书符几乎都是如此。如:陕西户县曹氏墓、户县医院汉墓出土的陶瓶朱书符(图6-5),咸阳渭城区窑店镇聂家沟村北发现的东汉朱书陶瓶残片,都有"日出"形秘字。[①]

　　重复的"日"字在其他的朱书陶瓶上也出现过。长安县(今西安长安区)南李王村5号东汉墓出土朱书陶瓶,朱书符有"日日出日日,尸鬼"等,可惜残缺不全。[②]

　　陕西高陵出土建和三年(149年)朱书文,前有秘字,为"非尸日日日……",后曰:"天符地节,转咎移央,更至他乡。"(图6-6)[③]"非尸"是代表

---

　　①② 禚振西《陕西户县的两座汉墓》,《考古与文物》1980年创刊号;刘卫鹏、李朝阳《咸阳窑店出土的东汉朱书陶瓶》,《文物》2004年第2期。

　　③ 刘卫鹏《陕西高陵出土的东汉建和三年朱书陶瓶》,《文物》2009年第12期。

图 6-5　曹氏墓及户县医院墓复文　　　　图 6-6　高陵朱书文

传染病,下三"日"以镇邪。

复文是道教常用的文字,在传世的道经内大量保存。《抱朴子·遐览》中说"道书之重,莫过于《三皇内文》《五岳真形图》"。如果此复文确为当时所书,更觉可贵。《三皇内文》的复文看来要比《太平经》丰富,字形结构更为复杂(图6-7)。

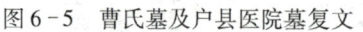

图 6-7　三皇内文

神秘的秘字,长期以来没有引起注意,近年来才有人开始展开研究。破解复文很不容易,它没有历史记载的依据,也没有前人的经验,是一项开创性的工作。

洛阳延光元年陶瓶朱书符,有人就依照现成字的读法,把复文解为"𩇳、𩇳、八尸虫。尸八曰□,八工。八曰,八工鬼"。王育成认为《太平经》的复文"除了个别变形较大者外,几乎全可以汉字释出",如何释呢?"於""虫""虫""虫"叠合,就释为"於虫虫虫";"卿""虫""虫"叠合,就释为"卿虫虫";"主"

"主""虫""虫"叠合,就释为"主虫主虫"。① 他的原则是把秘文当作通行文字,把组合在一起的字逐个逐个读,这样做显然过于简单化了。

笔者认为可以从复文的前身得到启发。籀文和缪篆中的重复结构并没有改变整字的本义,那么复文也是如此,不过是强调而已。复文中的"日",就是日光镜中的"日","见日之光"以日驱鬼,"日"越多,日光越强,这就是"日"重叠出现的意义。简单地说,把一群字集合起来,内部各字和整体本义不变,但是多字集合体有强调作用,"日"多就示意日光强烈,威力大。它有点像会意字,但是又不同于六书中的会意字。当然不是所有的同字复文都是这个意思,因为复文还有平衡结构的作用。

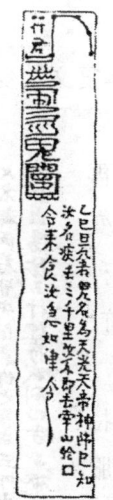
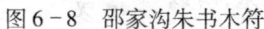

图6-8 邵家沟朱书木符

图6-9 黄君法行砖

江苏高邮邵家沟汉代遗址出土朱书木符,长28厘米、宽3.8厘米,左上角有秘字,其余部分为通行文字。文曰:"乙巳死者鬼名为天光,天帝神师已知汝名,疾去三千里,汝不即去南山,□□令来食汝,急,如律令。"(图6-8)②洛阳市三乐食品总厂住宅楼工地东汉晚期墓葬发现了两块刻铭朱书

---

① 王育成《洛阳延光元年朱书陶罐考释》,《中原文物》1993年第1期。
② 朱江《江苏高邮邵家沟汉代遗址的清理》,《考古》1960年第10期。

砖,内容相同,正方形,整理者误释为:"黄君法行孝女晨夫芍"。(图6-9)①邵家沟汉简秘字为䇶,黄君法行砖朱书符有䢅,共同点是上边皆有吅,这个双"口",当然不能读作"口""口",从文义推测是个"北"字变形。䇶下面是个"斗"字,䢅下面双"辰",不读"辰""辰",就读一个"辰"字,北斗就是北辰。这两个秘字均有变形,"北"字变形作双"口","辰"字本身没有变形,但是采用复文形式,实际也是变形。这样写是道符的特点,变换形体,掩人耳目而已。②

《太平经·洞极上平气无虫重复字诀》:"请问重复之字何所主,主导正,导正开神为思之也。"导正之后,要"随思其字"。这说明复文是有一定含义的,可以引导到思维中去。

后代道教的秘字中复文占主要的地位,而且方体复文的变形规则基本没有变化。

以都匠符为例,它是由"合明天帝日"5字合成,再重叠作符(图6-10)。字形变化比较突出的"明"字变为4个"日"字,也可变为2个"日"字。③ 很明显这种变化办法在汉代符字已经见到,它与邵家沟汉简木符、"黄君法行"朱书砖秘字原理完全相同。

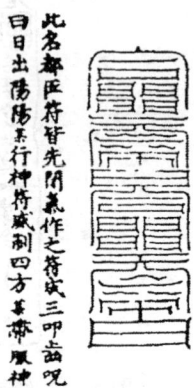

图6-10 都匠符

文字的构造受造字观念支配,道教的秘字有它特有的思想,与通行字不同。刘仲宇举的例子很有说服力。如腹痛符中"魅"字,魅为居于山间水泽之鬼,所以写成"山""水"下之"鬼"(图6-11符1)。汉代秘字常见北斗,用作厌胜鬼魅,此为后代沿用。《礼记》桑弧蓬矢六射天地四方。弓是厌生之物,故有符三弓压三鬼(图6-11符2)。古人将某些传染病视为"飞(非)尸鬼",加"明"字、加"见"字(图6-11符3),

---

① 赵振华《河南洛阳市东汉孝女黄晨、黄芍合葬墓》,《考古》1997年第7期。
② 陆锡兴《"黄君法行"朱书刻铭砖的探索》,《考古》2002年第4期。
③ 刘仲宇《符箓平话》第86页,宗教文化出版社,2013年。

洞照鬼形,使之无法逃走。① 鬼怕日,怕光明,畏惧镜之洞彻不能遁形。晋崔豹《古今注》:身毒国宝镜一枚,大如八铢钱。旧传此镜见妖魅,得佩之者为天神所福,传说宣帝佩镜。《抱朴子》也说入山道士以明镜九寸悬于背,有老魅未敢近。《洞冥记》:望蟾阁上有青金镜,"照见鬼魅,百鬼不能隐形"。汉镜铭有云:"见日之光,天下大明,服者君卿,镜辟不祥。"这是汉代道符多用"日"复文的原因。

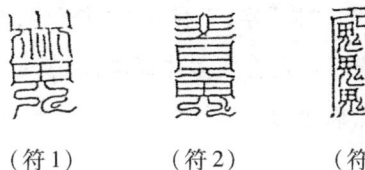

图 6-11 道教秘字

异字复字出现得稍晚,但在《道藏》经常见到,如"上清金铁诰命"前有"出虫""穴身""酉水""火衣""玄水"及"甲水水受"和"甲金去鬼";后有"右火""元用""上帝""敕下""火鬼""死士""急告",这些复文实际上是两字或多字合写为一字而已,如后者联合起来就是"右火元用上帝敕下火鬼死士急告"。这种复文紧密者是复词,松散者为词组和短语,其意义就是字面所示,但是道教的专门含义并非字面所能全部表达的。

复文还有一种衍余字,组合的是同义字,两字同义联合,不过这个同义并非普通字义,而是特定的意义,需要传统文化和道教的知识,再加丰富的联想。连劭名有过论述:

《太平经》中复文形体较易辨认,绝大多数都是由文字重叠组成。如卷一百四中有两"地"字横列于上,三"子"字横列于下,子为十二辰之首,又称地支,子与地是同类概念,故相合组成一文。同类中又有一文,上写一"背"字,下横列两个"月"字;背为阴,月亦为阴。又有六个"天"字分两行横列,每列三字,其实仍是表示"天"的意义。卷一百六中有上横列二个"阴"字,中横列三个"子"字,下列一个"水"字;水位北方为阴精,子又为水位,三者是相同的概念。此卷中又有一文,上横

---

① 刘仲宇《符箓平话》第 86—88 页,宗教文化出版社,2013 年。

列二"阳"字,下横列二"符"字,其实就是"阳符"二字的重复。凡此都说明早期符文形体简单,所表示的意义主要是阴阳哲学的一些基本理论概念。①

古文字中,合书是普遍存在的,但西汉武帝之后,这个习惯随着古文字的消亡而逐渐消失了。还有一种类似合书的连书,它把上下两个串在一起写,此法东西汉都通行。如"㐅"为"七""十"连书,在马王堆帛书、居延汉简中都可见到。"㐅"为"五""十"连书,在居延汉简、光和七年(184年)樊利家、中平五年(188年)房桃枝买地铅券中也可见到。这说明在东汉时期合书虽然废止,但是连书是确实存在的。巫道的复文是把多字合在一起写,文字字形基本保持原来的形状,看来它与合书远,而与连书的关系接近,或多或少受到连书的影响。

重庆江津朝元观始建于北宋建隆年间,重建于明嘉靖四十年(1561年),朝元观三教神像正龛以"三清"为主,两侧"五岳大帝"对"五方五老君","老聃、庄周"对"孔子、释迦牟尼",尊奉道教,兼供儒、佛,三教合一。观内多奇联佳题,如祖师殿东山门门前牌楼题"金阙云宫",联句为:"善茅长,长长长长长长长;习三乘,乘乘乘乘乘乘乘"。西山门前牌楼题额"元洞玉历",联句为:"霞友朝,朝朝朝朝朝朝朝;云朋观,观观观观观观观"。

同一个字八次连用,重叠在一起,这使人想起了道教的复文,复文中有两字、三字、四字、六字、九字组合,表达特有的含义,这两联的叠字尽管排列的形式不一样,都可以看作复文的变化。所以这同字多次重叠的联句渗透了道教文化,是秘文的神秘性带来的奇幻的宗教色彩。《道藏》中的复文有古派的同字相叠,也有后起的省文拼合,十分引人注意。上界星宿、帝皇、真神等名讳多是"皃"与相关的字合书,如星宿名讳"皃"分别合"斗""勺""行""角""矢""泉""尚"等,天地讳"皃"分别合"翟""壨",日月讳"鬼""魃","皃"分别合"日""月"。此外还与其他字相合,如玉皇君讳"門"分别

---

① 连劭名《考古发现与早期道符》,《考古》1995年第12期。

合"太""活""無""陰""堅""夭"等。其中少量采用古法同字叠合,如三天隐讳"഼""ᇲ""众"分别为三个"天"、三个"地"和三个"人"(见《上清灵宝大法》卷六)。有多个不同的字拼合,如"直符四字号头""䨺"春阳、"䨻"夏包、"䨺"秋阴、"䨻"冬降均是"火"或"大"与"火"或"水"居上下,中间夹多个字合成,以秋阴为例,从上到下分别是"大"、三个"火"包"角",底下是"火"。"三字帝讳"皆上罩"雨"头多字拼合"䨺䨻䨺",如其中第三字依次为"雨"、二"诰"、"玉"、"一"叠合(见《道法会元》卷九三)。此类字与古法复文一样,属于隶体(隶体本包含楷体),字形清晰容易识别,对民间的影响很大,世俗见到的合书字都是模仿此类复文而来。

  这种文字现象与唐宋时代出现的雷神崇拜有关。人们认为雷神能辨别忠奸,惩恶扬善,还能主宰人的命运,在众神中尤其尊奉雷神。宋代以来在各地修建雷神庙,香火旺盛,信众遍及各个阶层。北宋末年从天师道演化出神霄派,以五雷法役鬼神,致雷雨,除害免灾,铲除妖魔,并可勘合雷霆,呼吸五气之精,混合五雷之将。神霄派持雷符,号令六丁神将。元张翥《大年仙人乐天遗雷符一卷为题》:"一夕空飞解剑形,先生神气即风霆。已还天阙朝群帝,别写雷符使六丁。"雷符通常叫五雷符,各处各事皆能使用。明刘侗、于奕正《帝京景物略·春物》:"插门以艾……家各悬五雷符。"五雷符为图形符。后又创法文字符,是以"雷"(或省作雨)附加在其他文字之上,或者以"雨"与其他字构成新字。清施鸿保《闽杂记》卷八:"敕令都天雷䨺䨻䨺䨻䨺䨻䨺",云"凡九字皆霓旁,'火真人锁拿,各速严究',必须端楷。上书'敕令都天雷',敕令二字连书,敕字丿即作令字左丿,上三点末点亦必倒撇上。"道教专以此符驱赶邪祟,镇压鬼魅,镇宅保家,包治百病。例如清代民国间的道符"汗出不止收汗符""治心不安宁符""治哺乳妇女乳疼符"皆是雷符,其中"雨"头的字只有少量利用现成通行字,大多是自造的秘字(图6-12)。即使是利用的通行字,意义也未必等同于原来的字义,所以,这些字无论新造还是原有,都是道教的秘字。这种附加意义的造字方法为道教秘字扩展提供了新天地。合体秘字除了雷符方式外,还综合了传统的复文,出现雷符加复文的新秘字,"老君碑"以及类似的秘字就是代表。由此我们可以知道这种"老君碑"式秘字的历史大概不会很早,最早也应是宋元以后,明清时期可能性最大。

1. 汗出不止收汗符　　2. 治心不安宁符　　3. 治哺乳妇女乳疼符

图 6-12　雷符

《老君碑》相传为太上老君所作,当然这是道教的说法。此碑文字流传很广,大江南北许多道观常可见到。有的截取前面两句,以对联形式展示,有的截取首尾四句,有的全文照录,文字或者稍有差异(图 6-13)。

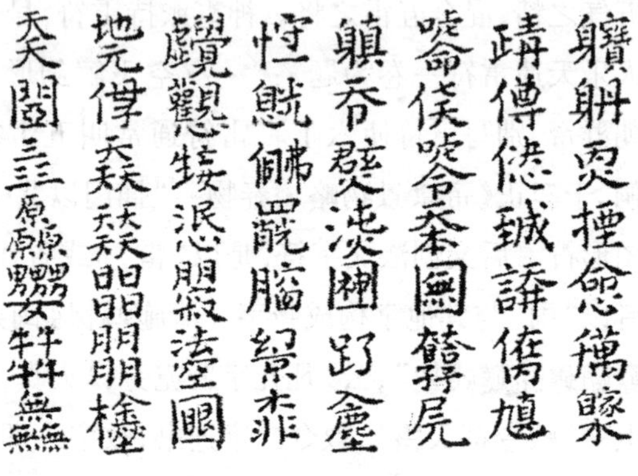

图 6-13　《老君碑》秘字

释文为:玉炉烧炼延年药,真道行修益寿丹。呼去吸来息由我,性空心灭本无看。寂照可欢忘幻我,为见生前体自然。铅汞交接神丹就,乾坤明原系群仙。

这些秘字皆为复文,同字重复,如:"交"字由三"天"垒成,"接"由四

"天"堆叠,"重"字由二"天"重叠,"元"字由三"先"垒成,"群"字由四"牛"垒成,"仙"字由三"無(无)"垒起。异字合成如"千""万"为"年","至""成(诚)"为"修","九""真"为"丹"等。从文字学看,复文与会意字关系比较密切,如天上天会意"重",门内门会意"抱",四牛合为"群"等。当然能够按照常规思考引申判断字义,那就小看道教秘字了。道教造字有教义、观念背景,传统的阴阳五行观念也贯彻其中,不能透彻掌握这些知识是

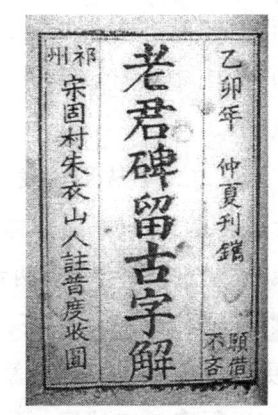

图 6-14 《老君碑留古字解》

不能正确理解复文的。例如"玉"字之所以写作"身宝",出于道家视精、气、神为人身的三宝,珍贵如玉。因此,真正能解释复字构造含义的只能是道教人士。就拿《老君碑》而言,以前有专门著作作复字的解释,坊间流传的《老君碑留古字解》(图6-14),民国四年乙卯年(1915年)所刊,祁州(今河北安国)宋固村朱衣山人注,以后又陆续刊行了朱衣山人的同类著作——1921年的《老君碑古字诗新解》和《老君碑古字诗初解》。朱衣山人是托名,本人情况不明,以"山人"自称,不是道教中人,也是精通道义的隐士。这五十六个字,需要如此周折疏通字义,可知复文之深不见底。

重庆綦江莲花乡梁山寨的梁山寺门,在寨门右侧内的石壁下方有一块石碑,碑上文字已风化销蚀,尚见"宣统三年冬月吉旦"几个字,说明此寺至晚在宣统三年(1911年)修建,可能存在的历史更早。此寺楣两侧和门楣上都有复文,两侧上下联各7个字,门楣横批4字(图6-15)。梁山寺毁于"文革",现在只有复文石刻是原物,其余的东西都是后来修建的。① 梁山寺石刻复文除了个别字与《老君碑》相同外,大部分不同,没有现成解释。

道教的道符、秘字一直口耳相传,对外保密,秘而不宣。这里面既有道教的观念问题,也有一些特设的秘密,把外人阻挡在外。不过有些规则性的

---

① 张学成《綦江"天书"谁人懂》,《重庆綦江网》2012.2.10。

东西,已经没有多少奥秘,流传了2000多年,道教徒众千万,难以永久保密。

道家之秘字从巫符发展而来,先殳书再复文,只是做形体笔画的加减,早期云篆综合了前两者形体,再糅合了真、草、隶、缪篆,综合调整,更趋复杂,到了后期云篆又多减笔,离通行字越来越远。云篆之后又出雷篆,《通志》卷六七"道家"内有"雷篆玉牌三卷",此雷篆不过集合了雷的符号而已,没有特别的形体。

图 6-15 梁山寺门秘字

所谓复文,看起来很特别,它是在汉字的土壤中成长的,和通行字关系非常密切。复文本质上是字的合体,或者就是合体字,会意字是合体字中最活跃的部分,它的通俗性使它在俗字中大放异彩。南北朝以来,会意俗字得到很大发展。《颜氏家训·杂艺》:"北朝丧乱之余,书迹鄙陋,加以专辄造字,猥拙甚于江南。乃以百念为忧,言反为变,不用为罢,追来为归,更生为甦,先人为老,如此非一,遍满经传。"符字从巫符到道符的发展,从同字复文滋生出异字复文,依照道教的思维方式和传承的观念,依照道教的造字法则,创造出繁多的神秘复文。

第三节 云篆

云篆是道教的特别字体,是类似云朵的篆文,因为主要用来代表上天的文书,也称天篆。汉字形体中附加云纹装饰起源很早,《路史》卷十四:黄帝"乃命沮诵作云书。"黄帝时代处在文字萌芽时期,作云书是完全可能的,但是考古尚未发现文字存在。根据考古发现,云书大约在春秋时代出现,流行于战国、两汉。先秦金文中有一种错金装饰的美术字,盛行于吴、越、楚、蔡、徐、宋等南方诸国,人们习惯称为鸟虫书、虫书,不过这些说法都是汉代的典籍中出现的,并不一定是原来的称名。《说文解字·叙》谓秦书有八体,四曰虫书,亡新居摄,时有六书,其六曰鸟虫书,鸟虫书名称早于虫书。观察先秦此类铭文,有的的确有鸟的形象,称为鸟书当无问题,而把那些蟠曲蜿蜒的字形一概叫作虫书似有不妥,它应该是历史上的云书。如所有象形装饰字一样,它不是通篇,只是一两个字,而且只是一部分。根据这个条件,金文中可看作云书的,如春秋蔡公子戈之"子"、战国早期曾侯乙戈之"乙",战国楚王酓肯盘之"王",三字均有云气缠绕拖曳的特点(图6-16),楚王酓肯盘笔画的转弯处加粗,而下端如滴露状,这是瑞云甘露,可知西汉甘露之说由来已久。甘露是祥瑞,汉魏不止一个朝代以此命名。云气也是重要祥瑞,《史记·秦始皇本纪》:卢生说秦始皇"真人者入水不濡,入火不爇,陵云气,与天地久长。"腾云驾雾是仙人的象征,马王堆汉墓的漆棺彩绘云气纹正是升仙欲望的表示。

(蔡公子戈) (曾侯乙戈) (楚王酓肯盘) ("永受嘉福"当)

图6-16 先秦、汉的云篆

汉代的"永受嘉福"瓦当,笔画细碎而多蜷曲,清人认为是虫书,实际它是云书。方去疾称云书"是因为这类书体如卷云"。①

汉代的云书与以前不同,不再采用运气拖曳而出的长线条。如"永受嘉福"铭文,采用短曲的云纹,几乎打破原来形体,重新组合,它的原理与后

---

① 方去疾《鸟虫书起源探索》,《书法》1987年第5期。

世的云篆一脉相承,形体也十分接近了。

云书这个名称要晚于字形时代,而且当作汉字诸体之一,存在很长一段时期。南朝宋齐间王愔《文字志》上卷目古书有三十六种,内有"仙人书、云书、芝英书"。南朝梁的庾元威《论书》记载,庾为书十牒屏风书作百体间以采墨,当时众所惊异。百体者有云书、科斗、署书等。同样以云纹为装饰造型的云篆,与较早的云书应该有直接的渊源关系。北周庾信《陕州弘农郡五张寺经藏碑》中说"琅笈云书,金绳玉简"。此云书,实际是指云篆。《事物异名录》"道家字,名云篆,又曰云书"。所以,云篆来源于云书,有时便直称云篆为云书。

云篆何时产生,至今为止并无探讨。

《太平御览》卷三七四引《玉笥山录》:"晋永嘉中有戴氏,不知其谁之子,每好游岩谷,偶入郁木山下,见两座青石槽,一条白玉梁于岩下。戴氏俯近看之,以手扪摸其上,见赤书五行,皆天文云篆。"如果此说成立,西晋以前就有云篆了,不过此非西晋之书,可能后人套用了云篆这个名称。

南北朝是道教的形成期,南朝和北魏均有道教的重要人物从事道教的完善工作。其中陶弘景(456—536),字通明,南朝梁时丹阳秣陵(今江苏南京)人,号华阳隐居,史称陶隐居。博览群籍,通儒、释、道三家。他光大道教,继承《上清》经法,开创茅山宗,对后世道教影响深远。陶弘景精于书法,四五岁乃好书,常以荻为笔,灰中写字学习书法。他与梁武帝书启往来,讨论文字书法,引为美谈,可知云篆与陶的关系密切,并非偶然。陶弘景《吴太极左仙公葛公之碑》称"云篆龙章之牒,炳发于林岫",正式提及云篆。另说云篆的创造者不是陶弘景,而是另有其人,此人为吴郡张绎。

《太平御览》卷六六六:"张绎,字世和,吴郡人也。奖励学徒,整肃法事,屡讲众经,理致深密,词端华辨,当时所宗,梁武帝雅相钦赏。时陶隐居著《法检论》,明释老二教。绎往复讨论,甚有条理,隐居嘉焉。专心道法,居贫守约,善八体书,别制云篆。"张绎"善八体书",八体是指秦书八体,其中有古文、大篆、小篆,能熟练掌握篆体,对于以篆体为本的云篆,是一个不可或缺的基础。因为先秦已经有云书流行,因此所谓"别制云篆",不过是加以改变，略备体制而已。道教崇尚古文，常以古篆成符文，《南齐书·祥瑞志》永明三年"始兴郡民龚玄宣云：去年二月，忽有一道人乞食，因探怀中出篆书真经一卷，六纸，……云从兜率宫下，使送上天子。"唐人《裴铏传奇·元柳二公》记，元和初，元彻、柳实二人到仙境，"尊师怀中出丹篆一卷"。道教以篆体为尚，实因篆体完备，可得以借鉴，云篆出于篆就不奇怪了。

既然云篆在南朝出现，那么此前出现的云篆就值得怀疑了。西北大学历史文物陈列室收藏的朱书陶瓶，据传是汉长安城出土旧物，瓶上有"初平元年"（190年）纪年。朱书文由通行字和一个秘字组成，这个秘字写作，是个"令"字的云篆。我从通行字的字形、当时习惯用语等几个方面证明这是一个后人作假之物，所以目前最早的云篆还是唐代的镇墓真文。①

疑为陶弘景所作《真诰》卷一"运象"："今请陈为书之本始也，造文之既肇矣。乃是五色初萌，文章画定之时，秀人民之交，别阴阳之分，则有三元八会，群方飞天之书，又有八龙，云篆明光之章也。其后逮二皇之世，演八会之文，为龙凤之章，拘省云篆之迹，以为顺形，梵书分破，二道坏真，从易配别，本支乃为六十四种之书也。遂播之于三十六天，十方上下也。各各取其篇类，异而用之，音典虽均，蔚迹隔异矣。校而论之，八会之书，是书之至真，建文章之祖也。云篆明光，是其根宗所起，有书而始也。今三元八会之书，皇上太极，高真清仙之所用也。云篆明光之章，今所见神灵符书之字是也。"

这是对云篆最早、最完整的描述。云篆之起，三才五行所钟，飞玄云气所聚而成。《云笈七签》卷七"三洞经教部·说三元八会六书之法"："八龙云篆明光之章，自然飞玄之气，结空成文，字方一丈，肇于诸天之内生立一切也。"又云："篆者，撰也。撰集云书，谓之云篆。"

云篆之名，篆为撰集，并非篆隶之篆，而云书，非书法家所谓云书，而是结云成文。此云篆为天文，自然呈现。吴郡张绎"善八体书，别制云篆"，此

---

① 陆锡兴《"初平元年"朱书瓶的真伪问题》，《中国历史文物》2004年第5期。

人为设计而成。南朝梁之道家居然出现了两种云篆。那么道教流传的云篆是哪一种呢？我认为是两者的结合,其来源是上天云气凝结,而呈现于世的人们设计的字体,且以篆体为主的形体。张勋燎认为"所谓'疑云作篆',可以理解为仿天上云气之象,将小篆的字形加以变化,使其笔画更加圆转盘曲,呈卷舒之势,这和云篆的特点是比较吻合的。"①从实际云篆来看,云篆道教意义是结云为篆,而字体意义却是以篆为基础多种因素合成的道家字体。

第四节　云篆与真文

唐朝奉道教为国教,高宗尊奉老子为"太上玄元皇帝",道教地位高于佛教,至玄宗时,崇道之风发展到极致,道教达到全盛。道教的各种仪轨、法物纷纷确立,传统丧葬物品也笼罩了道教面貌。

镇墓天文以云篆书写,叶昌炽归入符篆内。叶所藏四本,出于顺天皇后考丰王墓中,出于金仙公主墓,此外二石,并无题名。称"符文在上",下截为五炁天文。②敦煌文书 P. 2865 在《太上灵宝洞玄灭度五练生尸妙经》内《灵宝赤帝五仙安灵镇神三炁天文》(图 6－17),可以大致定在南北朝末至初唐之间。它是唐以来五方镇墓天文的文书原本。纸本的云篆内容与石刻一致,形体有变化。

五方镇石是道教镇墓之用,全套分东、南、西、北、中五件,每件一合,由盖和底石组成。五方镇石大约在南北朝后期出现,在陕西、河南两地出土,墓葬实物以武三思镇石为最早,镇石主人为皇帝、皇后、公主、勋臣以及道教尊师。五方镇石宋就有发现,未为世人所重,多存于博物馆或石刻收藏单

---

① 张勋燎《川西宋墓和陕西、河南唐墓出土镇墓文石刻之研究——道教考古专题研究之三》,《南方民族考古》第五辑 147 页,四川科学技术出版社,1993 年。

② 叶昌炽《语石·语石异同评》卷五第 371—372 页,中华书局,1994 年。

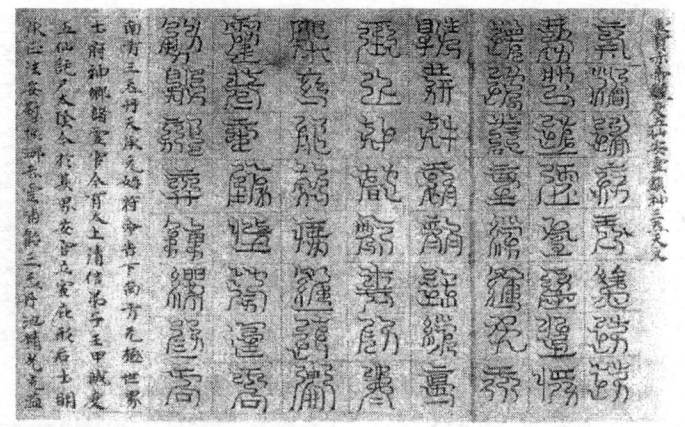

图 6-17　敦煌天文图

位。当代田野暴露和考古发掘所见数量不少,少见公开报道,尽管有完整五方镇石出土,从未见到全套发表。

五方镇石与墓志相仿,由底石和盖一合组成。底石刻云篆和真书两部分。云篆与真书的安排有三种:一种是左右两分,右边云篆为少字;一种上下两分,云篆与真书均为64字;一种是云篆居中,四周真书,云篆16字。排列不同,字数差异,内容不同,同一类型的底石真书内容相同,有固定的格式。

云篆是道教的重要字体,在五方之每方真文之后,有"右云篆上告"的说法。

在咸阳北原唐顺陵附近出土了景龙元年(707年)武三思镇墓石一合,边长均为56厘米。盝顶盖,正中刻字5行,每行5字:"大唐景龙元年岁次丁未十一月乙未朔八日谨为梁王镇",底石上部为真文,11行,前10行每行6字,末行4字,共64字(图6-18);下半部为真书,18行、满行8字,最少1字,共133字。云:"南方三炁丹天承元始符命,告下南方无极世界土府神乡诸灵官,大唐梁王灭度五仙,托质太阴,今陪顺陵,庇形后土,名承玉文,安慰抚恤"等。

阿史那怀道镇墓真文刻石在20世纪60年代咸阳渭城出土,正方形,边长39厘米、厚10厘米。以真书为主,右边四分之一部位为真义,2行,行8

字,共 16 字。根据"中央黄天"的文字,可知这是五方镇石之一。①

清源县主镇墓真文刻石,1957年在西安南郊庞留村的唐墓发现,镇墓真文五合,缺青帝底。以青白赤黑黄代表东、西、南、北、中央五方。镇墓石由盖底组成,盖分别题"灵宝青帝九炁天文""灵宝白帝七炁天文""灵宝赤帝三炁天文""灵宝黑帝五炁天文""灵宝黄帝中元天文"。底之中央为云篆真文,4 行,行 4 字,共 16 字。此镇墓石唐至德二年(757 年)刊立。②

图 6-18　武三思镇墓真文

20 世纪后期,富平定陵陵园东神门外发现两方唐中宗李显真文镇墓石(图 6-19),其一,为中央黄天真文镇墓石,正方形,边长 64 厘米,厚 20 厘米,中央云篆 4 行,行 4 字,共 16 字,真文译文为:"黄中总气,统摄无穷,镇星吐辉,流炼神宫",四边真书,139 字,旋读。其二,"东方九炁青天"真文镇墓石,方形,边长 64—65 厘米,厚 18 厘米。上面为云篆 11 行,行 64 云篆。下面为真书。

图 6-19　李显中央镇墓真文

二方镇石明确题"大唐中宗孝和皇帝"。定陵李显镇墓真文刻石,景龙四年

---

① 王玉清、苟若愚《唐阿史那忠墓发掘简报》,《考古》1977 年第 2 期;刘卫鹏《两方唐代镇墓石考记》,《考古与文物》2011 年第 2 期。
② 王玉清《西安南郊庞留村的唐墓》,《文物参考资料》1958 年第 10 期。

(710年)。①

西安文物爱好者乔连学收藏一方唐睿宗李旦中央镇墓真文刻石,正方形一合,盖边长74厘米,厚12.5厘米。底边长73厘米,厚15.5厘米,真文刻于底石。真文4行、行4字,周围四边真书旋读成句。真文云篆:"黄中总炁,统摄无穷,镇星吐辉,流炼神宫。"(图6-20)根据旋读楷书"皇后窦氏"和"中央黄天"知为睿宗窦氏的中央镇墓真文。② 唐睿宗桥陵自民国以来陆续出土成顺圣皇后窦氏招魂祔葬真文镇墓石(图6-21)。唐睿宗真文镇墓石桥陵建于开元四年(716年)。③

图6-20　李旦中央镇墓真文

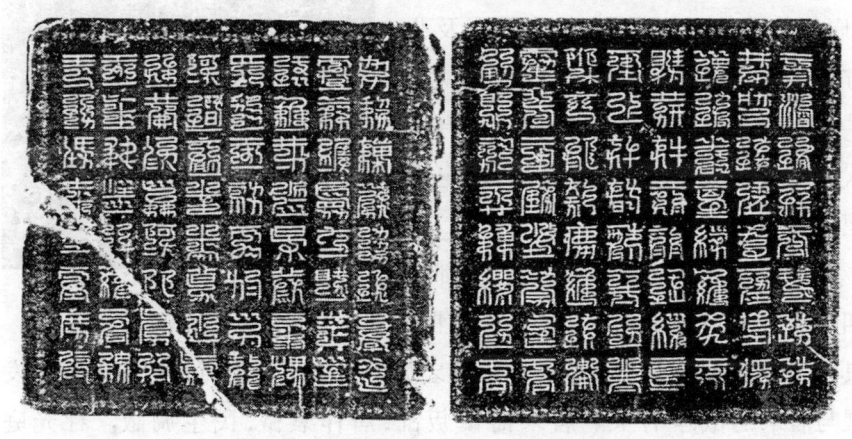

图6-21　窦氏皇后南方、西方镇墓真文

金仙公主(689—732),唐睿宗第八女。神龙二年度为女道士,在开元

---

① 姜捷《关于定陵陵制的几个因素》,《考古与文物》2003年第1期。
② 惠毅《西安新发现大唐睿宗黄天真文镇墓刻石》,《西北大学学报(哲社)》2008年第1期。
③ 雷武新《唐桥陵五方精石》,《书法丛刊》2007年第1期。

观去世。开元二十四年(736年)陪葬桥陵。1974年发掘金仙公主墓,出土墓志和镇墓真文,上为云篆8行、行8字,共64字,下有真书记文,其中有"北岳恒山",故而确定为北方黑帝真文。①

2008年,有日本公民把23件中国石刻寄存到明治大学东洋石刻研究所,其中有天宝十一载(752年)彭师尊墓墓志及镇墓石,有东、南、西、北四合镇墓石,文章刊出东方镇墓石。②

国家博物馆藏有四件唐代真文拓片,有"灵宝黑帝炼度五仙安灵镇神五炁天文""灵宝黄帝炼度五仙安灵镇神中元天文""灵宝赤帝炼度五仙安灵镇神三炁天文""西天七炁素天",前三件每件8行、行8字,共64字,后1件11行,前10行各6字,最后1行4字,也为64字。③

2008年,西安灞桥唐家寨拾荒人唐舍娃,向西安市文物保护考古所捐献了在村东垃圾壕内捡到的两方唐代石刻,《唐故普康公主墓志铭》的志盖以及北方真文镇墓石。镇墓真文8行,行8字,共64字(图6-22)。④ 发表时没有断代,按照发现的地点和时代,暂时定为唐代。

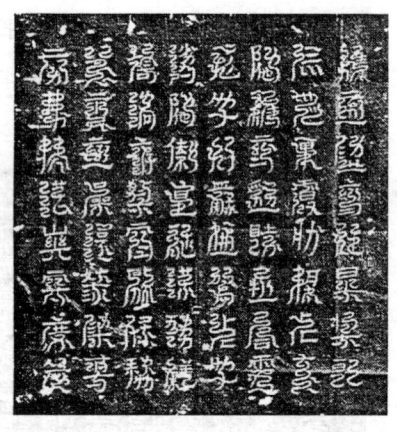

图6-22 普康公主镇墓真文

宋代五方镇墓石的考古发现,都在四川墓葬,年代自北宋中期到南宋前期,具有相当数量,它是继唐代关中地区之后的重要出土地点。四川的道教发展与唐宋的战争有关。唐末藩镇叛乱,唐祚衰微,民生凋敝。杜光庭

---

① 雷武新《唐桥陵五方精石》,《书法丛刊》2007年第1期。
② 气贺泽保规《新发现的彭尊师墓志及其镇墓石——兼谈日本明治大学所藏墓志石刻》,《唐史论丛》第十四辑,陕西师范大学出版社,2012年。
③ 王育成《唐宋道教秘箓文释例》,《中国历史博物馆刊》第15、16期,1991年。
④ 张全民《唐故普康公主墓志铭与道教五方真文镇墓石》,《唐史论丛》第十六辑,陕西师范大学出版总社有限公司,2013年。

(850—933年),字圣宾,唐末著名道士,被唐僖宗召入宫廷,赐以紫袍。中和元年(881年)随僖宗入蜀,遂留蜀不返。王建建立前蜀,杜被任命为光禄大夫尚书户部侍郎上柱国蔡国公,赐号"广成先生"。王衍继位,又在苑中受道箓,杜被尊为"传真天师"。杜光庭对道教教义、斋醮科范、修道方术等多方面做了系统的整理和阐发,他的道教著作丰富,促使蜀中道教兴起。北宋末年,女真南侵,中原再次堕入战乱,道士避难入川,蜀中成为道教兴盛之地。现在基建展开,古墓屡屡出土云篆镇石,足见官绅笃信之况。

1998年成都十陵镇夫妇合葬双室墓,左侧男墓主出土炼度真文五方,大小形制相同。高43.7厘米,宽40.2厘米。线框把镇石分为上下两个部分,下半部又分为左右两部分,上半部分从左到右刻写真书16行64字。下半部左边真书"东方炼度真文"等五方内容,右边刻写8行64字云篆。中方真文镇石方形,由三道竖线分割,左起"中方炼度真文"、再刻左起真书6行真书祝文,

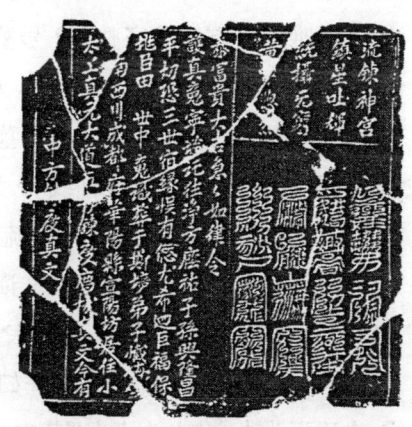

图6-23 十陵宋墓中方镇墓真文

右侧分上下两区,上部左起真书"黄中总气,统摄无穷,镇星吐辉,流炼神宫"。下区为4行16字云篆(图6-23)。左室还出土了"华盖宫文"和"天帝告敕文","华盖宫文"外框四边各4字,右旋行款。内文自左到右竖行,最后为"一如土下九天女青律令"。右室墓主之妻田氏,所有镇墓真文破碎不堪,题作"某方某帝八天炼度镇墓真文"。

1999年成都紫荆路宋代夫妇合葬墓出土,墓室破碎不堪,在保存较好的西室出土二方炼度真文镇石,"北方炼度真文"石刻上半段横栏刻"玃无自育"等64字,为真文的汉译;下半段分左、右二栏,右栏刻云篆真文共64字,左栏刻有"北方荐拔炼度真文"8字题名。"中方炼度真文"石刻的下半部已缺损,残存部分在大方框内刻一竖线,将石面分为左、右两半,右半部再刻一横线分上、下栏。右半部上栏自右向左刻"黄中总气,统摄无穷。镇星

吐辉,流炼神宫"4行16个通行汉字。下栏用一竖线分为左、右两区,右区甚窄,尚有一"中"字可见,全文当是"中方荐拔炼度真文"题名;左区较宽,刻4行真文云篆共16字,字形最大。石面左半部用通行汉字自右主刻写祝文5行,尚存"太上真元大道五方真文"等。按照张勋燎等人断代,此墓时代也在北宋中期。①

成都宋京夫妇墓两墓共出镇墓真文十方,在1号墓、2号墓各有一套,为东、南、西、北、中,各一套五方,靠四壁放置。券石泐损严重,无法取出,无法拓印,唯剩2方比较完整。2号墓西方八天镇墓真文券一方,正方形,边长40厘米,厚3厘米。上"西方八天镇墓真文",下部线框内云篆8行、行8字,共64字。2号墓"中央八天镇墓真文券"一方,右上角略残。边长40厘米,厚3厘米。刻石用细线分为右二、左一三个部分。右上真书"□□□,统摄无穷,镇星吐辉,流炼神宫"。右下云篆4行、行8字,共16字,左边记文"中央八天镇墓真文谨奉"等字。根据墓志记载,墓主生于宋哲宗元丰元年(1078年),卒于徽宗宣和六年(1124年)。②

1984年成都东郊北宋张确夫妇墓出土镇墓真文两件,中方八天荐拔真文,右边下为真文,上为真书"黄中总炁,统摄无穷。镇星吐辉,流炼神宫"。左侧为敕告文。北方八天荐拔真文,上边为真书64字,下左侧为64真文,右侧刻真文名称。③

1995年成都石羊乡新加坡工业园区宋墓出土真文券七件,均在右室竖立,靠在墓壁上,仅有三件残存字迹。中方镇石保存较好,左侧为真书:"敕摄中方,遏塞鬼门。剪除百殃,莫有当存。"右侧真文,两相对照,真书为真文译文。④

1996年成都北郊甘油村宋墓,墓中买地券题"宣和六年"(1124年),出

---

① 张勋燎、白彬《成都宋墓出土真文石刻与"太上真元大道"》,《考古》2004年第9期。
② 李绪成、刘雨茂、荣远大、陈云洪《四川成都北宋宋京夫妇墓》,《文物》2006年第12期。
③ 翁善良、罗伟先《成都东郊北宋张确夫妇墓》,《文物》1990年第3期。
④ 成都市文物考古工作队《成都市石羊乡新加坡工业园区宋墓发掘简报》,《四川文物》1999年第3期。

土真文镇墓文四件,为砖质模制,正面经过打磨。分别是"东方八天真文""西方八天真文""南方八天真文""北方八天真文"。每件正面划线9道,分64格,内64真文。①

井研三江镇金井坪2号宋墓发现整套镇墓真文,棺室龛左壁"西方白帝消灾真文",4行,行6字,共24字:"太白检肺,奎娄守魂。胃昂毕嘴,主制七关。参总斗魁,受符北元。"又"北方黑帝消灾真文"4行,行8字,共32字:"北辰辅肾,斗牛卫扉。女虚危室,豁落四开。璧总七星,执凶纠非。却灾扫秽,明道轮辉。"右壁,"南方赤帝消灾真文"5行,36字:"荧惑辅心,井鬼守房。柳星张翼,统御四乡。轸总七宿,回转天常。召运促会,正道驿行。赤文命灵。"再"东方青帝消灾真文"4行,行8字,共32字:"岁星辅肝,角亢镇真。氐房心尾,四景回旋。箕主七辰,正斗明轮。承气捕非,扫除灾群。"真文字径6—8厘米。后龛后壁有横题真书"中央黄帝消灾真文",以下真文为云篆,共8行,行5字,共40字。"镇星辅脾,回度北元。魁□主非,截斜斩根。□□□□,扫秽除氛。魓正玄斗,明度天关,九天符命,金马驿传"。2号墓年代在北宋末到南宋初。②

20世纪50年代成都外东跳蹬河宋墓,绍兴二年(1132年)改葬。其中1号墓发现镇墓石四件,上室后壁中央有一件,下室东、西两壁共三件。报告出示"北方八天镇墓真文"拓影。估计还有东方、西方、南方各真文。③

成都二仙桥东路发现一座夫妇合葬双室墓,出土多方石刻,有敕告文、华盖宫文,以及镇墓石十方,两室各五方,即两套的中、东、南、西、北五方镇墓石。北室镇石保存较好,中央镇石云篆16字,两边刻有真书"镇星吐辉,流炼神宫"和"□□总气,统摄无穷"。四方镇石边长32厘米,厚1.8厘米。有云篆64字,上部真书有"北方黑帝安□□文"等。南室镇石保存较差,仅

---

① 成都市文物考古工作队《成都北郊甘油村发现北宋宣和六年墓》,《四川文物》1999年第3期。
② 四川省文物考古研究院、井研县文物管理所《四川井研县金井坪宋代墓地发掘简报》,《四川文物》2012年第1期。
③ 傅汉良《成都外东跳蹬河发现宋代墓葬》,《考古通讯》1956年第6期。

有西方镇石较好。正方形，边长28.5厘米，厚1.8厘米。云篆16字，分四块。上部长方框内有真书"西方白帝□□□□"。根据买地券的纪年，推知墓主在绍兴二十二年（1152年）下葬。"□□总气，统摄无穷"与张确墓镇石相同。①

20世纪50年代成都近郊的宋代墓葬不断出土此类真文镇石，最早在宣和年间，而以绍兴年间最多。其中一墓多达八枚，图示为"东方八天镇墓真文""东方八天炼度真文"拓影。②

宋代的镇墓真文与唐代有很大不同。唐代的墓主均为皇室贵胄，或道教领袖，皆属于社会的高层人物，出土的地点在唐代政治中心的陕西、河南地区。宋代的墓主，很少能证明他们是贵族皇亲或者显爵高官。镇墓真文在贵族到庶民的扩散之中，走向世俗化和平民化。镇墓真文的书写由整饬、方整渐为随意、草率代替，宋代的镇墓真文除了个别例子外，丧失了唐代严整、优美的韵致。镇石不断变小，加工粗糙，甚至成为可以大量复制的砖模制品，这些皆是镇墓真文衰微的征兆。

真文也叫玉字，采用的是云篆。清源县主墓的真文镇墓石，皆自名"天文"，如盖为"灵宝黄帝中元天文"，直呼云篆为"天文"，此即"云篆天文"，而镇墓石均为真文，就是天文。因此真文与云篆是一物二名。吕元素《道门定制》中把"炼度真文"及"消灾真文"符书列入"云篆符诰"中，并在五方真文加注"右云篆上告"。唐宋镇墓真文是当时真实的云篆资料，比起那些容易变形失真的传籍资料更加可靠。

出土的云篆虽然古怪离奇，似乎难以捉摸，却每石有真书释文对照，两相对读，可以大致知晓真文字形。唐末以来，杜光庭《太上黄箓斋仪》将真文收录道书之中，架起云中世界与现实世界的桥梁，释读真文更加可靠。

现今发表的真文已经有相当数量，层次高低俱全，云篆形体的多样性、可变性得到比较充分的体现，给予认识和研究云篆字形结构一个丰富的原

---

① 王仲雄、王军《成都市二仙桥南宋墓发掘简报》，《考古》2004年第5期。
② 洪剑民《略谈成都近郊五代至宋的墓葬形制》，《考古》1959年第1期。

始资料。

第五节　云篆的形体特点

单单认识云篆不是难事,大部分五方镇石的云篆都附列了真书释文,两两对照,每个云篆都能指出对应的真书。在《道藏》中收录了大量云篆,如《灵宝领教济度金书》卷二六内"正度札后天文""普度札后天文""神虎追魂使者文""七女追魂符后文"等,又同书卷二七一内"五方赤书玉字";又同书卷二七四"北斗消灾内音玉符";《太上灵宝净明飞仙度人经法》卷三内"五方玉篆文";《道门定制》内"五方镇天真文"等等,每一篇云篆后,都附有通行字的释文。

《灵宝领教济度金书》卷二六七尾附"杂字",有正、初、一、二、三、四、五、六、七、八、九、十、闰、甲、乙、丙、丁、戊、己、庚、辛、壬、癸、子、丑、寅、卯、辰、巳、午、未、申、酉、戌、亥、太、岁、年、月、日、时、的、告、下(图6-24)。又同书卷二七三"七星隐文"及"七星除妖玉篇";同书卷二七五内"命魔符后檄文";《上清灵宝大法》卷七内多种"玉契"等等,这些真文都是每个云篆文下注明通行字。

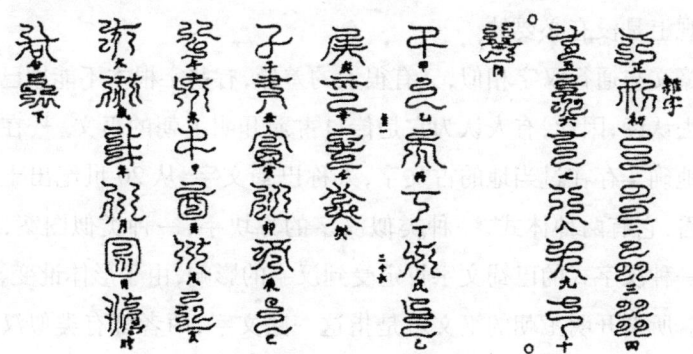

图6-24　云篆杂字

1991年王育成根据北宋张确墓与馆藏的镇石真文入手,把相关的云篆

与通行字详加比照,初步勾勒出云篆的结构规律,提出以下四点:

第一,笔画繁冗是云篆的重要特点之一。

第二,别异体字众多。一种是字形部分结构笔画改变,一种是全形改变。

第三,笔画省略现象。

第四,笔画变形现象,这是云篆字形最突出的特点。①

道教的秘文不是文字,所以它与通行字不一样,与古文字也不一样。作为正式的文字,它要完成交流的媒介,必须使符号准确无误地传达意义,字形规范是最起码的。字形规范体现在笔画、结构的一致,正体之外的异体要得到普遍的认可。字形统一,才能正确地传递包含的内容。道教的秘文是一种秘密符号,隐秘性和交流性是一个事物的两个方面,缺一不可。为了使天机不致泄露,不让道外人窥测秘密,掌握规律,宁可牺牲流通所必须的规范,隐秘性是第一位的。另一方面,道教的秘文不但不是大众的交流工具,而且把大众封闭在外,它只是在教内有限人员内部传授,附以大量的说明,这样补足了由于符号上的模糊带来的困惑。秘文的作用主要用来解释天文,除了必要的日用杂字之外,一般并不需要用秘文来书写文章,比较而言,认读重于书写。对天文的了解,口授也可理解,口诵也可记忆,识字是可有可无的,更无须透彻理解符号结构的所以然。这些都决定了云篆的形体规范在客观上是没有必要的。

云篆文与通行汉字相似,又有很大的差异,有些字根本不能用已知的汉字知识去认读,因此,有人认为它是传自古蜀开明王朝的巫文。② 在古代的巴蜀之地确实存在过当地的古文字,人称巴蜀文字,从20世纪出土的青铜器铭文看,它有两种体式,一种类似汉字的方块字,一种类似图案,也叫图语。前一种汉字式的巴蜀文字肯定受到汉字的影响,由于形体讹变,至今难以解读。所谓开明王朝的巫文就是指这一路文字,两者都有类似汉字的形

---

① 王育成《唐宋道教秘篆文释例》,《中国历史博物馆馆刊》1991年总第15、16期。
② 冯广宏、王家祐《四川道教古印与神秘文字》,《四川文物》1996年第1期。

体,可是,同样都无法用汉字结构去认读。它们之间的联系尚找不到证据,这个说法还难以成立。笔者认为道教在汉族中生成,秘文也出自汉字。秘文与通行字的差异是云篆的变化造成的。

从通行字到云篆,经过了一个很复杂的过程。首先,尽管道教声称其秘文来源早于苍颉,远在鸿蒙开辟之初,这可能是误会。东汉道教形成之时,正逢篆隶交换之际,民间的文字使用异常活跃,"诡更正文,乡壁虚造不可知之书",破体俗字蜂出,替代通行字,同时对历史随意解释,巧加附会,"见《苍颉篇》'幼子承诏',因号古帝之所作也,其词有神仙之术焉。"(《说文解字·叙》)道教云篆正是由此而来,带了这种时代烙印。所以其称古实际并不久远,大致最早不过东汉,其晚者在唐宋之后。云篆文来源于篆书和楷书,大部分神篆都是篆书结构,也吸收了一些楷体、草书的成分。

例如"天"字,"弄"是从楷书变形而来,"丌"是篆书写法。"玉"字写成"壽","壨"是篆书"三"变化过来的。有些字很明显是采用了篆书的部件,如"杂字"中"利"字的"刀"旁和"告"字的"口"都是篆书的写法,再如"羅"(罗)中的"隹"写成篆体"隹"。

草书在汉代十分流行,可以说它是当时俗别字的源头。云篆中吸收了大量的草书成分,它包括结构和笔画各个方面。两汉间草法已经成熟。有省法、简法、连法,具备了统一的法则,使得东海边与西陲流沙的草字字形基本一致。① 草法主要是便于快速书写,在文字的结构上作大幅度的调整,使草字与篆隶字在结构上产生很大的差别,这点正是道巫制作秘文最需要的东西。所以,在云篆中采用草书内容也就没有什么奇怪了。云篆采用草书写法,如"景"(景)之下部分。最多是采用草书的牵连的笔画,如"运"(运)字,分拆看是草书的"辶"和"云",而且是一笔连书,整个字纯粹是一个草书。在云篆中这种草书字占了很大的部分,而且,除了现成的引进草书的部件外,还创造了一些草书符号,频繁地出现在不同的云篆字中。

---

① 陆锡兴《汉代简牍草字编》之《论汉代草书(代序)》,上海书画出版社,1989年。

《魏书·释老志》言道书"古文鸟迹、篆隶杂体"。云篆带有篆体的意味,但它不是纯粹的篆体,而是兼有隶、楷、草的结构成分。唐代后期以及宋代的云篆横画都带波磔,这完全是汉隶的波磔特点。在眼花缭乱的字形中不时见到楷书部件。如李显、李旦、窦皇后镇墓真文中,真书部件十分清楚。云篆总体上笔画圆匀,粗细一律,结构已有篆体成分。从中国国家博物馆藏的四纸唐代拓片看,体式也有差异,"灵宝赤帝练度五仙安灵镇神三炁天文"最为严整,与秦篆相似,"灵宝黄帝练度五仙安灵镇神中元天文"及"西方七炁素天"笔端带波磔,篆中带八分意味。"灵宝黑帝练度五仙安灵镇神五炁天文"则多有楷书和草书成分。西安南郊庞留村唐墓"灵宝黄帝中元天文"笔画奇出,与古文相近。宋代的云篆笔画飘动,曲折缠绕,长横有波笔,模仿流水行云之态,不同于以前。

宋张确墓出土的"北方真文"与国博藏的唐代"灵宝黑帝练度五仙安灵镇神五炁天文"内容相同,明显的变化是唐代的云篆到了宋代更加盘曲,现在见到的宋代的真文都如此,《道藏》中的云篆绝大部分也是宋代的体式。

道教的秘文需要把自己的符号封闭在自己的神秘王国中,不欲外人知晓,它使用了种种障眼法,让外人看不懂,无法了解内中一切,即使认出了几个字,也无法类推,由此及彼破解整个秘文。

障眼法总的原则是尽可能地变化,让人看不出它的通行字的原形,从而达到隐秘的目的。

第一,加法。所谓加法就是在笔画和结构中加上一些东西,使原形隐没其中。例如"𣥺"(幽)字在"幽"下加了一个曲笔;"阤"(陀)字,是在"陀"字中加了"他"。同一个字可以有不同的加法,不同的篆文实际上是一个字。如,"品"字,云篆在中间加了一个大弯,再在下面加一个"力"或"木",变为"𠱞""𠱟";"阿"字,在楷书的"阿"字下加了一个"小"成"𡾰";"九"字,把起笔加圈成"𠁽""𠁾""𠁿",或者再加上一个"九"字成"㐆",或者加上更多的东西,成"㐈";"玄"字有的加三波笔"𢆰",有的加"不"成"𠅘"。

第二,减法。所谓减法就是去掉一部分笔画或部件。如"𠚒"(書)就是去掉下面的"曰"。减法一般不单独使用,常同变法结合在一起,变中有减。

第三,变法。所谓变法是指不用加减的方法来改变原来的形式。篆文的变法十分复杂,也是破解秘密的关键,目前尚不能完全清楚,对某些秘文变化难以得到合理的分析。其一,改变笔画。云篆因为笔画曲折盘旋像流云状,这种盘曲的笔画都是变化而来的。笔画平直的线条经过弯曲变成几类,一类是小幅度的摆动,形成扭曲前进的曲线,一般用于短小的笔画。如,"渀""溦"(河)中的水旁。一类是左右作大幅度的摆动,形成上下叠起的曲线,多叠用于笔画较少的大笔画,如"叀"(一)"禾"(天),少叠用于多笔画的小笔画,如"焄"(浮)。曲线也有变化,有的在起笔处加圈,大摆之中加小摆,可能是为了把笔画区分开。如"杂字"中的"二""三""四""已"。其二,改变笔顺。笔顺是笔画的先后次第,笔顺正确与否关系到字形。云篆中的笔顺有独到之处,不但顺序变换,而且把变化的笔顺连起来书写,虽然采用了通行字本来的结构,但是面貌大不一样。如"丹"写成"冊",笔画并无大变,只是中间一横是逆行,字貌就改变了。其三,改变部件。通行字是由一定的部件组合起来的文字系统,它的部件主要是偏旁。偏旁是从独立的字发展起来的,隶变后为了适合标意字的字形,偏旁的写法作了调整,可以更密切地组合,形体专业化、固定化。云篆则反其道而行之,把偏旁变形,让人认不出来。例如"水"旁,同样在两个"河"字内一作三横,一作三叠;"门"有多作一横,下为两个叠笔,但是上面可以少横,下面的叠笔几叠、左右可以对称,也可以不对称。再如"鬼"旁,"燚""燚""叠""叠""祥""叠""虢""蚕"中,几乎没有一个相同的,唯有一个"田"还可以辨认。以上的偏旁写法是比较规范的,大量是随意变化,早就越出法度。例如"令"一般作"叁""叁""叠""贠",上面还仿佛有"人"的影子,又作"州",变成两个完全平行的叠笔。应该说,云篆中的大部分的部件写法无法使人恢复通行字去,因为它的变化实在太远。例如"郇"(那)字,它用其他部件取代了右面的部件,变成一个谁都不识的字。云篆改变最大的是整个文字结构,这是一种综合的变化,是不规则的变化。一种方法是完全分解原通行字的结构,变成由曲笔排列的形体。如"杂字"中的"戌""岁""月""卯"等字,笔画的主次、方向都消失了,变为类似的几组上下贯通的大曲线,使原字的区别特征完全丧失。因此,面对云篆,即使有通行字的释文,我们也不能正确地解释它们的结构。还有一种方法是抛开原通行字,另造新字。例如"丹"字,有变写的"𠔾",又造了一个可能是指示结构的"𩇯"。

云篆的守秘在于变化。同一篇真文也会有变化,上述的北方真文,唐代和宋代内容完全相同,可是形体有较大的差别。不同篇的形体差别更大。如上述成都石羊乡新加坡工业园区宋墓出土的"中方镇山真文"云篆,通行字释文为:"敕摄中方,遏塞鬼门。剪除百殃,莫有当存。"《道藏》中"北方赤字玉书"释文为"敕摄北帝,遏塞鬼门。剪除不祥,莫有当前"。两文有11个字相同,除了"天"字相似外,无一相似。这种不同很可能出于不同的派别。同一组真文中的相同的字,同一篇真文中相同的字也写得不一样。

云篆的异体字是十分复杂的,可以说多得不胜计算。为了书写美观,在同一篇中书法家喜欢改变同一个字的写法,王羲之书写的《兰亭序》就是一个范例。道教秘文中大量的异体却不仅仅为了显示书法水平,主要着眼于障眼法。外人破译密码,总是从规律性的用语用字着手,同样的搭配或者同样位置重复出现的文字符号容易识破,由此可进一步探索其秘密。秘义不断地变换形体,使得别人无法利用这个弱点,它是封杀突破者的有力措施。道教的秘文书写比较自由,它的形体变化既有故意安排,也有书写时的随意。结果,云篆形成十分复杂的异体问题,一个秘文的异体可以数十计,有的相近,有的迥异,道外人自然以为目对天书了。我们再探讨一下,面对如此复杂的字形,道教中人是否全识? 我认为未必全识,道众师徒口耳传授,是熟悉了内容,背诵了句子后再接触秘文的。他们可以不依赖秘文了解内容,即使认不出云篆也能诵读。因为不依赖秘文,所以书写时尽可随意变化,而无所顾忌。

道教文字根植于深厚的汉字文化之中,云篆万变不离其宗,它的组织方法不是来自天空云气,而是汉字固有的形体法则。对于云篆形体的多变,张勋燎认为:"后来在长期的抄写流传的过程中,人们有意无意地对最初的字形笔画加以改变,有的字形尚可依稀看出小篆的基本笔画,有的完全摆脱小篆的骨架而根本无法识读了。同一云篆单字,不仅在不同的文献中有不同写法,甚至在同一书同一篇云篆文字中,笔画也不完全一样。"①这是对云篆的误解,道教云篆不是通行文字,它的功能在于宗教的隐秘性,而不是公共的流通性,因此它的变化不是"有意无意",而是形体设计的本意。

云篆完全符合缪篆的字形原理,其中笔画重叠的办法,尤其明显。因此无论道教云篆还是前身云书,都模仿了缪篆,发扬了汉字艺术造型。

唐宋的镇墓真文形体的前后变化,证明随着时代推移,云篆的面貌也在渐变之中,这种变化的结构与通行字的距离越来越远,笔画逐步放弃反复重叠或者回旋形式,趋向近乎抽象的短促波浪线。

《正统道藏》洞真部神符类内的《云篆度人妙经》云篆几乎难以识别。我们选择部分字罗列如下:

---

① 张勋燎《川西宋墓和陕西、河南唐墓出土镇墓文石刻之研究——道教考古专题研究之三》,《南方民族考古》第五辑第 147 页,四川科学技术出版社,1993 年。

这些云篆的特点是没有重叠，笔画少而散，形成不了部件，只是一团支离的曲线。每个字的写法每处皆不同，不同字形体相仿，比起真文云篆更加难以辨别。《度人经》编纂的年代不详，或说为南北朝或唐，从云篆的风格推测，似乎晚于这些年代。

从唐往后一千余年，云篆流传历久，由于云书本身书法自由，火居道士粗制滥造，使之面临失传的危险。清末坊间收集到的云篆已经粗陋不堪，如"中央云篆玉字真文"是与唐宋的五方真文一脉相承的云篆，但是两相比较，差距甚远，甚至失去了最基本的云篆的云纹成分。①

云篆使用范围很广，在镇墓真文之外，还用于道符，如上述《度人经》的云篆就主要写在道符上。云篆之难，因为它与上天交流，不必顾及凡俗人的肉眼，如果要在人间使用，这些云篆又有一种写法。唐代的墓志中常常有此类云篆存在。

陕西长武郭村唐墓出土张臣合墓志。盖篆"唐故泉州刺史张公铭"，"刺"右"刀"上有卷云纹(图6-25)。②

郑州铁路工商局征集到刘德墓志一合，开元六年(718年)刻，盖阳文线刻云篆"刘君墓铭"，四杀线刻卷叶文，无书、刻人名。篆字与正篆不同，"铭"字之"名"内有卷云(图6-26)。③

河北沧县纸房头乡1号唐墓有咸通九年(868年)墓志一合，四周浅线阴刻，有花纹一周，四杀十二时相神像，四杀转角牡丹花纹。盖云篆"唐刘公张氏齐氏墓铭"，字有旋转和曲折云纹(图6-27)。④

云篆既有真书那样完全重组结构的形体，也有如唐代墓志那样稍有变

---

① 〔法〕禄是遒著，〔英〕甘沛澍英译，程群汉译《中国民间崇拜——咒术概观》第119页，上海科学技术文献出版社，2009年。
② 刘双智《陕西长武郭村唐墓》，《文物》2004年第2期。
③ 刘小磊《河南博物院新藏唐代墓志》，《中原文物》2000年第6期。
④ 王世杰《河北沧县前营村唐墓》，《考古》1991年第5期。

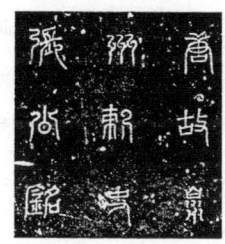  

图 6-25 张臣合盖篆　　图 6-26 刘德盖篆　　图 6-27 刘公张氏盖篆

化,但还是基本保持原来形状的形体。前者可能是真文式云篆,后者可能是实用式云篆。所谓实用式是除了格式化、规定性的内容外,具体使用的云篆,如果采用真文式的话,就不能被人接受,失去使用的意义。

陕西耀县(今耀州区)药王山静应庙有宣和元年(1119年)宋徽宗御书《褚慧诗跋石碑》,上部刻褚慧所书龙章云篆七绝一首(图6-28)。

鎏舆□□下层霄,□阙瑶台一□□。三万七千当圣运,坤宁□□唐尧。西台长吏臣褚慧书

下部分为宋徽宗的瘦金书跋语:

政和丁酉季冬既望之夕,天神复降于坤宁殿,比之十春灵异,尤其彩光星斗,洞焕楹拱,迅雷掣电与夫簪珮

图 6-28 《褚慧诗跋石碑》

幢戟,相属而行者,不可概举。复有妙乐,其音泠然,卿云异香,移时乃散,皆由西北而去。忽于几案间得龙章云篆诗二十八字,其语悉神仙之妙甚,非世俗可以仿佛者,墨犹未干,详而视之,又有西台长吏臣楮慧书押在其后。楮慧即今之羽客林灵素。(《陕西金石文字补遗》上录全文)①

宋徽宗赵佶中年十分尊奉道教,慕求长生。当时有温州道士林灵素,善于揣摩人意,且精通幻术,深得赵佶赏识,封为"金门羽客"。这篇龙章云篆与镇墓文的云篆相比,就是在通行字加一些古体,然后笔画曲折"盘曲如龙凤之势",比较容易识别。

元至元五年(1345年)广惠碑的云篆额"太一元君广惠之碑",书法工整,铁线篆笔法,坚韧有力,笔画似流云,出于大家之手。云篆之法有省减变形,有些字如"一""君""之"似按照成法书写,不易认识,但是部分字如"广""惠""碑",皆存真书字形轮廓,部件、笔画依稀可认(图6-29)。以上两碑可以证明云篆有实用之法,可以根据需要随机应变。

图6-29 《广惠碑》篆额

云篆采取缪篆之法则,形成一套独特的似字非字的隐秘文字,在唐宋二朝道教兴盛之时,大行其道,影响所及不只道教,甚至波及朝廷的印玺制度。《宋史·舆服志六》载乾德三年(965年)中央官署及京城改铸叠篆,大观元年(1107年)琢玉皇帝六玺,也用叠篆。《宋史》虽说取缪篆之法,但缪篆并无反复叠笔,实际假借了云篆多叠结构。当然仿效云篆不仅是为了印面饱满充实,还有隐喻上天真文的法力。明清时代把宋金的叠篆进一步提升,官

---

① 耀生《耀县石刻文字略志》,《考古》1965年第3期。

印篆字定九叠,即每字的横画都为九数,这样字形更加繁密,也兼有保密的功能。①

第六节 多变之秘字

殳书、云篆、复文是秘字的主要组成部分,三者千变万化,衍生出无穷的秘字形体来。还有用其名而非其体者,如云篆中那些参用通行字,或者把通行字稍加妆扮的道士作品。宋代称为天篆或仙篆者甚多,内容驳杂。《通志·艺文略》:有"蜀川铁鉴子一卷、吴国山天篆一卷、崆峒山石文一卷、合山鬼篆一卷、湘潭鉴铭一卷、罗汉寺仙篆一卷、右神书七部七卷"。其中吴国山天篆为三国东吴皇帝孙皓天册元年(275年)禅于国山,改元天玺,为纪念所获瑞物,刊石于山阴,碑名《国山碑》《封禅国山碑》《天纪碑》。此碑字体奇伟,体势雄健,碑文有"神人指授金册青玉符者四","遂受上天玉玺,文曰吴真……钦若上天,月正革元,郊天祭地纪号天玺,实彰明命……宜先行禅礼,纪勒天命"。是谶纬之作,具有浓重的道家气。《国山碑》实为小篆,不过风格雄壮,因上天赐瑞,后人称之为天篆。除此之外,其他秘字无法猜度。

宋人记载的篆体秘字尚多,举例如下:

> 福州永泰县无名篆。右在福州永泰县观音院后山上,世俗多传以为仙篆。太常博士黄孝立闽人也,尝为余言其山无名,上多顽石,无复镌刻之迹。如人以手指画泥而成文。文随圆石之形环布之,如车轮循环,莫知其首尾。又言:孝立尝至广州见南蕃人以夷法事天,日夕焚香拜金书字号为天篆者,正类此,然不能晓也。今人亦有以道家之言译之者。(宋欧阳修《集古录》卷十)

---

① 陆锡兴《九叠篆的来龙去脉》,《南方文物》2009年第1期。

是日偶至野人汪氏之居,有神降于其室,自称天人李全,字德通。善篆字,用笔奇妙而字不可识,云天篆也。(宋苏轼《诗序》)

《玉笥山记》云:秦乱名官者十有三人,弃官学道经于庐山,内武士三人,曰唐建威、李德殳、宋云刁,欲遂栖焉。余十人曰不然。初志归于群玉洞府,岂可中道而废?言讫未行。一夕雷电奄至,庵舍左右化成大溪,溪中盘石上有玉笥天篆。曰:神化灵溪,金笥标题,真人受旨,玉洞潜栖。十人者莫知所终。(宋陈舜俞《庐山记》卷三)

焚香于谭真人像前,冀获警悟。越数年,复为人考召,方使童子照视,忽跃然而起,披发跣足,仗剑厉声曰:"吾即谭真人也。怜汝精勤,故教汝法,汝曾有所得否。"对曰:止得四符乃真武传于世者,神曰:"吾五雷符,当有七十二道,此才十八分之一,如何可以摄服邪妖?宜取百幅纸置几上,当为汝传。"即插剑于地曰:"仰五雷判官速传七十二符,限只今毕。"初不见有所作为,仅一食顷,曰:"符已足。"命赵取之,揭示其纸,凡六十八幅,每幅画一符,天篆粲然,非世间书也。(宋洪迈《夷坚支乙志》卷五"谭真人")

苏轼所说天篆乃是扶乩者的乱涂乱抹,本不是篆字,此天篆乃是骗人勾当。其他所谓天篆可能是山石风化等造成的痕迹,如《集古录》《庐山记》;可能是根本不存在天篆,故弄玄虚;五雷符以图形为主,每纸一符,是符图而不是符字,误称天篆。道教秘字本来深不可测,世人以无知看待,越发神秘。

道教的秘字的确有无尽的秘密,密码在于多变,图文混同。例如:

雷神或雷霆都司

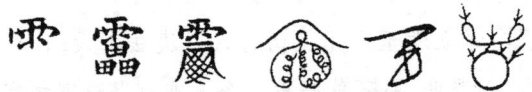

笔者按:前三字分别为"雷"字的省文、古文和半图半字,后三个为画符,根据原形不明,其中第二个似为草书。

天罡星、北斗星

笔者按：第一个是通行字，后两个为画符，可能是"罡"字变形而来。

七十二天煞

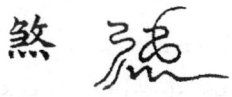

笔者按：此为"煞"字云篆。

雷

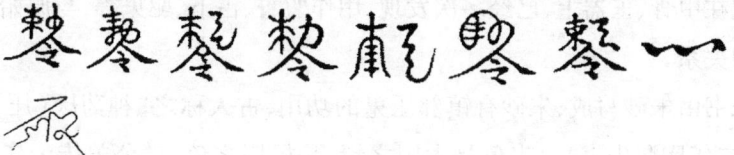

笔者按："雷"包含"田"，省作"田"，为与"田"区别，并示意雷神之威力，"田"字加饰笔。

稀奇、简略的古老画符形式，敕令、天令、号令之"令"。

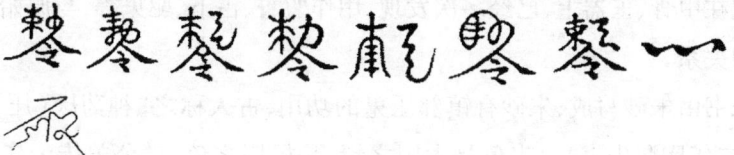

一片忠心

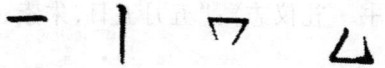

笔者按：省笔字，每字只留一笔，四字组合，熟悉者一望便知。

第七章　道家特色书法

第一节　朱书文

以朱砂书字,称作朱书、丹书,其由来很久。朱砂,化学成分为 HgS,集合体呈粒状、块状或泥土状,色朱红。可药用,能安神,可治心悸失眠。也可以制作颜料,后为道家炼丹的主要原料。中国使用朱砂的历史很早,在新石器时代的墓葬中已有发现,常作为颜料使用,仅次于碳黑。其色红,与火、血颜色相近,故先人赋予它特殊的意义。

山西襄汾陶寺遗址距今约为 4600—4000 年,大体相当于古史传说中的尧舜禹时期,在陶寺遗址晚期出土了朱书文字扁壶。朱书文字有笔锋,似为毛笔类工具所书。[①] 郑州小双桥商代中期遗址,在祭祀用的陶器上有朱书文字,书写在陶缸的边沿上,类似"大""寻"和数字。书写的颜料是朱砂。遗址年代相当于公元前 1435—1412 年,早于甲骨文一百年。[②] 商代以后朱书出现在甲骨、玉器上,已经多次发现,用作盟誓、占卜、驱鬼等,与原始宗教有密切关系。

朱书由朱砂写成,朱砂有镇邪压鬼的功用,古人称之"神药厌(压)坟"(阳嘉二年陶瓶朱书)。朱色是太阳之精,是极阳之色。《公羊传·庄公二十五年》:"六月辛未朔,日有食之。以朱丝营社。"何休注:"社者,土地之主也,月者,土地之精也。朱丝营之,助阳抑阴也。"

朱色有镇邪祛病的作用。《后汉书·礼仪志》:"五月五日,朱索、五色

---

① 何驽《陶寺遗址扁壶朱书文字初探》,《中国文物报》2003 年第 11 期第 7 版。
② 宋国定《郑州小双桥遗址出土陶器上的朱书》,《文物》2003 年第 5 期。

印为门户饰,以难止恶气。"以后端阳节,佩朱符、插艾虎成为风俗。南朝梁宗懔《荆楚岁时记》:"八月十四日民并以朱水点儿头额,名为天灸,以厌疾。"

山西侯马晋国遗址出土载书(也称盟书),是记录盟誓文书的玉石片,用毛笔书写,大部分是朱书。主盟人是春秋后期的赵鞅(赵孟),这是现见最早的朱书实物。赵毋卹,即赵襄子,赵鞅之子,历史上也有关于他朱书的记载,同样对赵氏产生很大的影响。

> 原过从,后,至于王泽,见三人,自带以上可见,自带以下不可见。与原过竹二节,莫通。曰:"为我以是遗赵毋卹。"原过既至,以告襄子。襄子齐三日,亲自剖竹,有朱书曰:"赵毋卹,余霍泰山山阳侯天使也。三月丙戌,余将使女反灭智氏。女亦立我百邑,余将赐女林胡之地。至于后世,且有伉王,赤黑,龙面而鸟噣,鬓麋髭髯,大膺大胸,修下而冯,左衽界乘,奄有河宗,至于休溷诸貉,南伐晋别,北灭黑姑。"襄子再拜,受三神之令。(《史记·赵世家》)

竹子内的朱书,是天使的旨意。此后,赵襄子北面占代,南并智氏,在韩、魏中最强盛。就在百邑立三神祠庙,并且派原过主管霍泰山祠的祭祀。襄子再拜,受三神之令。

《史记·陈涉世家》也提到丹书,丹书也就是朱书。陈胜、吴广欲起事:"乃行卜,卜者知其指意,曰:'足下事皆成,有功。然足下卜之鬼乎!'陈胜吴广喜,念鬼,曰:'此教我先威众耳。'乃丹书帛曰'陈胜王',置人所罾鱼腹中。""又间令吴广之次所旁丛祠中,夜篝火,狐鸣呼曰'大楚兴,陈胜王'。卒皆夜惊恐"。陈、吴假托鬼神威众,也是用的丹书。可见所谓丹书、朱书是鬼神传达旨令文字的形式。术士、巫师的朱书文,也是假托传达神旨。如果没有"鬼神"之旨,朱书本身没有什么威力。

安徽亳县城南郊元宝坑东汉灵帝时墓葬,清理出字砖和画砖,其中阴刻字砖146块,朱书砖6块。朱书为"午""敬""千""百""七百二十五""三百卅枚",可能十墓砖的计数字等,虽是朱书,却毫无"法力"。① 假托鬼神的朱书最晚在春秋末期就存在了,秦代已经成为巫卜的手段,到东汉晚期进入盛行阶段。仲长统《昌言》云:"淫厉乱神之礼兴焉,佹张变怪之言起焉,丹书厌胜之物作焉。"厌胜之物中以朱书最重要。

汉代的朱书文能留存到现代的主要是封闭在墓葬中的随葬品,尤以朱书陶瓶为多。新中国成立前朱书陶瓶屡有出土,成为古董商人牟利之资。1916 年,张丹斧在凤翔得熹平二年的朱书陶瓶两件,收入《艺术丛编》中,从此它进入了研究者视野。更多的朱书瓶流失域外,东邻日本挑选部分发表在《书道》杂志上,用以观察汉字形体演变。新中国成立后考古发掘注意此物,但并不是每件都能公之于众,有的只是藏之深室,无缘面世。比较而言,科学的考古发掘要比民间流传更有研究价值,地望、年代清楚,也排除了作伪的可能性,是研究朱书文起源和发展的主要资料。

陶瓶朱书文字长短不一,短者仅十字,如凤翔南古城遗址出土者只有十字。最长者二百余字,如 1935 年修筑同蒲路出土者达 219 字。其年代以东汉和帝永元四年(92 年)最早,以顺帝、桓帝、献帝年间为多,与符结合成为符书。

所谓镇墓文实际上是解适文,解适之"适(適)",为"谪"的假借字,《汉书·陈胜传》"适戍之众",颜师古注:"适读曰谪,谓罪罚而行也。"解适或除适,是解除罪谪之意。镇墓文就是奉天帝的命令给鬼神而除去凶灾。它模仿官府的行文格式,使用"谨告""令"等语,结尾有"如律令""急急如律令"。不过除了西北大学所藏的陶瓶朱书文有"急急如律令"外,所有出土的朱书文只有"如律令"或"急如律令",根据调查,出土汉简中也没有"急急如律令"的说法。因此,西北大学藏品很可能是赝品,"急急如律令"在道教朱书文中至少也是汉代以后的用语。②

陆续出土的陶瓶朱书镇墓文、木符不过是冰山一角。

---

① 亳县博物馆《安徽亳县发现一批汉代字砖和石刻》,《文物参考资料》第 2 辑,1978 年。
② 陆锡兴《宋代永初汉简的整理和研究》,《南昌大学学报》2003 年第 4 期。

近年汉长安城出土了新莽时期的通天玉牒,青石玉质,通体磨光,呈黑色,残长13.8厘米,宽9.4厘米,厚2.7厘米,上面阴刻篆文,涂以朱砂,尚存29字。① 中国历史上仅有七个皇帝进行封禅,此件玉牒是目前唯一发现的实物。

朱书具有法力,神人所书所用。无论上天雷神,还是地府冥吏,无不使用丹笔,令人胆战心惊:

  一日,雷电风雨,昼暝,有神人长十余丈,冠黄金,朱衣白简,鬼物从之百数,麾幢鼓角,震耀耳目。邢匿床下,神人曰:"当生者生,当死者死,君何藏之深也?"示之符雕篆字,隐隐见若"富贵寿考,大昌厥后"者,稽首谢。历三日,流黄气满室中,朱书龙蛇状盈几,不可识。(明朱国祯《涌幢小品》卷十九"朱书")

  (韦泛,忽然暴卒,方悟死矣。)俄见数骑,呵道而来,中有一人,衣服鲜华,容貌甚伟。泛视之,乃故人也。惊曰:"君何为来此?"曰:"为所追。"其人曰:"嘻,误矣。所追者非君也。乃兖州金乡县尉韦泛也。"遽敕吏以送归。泛持其故人,因求知禄寿。其人不得已,密令一吏引于别院,立泛门外。吏人入,持一丹笔书左手以示之曰:"前扬复后扬,后扬五年强。"(《岁时广记》卷十二引唐钟辂《前定录》)

敦煌佛爷庙发现了五凉时期的一些墓葬,出土许多陶瓶镇墓文,其中朱书文有七件,墨书三件。朱书文如:

  庚子六年正月水未朔廿七己酉,敦煌郡敦煌县东昌乡昌利里张辅字德政,身死,今下斗瓶囗人五谷瓶,当重地上生人,青乌子告北辰,诏令死者自受其殃罚,不加苪移殃转咎遂与他里。如律令(M1-32)

---

① 《扬子晚报》A4版,2001.9.30。

墨书文如：

　　玄始十年八月丁丑朔廿六日壬寅张德拯妻,法□之身今下五斗瓶五谷□,人[用]当重复地上生人,[青]鸟子告北辰,诏令死者自受其殃罚,不蔄加,不得注件生人,移殃转咎遂与他里。急急,如律令。(M1－6)

　　两相对照,朱书与墨书内容上并没有明显的差异,看来有时墨书也代替朱书之用,不过这种现象只能看作例外。① 其实,朱书与墨书是有区别的,在《灵飞经》后的灵符分别清楚。在流传的帖本中朱书用空心笔画表示,墨书用实心笔画表示,并且下有文字说明。

朱砂色朱红,性烈,属阳,朱书符是阳符,而墨书者为阴符,二者作用不同。唐钟绍京书《灵飞经》笔法清丽,书写流美,结字端正而不呆滞,乃小楷千古范本。经后有灵符4枚,记云:"朱书,太玄玉女灵珠字承翼;墨书,太玄玉女兰修字清明。"又云:"右此六甲阴阳符,当与六甲符俱服,阳日朱书符,阴日墨书符。"(图7－1)阴符和阳符的用法不同,驱鬼的力量各异。

　　仙师曰:"何等妖魅,乃敢及此?"遂与李公先行,谓从者

图7－1 《灵飞经》中朱书和墨书道符

---

① 甘肃省敦煌县博物馆《敦煌佛爷庙五凉时期墓葬发掘简报》,《文物》1983年第10期。

曰:"鞍驮速驱来,持朱钵及笔。"至舍已闻哭声。仙师入见曰:"事急矣,且将黑笔及纸来。"遂书一符,焚香以水噀之。符北飞走,声如飘风,良久无应。仙师怒,又书一符,其声如雷,顷之亦无验。少时鞍驮到,取朱笔。令李公左右煮少许薄粥,以候其起。乃以朱书一符,喷水叱咤之,声如霹雳。须臾口鼻有气,眼开,良久能言。(《云笈七签》卷一一三上"李主簿")

第二节 辟邪字

辟邪字是指能够驱除邪恶的文字,从作用来看和朱书文一样(有的辟邪字就用朱书),但是形式是不同的,辟邪字是普通的文字。所谓邪是一个比较广泛的意义,包括鬼魅、毒虫、疾病及一切天灾人祸。

治病,用字治病,是从符书发展过来的。

古代认为病患由邪祟所致,因而镇住鬼魅邪气就可以治病。以符字治病起源于原始道教,人们对宗教的最原始要求就是解除病痛。道教创立之后,治病成为道术的重要任务,而治愈病能名噪一时。丹篆就是朱砂书写的篆字,古人认为上天的文书多为篆字书写。

唐贞元中,湘有一媪潭,不云姓氏,但称湘媪,常居止人舍,十有余载矣。尝以丹篆文字救疾于闾里,莫不相应。乡人敬之,为结构华屋数间而奉媪。(唐裴铏《裴铏传奇》)

湘媪无疑是名巫医,治病救人单靠丹篆文字是混不过去的。马王堆医简中治病要禹步,巫术与道结合,精神诱导与医疗结合,可以收到奇效。丹篆不是普通文字,它是朱书符篆,这点显示湘媪的专业背景。

预研朱砂、雄黄细末。五月五日水调,用槐纸五片,如小钱大,写天、地、日、月、星五字,捻作五圆,桃柳汤吞下,大治疟疾。汉三十代天师虚静先生秘法。(《岁时广记》卷二一引《玄微集·书天地》)

朱砂、雄黄都是镇邪之石,槐纸是掺入老槐树皮纤维做的纸张,专门作符咒之用,槐纸团内含五字,包蕴天体。桃柳汤自古治病有名,桃枝本来是驱鬼的神木。

治疟用橘叶七枚,焚香叩齿七通,写"魁魀魊魋魌魍魎"七字于七叶上,焙干为细末,以井花水调,面北服之。大验,忌五辛三厌,七日端五书者尤验。(《岁时广记》卷二一引《博闻录·篆斗名》)

尚有刮字吞服煎汤治病的说法:

宿州天庆观,雍熙中回道人访观主不遇,题二诗于门。其一云:"肘传丹篆十年术,口诵《黄庭》两卷经。鹤观古坛槐影里,悄无人迹户长扃。"乃王杜篆,往往为人刮去煎汤治病,而字迹复生。(清褚人获《坚瓠庚集》卷四"刮字治病")

免风浪:

渡江河者,朱书"禹"字佩之,免风涛,保安吉。(唐冯贽《云仙杂记》卷三)

治犬咬:

人被吠咬,即于土地上书一"虎"字,口念咒曰:"一二三四五,金木水火土,凡人被犬咬,请土地揭起土来补。"念咒毕,即以口涎吐在土上,揭土敷在患处,以手摩之,立愈。(清陈其元《庸闲斋笔记》卷十一

"神咒治病")

治鼠：

高平刘柔夜卧，鼠啮其左手中指，以问智。智曰："是欲杀君而不能，当为君使其反死。"乃以朱书手腕横文后三寸作"田"字，辟方一寸二分，使露手以卧。明旦，有大鼠伏死手前。(《晋书·艺术传·淳于智》)

治虫：

蜂螫痛甚。治法：向蜂来之方，以右手指空中草书"帝"字，中竖直下至地，即以中指挖土涂螫处，立痛即止。(清陈其元《庸闲斋笔记》卷十一"神咒治病")

五月五日，写"风""烟"二字，贴窗壁下，辟蜒蚰蚊蚋。一云书"滑"字。(《岁时广记》卷二一引《琐碎录·写风烟》)

蜒蚰，即蜒蚰，也叫蛞蝓，能分泌黏液，生活在房屋内外潮湿之处，令人厌恶。蚊蚋指蚊子，吸人血，并且传播疾病。

端午日午时书"仪方"二字，倒贴于柱脚上，能辟虫蛇。应有蛇虺处，多以砖瓦写"仪方"二字，蛇自畏退。又云：入林默念"仪方"二字，则不见蛇，念"仪康"二字，则不见虎。(《岁时广记》卷二一引《提要录·念仪方》)

端午日午时，以朱砂书"茶"字，倒贴屋壁间。蛇蝎蜈蚣皆不敢近。一云：用倒流水研墨写"龙"字贴四壁柱上，亦验。(《岁时广记》卷二一引《琐碎录·贴茶字》)

端五日午时，多写"白"字，倒粘贴柱上四处，可以辟蝇子。(《岁时

广记》卷二一引《琐碎录·黏白字》)

治蜈蚣螫方,急以手向花枝下泥书"田"字,勿令人见,取其泥向螫处擦之,即愈。(清陆以湉《冷庐杂识》卷七)

端午饮馀酒中雄黄"王"字于孩额,并抹其眼、耳、鼻孔,可辟虫豸钻入。(清范寅《越谚》卷中)

雄黄酒是研雄黄末加菖蒲根屑调和而成,端午日饮可解五毒。用饮余雄黄酒涂在小儿的额头和手心,这个风俗在江南颇为流行。清顾禄《清嘉录》有此记载,反映江苏苏州的风俗。吴曼云《江乡节物词》小序:"杭俗,五月锉蒲根入火酒,和雄黄饮之。或以涂小儿额上。"苏、杭都有涂雄黄酒的习惯,但是,写"王"字唯见绍兴之地。民俗认为百兽以老虎为长,虎之额头花纹成"王"字,在小儿额上涂写"王"字象征有虎的威猛,所以能驱邪毒。

制鬼:

鬼是一个存在于人们观念中的东西,自然界本没有鬼。由于人们对于死亡的恐惧,造成了对死去的人的恐惧心理,鬼像一个挥之不去的怪物,顽固地占据着古人的精神世界,统治着他们的灵魂。所谓制鬼就是企图从鬼的阴影中解脱出来。汉代的陶瓶朱书文以及大部分的符咒都是用来对付这些鬼的武器,辟邪字也属于其中的一类。不过用来制鬼的"聻"字,是鬼中鬼的意思。在门上张贴"聻"字的风俗至少始于唐代。

俗好于门上画虎头,书"聻"字,谓阴刀鬼名,可息疠疬也。予读《汉旧仪》,说傩逐疫鬼,又立桃人、苇索、沧耳、虎等。"聻"为合"沧耳"也。(唐段成式《酉阳杂俎·贬误》)

聻:人死作鬼,人见惧之,鬼死作聻,鬼见怕之。若篆书此字贴门上,一切鬼祟,远离千里。(金韩道昭《五音集韵》)

"人死则有鬼,鬼复有死"(《太平广记》卷三八四引《河东记》)人死为鬼,鬼死为聻,人怕鬼,鬼怕鬼死后的聻。"聻"字就能使鬼生威,自古以来认为书此字可以制鬼。按照《酉阳杂俎》的说法，"聻"字来源于"沧耳"二字的合写，沧耳即沧耳虎。清王士禛《香祖笔记》卷十："人死为鬼，鬼死为聻。李石以聻为沧耳虎。"

也有不同的说法，认为"聻"字来源于得道的读书人冯渐，他制鬼有奇术，以此闻名，后来长安城中把他的名"渐"贴在门上。江西南城民居尚可见石雕"渐耳"。它嵌在墙上，"渐耳"大口獠牙，双目凸出，头上长角，面目狰狞（图7-2）。至于"聻"字是一句话"无过渐耳"中"渐耳"两字的合书。

图7-2　石雕渐耳

　　　　河东冯渐，名家子，以明经入仕，性与俗背，后弃官隐居伊水上。有道士李君以道术闻，尤善视鬼。朝士皆慕其能。李君后退归汝颍，适遇渐于伊洛间，知渐有奇术，甚重之。大历中，有博陵崔公者，与李君为僚，甚善。李君寓书于崔曰："当今制鬼，无过渐耳。"是时朝士咸知渐有神术数，往往道其名。别后长安中人率以"渐"字题其门者，盖用此也。（《太平广记》卷七十五引唐张续《宣室志·冯渐》）

冯渐也称裴渐。宋高承《事物纪原》卷八："书聻"：引《宣室志》为"裴渐"，明彭大翼《山堂肆考》卷七："渐耳阴司鬼名，一说裴渐善洞视鬼物。"至晚明代"聻"已经为道教的辟邪符中采用，"聻"也可以写作"虉"。清方以智《通雅》卷二一："成式曰：'元日书门，息疟。'《辟邪符》尾勅虉，《搜真玉镜》作聻。"《搜真玉镜》大约在宋辽时代成书，作者不详。

现在只见于《四声篇海》中，绝大部分只注读音，而无释义。《搜真玉镜》中收录大量的俗字、难字、怪字，其中不乏佛教道教用字。道符上的"聻"，在福州天后宫内还能见到使用的实例（图7-3）。

清顾禄《清嘉录·神荼郁垒》："或以朱纸书神荼、郁垒以代门丞，安于

左右扉。或书钟进士三字,斜贴后户以却鬼。"(图7-4)

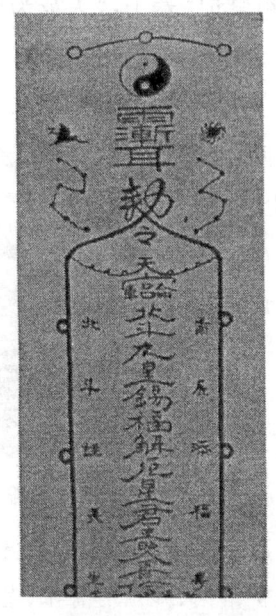

图7-3 现代道符中的"䰩"　　图7-4 贴"钟进士"之门

《风俗通义》谓:"黄帝书上古之时有荼与郁垒昆弟二人,性能执鬼。度朔山上章桃树下简阅百鬼。无道理妄为人祸害。荼与郁垒缚以苇索,执以食虎。于是县官常以腊除夕饰桃人乘苇茭画虎于门,皆追效于前事,冀以卫凶也。"荼、郁垒后称神荼、郁垒。汉代风俗把神荼、郁垒画在门上,以执鬼魅,在汉代画像石上常见此图象。传说钟馗平素为人刚直,不惧邪祟。唐明皇睡梦中见大鬼捉住小鬼后,吃了小鬼。大鬼自称是落第进士。唐明皇下诏画师吴道子画《钟馗捉鬼图》颁告天下,以祛邪魅佑平安。《五代史·吴越世家》载胡进思岁除画工献钟馗《击鬼图》,钱俶以诗题图上。证明五代已经流行以钟馗图祛邪却鬼。至晚清流行写神荼、郁垒字贴于大门两侧,而将"钟进士"字贴于单扇后门。《清嘉录》为"钟进士"斜贴于后门,但是《点石斋画报》是正贴,这恐怕是清中期到晚清的变迁吧。

"渐"与"䰩"肯定是一回事,可以令鬼畏惧。到底是沧耳虎还是冯渐,说法不一,难以统一,本来系民间传说,不必强求一致。

生育：

生孩子是人生的大事，充满着各种风险。首先是产妇的顺利生产，保障产妇和婴孩无虞。在医疗条件恶劣的时代实在是难事。所以妇女临产，如过鬼门关。其次是生男还是生女。男子能继承后嗣，是家门遗传的必备要素。同时，出外谋生，或者谋求仕途，非男不可。白居易《长恨歌》"不重生男重生女"，只是对杨贵妃而言，女子靠美色博取荣华富贵，光耀门第，这样的例子实在太少了。所以对于临产妇女，往往企求顺产生个男孩。传说古代让产妇吞入各种字，或者产妇念字即可达到目的。

唐牛僧孺《玄怪录·李沈》载某家新妇怀孕五载，计穷术尽，略无一点起色。"遽令左右召新妇来，沈诊其臂曰：'男也，甚明慧，有非常之才，故不拘常月耳。'于是令速具产所帏帐床榻毕，沈执笔若祝者，朱书'产'字令吞入，入口，而男生焉。"新生儿前世与李沈为刎颈之交，此法乃生前交代李沈，非李沈有异术，而是朱书"产"字催生。

五月五日午时有雨，用雨水调朱。书"龙"字如小钱大。次年此日此时有雨，再用雨水磨墨。又书"龙"字如前字大小。二字合之作小团儿，临产用乳香汤吞下，催生如神。（《岁时广记》卷二一引《博闻录·圆朱龙》）

清代所传的催生符又有不同。施鸿保记同乡陈古梅，九仙观道士授催生符：

以黄纸调朱砂，用净笔写一"车"字在中，四周环写"马"字，须遍，且须端楷，大小则不拘，烧灰和水，令饮之，虽难产亦立娩。凡"马"字成单者，所娩必男，成双者必女。写时亦不能自主，或有意在单写，竟不周，不能减去；有意在双写，竟已周，不能增入。（《闽杂记》）

治难产方：朱书"语忘敬遗"四字于黄纸上，贴在产妇卧床对面，令人口念四字不歇，立产。（清陈其元《庸闲斋笔记》卷十一"神咒治病")

催产字符都是要产妇吞下才能发挥作用,唐代似乎是连纸吞下,清代有改进,烧成灰比较受用。前者"产"就是生产,后者"车""马"是交通工具,是把新生儿接来,更加有效。这种迷信方法,常常是在万般无奈中使用,其后果可想而知。滑稽的是,后者写字双单能决定男女,十分可笑,字的间距大小是可以控制的,选双选单对稍通书道的人毫无困难,不知写出来和新生儿对不上怎么办?

生火:

我们知道得到热量需要消耗燃料,但是字符也能发热,也能加热,只要把"火"一类的字贴在锅底,水就会沸腾,米就会熟。

宋洪迈《夷坚甲志·绛县老人》中讲了一件事:绛县尉周公才,过姑射山,在山下邸中休息。"有道人先在,以一鹤及仆铁鬼自随,揖周曰:'天气差寒,能饮一杯乎?'酒至冷,不可饮。道人画桉作'火'字,置杯其上,俄顷即热。"

清阮葵生《茶余客话》卷九记录了一个自沸锅灶的奇事:嘉靖二十七年,长沙有兄弟二人耕地,发现一扛灶,不用柴炭,锅一放上去,水就沸腾。二人把它送进衙门,"视其内,有一小篆'丙丁'二字于背,又'诸葛行灶'数字。明末犹贮长沙府库。"

清梁绍壬《两般秋雨庵随笔·诸葛锅》也有类似的事:"平谷县乡民掘地得一釜,以凉水沃之,忽自沸,遂投以米,即熟,下有'诸葛行窝'四字。乡民以为有宝,碎之,其釜底中有'水火'二字。"

五行中"丙丁"属火,细分的话,"丙"为阳火,"丁"为阴火。所以"丙丁"与"火"是一样的。当然,柴米贵,是生活中烦心事,古人幻想烧火不用柴,现实中是不可能的。

第三节　反体与反书

反书是指反写(包括反刻)的字体。反体是正面水平翻转 180 度呈现的字形,是正体字相反成像的结果。反书与反体有共同点,两者都是正写的负相。不同的是反书是书写的原始状态,如果翻转就成了正写;反体原始状态是正写,翻转后才成了反体。因此反书和反体有区别,也有联系。

早期的甲骨文中有些字正反无区别,这样的字不存在反书,反书只有在字形不能采取反写条件下才能成立。先秦的玺印文是最早的反书,多是反刻(或先书后刻)而成,印面反体,钤印正体,尽管出于反书,最终出现正体。至少在战国,工官在砖瓦等黏土制品上打上铭记,秦代的铭记已经大量出土,西汉后期,这种模印铭记的做法渐渐流行起来,在汉长安城遗址中,发现许多瓦片上模印"都司空""右空""都建平三年(前 4 年)""都元寿二年(前 1 年)""都元始五年(5 年)"的文字。[①] 用反书的办法制作印模,在砖瓦上得到正体的文字。

西汉后期墓葬的墓砖中出现了反体,这是正模打出的反体,是砖瓦匠人草率行为所致。反体都发生在非官方的墓葬之中,它不是故意安排,而是人们采取宽容态度的结果。墓砖反体在东汉进入流行期,正反夹杂渐渐多起来。

大致到了三国魏晋南北朝时期墓葬的反体达到了盛极状态,社会默认了它的合理性。此时真书进入成熟期,打破了汉隶左右平衡的写法,不仅有斜势,而且具备真书"永"字八法的点画形态。因此真书的反体比篆体、汉隶特征更加明显。如,南京殷巷西晋墓墓砖,砌于墓壁,反文"永兴二年八月十日张君",字形的斜势十分突出。[②]

[①]　王仲殊《汉代考古学概说》第 82 页,中华书局,1984 年。
[②]　阮国林《南京殷巷西晋纪年墓》,《文物》2002 年第 7 期。

东汉后期在青铜镜铭文中也出现了反文,常常是正体和反体存在于同一个镜子上,有的甚至是一个字内一半正体,一半反体。以我研究过的《诗·硕人》镜铭为例,通篇正体中夹了个别反体。奇怪现象是反书正体造成的。"每"字下"母"整个是倾斜的,反书比较困难,所以就正写了。"脂""郑"的左右部件可能是在书写时,只注意反笔画,忘了部件也要左右相反。通篇文字基本上是正体,只夹了个别反体。其中"每"字反体,全反。"脂""郑"(此字传本作"蝵"),都把左右部件置反。① 反体在不同场合频繁出现,多少影响了人们的形体观念,南朝庄严陵寝文字出现反书就不奇怪了。

墓砖上出现反体,有鲜明的时代特征。实际使用几乎与正体文字没什么两样:有制作工匠的姓名、墓砖的位置及编号、祝颂的吉祥语等。字体多为今隶(包括隶书、楷书和半隶半楷体式),篆书只占一小部分。工匠们图个方便,随手制作正书模子,根本不在乎在砖块上成为反体。这与墓砖的制作工艺有密切的关系。有人推测,"由于书写、刻模、制坯这一程序是经多人之手,除刻写者外,书写后刻模者常出现反文,显系将墨本正贴所致;但有时数块或一块墓砖同样内容的砖文,却同时出现正、反两种,很清楚地可以看出有的止贴,有的是反贴的,可能是制砖工匠疏忽所致。"② 到底是贴字,还是写字,可能两种情况都有,工匠的疏忽也罢,怕麻烦也罢,对反体不在乎是共同看法。

历史上并不是所有的反体都是不经意中产生的,最晚在东汉时期就有有意安排的反体。柯昌泗云:"四川巴县北碚蛮洞摩崖,发见汉刻光和元年四字,大五六寸,'光'字符字皆反书,波磔左向,碑字反书,当以此为最早。此但纪年,无它文字者,盖所以记开凿之时耳。山东文登山间,亦有光和四年摩崖四字,虽非反书,与此所记盖同。反书之见于砖刻者尤早,始自汉之单于和亲千秋万岁长乐未央十二字砖。此类出土甚多,正文者皆阳文左行,

---

① 陆锡兴《硕人镜考》,《学术集林》17 卷,上海远东出版社,2000 年。
② 罗宗真《六朝考古》第 127 页,南京大学出版社,1994 年。

反文者皆阴文右行。其余吉语方砖,时有反文者,未若此砖之秩然不紊也。"①

柯昌泗所云巴县"光和四年"摩崖石刻,如非传闻,应当是刻意安排的反体。光和四年(181年)处东汉后期,正是反体墓砖大量涌现的时候,所以这种人为的安排是有社会基础的。至于"单于和亲千秋万岁长乐未央"12字砖文,既然说是砖刻,而不是模印,它可能是制砖的砖模,反书模,然后得到正体的砖文,所以它不属反体范围。可以确凿无疑的反体是在南朝时期的神道碑。

自东汉末年以来,西方的佛教开始在中国中原一带流行,同时而来的西土文明,给华夏文化贯注了新的因素,其中是引进了西土横书字母。佛教是古印度的宗教,中土的佛经最早是通过佉卢文传入的。

自西汉以来多种西土文字东传。2世纪产生的粟特文伴随着粟特人的经商活动传入西域,又带到中原腹地。佉卢文流行于印度北部,进入鄯善、于阗,最早来到中原。婆罗米文字与佉卢文相比,早期的影响不大,但是传入中原的时间并不晚。佛教对中原的影响是深远而广泛的,大量佛教典籍和僧人来华,促使婆罗米文字传播,梵文成为最重要的西土文字。北齐颜之推《颜氏家训·省事》:"天文、书绘、棋博、鲜卑语、胡书、煎胡桃油、炼锡为银,如此之类,略得梗概,皆不通熟。"北朝多鲜卑人,而佛书用胡书,可能属于当时士人修养范围。胡书原本是称西域粟特文佉卢文,后来也指称梵文等西土文字。

胡书与汉文有很大差异。南朝梁沈约《佛记序》"横书左字"。这是胡书外观特征,左字,也叫左行,就是自左向右书写。汉文是从右到左直行,胡书是从左到右横书,有左行和右行之别,方向相反,以汉字为基准看胡书。胡书成为反字、反体。

古人认为人鬼异途,人死之后入黄泉到冥间,使用的文字类似胡书。晋代王隐曾记一事:苏韶字孝先,安平人也。仕至中牟令卒。死后对堂弟说:

---

① 《语石异同评》卷九第515页。

"中牟在此。"兄弟皆愕,视无所见。问韶:"君何由来?"韶曰:"吾欲改葬。"兄弟遂与韶曰:"若必改葬,别自救儿。"韶曰:"吾将为书。"授笔,韶不肯,曰:"死者书与生者异。"作字像胡书也。(《太平御览》卷八八三引晋王隐《晋书》)

"作字像胡书",怎么个"像"法?

神道碑给生人指示陵墓通道,又给亡者指引出行方向,因而需要不同的两种文字,即这个右行正体和左行反体。因为鬼魂在地下,从地下看字,相当是背面看字,把字体翻转,才是正体,所以分体是陵墓的特形字体。

大部分神道碑残缺,往往剩下一块。清代叶昌炽云:"反文,惟萧梁吴平忠侯神道阙。近又新出一残阙,仅存'故散'二字。银钩铁画,望之如以灯摄影,墨彩腾奋。若以薄纸浓墨拓之,几不能辨其正背,吾友会稽陶心赟同年摹之极肖。"①

图 7-5　梁太祖神道石柱的正体及反体碑

神道石柱在墓道前成对而设,柱身顶端镶嵌一块小方碑,两块碑相对,有的一块正体,一块反体。大部分神道碑残缺,往往剩下一块。南朝陵墓神道碑陆续发现,反体碑文也不止梁吴平忠侯一件。

南朝梁太祖萧顺之(444—494)神道两石柱题字,西柱正体,东柱反体(图 7-5)。南朝梁安康王萧秀神道碑题字,反体。南朝梁吴平忠侯萧景神道碑题字,反体(图 7-6)。

南朝的其他神道碑"地下"文字简化了,用左书代替反体,即用行款方向相反的正体。南朝梁普通七年(526 年)临川靖惠王萧宏神道碑题字,正

---

① 《语石异同评》卷九第 513 页。

体,东柱右行(顺读始右),西柱左行(逆读始左)。南朝梁大通三年(529年)南康简王萧绩神道二石柱题字,东石柱正书右行,西石柱正书左行。无论在中原固有的观念,还是西方输入的意识,东方指人间,西方指冥间都是肯定的。东柱写的右行用于生人,西柱写的左行用于冥间。

图7-6 梁吴平忠侯神道反体碑

反体字由两个途径产生,一种是正写以后翻转,另一种是直接书写,即所谓的反书。单从反体观察很难知道是否是反书。清人《石索》收反体砖文,晋永和砖"永和四年八月二日作"、晋太元砖"泰元元年",晋元康砖"元康九年",皆注云:"文反书。"文字并无不同,却分别曰"反书"和"反文",恐怕是不区别这两个名词的含义。撇开墓砖这类不太清楚的问题,南朝神道碑的反体是否反书,牵涉到上字的办法,如果是书丹的话,就只能用反书,就是写反字。从梁萧景神道碑看,楷法森严,书艺纯熟,毫无破绽,似非反书可得。梁萧顺之神道碑稍灵动,也不易反书。反体字其实可以直接写出,笔者在年轻时就亲见牌照商店的老师傅直接在玻璃门的背面反书,正面看与通常的正体毫无两样。一般情况下,由于生理、习惯等因素,正书和反书的字形还是有差别的,在一定的环境下是可以看出来的。若把萧顺之神道碑、萧景神道碑的反体翻转过来,会呈现出新的景象。

它们与一般正写的文字比较,有几点值得注意:首先左上的斜势不自然。真书横画有左低右高的斜势。"梁吴平忠侯碑"(图7-8),"太祖文皇帝神道碑"(图7-7)部分有,部分没有,而且有的还是右高;第二,点画形态不自然,如"平"之两点,是左右弄反了,再如"吴"字之撇捺形态也搞反了。第三,结构斜仄,如萧景碑之"忠"字、萧顺之碑之"之"字。由此证明,此二碑是直接反书而来。

图 7-7　梁太祖反体碑翻转正体　　　图 7-8　梁吴平忠侯反体碑翻转正体

　　汉字进入楷化时代之后，字形脱离了图案性的象形结构，经过草化而变成今隶结构，同时由长而圆匀的绘线变成了短直的线面结合的笔画。今隶的结构和笔画是长期书写运动的结果，它最大的特点是合乎右手的生理习惯，便于书写。反书违背了汉字的基本书写规则，当然难度很高。

　　六朝以还，反书使用难见于正式场合，在墓葬中也很少见。考古发现仅见数例，皆在成都宋墓。

　　成都宋京夫妇墓两墓内华盖宫文券石刻，唯残余下半，外框为八卦纹，内有五行反书，"百禁诸不……朝散大夫陕府……宋京……神宫宜"等。①

　　成都龙泉驿区十陵镇北宋夫妇墓内出土的炼度真文刻石，云篆上面的十六字真书译文，左侧的祝文皆左行直书。"华盖宫文"石刻呈八角形，方形线外梯形区内刻"北武延躯""虎啸八垂""青龙秉气"等四组，正中刻"华盖宫文气神赵公明字子都，冢墓之中百禁诸忌，御五土之精，转祸为福。当使真魂安适弥谐，受度南宫，脱落北籍，男即武备七德，女乃文咏九功，代代显荣，与天地而无穷。一如土下九天女青律令"。刻文左行直书。② 古称反左书者，左书即反书，两位一体，密不可分，所以，可以用左行替代反书。

　　反书在南朝时期是一种流行书法，其中有反左书大书法家孔敬通。

---

①　李绪成、刘雨茂、荣远大、陈云洪《四川成都北宋宋京夫妇墓》，《文物》2006 年第 12 期。
②　张勋燎、白彬《成都宋墓出土真文石刻与"太上真元大道"》，《考古》2004 年第 9 期。

> 反左书者,大同中东官学士孔敬通所创。余见而达之,于是座上酬答,诸君无有识者。遂呼为众中清闲法,今学者稍多,解者益寡。(南朝梁庾元威《论书》)

庾元威说的"反左书"可能要比一般反书复杂,反左书产生出一种新的书体。如果仅仅是反书,恐怕没人会承认它是新书体。反左书的笔画、结构都很特殊,字形特别,以至"诸君无有识者"。孔敬通所创反左书没有流传下来,但是可以设想,如果改变笔画方向,而且各个部件不再是机械地翻转,而是加以变形,单单这两种变化就足以令人眼花缭乱,再以草法书写,这样的字自然是"无有识者"了。

反左书作是从汉魏南朝以来反体汉字的结晶,在书法界反书并无独立的地位,但是代有专工之人。《扬州画舫录·桥东录》载:有黄大笙者,字诗六,精音律。"能左手临孙过庭《书谱》,作反字背观毫发无异"。

反体在民间没有失传,人们将它特殊的形体进行多方利用。

在西南地区水族等把反书作为创新字形的一种办法。流行在湖南江永一带的女书,创造性地改变通行字的形体,其中反书就是重要的手段。

押字是一种汉字的变体,画押更是变向图案化。变化的手段很多,其中采用反书签字。旧时典当出于保密,不想被人模仿、识别,朝奉的押字许多是反书,所以他们常常对着灯光看票证,从纸背认字。

道教是文字创新者,不仅有云篆、复文等特形字,反书也是其制作符书的主要途径。明郎瑛《七修类稿·辩证》引宋储泳《祛疑》:"用活鸡书符咒,字皆从反。"此为反书书符咒。

浙江金华双龙洞是著名的名胜,洞穴巨大,以洞口双龙称奇。近代合肥张尔琪题的"双龙洞"三字刻石,其中"龙"字反刻,寓意反看。双龙洞的两龙头,要站在洞厅内往外反着观看,才能看得真切。这点与南朝神道碑的反体道理完全一致,岂不奇哉。

第四节 倒 文

倒,是对于不倒而言,没有正常书写文字,无所谓倒文。如果全部倒书,方向一倒,就是正书了。考古发现的倒文都是一行正,一行倒,由此体现出倒文。从个体字形看,看不出倒文、正书的差异,可见没有使用特殊的倒文书写技巧,也没有由倒写出来的倒文。

倒文都是出现在买地券内,地权是冥府公验的凭证,表示墓地的合法所有权。买地券常称地券,象征神权,有上天授权的律令,镇摄邪魔,保护墓主安宁。

倒文实际是一顺一倒,头尾相接,行末换行由次行末连接,行首再与次行首连接,如此往复连绵,回绕不绝。故正、倒全文称为合称回文。叶昌炽《语石》卷九论之,举所藏二石,一为马廿四娘墓券,一为朱近墓券,"其文一行顺下,一行逆上,循环相间,非颠倒读之,不能得其文义。"①叶云,二石分别出于南汉与刘豫伪齐。

目前所见,以南汉反书为早,其中尤以湖南省博物馆藏南汉光天元年(942 年)墓志最早,1931 年出土。出土地点不详,仅存拓片存世。呈方形,字迹草率,全文 126 字,以栏线隔行。②

南汉大宝三年(960 年)刘氏廿四娘买地券,2011 年在广州古城区西湾路广州铸管厂旧址 175 号墓出土。买地券呈扁方,顺书"维大宝三年"起,倒书"急急如律令"结尾。券文 18 行、238 字,行书。

南汉大宝五年(962 年)马氏廿四娘买地券,据传清末出土于广州小北门外下塘西南汉墓中,为叶昌炽所得,1976 年藏家苏义捐赠广州博物馆。

---

① 叶昌炽《语石·语石异同评》卷五第 513—514 页,中华书局,1994 年。
② 程存洁《广州出土南汉买地券考》,《广东省博物馆·1999》第 46—48 页,广东人民出版社,1999 年。

券顶阴刻"合同地券一道"六字之半。券文题首符文:"太上治圣四方煞鬼之用。"符文:"太上治圣四方煞鬼之用。"此券字迹工整,19行,行15至22字,共298字。顺书"维大宝五年"起,一顺一倒,顺书"急急如律令"收尾。①形制齐备,镌刻精美。但是"合同"买地券多见明代,符文写法也是晚于五代,故此券殊可疑。

四川达州宋天圣七年(1029年)的罗氏买地券一方,长方砂石,削四角,券文从右到左九行,一倒一正,连读,共167字。券文云:"今用钱九万九千九百九十九文,就于黄天父、后土母、社稷十二财神边买得前件墓地。"②

四川洪雅元丰三年(1080年)宋墓砂石买地券一方,券文13行,单数正书,双数倒书,"维元丰三年太岁"起。铭文13行,一正一倒。券文云:"使用黄铜钱一万万九千九百九十九贯九文就始皇天父母后土社稷十二□神"后"书券人东王父西王母"。③

江西瑞昌李洋湖南宋墓出土咸淳八年(1272年)青石地券,券文刻字内涂桃红色颜料,正楷11行,行21字,共231字。末有"急急如五帝主者女青律令"。④

湖北鄂州汀祖南宋吕文显墓出土砖刻地券一件。正方形,边长28厘米,厚3.5厘米。四侧朱草纹,一面从右到左有"宋故吕公总管地契"等朱书48字,左下方有一刻后填朱符号。另一面直行楷书,右到左,正倒相间,按"之"字形环读,15行,331字。墓主卒于咸淳十年(1274年),同年入葬。文内有"急急如五帝太上女青律令"。

1988年江西九江博物馆征集到元墓文物,其中有舒氏陶质买地券一件,长32厘米、宽31.5厘米、厚3.5厘米。墓主舒氏殁于至正八年(1348年),葬于至正十一年(1351年)。正文13行,一正一倒,交替排列。⑤

---

① 易西兵《广州出土五代南汉刘氏二十四娘买地券考》,《东南文化》2016年第3期。
② 王平《达州出土的四方买地券考略》,《四川文物》2009年第2期。
③ 赵殿增《四川洪雅宋墓发掘简报》,《考古》1982年第1期。
④ 刘礼纯《江西瑞昌县李洋湖南宋墓》,《考古》1986年第11期。
⑤ 吴水存《江西九江发现元代青花瓷器》,《文物》1992年第6期。

南京赛虹桥凤凰村发现"高上后土皇地祇卖地券文",券文记载正统元年(1436年)明代太监王景弘向后土神购买阴地之事。青石质地,高41厘米、宽40.8厘米、厚6厘米。券文首尾两处用楷书和云篆题刻"高上后土皇地祇卖地券文",云篆前有一道符,字残。券文一正一倒,共18行,350字。券文记"同卖人太岁神、证见神东皇公、同见神西王母等",末尾"书人鬼谷仙"(图7-9)。鬼谷仙并

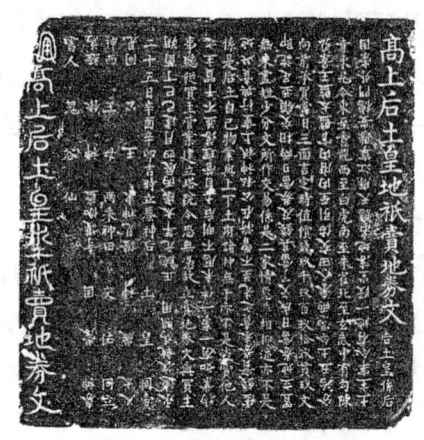

图7-9　明凤凰村买地券

非实有其人,而是道教神祇。可见此券文为道教所为。① 平武明王玺家族墓内出土天顺八年(1464年)王玺买地券,券文刻后填朱,一正一倒相间,共14行。文末有"天地使者女青律令"。②

对于买地券的倒文现象,少有论及,只有明代王景弘买地券的整理者认为一行正写、一行倒写的回文形式"以反映买卖对坐、对书的场景"。买卖双方的文书要用一正一倒来体现,显然没有说服力。

这些买地券中特别提出了两位神人。一位是女青,另一位是后土皇地祇。女青是道教最高神元始天尊法旨的使者,道书说女青鬼律,役使天下,邪恶魅妖,勒鬼真名,鬼自趋走,不敢害人。买地券是为死者买阴间宅地,要求幽冥各级官吏、东南西北各种鬼魅、害虫,不得侵占穴地,不得危害死者,让死者的鬼魂不要复连家人,不要干犯生者。

道教神灵后土皇地祇,宋徽宗封为承天效法厚德光大后土皇地祇,即俗称的后土娘娘。她掌阴阳,育万物,被称为大地之母,与主持天界的玉皇大帝相配合,为主宰大地山川的女性神。

---

① 祁海宁、龚巨平《南京"王景弘地券"的发现与初步认识》,《东南文化》2014年第1期。
② 张才俊《四川平武明王玺家族墓》,《文物》1989年第7期。

无论天帝使者女青还是后土娘娘,还有东王公、西王母等都是法力无比镇妖驱魔的上天神仙,是保护茔域安全的保证。自先秦开始,人们用各种办法对付残害墓穴的鬼魅,如镇墓兽、镇墓石,魏晋以来买地券兴起,替代了镇墓石的功能。加害墓主的是众多地下的野鬼、妖魔以及蛇虫,买地券券文对它们起警戒作用。因为在地下鬼怪视角是由下往上,所以对它们而言倒文就是正文。这种视角不同,造成文字方向不同,反文与倒文性质是相同的。

倒文镇邪不仅用于买地券,还在其他场合使用。

> 今人端五多写赤口字贴壁上,以竹钉钉其口中。云:断口舌。不知起自何代。闽俗又端五日以二纸写"官符上天,口舌入地"。颠倒贴于壁间。亦皆无据。端五谑词云:从前浪荡休整理,钉赤口防猜忌,而今魔难管全无,一似粽儿黏腻。(《岁时广记》卷二一引《陈氏手记·钉赤口》)

民间有许多以字治病的办法,江西于都是缺医少药的山区,得了病,过去只能靠自己想法解决。腮腺炎是常见的传染病,得了此病,无论大人、小孩都用一种办法对付。在肿起的一侧脸上,用石膏灰写上一个倒转的"虎"字。因为得腮腺炎的人脸肿得像猪,就把它当猪对待,虎可吃猪,写上"虎",病就会痊愈了。①

文字游戏会采用各种办法,倒文也是一种选择。

辽宁朝阳辽代北塔天宫发现铜镜,其中一件双层五瓣莲花形,外层莲瓣有铭"两心同长存",直径7.5厘米。② 两心同存,两心相悦,相互爱慕,为之专门造出一个倒文来。

图7-10 "两心相悦"铜镜

---

① 熊洪生《于都客家民俗词语研究》第29页,南昌大学2004年硕士研究生论文。
② 董高、张洪波《辽宁朝阳北塔天宫地宫清理简报》,《文物》1992年第7期。

1981年在金上京遗址发现一面心心相印葵花铜镜。柄有"官"字刻款和花押。通长12.9厘米。镜背有两个心字一倒一正扣合在一起,表达了两心相爱,永远同心的情感(图7-10)。

第五节 一笔书

一笔书是一种草书,其特点是行笔连绵不断,一笔到底。南朝梁庾元威《论书》古今杂体有六十四书,中有"一笔篆飞白书""一笔隶飞白草""张芝始作一笔飞白书,此干井册等字为妙,所以唯云一笔飞白书,则无所不通矣"。大同中东宫学士孔敬通"又能一笔草书,一行一断,婉约流利,特出天性,顷来莫有继者"。在汉代的墨迹中已经有一字之中多笔相连的草字了。原来"一笔书"是指作书一笔而就,并不强调笔画相连。相传东汉末张芝所创,张芝,字伯英,善章草、今草。

伯英学崔、杜之法,温故知新,因而变之,以成今草,转精其妙。字之体势,一笔而成,偶有不连,而血脉不断;及其连者,气候通而隔行。惟王子敬明其深指,故行首之字,往往继前行之末,世称"一笔书"者,起自张伯英,即此也。(唐张怀瓘《书断》卷上)

张伯英的"一笔书"实际上是字势连续。真正的"一笔书"相传由南朝梁孔敬通所创。至晚在唐代,有通篇一笔连书,叫连锦书,为唐玄宗时吕向所创。吕向,字子回,"工草隶,能一笔环写百字,若萦发然,世号连锦书"。(《新唐书·文艺传中·吕向》)文字相连与行笔的速度有关,走笔越快,相连越多,因此,连笔主要在草书范围。草书之中,尤以狂草字字相连,如张旭、怀素都是唐代著名的狂草书法家。作书笔画连绵,一笔可以书写好多字。草书与楷书差别很大,即使很规范的草书,如王羲之《十七帖》、孙过庭《书谱》之类,不习草书的人不但不会写,也不能认字。唐贞观时,幽州都督王君廓不识其长史李玄道给房玄龄的草书信,怀疑谋害自己,以至造反(《新唐书·李玄道传》)。可见一般人是无法认草字的。狂草书连笔造成笔画与牵丝不分,而且打散形体,结构简单化,几乎是曲线的重新组合。狂草与楷字的差别更大,使人无法辨认,这个特点恰恰符合道教秘文的要求。

江西永丰出土的元延祐六年(1319年)吴母陈氏地券碑文末尾"急急如律令"后有一笔书"敕制地□"四个大字,在左侧注"太上灵符,亡人安静"八个小字。① 在符文中多有此类连锦书秘文,自上而下,一笔贯通,有的疏朗,有的紧密,粗细一致,纵横交错,像乱发丝相纠缠。从历史的记载看,一笔书草书秘文当在唐代或唐代以后产生。

道符中常用连绵不断的写法,把草字连续不断一笔到尾,让人辨不清其中有几个字。如以下两符,可以看出书法取法狂草,行笔往来反复不歇,一气呵成(图7-11)。②

图7-11 一笔书符书

在福州鼓山摩崖上有许多石刻文字,最早的有宋人手迹,大量为明清手

---

① 陈柏泉《江西出土地券综述》,《考古》1987年第3期。
② 〔法〕禄是遒著,〔英〕甘沛澍英译本,高洪兴译《中国民间崇拜——婚丧习俗》第76、78页,上海科学技术文献出版社,2009年。

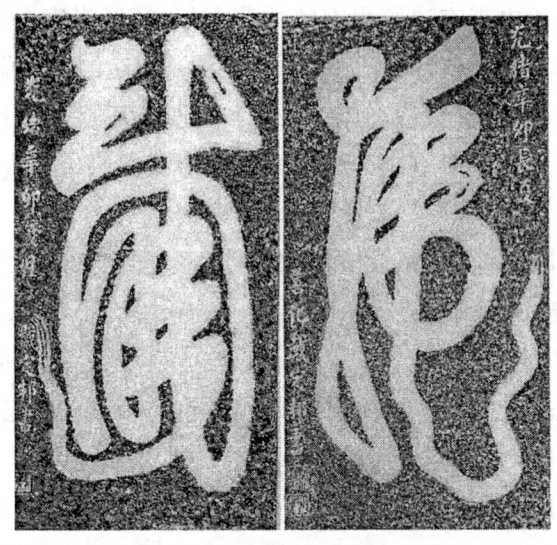

图 7-12　佛龙、伏虎石刻

迹。其中有两个大字十分引人瞩目,两字斜卧在大石坡上,大逾径丈,笔画中锋运笔,遒劲连绵,撩人眼目。行人到此往往驻足观看,议论纷纷。这是优秀的一笔书作品,清代辛卯年(1891年)戴定邦书写。这二字中包含了几个字,有种种猜测,似乎都有道理。依我看来,一笔书中,一个是"龍(龙)"字内包孕"佛"字,即"佛龙"合书,一个是"虎"字加了"人"字,为"伏虎"合书,佛教降龙伏虎罗汉,降服龙、虎,皈依佛门(图7-12)。

第六节　书法特技

道教在中国有着悠久的历史,汉代的道教施法要借助文字,因而重视书法,注重书法技艺,创造了不少书法绝技。这些特殊书法技艺中比较重要的有沙书、剪字、多笔写字。

道家视文字为沟通上天的神物,书法力求笔画之周到,形体之遒美。东晋葛洪曾记嚼墨喷字一事:

班孟不知何许人也,舒纸于前,嚼墨一喷皆成字,竟纸各有意义。(《太平御览》卷六〇五引晋葛洪《神仙传》)

《神仙传》所记载的人物不必都是仙人,其中也有世间奇人,班孟就是一例。古代使用墨丸,入口嚼烂,溶为墨汁,班孟运动嘴唇调节口形,把墨汁喷于纸上成字。近年有报道有人吹墨于纸作画,与班孟不同,墨不在口中。相比而言,嚼墨喷字难之又难,故葛洪将此列入《神仙传》。

《张长史十二意笔法》载张旭说:"乃悟用笔如锥画沙,使其藏锋,画乃沉着。"西北地区曾经出土竹木写字硬笔,笔头尖锐,可以蘸墨书写,不能排除用它来在沙土上练字。在沙上划字,自然形成笔锋在中心线上,而且有立体感,古代书法家如果没有实践,不会有此种体会。沙书实际有两种:一种是在沙地画痕;另一种是用手握细沙,以沙代墨,以手代笔作画写字。唐沈汾《续仙传》卷下记:有个仙道杜升,字可云。自言京兆杜陵人也。不知道他年寿,若三十岁左右之人。"常游城市间醉行,能沙书。好于水椀及盆中以沙书龙字,浮而左右转,或叱之飞起高丈余,隐隐若云雾。作小龙形,呼之复下水中,顷刻之间得钱甚多,便散与贫人及酒家。"杜升是把沙洒在水面上画龙,龙是曲线,近于草书。元谢宗可《沙书》:"玄沙一握舞蛟虬,草圣何须墨染头。鸟过篆文归铁画,蟹行清响落银钩。竹间日射文星粲,纸上风惊字迹收。大手莫将成末艺,论功宁愧管城侯。"谢宗可此诗形容沙书就是书法艺术,而非绘画。此后沙书不见记载,可是在民间得到发展。到了宋代,不论东京汴梁、杭州临安,沙书皆是书法特技,有人在街头表演。宋孟元老《东京梦华录·元宵》记各种杂艺不胜计数,"其余卖药、卖卦、沙书、地谜,奇巧百端,日新耳目"。宋周密《武林旧事·诸色伎艺人》:"沙书:余道(以作金道)、姚遇仙、李三郎。"周密例举的三位可能是沙书名家。

沙书靠光线照射才能显示,有时由于光线弱或者照射方向等原因,沙书就看不出。沙书异乎寻常的神秘色彩,经常用于描写神怪场合。

明旦,复至山前,竹阴间有一冢,乃张丽华坟,其地上有沙字四句

曰:符吏忽忽扣夜扃,旋凭金简出幽冥。蒙师荐拔恩非浅,更乞生神九卷经。(《岁时广记》卷十二引《道经应验·拔鬼嫔》)

比沙更细的粉,手撮石粉撒地也能成字,还有一种以米代沙写字,称为米书,它对道教仪式场合有特别含义。

灯仪是道教的重要科仪,在斋醮活动中占有重要地位。道教认为,灯可以上照天庭,下照地狱,灯仪可以向上天祈福,为亡者超度。灯仪也分为金箓和黄箓两个大类,前者用于祈福延寿,后者则超亡度厄。黄箓灯仪主旨是以灯照亮幽暗的地狱,拔除亡者的罪孽,把亡者带出苦海,升入仙界。本来九幽灯仪以灯为主,燃灯布坛做法,照九幽之狱,破九幽之狱,带亡者出离苦海。九幽灯仪灯数甚多,有三十六者,有四十九者。但由于场地原因,所以改为以白米在地上铺以灯图代替。这就有了铺灯艺术。为什么铺灯要用米呢?据《道书援神契》称:"古者苍颉制字而天雨粟,鬼夜哭。故道法划地为狱,以米为界,后世凡铺灯,皆用米。"明彭大翼《山堂肆考·道教·香灯》:"道法划地为狱,以米为界,后世道家铺灯用米本此。"灯图原来为地狱象征,后来内容越来越丰富,成为综合性的艺术样式。古代道书有关于灯图的记载,但民间道士在铺灯过程中颇多创造。田兆元等对20世纪的玉虚道院的南翔派道士团体的度亡仪式进行了跟踪调查,并得到闵行道士的铺灯式样,对铺灯程序作了详细记录。以血湖灯为例,来看铺灯的程序:

第一步,用白米铺出轮廓。内为四方外层六角,铺出两道边幅和匾额。闵行派还是坚持铺为八角,与九幽灯图一致。

第二步,在边幅和匾额用黑色矿粉铺上对联,匾额多为"太一真人""元皇宫"等字样,闵行派的道士铺有"妙严宫"字样。对联则有"沉魂滞魄中,亡者众超升","金童接引,玉女迎归";闵行道士则铺为"清风吹狱户,明月照灯坛"。血湖灯有三种不同式样。

第三步,在框外铺出暗八仙的象征图案,没有着色,纯用白米。

第四步,在图案的四角用白米铺出"血湖浩荡"或者"元皇赦罪",如果两种文字都铺上去,则一种用白米,一种用黑矿粉。

第五步,中间铺上太乙真人图案。图案用黑红绿白四色,太乙真人头部有一大的圆圈,象征真人的光环。真人手挥拂尘,褒衣博带,仙髯飘飘,造型优美。

第六步,图案已经铺就,便在图案周边摆上灯烛、太乙真人和其他神仙的塑像、纸花篮和渡船等。血湖灯坛遂布置完毕。

血湖灯仪的灯图相对较小,九幽地狱灯图则较大。内框四方外框八边,中间太乙真人图案一样,因为道教称太乙真人为救苦天真。对联则不同,由于有上下左右的双层框架,两边对联为"乾元山得道,金光洞成仙",这是说亡者;上下则为"度亡上帝""超灵仙界",这是说太乙真人。或者四面写下关于春夏秋冬的诗句,如"春游芳草地,秋饮黄花酒"等四句诗。在八边形成的八角空间里,间隔一格分别以彩粉铺上兰花、荷花、松枝和梅花等图案,在剩下的四角里铺上"灯光普照"字样。九幽灯图十分复杂,也有多种变相。灯图要求几何形的规整,兼有绘画、书法等特别技能,没有长期的训练,是不能达到如此炉火纯青的境地的。需要强调的是,灯图虽然称作米书,实际上大部分文字都是用黑色矿砂铺就,可见它基本保持了沙书的传统(图7-13)。①

图7-13 九幽灯图的沙书

---

① 田兆元《铺灯绝技亟须保护》,《社会科学报》2005.4.28。

纸张是中国对世界文化的贡献,纸张进入生活日用,大约要到魏晋以后,彩色纸张经过剪刀剪成工艺品更晚。南朝梁鲍泉《咏剪彩花诗》:"花生剪刀里,从来讶逼真。风动虽难落,蜂飞欲向人。不知今日后,谁能逆作春?"像生花制作,花朵、叶子用绢、纸作材料,剪切成形,粘在细竹丝结扎的叶子、花朵、花茎条上,上染色,描绘出茎脉。唐裴延《咏剪花》:"花寒未聚蝶,色艳已惊人。悬知陌上柳,应妒手中春。"制作简单花朵,只需剪刀成形即可,无需其他加工。唐张泌《妆楼记·吉庆花》:"薛瑶英于七月七日令诸婢共剪轻彩,作连理花千余朵,以阳起石染之。当午散于庭中,随风而上遍空中,如五色云霞,久之方没。谓之渡河吉庆花花,藉以巧。"剪字要比剪花难度高得多,无论篆书、行草,各有特点,各有难点。剪字最早见于宋代的记载。宋杨万里《赠剪字吴道人》序:"剪李义山《经年别远公诗》,用青纸剪字,作米元章字体逼真。"诗云:"宝晋云烟杂海涛,玉溪花月写风骚。一生不倩毛锥子,只倩并州快剪刀。"宋代市场繁荣,剪字形成了一个行当,有人依靠剪字谋生。《武林旧事》卷六中说武林(今杭州)"小经纪"中有经营"卖字本、掌记册儿、纸画儿、诸色经文、刀册儿、剪字",他处所无有。宋周密《志雅堂杂钞》中记,南宋临安有剪各式花样者,每剪诸家与的字,有一少年"能于衣袖中剪字"等。剪字艺术代有传承,用来装饰纸扇,金字黑面,字迹逼真,与写出无异。清俞樾《茶香室三钞·剪字》引清吴仰贤《小匏庵诗话》:"此技至今流传,用泥金纸剪成,兼及花草翎毛,粘于黑色油纸扇,俨如挥写而成,知其所由来远矣。"清代有个剪字名家林文耀,字绸斋。幼年即工书,中年不幸失明,乃剪纸为字,因为对字形烂熟于胸,剪字点画不差毫发,若龙蛇飞舞。剪字装潢成立轴,易薪米以自给,时人称之"林剪"。清代程奂轮,生活在嘉庆、道光年间,卒于咸丰三年(1853年)。歙县槐塘人。擅长书法,四体皆能,手书小篆"十三经"及《说文解字》,工金石篆刻,有《槐滨印存》。他精于剪字,模仿名家书法,惟妙惟肖,售艺各地。其书法剪纸中,一幅黑纸剪宋黄庭坚六言行书诗;另一幅朱红纸剪篆书(图7-14)。技法娴熟,线条流畅,既有金石之气,又有剪纸之韵,是文人参与剪纸创作的又一例子。

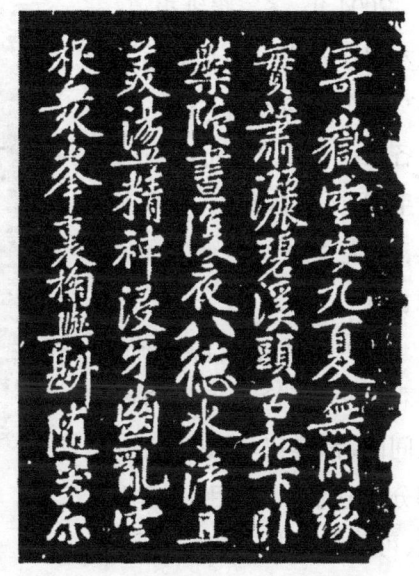

图 7-14 程奂轮的篆书及行书剪纸

在歙县槐塘程家厅堂内留有他两幅剪字,置于雕花屏门木格内。一幅黑纸地剪出自《快雪堂法帖》内宋四家黄庭坚六言诗行书,与原拓比照,不差分毫。另一幅为朱红纸地小篆,内有两则篆书,一则题"唐人运笔以圆键成趣",另一则题"六朝结构类比"。看来是作者自书自剪,结构严谨,书法精熟。是难得的剪字书法创作。①

有的书法绝技带有很大的观赏性,主要不在作品,而在于表演。民国时期屡有技法流传,可惜罕见记载。算命先生一般兼带测字,双管齐下,需要一定的命理知识,也能触机拆字,以字推究"天机",其中不乏写字绝技者。如旧照片所示,这位命相家正以一手写三字表演。他在指尖、虎口、腕弯三处执笔,而且每枝笔杆垂直,力致笔笔中锋。从照片可以看出,虽然执笔三枝,但是不能同时书写三字,不过是一种噱头而已(图7-15)。他练就多处执笔技能,使得职业形象更佳,更具迷惑力,可以招徕更多生意。②

---

① 谷风《程奂轮的两幅书法剪纸》,《徽学丛刊》第一辑,1985年。
② 刘衍文《前因后果,都写在脸上?》,《东方早报》2013.11.24。

2004年，多家报纸报道，一位六旬长者能用八支毛笔同时书写八个不同的字。除了左右手各夹三支毛笔，还用嘴叼两支毛笔或在鼻孔插入两支毛笔，笔走龙蛇，令观众叹为观止。①

各种书法绝技源远流长，异彩纷呈，不管是宗教的还是民间的，都是汉字民俗的一个部分。它们的实用价值并不大，可是对于丰富书法艺术，增加生活色彩，无可替代。

图7-15 算命先生的书法绝技

---

① 《江南都市报》A13,2004.9.8。

第八章 民间的秘密文字

第一节 女书的发现与流传

1959年江永县编写《江永县解放十年志》,在这份内部刻印材料中,有"妇女文字"的简单介绍和一篇摹写的女书作品。这份材料的提供者为周硕沂。他在12岁的时候,偶然翻阅其父的笔记,看到了一则把《训女词》转写成女书的记录。《训女词》的作者是他的六代祖母蒲碧仙。1954年周在县文化馆任职,经常下乡辅导农村开展文化娱乐活动,在葛覃村见到了一位老太太胡慈珠(也写作胡池珠),她精通女书,热情地教他认识女书,替他收集一些女书作品的原件。

1979年,周回到了县文化馆工作。他接受了县文化局委托的编写《江永县文物志》的任务,首先依据《江永县解放十年志》稿本将女书重新作了记录,其中"蚊形字"一节约2000字。文中初步介绍了女书的流行地域、使用范围等基本情况。在编写的过程中周曾去找寻那些女书的使用者,收集女书资料,结果没有得到任何收获。他失望之余,误认为女书已经失传。1982年《江永县文物志》稿由湖南省文物局印发全省,女书从此为世人所知。

江永县以前交通不便,这里山深林密,人口稀少,经济文化落后,与外界的信息不通。在这里生活的人们保持着古老的、相对独立的、以家庭为单位的自给自足的生产方式。

女书主要流行在湖南省江永县的上江圩乡、黄甲岭乡、千家峒乡、城关镇、铜山岭农场。以上江圩乡为中心,向周围地区呈放射面分布。

广西壮族自治区东北部的富川县、钟山县也发现了女书。女书向周围地区扩散分布是借助于婚配,出嫁女不仅带走了女书的知识,也带走了女书的作品。由出嫁女把女书带到周围地区,这样自然形成了一个有核心的流传区域,其渠道的本质是婚嫁的血缘关系。

江永县的一些地方有结拜的风俗,女子结拜尤为突出。结拜姐妹成为一个比较紧密的小团体,结拜时,依照长幼顺序轮流上门,相赠礼物,写有女书作品的纸扇、手帕及本子,内容是有关结拜的含义、期望等。结拜后,在一起相互学习女书,把心怀写成女书,捎带传阅或者聚会诵唱,节庆生日,姐妹之间相互祝贺,互赠女书作品。女书最重要的作用是传递消息,是沟通姐妹之间思想感情的主要媒介。

女书的传授在家中由长辈教晚辈,但大部分人传授女书是在结拜姐妹中进行,由结拜姐妹中精通女书的近亲或上辈直系亲属执教,这种传授没有任何报酬,只是义务,赢得的是崇拜和尊敬。我们可以看到,亲属或者异姓姐妹的关系,也就是血缘和接近血缘的密切关系,是传授女书的范围。

第二节 女书的起源与形体

女书形体的特殊性和复杂性,给人们充分的假设空间,特别反映在它的起源上,说法多种多样,而且相差十万八千里。大致上可分四种:原始古文字;百越符号或古代少数民族文字的遗存;妇女造字;造反者的秘密字。由于起源不同,相应的发生时间也不同,上下相差达数千年。

有人认为,女书在先秦的流行地处在商周的版图之内,女书作为一种商代的古文字,和中原的甲骨文、金文在同一时代使用,受到它的强大的影响,吸收了不少源于甲金文的借字,有些借字一直使用到现在。根据持此观点的人统计,在收集到的1741个女书中,源自甲金文的字约140个,占总数的12.34%,其中部分与甲骨文有直接的渊源关系。如女书的"杀""见""今""春""声""央""衣""下""曰""母""者""黑""豕""命""名""可""水"等字形体接近甲骨文,这些字与商周甲金文的规律性对应关系,提供了女书

"至迟在殷商时代就已经存在了的佐证"。① 女书与甲骨文的某些相似,是一个含糊的概念。"相似"这个说法本来似是而非的,根本无法证明它们的内在规律性。如上述的例子中,"杀"字女书✗与甲骨文✗,"今"字女书✗与甲骨文✗,"春"字女书✗与甲骨文✗,"母"字女书✗与甲骨文✗,明显是因为女书规则倾斜简化变形,造成了与甲骨文的貌似,这是巧合,而不是古来的渊源关系。实际上早就有人指出女书与甲骨文虽有某些相似,并不能说明有某种直接的联系。

湘西南历来是多民族居住的地区,历史上曾有百越活动,近代为瑶族的聚居地,而且至今还保留着许多少数民族的风俗习惯。很早就有人提出女书是由秦代之前的南方某国古文字演化而来,后来进一步指出女书起源于百越的记事符号,因为女书独体字可以在土家族、瑶族、壮族、苗族的织锦图案中找到相似的符号,②也有人认为女书可能与古越族有关,提出的证据是女书与吴城陶文相似数量比较大。③

妇女文字的起源可以上溯到秦汉时代,它的字形介于大篆与小篆之间,应是模仿大篆所造的文字,秦统一中国之后,六国贵族被流放到这里,为了避开统治者的耳目,争得一点自由,被迫创造了秘密符号。④

湖南南部曾是各族农民起义的频发地,这些造反者常常使用一些秘密文字。在镇压了造反后,清乾隆六年下令:"其从前捏造篆字,即行销毁,永禁使用,如有故违,不行首报,牌内一家有犯,连坐九家,治寨长失察之罪。"(道光《宝庆府志·大政记六》)"女字通行区离清政府严禁使用自造文字地宝庆府不远,这里的瑶人被称为'宝庆瑶',也许起义失败以后,有些人迁到了江永一带,他们把使用过的文字也带来了。"⑤

除了以上说法,还有几种女书起源的传说。

---

① 谢志民《"女书"是一种与甲骨文有密切关系的商代古文字的孑遗和演变》,《中央民族学院学报》1991 年第 6 期。
② 张柏如《江永女书与百越文化的关系》;③ 钱玉趾《江永妇女文字源头初探》;④ 唐功伟《上江圩的妇女文字》;⑤ 陈其光《女书的产生和性质》,载《奇特的女书》,北京语言学院出版社,1993 年。

九斤姑娘创造说：

很久以前，上江圩出生了一个九斤重的女婴，取名九斤姑娘。女书就是她创造的，从那时起在妇女中代代相传。精通女书的义年华老太太道："只听前人讲古话，九斤姑娘最聪明，女书本是姑娘做，做起女书传世间。"

盘巧姑娘创造说：

很久很久以前，桐口山冲里出了个名叫盘巧的姑娘，她的绣花特别好，绣出的花果栩栩如生。姑娘们喜欢和她一起绣头巾、织花边。十八岁那年，她被官府抢去，却无人给她往家里报信。她根据与姐妹们织花边、做鞋样的图案，每天造一个字，三年里造出1080个字，她用自造的字写信给家乡的亲人。以后姑娘们就用盘巧造的字编歌，好记、好认，流传到今天。盘姓是瑶族的第一大姓，暗示这女书是瑶族妇女创造的。

皇妃创造说：

北宋时，荆田村出了一个才貌双全的女子胡玉秀，钦宗皇帝选她入宫，后来却遭到冷遇。她想给家里写信，倾诉不幸，但是又怕违反宫中的禁律。于是心生一计，改变汉字的样子，成为花样形状，把自己要说的话写在手帕上，并告诉亲人，上面的字要斜着看。不久，这种字就在当地的妇女中流传开了。

有关女书的来源，我觉得这样的观点比较合理：女书是妇女创造的，她们受纺织和女红的图案的启发，抽取部分汉字，加以变形而成。女书与女红的关系非同一般。江永县一带自古以编织闻名。清道光《永明县志》载："永明瑶女，织方纹花巾，制颇古质，又有瑶带，衣织花纹，其瑶巾尤洁，如西洋布。"江永县三乡一镇一场中凡是流传女书的地方，都有瑶带。瑶带的使用范围很广，有背孩带、裤腰带、绑腿带等，还用于装饰衣襟、袖口、围裙、包裹等。瑶带的工艺精致，图案多变，除常见的龙凤、花草、鸟虫，还有许多几何线条图案。如卐、王、X、◇、又等与女书的某些字安全相同。上江圩一带刺绣是每个女子都会的技艺。"女书无论从诞生到使用，都跟妇女的重要活动刺绣联系在一起"。①

---

① 梁耀、陈其光《女字和女红图案》，《中央民族大学学报》1997年第3期。

它的萌芽期可能更早,成熟期在清代,此后又经过不断的加工、补充。这个观点,也有足够的证明。"据一些老年妇女反映,妇女文字流行的盛衰期以妇女裹足的结束为分界线。凡会妇女文字者,无一不是裹足者。据此推测,清代是妇女文字盛行时期之一,甚至清咸丰末年出生的唐会苟、唐尔宜,在清同治末年出生的唐国屿及在清光绪年间出生的义云五等男人,也精通妇女文字"。[①] 宫哲兵认为,迄今发现的最早的女书是清代咸丰年间的作品,尚不够成熟,推测女书的发生期在明代末年到清代初期这段时间,而传授的高峰期在清代末年和民国初年这段时间。[②]

女书的形体从总体上来看呈 45 度的斜菱形,斜而长,有点像汉字的"多"字形,由右向左略斜,因此右上角成为最高点,左下角成为最低点。笔画粗细一致,细而挺,像甲骨文的笔画,感觉有点秀丽。由于女书结构简单,笔画单纯,与汉字的楷书有一定距离,反而与新石器时代的陶器刻画符号、商代甲骨文等古文字相像。但是,千万不要以为相像就是有什么特殊的关系。形体简单,接近几何形的符号之间必定会有不少相似点(图 8 - 1)。

女书的笔画是很有特色的。虽然它的基本书写单位也是点画,与汉字楷书比较,它的笔画没有横、捺、勾、折,有的是点、竖,和楷书中少见的斜画、弧笔。女书的点画之间不呼应牵连,没有楷书的各种变化,只是一个圆点"·",而且很小。斜画"/"是近 60 度的斜线,有左起和右起两种,也没有什么形态上的多样性。它代替了楷书中使用最多的横画。弧笔")"是一个圆弧,有长短之分,没有起笔、落笔的粗细变化,一般用右弧,左弧用得较少。弧笔的出现,好像有点奇怪,实际上它是斜笔的变形,因为女书的行款是由上到下,斜笔向下行笔,自然出现弧形的斜笔,所以,弧笔实际上是斜笔的变异。女书中常出现小圆圈,略呈长形,上下两端交角,由左右弧笔合成,它是一种区别记号。竖笔"丨"垂直,长短不一,用得很少。女书的笔画实际上只

[①] 唐功伟《上江圩的妇女文字》;[②] 宫哲兵《女书时代考》,载《奇特的女书》,北京语言学院出版社,1995 年。

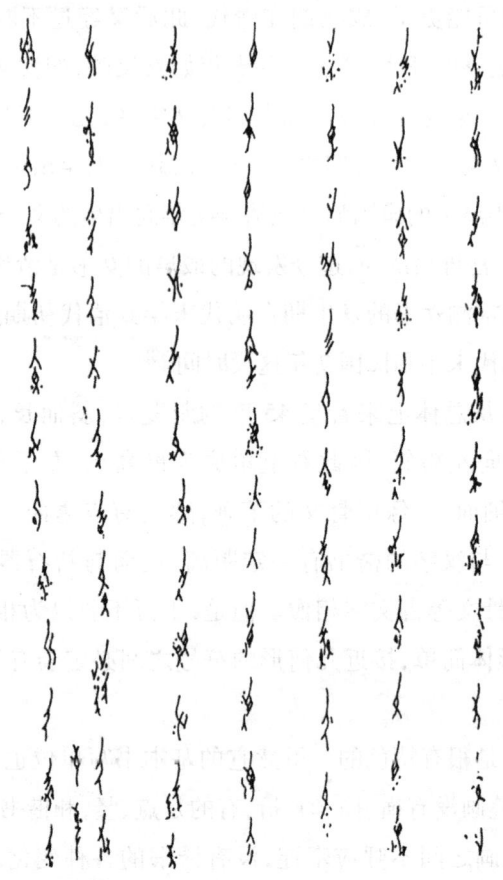

图 8-1 女书原件样品

有点和线,各种笔画并不是十分分明,不同的人写出的笔画稍有不同,直线和弧线、点和短线都可以变换。

女书与汉字一样,由点画组成部件,再组成字。这类部件的数量大概在 120 个。合体字占有相当数量,从它的结构方式看有以下几种:

上下结构,由上下两部分合成,如 ☰(春) ☰(瞒)

左右结构,由左右两部分合成,如 ☰(但) ☰(急)

其他结构,包括左右夹心等,如 ☰(用) ☰(死)

对称结构在女书中占有很重要的地位,在 2000 多个字中,300 多个是对称的,可分轴对称和中心对称两大类。

轴对称:上下对称,如✺(步);左右对称,如✹(哭)。因为女书的整体字形是斜的,最多的就是这种不上不下、不左不右的对称,如✹(双)✹(樵)等,看上去似乎是上下分布,实际上从汉字的来源看是左右分布,应该作左右对称对待。轴对称中有少数非常特殊的字,它既是上下对称,同时又左右对称。如✺(安)字。

中心对称:这种对称的要求比较高,一般文字中几乎见不到,女书中也比较少见,如✹(慈)、✹(五)等。

汉字中如"非""小""中"这样对称结构不多,女书能现成利用的机会有限,大多数要经过改造,如"五"字,加上一笔,就成✹。"哭"字也不对称,就减掉中间的一点和一画,成✹,有些字的加工量就更大了,增加和减少笔画一起进行,结果是面目全非了。

一字多形:女书很讲究行文的美观,在一个句子中,力求同一个字的字形不重复,尤其忌讳紧接着重出。碰到这种情况,就要临时变换字形。它有三种方法:第一,使用专门的替代字;第二使用同音字替代;第三,改变重出的字的笔画。衡量女书的水平高低,避免重出字形是一个指标。

一字多音:一个字有几个读音。造成一字多音的原因比较复杂,有书面音与口语音的差别,也有本读与训读的差别。因为女书的使用者比较随意,有些人会用同一个字表示几个音。

女书的特殊形体,是因它的源头造成的,至今还保留着很多女红的痕迹。如果仔细地观察女书的结构、笔画,它与编织的工艺特点是相吻合的。

另一方面,女书的特点与书写工具和书写方式也有一定的关系。当时妇女是在劳动之余,进行女书创作的。她们坐于地灶旁,顺手从柴堆中取小棍一根,削尖为笔,蘸墨汁(如无墨汁,就拿锅底黑烟略烧后浸水替代)在纸扇上书写起来,这样写出来的字就细而直,笔画无粗细的变化。书写时,纸扇是斜放在膝盖上,必然写成菱形的字体。①

第三节　女书是闺中隐秘字

女书的主体是通行汉字,语言基础是汉语的小方言——江永土话,使用者是地道的汉族妇女,这些都决定了女书只能是汉字系统内的特殊的变异字。可以说它既不是什么其他民族文字,也不是独立于汉字之外的文字体系。赵丽明称之为汉语社会方言文字,总的来讲是正确的。但是,方言文字更适合那些使用标音文字的地区,因为语音的规律对应,在词的拼式上有规律的差异,造成文字方言地域的差别性。标意文字是超方言的,因为它的字不显示所标志词的语音结构,方音的变化所造成的同一词的不同音值,一般不会在文字上反映出来。只有一些特殊的方言词汇,才会另行造字,但是,它们形成不了成系统的文字,只能是零星的、个别的单体,因此无法称之为"文字"。同时要说明,部分妇女不等于该方言区的全体,所以冠以"方言"也是不合适的。怎样给它一个恰如其分的名称呢? 首先它是属于社会隐秘字的一部分,这类隐秘字区别于主流文字系统,它对主流文字的部分字加以改造,形成一些秘密符号,流行于社会的某一层面,在社会某群落的内部交流,作为主体文字的补充。女书即属于这一范围,可以称之为江永妇女隐秘字。

女书的主要部分是汉字的变形字,因此有人称之为异形汉字,那么,所占的比例是多少呢? 据统计,女书中80%以上的字可以找到通行汉字的痕迹。但是通行字进入女书几乎都经过不同程度的加工变形。

女书对汉字的改造,是全方位多角度的,总的来讲是变形、加减、假借通用,常常不是单一因素的变化,而是综合的变化。

第一,变形处理有四点:

---

① 唐功伟《上江圩的妇女文字》,载《奇特的女书》,北京语言学院出版社,1995年。

斜写。女书都是斜写成菱形的,这点前文已经谈到,菱形字的客观基础是纺织物的编织组织和女红的图案,主观上是为了与通行字保持距离,使人不容易识别,让男人看不懂。斜写之后,有些字只是有斜势,与原来的字变化不大,如从通行字"白""全""男""甲""平""刀"等变过去的女书,基本可以认读。可是大部分通行字斜化后,会造成字的结构上的一系列的变化,带动笔画的变化,这部分字不容易辨认。

反书。反书在南北朝正式作为一种书体,后来为西南少数民族创制民族文字时所常用,江永地近少数民族聚居地区,不会不受影响。女书中通过反书通行字而来的字有一定数量,一般是整体反书,如ㄨ(大)√(上)ㄨ(快),此外在综合性变形中,反书是重要手段。

改变笔画,包括笔画的增减、笔画的变形。为了求简,一般是减笔,如&(鱼)、ㄆ(冬),加笔是少数,如ㄨ(中)。

图案化,结构上趋向对称化,取得和谐的视觉美感。

第二,女书改变汉字的单一构成,加入通行字以外的成分。

图案。女书中吸收了许多图案花纹,这些花纹一般是几何形线条,大致上就是方块、斜方块、斜线、平行线等组合而成的图形,这些都是基本图形,中原风格在早期图案中经常使用,唐宋以来被更有民族个性的复杂的图案组合所取代。但是在西南少数民族中依然保持,而且占有主要地位。女书中吸收的这类图案,应该是从当地的装饰品特别是纺织品的图案中获取的。这点反映了女书与当地少数民族文化的密切关系。有些图案不是当地独有,说明造字的图案来源是多方面的。卐(万)字、米(寿)字,作为装饰字的历史至少在北宋就开始了,在明清时期这两个装饰性的图案广泛流行,纺织物上可以经常见到。这与女书的形成期相一致。

自造字。自造字实际上可以分为两类,一类是几何体,另一类是象形体。

几何体以点、线的交叉等变化造出形体简单的字形。这种字形单纯而朴拙,与新石器时代的刻画符号风格近似,给人以无限的遐想,甚至误导出女书的古老性来。又因与某些民族的古代的标音符号模样相近,给人一种错觉,怀疑两者是否有亲属关系。西南少数民族地区的改造文字中常有一些简单的象形字以补充不足,如水族的水书即是一例,女书虽是汉族女子的专用字,也难免受此影响。

第三,假借字的大量使用。古代妇女识字很不容易,即使识字,数量也相当有限,所以客观上需要许多同音字替代使用。缩小用字个体的数量,大量假借字出现,虽然不是直接改变某个字的形体,但是在文字面貌上女书作品同样与通行字拉开了距离。

女书与通行汉字比较,笔画多少、行笔方向不同,结构更不同,这不完全是妇女的文化水平低,写成了错别字。因为女书明显是有规律的,它是故意与通行字造成差异,与通行字相区别。

第四节 社会秘密字

行业切口古代称为市语,又叫锦语等,是隐语的分支,专门用在特定的场合,大约起源于宋代。

明清时代市场经济繁荣,市语遍及各行各业。市语范围很宽,只要需要,所有的语言均可阑入范围,其中尤以一到十的数字最为常见。社会的某些行业或结社,为了保证自己的利益,或者便利,一般都有一些特殊的言语和文字符号,在自己人进行交流时,不为外人了解内容,从而保持内部的秘密。这种言语就叫切口,叫隐语,用反切,用别称,外人闻其声而不知其意。

明田汝成《西湖游览志馀·委巷丛谈五》载:"今三百六十行各有市语,不相通用,仓猝聆之,竟不知为何等语也。"感叹此市语"义意全无,徒以惑乱观听耳"。市语原理非常庞杂,来源不一,难以一一辨别,以一至十字为例,有第一字写白字办法。

"四平市语":一为忆多娇、二为耳边风、三为散秋香伙、四为思乡马、五为误佳期、六为柳摇金、七为砌花台、八为霸陵桥、九为救情郎、十

为舍利子。(明田汝成《西湖游览志馀·委巷丛谈五》)

有的锦语采用游戏术语,仅仅是为了增加语言规范,增加活动的趣味。

解数一,勘肷二,转花枝三,火下四,皮破五,出尖六,落花流水七,斗底八,花心九,全场十。(明汪云程《蹴鞠图谱·锦语》)

清翟灏《通俗编》记尤其详细:米行:一子、二力、三削、四类、五香、六竹、七才、八发、九丁、十足;丝行:一岳、二卓、三南、四长、五人、六龙、七青、八豁、九底;绸绫行:一叉、二许、三沙、四子、五固、六羽、七落、八末、九各、十汤;线行:一田、二伊、三寸、四水、五丁、六木、七才、八戈、九成;铜行:一豆、二贝、三某、四长、五人、六土、七木、八令、九王、十合;典当行:一口、二仁、三工、四比、五才、六回、七寸、八木、九巾;估衣铺:一大、二士、三田、四东、五里、六春、七轩、八书、九籍;道家星卜:一太、二大、三蒙、四全、五假、六真、七秀、八双全、九渊;江湖杂流:一留、二月、三汪、四则、五中、六人、七心、八张、九爱、十足。

这些市语有的以本行熟悉的内容编成。如优伶人拿曲牌之头字数字排列:一江风、二郎神、三学士、四朝元、五供养、六幺令、七娘子、八甘州、九菊花、十段锦。此语只是多加语言,增加梨园风韵,无关文字。再如药行:一羌、二独、三前、四柴、五梗、六参、七苓、八壳、九草、十穹;大致可以看出,都是药名。其他则令人一头雾水,无从知晓含义。其实大多数市语并非为了迷惑客人,把一些不搭界的音节搭在里面,造成障碍,为的是商家得到便利。

市语中最有特色的是拆字法使用,其实在宋代已经出现端倪:

今言萬(万)为万,以千为撇,非讹也,若隐语耳。(刘攽《中山诗话》)

其原理是用描写字形的言语取代本字,使人觉得不知所云。如:

一为旦底,二为断工,三为横川,四为侧目,五为鬻丑,六为撤大,七为毛根(一作皂脚),八为入开,九为未丸,十为田心。(清褚人获《坚瓠壬集卷一·市语》)

清代的市语形成系统,各行不同。因为民俗文字彰显,具有民间汉字情怀的市语出现。

杂货铺:一平头,二空工,三眠川,四睡目,五缺丑,六断大,七皂底,八分头,九未丸。(清翟灏《通俗编》卷一)

这组杂货铺的市语完全是汉字结构变化而成,"一平头""二空工""五缺丑""七皂底""八分头""九未丸"用的是减法,取原字的一部分;"三眠川"是转法,把原字旋转90度;"四睡目"是减法加转法;"六断大"用断法,把笔画截断成字。这算是通俗字学的运用,有点根据。清翟灏云:"江湖市语尤多,坊间有汀湖切要一刻,事事物物,悉有隐称,诚所谓惑乱听闻,尢足采也。"

今隐语以千为撇,以萬(万)为方。盖俗萬(万)作万,故千举其首,而万加以点也。宋时已有之,以千为撇,以萬(万)为力,则萬(万)为万。(明田艺蘅《留青日扎》卷三"千万")

有的仅仅是为了方便,在行业内也用一些简字。

天地会,又称三合会、三点会,对内称洪门,会员称"以天为父,以地为母,日为兄弟,月为姐妹",故称天地会。它的支派有小刀会、哥老会、红钱会等。在清康熙年间成立,旨在反清复明。为了避免遭到朝廷的追捕,成员的活动都是地下的,采用秘密的联系方式、秘密的语言和秘密的文字符号。他们的会员证书分大、小,有白、赤、黄几种,一般以布片印成八角形文字,中间盖公所朱印。诗句连缀法十分复杂神秘,花样百出,或一句颠倒文字,或各句互相错综,一定要使外人见到也难以索解,这样才有安全感。诗的全文如下:

初进洪门结义兄,当天泪誓表真心。长沙湾口连天近,渡过乌龙见太平。宋柏二枝兄弟众,忠节连花结义亭。忠义堂前兄弟在,城中点将百万兵。福德祠前来警应,反泪复汩我洪英。五人分开一首诗,身上洪英无人知。此事传得众兄弟,后来相会团圆时。你我腰平大不同,老母赐我傍身中。上绣五龙扶真主,下绣彪寿合和同。阴阳化合成,彪寿合和同。公侯伯子男,天廷国式。金木水火土,顺天行道。天地日月年,龙虎龟蛇岁。龘赐兴,龖赐旺,川大丁首,川大车日。日姓孙,月姓唐,云姓气,星姓碧,㴔㴋㴍㴐,反泪复汩,关不正便,龙开不同。洪家后日山,禽稀蟲。

文字图形的左方尚有"共同和合忠心义气日月"几个字,背面记姓名、年、月、日。图有"木立斗世"四个字。"木"拆为十八,是世祖在位年数,"立"为六一,是圣祖在位年数;"斗"为二十,是世宗在位年数,"世"为二卅,是高宗在位年数。以这四字终结,喻到乾隆末年必定灭亡。

天地会遗留下来的文物不多,"钟灵堂"银票现存两张,一张在上海博物馆,为我国著名纸币收藏家从外国人手中购得,另一张为西安雷氏收藏,两张银票大小格式大体相同,值得注意的是外圈的文字的行文,右侧上首"龙盘洞水气昂昂",自上而下顺书;左侧上首"钟灵灵光光万方"自上而下顺书;右侧下面"一到风云聚会日",从底向右、向上逆书,其中"一到风"卧书,"云聚会日"倒书;左侧下面"三江五湖四海王",从底向左、向上逆书,其中"三江五"卧书,"湖四海王"倒书。两侧的顺书、倒书文字拼成一首七绝诗:"龙盘洞水气昂昂,钟灵灵光光万方。一到风云聚会日,三江五湖四海王。"

蛰伏等待时机起事,夺取大下,这是天地会宗旨,中间嵌入"钟灵堂"的堂号。与上海博物馆藏银票上"伍两"面值处盖有"统一天下,地久天长"的内容相符合。这首七言绝句用倒书形式处理,可以迷惑会党以外的人,使人难以释读,起到保密的作用。①

　　三合会的隐语如:公所叫红花亭、松柏林,集会叫开台或放马,会员叫香或洪英,外人叫风、疯子、鹧鸪,会员的证件叫腰平、八角招牌、八卦,水叫三河,油叫洪顺,靴子叫铁板,帽子叫云盖,祖先公馆叫马桶,船叫平,大炮叫黑狗,火药叫狗粪,银圆叫瓜子,铜钱叫芝麻,斩首叫洗面等。秘密会社造了好多自己使用的字,其特点是以合体为主,往往是几字合成一字。如诗中就有不少自造字。

　　"䨺"由"青""氣"二字合成,即"天"字,"黤"由"黑""氣"二字合成,即"地"字。

　　加的部件不是随心所欲的,常用的有"虎""黾"" 氵""共""穴""氣"(气)、"立"等,它们有所寓义,如"洪"拆成了" 氵""共","虎""氣""黾"都与道教有关。加上这些附加的字,使合成的新字也增加了新的含义。

　　此外"合"字加"虎"作"虓","明"字加" 氵"作"湖","月"字加"共"作"胜"。

　　渗洣滐泚四字即是"参""犬""宏""化"四字部件,加上" 氵""穴"组成,这些多余部分起迷惑作用。

　　"龠"是数字合成,"结""金""蘭"(兰)三字合成。

　　"穐"是"共""和""合""同"四字合成。

　　"𢇀"是"结""萬(万)""为""记"四字合成。

　　数字合一还有,"洪顺堂"合成"𡦺","忠心义气"合成"𡨚"或"㦤","一片丹心"合成"𠮷","顺天行道"合成"𨗈","反清复明"合成"𩇕"等。

　　相反,把一个字劈开,留下一半,作替代,隐去原字。诗中"川大车日"是"顺天转明"之减文;"川大丁首"为"顺天行道"之减文。此外,还有把

----

①　雷晴波《天地会银票》,《收藏》2000 年第 4 期。

"关開(开)路现"减为"关井足王"。当然也用传统的拆字法,把一个字拆成一个词组,如,姓名"藍(蓝)杏"拆成"臣廿皿右口木"。"洪"字拆成"三八廿一","地"字拆成"七十二",当然拆字是灵活的,有时只要意思对头,不必拘泥个别笔画的契合,如"地"既然拆成了"七十二","天"字就不管如何也要拆成"三六"。"天"与"地"三十六加七十二,正好是一百零八,"會"(会)字的上端是"八"字,下面去掉中间的部分,可以看成一个"百"字,这样"會"(会)字就拆成"一百八"。所以,天地会也称三合会,其含义是天有三十六宫,地有七十二魔,又可指三六为新会员,七二为各头目,一百八为大总理。

更奇妙的是把拆字的内容编成诗句,几个字就合组成一首诗。平时只见诗,而把字隐去。如,"金蘭(兰)结(義)义"四个字,变为一首四句七言诗:"人王头上两堆沙,东门头上草生花。丝线穿针十一口,羊羔美酒是我家。"其中第一句是"金"字,第二句是"蘭(兰)"字,第三句是"结"字,第四句指"(義)义"字(字形中不含此字)。如果不知其中奥秘,读来真不知所云。

替代法,其一,在一个字内部,用甲替代乙。如,用"虎"去替代"彩"字中的"采","彩"字变成了"彪"字;用"立"替代"號(号)"字中的"虎","號(号)"字变成了"𧇾"。其二,用甲字代替乙字。如,以"兴"代替"天","孙"代替"日","唐"代替"月","气"代替"云","碧"代替"星"等。替代符号不限于一般通行字,还起用了汉式数字,以"炏"替代"洪","𠈌"替代"英","燚"替代"通","焱"替代"大哥","燚"替代"香主","焣"替代"先锋",各个毫无意义的数目字作为代表,成了地地道道的密码了。

秘密会社的造字方法不断地改进,因为日久会渐渐失密,所以必须在旧字上再造新字。如"清"减作"洢",再拆成"三月","明"字加"氵"成"溯",又减去"月"成"汨"字。同时加、减、拆各法常常综合运用,使人无法简单用一种方法去解读。如,"韯飈岁合姓洪"减为"青气山人生共",其中"岁"字不是减法,而是用了拆法,拆开成了两个字。

总之,天地会的秘密用字包含了减法、加法、替代法及各法的综合运用,再加上秘而不宣的活动内容,外人很难从见到的一些似字非字的现象去推想、了解它的秘密。曾有一位收集古钱的朋友拿一件孔方钱拓影问我是什么意思,正面是"吉星栱照",背面是复文(图8-2)。正面的"栱"当是

图8-2 天地会秘书钱

"洪"的替代字,所以,这是一枚天地会的铜钱。背面上下两字估计是"剗(铲)除"的替代字,右侧可能是"月"的替代字,左侧字可能是"氵",合起来是"洰",也就是"三月",即"清"字。连起来就是铲除清(妖)的意思。到底是哪几个字,如果找不到有关的资料,恐怕就难以揭开这个秘密。

天地会的造字带有明显的道教色彩,除了拆字法以外,大多是道教秘文的结构,而且老百姓也常把它当作道教的符文贴于门户、床边,或者焚烧,或者包裹,或者挂在颈项,作为护身之用,以为有此保护,恶鬼不能靠近。

第五节 画化字

画化字是把图画变成字,它把字的笔画化为绘画的线条,组成一幅文字画。单纯的由字排列线条的文字画实际是回文诗的变异,难度在于如何安排字数,保证完整的内容。画化字字数很少,需要分解笔画,与绘线贴合,点画与绘线浑然一体。两者好似都是组字成画,技法大不一样。画化字肇自元明,盛行于清代中期,为民间喜闻乐见的特殊字形形式。字化画是由字义变化成图画,有点像示意图。

《龟蛇碑》现存陕西耀州药王山南庵碑廊,此碑为元代道观所立,后因残损过甚,明正统十三年(1448年)耀州知州李芳,同知丘纯重刻,碑高204厘米,宽70厘米,厚25厘米(图8-3)。现存两通,一在南庵、一在北洞,在南庵者,附刻《唐太宗赐真人颂》于碑之阴。《龟蛇碑》蟠首龟座,正中阴刻

第八章　民间的秘密文字　271

"龟蛇"两个大字,字方半米,二字似字似画,"龟"字内有二田,隐含"雷"字,有镇邪之意。"蛇"字写法近"水"字,而蛇头、蛇尾俱全,蛇身蜿蜒盘曲,一笔而就,这是画化字的较早作品。此碑巧妙地将汉字笔画与动物形态融为一体,笔法盘曲灵动,形神兼备。明代崇拜玄武神,而玄武由龟蛇合成,玄武为北方之神,镇水辟火,可保家业平安,雷公代表天庭惩处邪恶,而蛇本来是五毒之一,故而"龟""蛇"二字本身就是镇邪的意思。明清以来人们争相拓印,贴于家中,以崇正除邪、镇宅辟恶。山东潍坊潍

图 8-3　《龟蛇碑》

城玉清宫内也有《龟蛇碑》,石碑断裂,现藏于山东潍坊石芴园博物馆院内。此《龟蛇碑》为元代著名道士谭真君所书,谭真君(1123—1185)名处瑞,本名玉,字伯玉,又字通正,号长真子。博学多才,尤工草书。平昔好书"龟蛇"二字,妙将入神,为世所重。

"奎"字上"大"似"文",下为"圭",寓意以文执圭,士人以文章取士,登高位,故认为奎宿主宰文运。"魁"有魁首之意,"魁"与"奎"同音,后来用"魁"取而代之。明清间顾炎武《日知录》卷三十二"魁"谓"今人所奉魁星,不知始自何年,以奎为文章之府,故立庙祀之"。魁字形为鬼举足而起其斗,是由鬼和"斗"组成,是"魁"字的象形化。"魁"字由"鬼"字紧抱"斗"字,据此魁星被图解为一鬼持斗。传说他那支笔专门用来点取科举士子的名字,一旦点中,文运、官运就会随之而来。唐代以来,皇宫正殿的台阶正中石板上,雕鳌形。按规定,头名进士(状元)可站在鳌头恭迎皇榜。明代刻本中还有状元站立在鳌头的图像。明王直(1379—1462)《序魁星图》:"昔洪武甲子,泰和领乡荐者二人,邑人龙仲章以缣素为大旗绣魁字于上,张其门以华之,用丞相遗意也。自是而后相习成风,盖久而弥盛。永乐庚子以明经中选者又二十人,而陈珩、彭颙与焉。其姻戚廖文思所以华之而耻,同众

人乃命画者取魁字之形肖为像以贻焉,名之曰魁星。其用意益奇。"这是"魁"字化画的确凿记载,时间在永乐庚子(1420年),是由画师执笔而成。

明代中期的《三才图会》收入这个字化画的图像(图8-4),上海嘉定博物馆一件清代木刻也有此画面,内容基本相同。把"鬼"画为一个执笔的小鬼,青面獠牙,站立在鳌头之上,明版持斗,赤裸身,清版所持或非斗,着衣,笔尖指向三名读书的学子。

"魁"字在清代,又从字到画。

山东兖州的魁星楼建在城墙的东南角上,高度仅次于著名的兴隆塔,为兖州城第二高度的建筑物。兖州市博物馆藏有一块魁星石碑(图8-5),是魁星楼的原物。魁星上书小篆"天开文运",下首有《魁赞》:"维北有斗,光列七星。同旋帝座,独占魁名。方应璇玑,斜转玉衡。勒图金石,取象文明。城一耸峙,地德钟灵。伫看多士,奋迹云程。"后题"乾隆六十年(1795年)立"。这是目前发现最早的画化字魁星像。"鬼"字头部比较形象,双尖角加上圆睁的双目,身体依照"鬼"下的一撇一钩写成,"魁"右部"斗"字,用星斗图表示。整个文字画简练明白,但是形象不甚美观。

图8-4 《三才图会》的魁星

图8-5 兖州魁星楼魁星石刻

魁星像以画化字最为精彩。上海松江醉白池内有一幅清代石刻魁星像(图8-6),额头、眼睛、鼻子组成"正"字,嘴为"心"字,左手和腰组成"修"字,右脚为"身"字,毛笔和右手组成"克"字,耳朵为"己"字,腰带结为"复"字,左脚为"礼"字。整个魁星像由"正心修身,克己复礼"八字组成。此画为改琦在嘉庆年间(1796—1820)制作。改琦(1773—1828),清代画家。字伯韫,号香白。改氏世居宛平(今属北京市),祖父改光宗任松江参将,遂定居于此。改琦耳濡目染,专心绘画,工人物、佛像、仕女,造型纤细,敷色清雅,创立了仕女画新风格,时人称改派。此作以魁星图像变化为文字点画,与他这种精熟的绘画技法不无关系。改琦可能是受人之托,经过精心设计,依靠纯熟的技巧,完成了一幅完美的画中字。

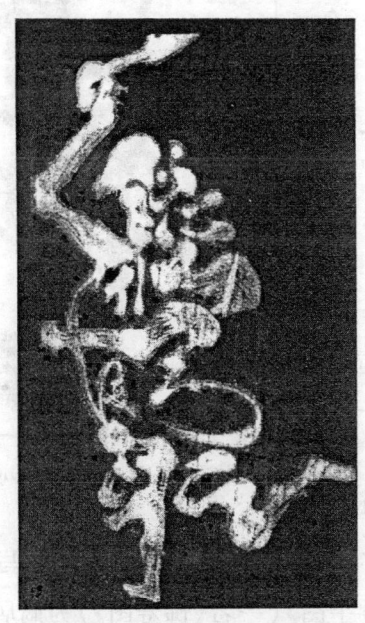 

图8-6　醉白池石刻魁星像　　图8-7　碑林《魁星点斗图》

西安碑林有《魁星点斗图》刻石(图8-7),陈列在西安碑林第四室西侧第三排南数第二的位置。此刻石为圆首方座,高114厘米,宽60厘米,刻于同治年间(1862—1874)。《魁星点斗图》左下落款"西蜀马德昭"。魁星左手托砚,右手执笔,一脚翘起托一"斗"字,一脚立"鳌"字上,取魁星点斗独点鳌头之意。魁星像也是由"正心修身,克己复礼"八字拼合而成,而"斗""鳌"两字依然保持字形,拼字浑然一体,构思十分巧妙。

书者为马德昭,官至陕甘总督,此图可能是他在驻守潼关任上所作。据说有两处石刻原件,一存于西安碑林,一存于阆中张飞庙。这个说法有点奇怪,既然是原件,就该是一件,另一件应为仿刻。到底原刻在阆中还是西安?

其实一幅好的书法作品,翻刻往往不止一处,北京孔庙内也有相同的御制魁星点斗石刻,看来此刻石远不止两块。

松江醉白池的魁星图要早于马德昭的魁星踢斗图,马德昭说他的图根据旧图改造,那么旧图是否为改琦的图呢?这种文字魁星图有传统,可能多地皆有,不但有石刻,而且有印刷品。清末法国传教士收集到一张魁星图(图8-8),也是"克己复礼,正心修身"八字,画中字变形不大。很容易看出拼成的魁星只是意思而已。①

图8-8 清末魁星像印刷品

黄州东坡赤壁的坡仙亭内有《寿星图》石刻图画一方,画中一位老寿星,作打拱状,慈眉慈目,笑容可掬(图8-9)。这是一幅画中字,寿星由文字组成,上方正中有"德寿殿宝"四字篆字印,印左下方有押书印。寿星右侧一行苏体字"绍圣二年四月佛寿日苏轼写",下钤"东坡居士"印。据王琳祥考证,《佛手图》(一名《佛寿图》)为谪居惠州的苏东坡在北宋绍圣二年(1095年)四月佛寿日作,寄寓自己的情怀。德寿殿为高宗赵构的起居之所,晚年的赵构常在德寿殿内读书习字,高宗在其书作上也自题"德寿殿书"。"德寿殿宝"系南宋高宗赵构晚年所用的御玺文字,与苏东坡的原画毫无关联。清末民初的大收藏家吴湖帆先生曾收藏过此图,并对此符号作过考证。在此印之下方,吴氏记曰:"宋高宗玉押。今藏吾家。吴湖帆识。"至于画中字至今尚未统一,有人说是"德""寿""殿""宝"四个字,有书画行家说:"苏轼《寿星图》的下半部分是由'寿'和'福'

---

① 〔法〕禄是遒著,据〔英〕甘沛澍英译本,王安定译,李天纲校《中国众神》第36页,上海科学技术文献出版社,2009年。

字组成,只不过是将'福'字变成了上下结构,两个字的造型在世传的篆书《百寿图》与《百福图》中依稀可见。"如果不是巧合的话,苏东坡将"福""寿"二字巧妙地和寿星头结合成一幅栩栩如生的《寿星图》。① 这幅画历经修缮、整理、镌刻、捶拓,已经与原貌有一定差异,一些重要的细部已经消失,这可能是释读画中字的难点。这幅石刻是后人按照"原作"模刻,那么原作者是否为苏轼呢? 当然不是,这幅画中字深藏机巧,充满匠气,此图绝非大文豪苏东坡所为。《寿星图》不是苏轼所作,也非宋代人所画。一种文化现象必有其时代背景,画中字鼎盛时期在清代中期,寿星的造型亦为清代风格,所以《寿星图》大约在清代中期以后出现,是某些好事者的杰作。至于那些东坡印章、御

图 8-9 《寿星图》

押、宝印都是从其他书画上移植,所谓苏轼的题跋当然也是仿苏字而已,苏字本来就容易学,仿之不是难事。

画中字是汉字民俗的重要内容,是文字中的奇葩,就《寿星图》而言,它不是一般的草字画图,而是楷书加篆书,十分少见。

故宫博物院收藏的慈禧御笔《福禄寿》轴(图 8-10),作于光绪戊子年(1888 年)。看似一幅老寿星图轴,细看除了头部是绘画以外,其他都是拼合的文字。"福"字构成外框,即寿星的圆形身体,"禄"借用"福"字"示"旁,而"寿"字用草化简体字,其一大撇变为拄杖。"禄""寿"两字化作袍子的衣纹。这是一幅巧妙的字化画,但是不能称作匠心独具,它不过是流行的产物。

---

① 王琳祥《苏东坡〈寿星图〉上"德寿殿宝"初义考》,《中国文物报》第 7 版,2005.3.23。

画化字中有一种喜闻乐见的小品,写一字二字,精心设计,字画融合一体。阮元(1764—1849)字伯元,号云台(或作芸台),又号揅经老人。江苏扬州人,著名经学家,金石家、书法家,书法精于行草、八分。嘉庆甲戌年(1814年)他时年50有余,书一幅"吉羊如意图",采用玉箸篆,一笔草书。"如"字实而"意"字虚,"如"字盘曲成如意头,而"意"字弯曲如柄。全幅字一气呵成,"如意"二字字法画法兼顾,无丝毫匠气(图8-11)。

"关帝诗竹"也称"关夫子风雨竹""关帝竹""诗竹""竹叶诗""风雨竹"等,是一通有名的画化字碑刻。

"竹叶诗"相传三国刘备义弟关羽所作,竹叶内有字迹,为四言五绝:"不谢东君意,丹青独立名。莫嫌孤竹淡,终久不凋零。"关羽

图8-10 《福禄寿》立轴

图8-11 《吉祥如意图》

以忠义闻名于世,自北宋崇宁三年(1104年)封为真君以来,元明两代不断加封,清代达到顶峰。顺治九年(1652年)封为忠义神武关圣大帝,道光八年(1879年)封为忠义神武灵佑仁勇威显关圣大帝。而且在武功方面,关羽几乎取代了姜子牙的武圣地位。《竹叶诗》中"东君"指司春之神,暗喻曹操。诗的意思:谢绝东君的好意,要丹青不渝地留下美名。不嫌弃孤零清淡,岁寒终究不凋零。这正是关羽"身在曹营心在汉"大义的写照。

画中用修竹两竿,竹叶交叠成字,容易制作。此碑不仅有翻版,也有新造,故而各地的《竹叶诗》面貌并不一致。大多为两竿或三竿竹子的一幅图,亦有风竹和雨竹两幅图。后者以上海松江醉白池的《风竹诗碑》为代表,它由上下两幅图构成。

传说《竹叶诗》是关羽所作,并不可信。写竹成画,最早见于五代及宋人的工笔画,明清流行写意画,竹是文人画的常见题材。因而此画不会早过明清,绝非关羽所作,但是这些并不影响此画的民俗意义。

《竹叶画》的踪迹十分广泛,一些重要的名胜古迹、庙宇常常可以见到,画面的安排却不完全一样。有一大一小的双竹图,如:山西解州关帝庙的《竹叶诗》碑,中间双竹,竹下有土坡,顶端有篆字"关帝诗竹",左上有环钮印及印文,左右两侧各有跋文(图 8-12)。据清嘉庆年间《关帝圣迹图志全集》称,《竹叶诗》石碣为明代宣德年间(1426—1435)徐州建铁佛寺时地下得之,又说是清康熙五十五年(1716 年)韩宰临摹。又有说原刻在山东肥城关帝庙内,清代道士创作。① 湖南南岳衡山寺庙为适应香客需要而印制的《竹叶诗》,一侧刻明弘治三年(1490 年)在扬州淘河出土的环钮"汉寿亭侯之印"以及"关羽之印"。这块版藏于衡阳市博物馆,据说是清中叶之物。② 潮州西湖景韩亭内壁左角的"关公竹"碑,原嵌在潮州关帝庙的墙壁,庙毁,后人将其重置于亭内。竹子下边有楷书的释文。碑的右上角还有"汉寿亭侯""关羽之印"两方印,左下方署有"光绪乙酉(1886 年)秋月林敦本堂敬立"(图 8-13)。将图放在一起比较,可以看出后两者均为前者的翻刻本。

白帝城西林里有一块高 115 厘米,宽 64 厘米的《竹叶碑》,由竹叶组成的诗句,它的特殊处不是两竿竹,而是三竿竹,竹叶作下垂状,字形清楚,画意较淡。题跋落款"兰亭曾崇德",光绪六年(1880 年)游览白帝城时所作。题"丹青正气图",很明显这是一个独立的版本(图 8-14)。上海松江醉白池一通《竹叶诗》碑与众不同,分上下二图,竹叶字的写法也稍有不同(图

---

① 吕文平《关帝〈风雨竹诗画〉小究》,《文物世界》2011 年第 2 期。
② 梅春林《题拓片〈关羽诗竹〉》,《楚天都市报》2013.6.5。

图 8-12 解州关帝庙《竹叶诗》　　图 8-13 景韩亭内壁"关公竹"
8-15）。

总之,《竹叶诗》在流传中,既有翻刻,也有创作。《竹叶诗》的创作年代目前没有可靠的断代依据,因为无法确定它的原作。大致有明代和清代二说:《关帝圣迹图志全集》说宣德以前之物,而广东梅州丰顺"关壮穆诗竹遗墨",据说系御制品,有"御制"字样,为崇祯丙子(1636 年)所制。河北涿县(今涿州市)汉昭烈帝庙中发现之碑为正德七年(1512 年)重修昭烈庙时所刻。因而有人肯定《竹叶诗》碑刻在明代已流播正盛。[1] 对于关帝《竹叶诗》这样的碑刻,经过辗转摹刻,四方流传,其年代不能根据传说确定。

《竹叶诗》是用竹叶拼搭成字,是一种简单的画化字,制作起来很方便,画面也十分美观,此类作品更加偏重图案。在清代一度成为装点的风俗字画,内容可以任意选择,充当笔画的不限于竹子,也不限于植物,只要是美好

---

[1] 文衍源《关帝庙竹叶诗新考》,《梅州日报》2005.7.15。

图 8-14　白帝城《竹叶碑》　　图 8-15　松江醉白池《竹叶诗》

吉祥的事物均可入字。清代的一副对联"西方竹叶千年翠,南海莲花九品香",[①]由梅花鹿、仙鹤、绶带鸟、蝙蝠、燕子、竹子、灵芝、梅花、祥云等多种动植物组成,虽然字形略显生硬,但是充满装饰效果,在精神和视觉上使人得到愉悦。

在 20 世纪西化浪潮中,画化字的民俗文字形式基本湮没了,除在名胜的摩崖石刻或者碑石中尚有零星点缀外,几乎绝迹。现在还有一种古老的谐声字化画依然大量留存在各类古代文化遗迹上,是传统建筑的雕饰画采用的重要题材。谐声字化画的起源很早,如汉代器皿中的鱼纹用来表示富裕,唐代的绶带鸟之"绶"指代谐声字"寿",都是谐声字化画的先声。所谓谐声就是借用名物来表现同音的原字,把看来无关的一些物品罗列在一起,表达吉庆的愿望。它形式和内容统一,悦目而动听,趣味盎然。例如用狮子

---

① 〔法〕禄是遒著,据〔英〕甘沛澍英译本,王安定译、李天纲校《中国众神》第 35 页,上海科学技术文献出版社,2009 年。

之"狮"代"师""时""世",莲花之"莲"代"连",鱼儿之"鱼"代替"馀",鲶鱼之"鲶"代替"年",蝙蝠之"蝠"代替"福","鹿"代"禄","猴"代"侯","瓶"代"平","戟"代"级","穗"代"岁","磬"代"庆",鹌鹑之"鹌"代"安"等,人们常把几个名物组合在一起,表示一句完整的吉祥语。如瓶中插麦穗,寓意岁岁平安,瓶中插三支戟,寓意平升三级,戟与磬组合,寓意吉庆。还有一种图文结合的写法,如清代白玉洗中,"喜"用文字,"庆"用同音磬表示,合成"喜庆"二字。这种画可以是文人的写意画,也可以是通俗的年画,是民俗画的一个大类。

第九章 谜中之字

第一节 谜之起源

谜是古代廋辞或隐语的一种,字谜是谜的一类,字谜的说法很晚才有。南朝梁刘勰《文心雕龙·谐隐》:"自魏代以来,颇非俳优,而君子嘲隐,化为谜语。谜也者,回互其辞,使昏迷也。或体目文字,或图象品物,纤巧以弄思,浅察以衒辞,义欲婉而正,辞欲隐而显。"谜是一种隐语,把要说的话用隐秘的形式来表示,它讲究使用文学语言,常是押韵诗句,字句迂回,扑朔迷离,迷惑对方,使人无法了解底细。当然汉代的图谶一般也是用隐语,有的也采用韵文的形式,但是它与谜语不同。首先它不像谜语一样曲意隐藏真实内容。其次,猜谜是娱乐性的,有点像修辞手段,谜底无关生计、无重大的利害关系,而图谶大多有涉国体或重大的人事变动。所以我们不能因为两者有某种形式上的相似之处,混在一起讲。

字谜直接来源于隐语的离合字,由简单的形体分析发展到字形开合等复杂的迷乱变化。

> 箸展之谜,载于前史,《鲍照集》中亦有之。如一土、弓长、白水、非衣、卯金刀、千里草之类。其原出于反正、止戈,而后人因作字谜。(宋庄季裕《鸡肋编》卷上)

一般隐语的起源不等同于字谜的起源,字谜什么时间才出现呢?

> 古之所谓廋词,即今之隐语,而俗所谓谜。《玉篇》"谜"字释云:隐

也。人皆知其始于"黄绢幼妇",而不知自汉伍举、曼倩时已有之矣。至《鲍照集》,则有"井"字谜。自此杂说所载,间有可喜。(宋周密《齐东野语·隐语》)

《鲍照集》有"井"字"龟"字二谜,《南史》有屐谜,北史有箸谜,《七修类稿》隐语转而为谜。至宋苏黄极盛。金章宗刊本以行。按古无谜字,《玉篇》始收入之。原其意制,则即《吕览》所谓䛐也。《越绝》"庚米"之辞,《参同》"委鬼"之句,蔡伯喈之"黄绢幼妇",管公明之"燕印蜘蛛",皆其滥觞。(清翟灏《通俗编》卷一)

一般认为汉代是字谜的萌芽阶段,到魏晋南北朝才进入成熟时期。现在能见到的字谜资料虽然记的是三国魏晋事迹,特别是曹操与杨修的纠葛,文献的年代却是南北朝时期的。它采用文学色彩很浓的逸闻趣事的形式,真实性是靠不住的。

魏武尝过《曹娥碑》下,杨修从。碑背上见题作"黄娟幼妇,外孙齑臼"八字,魏武谓修曰:"解不?"答曰:"解。"魏武曰:"卿未可言,待我思之。"行三十里,魏武乃曰:"吾已得。"令修别记所知。修曰:"黄绢,色丝也,于字为'绝'。幼妇,少女也,于字为'妙'。外孙,女子也,于字为'好'。齑臼,受辛也,于字为'辤(辞)',所谓'绝妙好辞'也。"魏武亦记之,与修同。"(《世说新语·捷悟》)

这个传说的疑点很多。根据《会稽典录》所载,曹娥是上虞人。其父"能抚节按歌,婆娑乐神"。汉安二年(143年),为迎接伍君神,逆江涛而上,溺水身亡,尸体也没有见到。曹娥才十四岁,思念父亲,不久投江而死。她的孝道感动了县令,因此为她礼葬,并让弟子邯郸子礼给她立了碑。事情发生在今浙江境内,曹操、杨修都在北方。刘孝标说:"《曹娥碑》在会稽中,而魏武、杨修未尝过江也。"又据《异苑》说:"陈留蔡邕字伯喈,避难过吴,读《曹娥碑》文,以为诗人之作,无诡妄也。因刻石旁,作'黄绢幼妇,外孙齑

曰'八字。魏武见而不能了,以问群僚,莫有解者。有妇人浣于江渚,曰:
'第四车解。'即而,祢正平也,衡即以离合义解之。或谓此妇人即娥灵也。"
有三点值得注意:其一,"黄绢幼妇,外孙齑臼"的作者是蔡邕(字伯喈,
133—192),东汉后期文学家、书法家,善辞章,熹平石经部分由邕树丹于
石。灵帝时,遭宦官陷害,亡命江湖十多年。从时间和经历来看,他写这八
个字是可能的,后代大致也肯定了这个说法。辽宁博物馆藏绢本《曹娥
碑》,后有题跋云:汉议郎蔡邕来观,夜暗,手摸其文读之。邕题文云:"黄绢
幼妇,外孙齑臼。"落款为"晋升平二年"。升平二年(385年),与刘敬叔作
《异苑》相差几十年,两者可以相互印证;①其二,解此题者,不是杨修,而是
祢衡。此说难以断案,杨修与曹操关系甚密,故流传皆以杨修;其三,此诗谜
是以"离合义解之"。

《曹娥碑》在浙江,曹操未至江南,如何读得此碑?

《曹娥碑》后汉上虞令度尚字持中立,弟子邯郸淳字子礼撰,蔡邕
题其阴云:"黄娟幼妇,外孙齑臼。"古碑已不存。宋元祐八年正月左朝
请郎充龙图阁待制、知越州军州事蔡卞重书碑在今庙中。又有后人临
邕八字,其石方三尺许,已破裂不全。世传曹操与杨修读碑阴八字未
达,修欲言而操止之,行三十里操始悟,由是忌修斩之。或谓操未尝至
越,安得此事。窃意操所谓读,非必庙中之碑,殆拓本流传他处者耳,其
言修以是被斩则非也。盖修素与曹植相善,植尝乘车行驰道中开司马
门出,魏武甚怒之,既虑终始之变,以修素有才策而又袁氏之甥也,于是
以罪诛之。注谓以交构赐死是也。语在《陈思王传》。观此则修之死
非谓读碑明矣。(明陆容《菽园杂记》卷十)

陆容的推测,使曹操读碑的疑问得到了合理的解释,从现在流传的墨迹
本《曹娥碑》来看,当时拓本或者摹本传至曹操之手是完全可能的,由此传

---

① 刘金《谁题的"黄绢幼妇"?》,《新民晚报》1997.5.20。

至杨修之手。其次,文中也记载了《曹娥碑》的留存情况,古碑早已不存,蔡邕八字原迹无存,为后人临书,也已经破残不堪。

杨修才思敏捷,先看出"黄绢幼妇"的谜底,遭曹操所忌,最终被杀。以雕虫小技之胜招来祸灾的,历史上多有其人。《南史》载刘显自幼聪敏,号称神童,齐武帝时官至尚书郎。当时有沙门争讼田亩,帝大书"貞(贞)"字。有关的官员不懂,到处向人请教,刘显告诉他们:"贞字文为與(与)上人。"上人,即和尚。意思是把田给与沙门的意思。后来皇帝忌其才能,将他罢了官。

杨德祖为魏武主簿,时作相国门,始构榱桷,魏武自出看,使人题门作"活"字,便去。杨见,即令坏之。既竟,曰:"门中活,'阔'字,王正嫌门大也。"

人饷魏武一杯酪,魏武啖少许,盖头上题"合"字以示众,众莫能解。次至杨修,修便啖,曰:"公教人啖一口也,复何疑!"(均见南朝宋刘义庆《世说新语·捷悟》)

曹操(魏武)嫌门太大,因而在门上题了一个"活"字,"门"字和"活"字合起来是"阔"字。杨修(字德祖)从字谜猜出了曹操的心思,说了出来。后来,有人送给曹操一杯酪,在盖头上写了"合"字,杨修离"合"字为"人""一""口",并告诉了大家。

嵇康与吕安善,每一相思,千里命驾。安后来,值康不在,喜出户延之,不入,题门上作"鳳(凤)"字而去。喜不觉,犹以为欣故作。鳳(凤)字,凡鸟也。(南朝宋刘义庆《世说新语·简傲》)

喜,指康之兄嵇喜。吕安认为嵇喜是凡俗之士,所以不入其门。并在门上写"鳳",如果单从字面看,似乎是赞美辞。实际上他出了个谜,离"鳳"字为"凡""鸟",用凡鸟比喻嵇喜的平庸。

以上三个例子都有一些共同的特点。第一，出题的人可以直接把意思告诉别人，但是他设置了一些障碍，用隐语来表达；第二，他出题的对象是明确的，最终希望对象了解；第三，出题的内容不是十分重要，因此有游戏的宽松余地。

这个时期对字谜而言最重要的是南朝宋鲍照的《字谜》诗：

二形一体，四支八头，四八一八，飞泉仰流。
乾之一九，只立无偶，坤之二六，宛然双宿。
头如刀，尾如钩，中央横广，四角六抽，右面负两刃，左边双属牛。

（南朝宋鲍照《字谜》三首）

对鲍照的三首《字谜》诗解释说法不一，历来疑团重重：

宋苏轼《仇池笔记》卷上"字谜"："鲍明远诗有《字谜》三首。'飞泉仰流'者，旧说是井字。又'乾之一九，只立无偶。坤之六二，宛然双宿。'云是'桑'字。又'头如刀，尾如钩，中间横，四角六抽，右面负两刃，左边双属牛。'乃是'龜（龟）'字。"

宋胡仔《苕溪渔隐丛话后集·半山老人》："苕溪渔隐曰：谜字自鲍照始以字体解释为之，'井''土'二字字谜云：二形一体，四支八头，四八一八，飞泉仰流。乾之一九，从立无偶，坤之二六，宛然双宿。"

第一首字谜中"二形一体"有点费解，有人认为"形"作"体"解释，"形""体"是一个意思，"一形"和"一体"是同义并体，都是独体。所以，这句话先交代这是个独体字。① "四支八头"是说这个字只有四画，但是有八处出头。"四八一八"是算术题，"四"加"一"等于"五"，五乘八等于四十，故四个"十"合成"井"字。"飞泉仰流"，泉水只会往下流，所谓"仰流"是指此水由下向上汲取。这是对"井"特点的描写。

第二首，乾阳坤阴，上两句谓阳文，阳爻即"一"字。下两句谓阴文，二

---

① 方彦《关于鲍照一百字谜诗的解释》，《中国语文大地》1988年第6期。

阴爻二,则中为十字,合而为"土"字。

　　第三首全诗描写"龜(龟)"字的字形,但南北朝时期的字形稍有差异,"右面负两刃"者,可见《魏元肃墓志》龜(龟)字,右下为二"刃"字;"左边双属牛"者,可见《魏于景墓志》及《魏元彬墓志》,左下皆为二"丑"字。①

　　真正像后世的谜语一样,通过隐喻和暗示,让人思考后猜出谜底,这样完善的形式直到南朝宋鲍照的诗才出现,这标志着字谜这种特殊的民间文学形式的确立。

　　谜与其他隐语比较,游戏性是它的特点。猜谜一般在公共场合举行,测验参与者的机敏和智慧。这种猜谜的进行方式,在北魏时期已经存在,那是在一次宫廷的宴会上观看绳伎时即兴做谜,要求现场解谜。

　　　　后魏孝文帝会郡王饮酣,观𫟎妓以呈,其艺出数语辨之,高祖大笑,因举酒曰:"三三横,两两纵,谁能辨之赏金钟。"御史中丞李彪曰:"沽酒老姬瓮注瓨,屠儿割肉与秤同。"尚书右丞甄琛曰:"吴人浮水自云工,妓儿掷绳在虚空。"彭城王勰曰:"臣始解此字,是習(习)字。"高祖即以金钟赐彪。朝廷服彪聪明有智,甄琛和之亦速。(北魏杨衒之《洛阳伽蓝记·报德寺》)

　　如果字谜在魏晋是成长阶段的话,在南北朝是完善阶段,从内容到文体形式、活动场所、宗旨,各个方面进入了成熟状态。

第二节　字谜的鼎盛时期

　　字谜从唐代到宋代是一个逐渐达到高潮的阶段,其前期唐代是一个稳定期,字谜基本上还停留在文人的作品之中,作为离奇的内容引人入胜,不

---

①　秦公《碑别字新编》第 375 页,文物出版社,1985 年。

是独立的文学创作。其中比较有名的见裴度征吴元济的故事,但是这个字谜是个成熟的谜语体裁,有韵,出句唐突,谜底似在有无之中。

度既至,因命封人深地濠,且发其地。有得一石者,上有雕虫文字为铭,封人持以献度。文曰:"井底一竿竹,竹色深绿绿。鸡未肥,酒未熟,障车儿郎且须缩。"度得之,以示从事,令辩其义焉。咸不能究。度方念之,俄有一卒自行间跃而贺曰:"吴元济逆天子之命,纵狂兵为反谋。赖天子威圣与丞相令德,合今日逆竖成擒矣。敢贺丞相功。"度惊讯之,对曰:"封人得石铭,是其兆也。且'井底一竿竹,竹色深绿绿'者,言吴少诚由行间一卒,遂拥十万兵,为一方帅,且喻其荣也。'鸡未肥'者,言无肉也。夫以'肥'去'肉',为'己'字。'酒未熟'者,言无水也。以'酒'去'水'为'酉'字也。'障车儿郎'谓兵革之士也。'且须缩'者,谓宜退守其所也。推而言之,则己酉日当克也。苟未及期,则可俟矣。"(唐张续《宣室志》卷五)

元和年间,淮西吴元济叛,裴度引兵征讨,为攻破坚城,掘壕得此铭石。石上的铭文也是一个谜。谜语以否定词"未"字点明离合字用减法,"肥"字成"己"字,"酒"字成"酉"字。

李白为人取名字也用了字谜的方式,令人觉得诗人的聪明和才气:

外祖闻某初生,相见甚喜,乃抱诣李白学士,乞撰令名。李公方坐旗亭,高声命酒。当垆贺兰氏年且九十余,邀李置饮于楼上,外祖高笛送酒。李公握管醉书某胸前,曰:"树下人不语,不语真我好。语若及日中,烟霏谢陈宝。"外祖辞曰:"本于学士乞名,今不解所书之语。"李公曰:"此即名在其间也。树下人是木子,木子,李字也;不语是莫言,莫言,薯也。好是女子,女子外孙也;语及日中是言午,言午是许也,烟霏谢陈宝,是云出封中,乃云封也。"即李薯外孙许云封也。后遂名之。(唐袁郊《甘泽谣·许云封》)

乐工许云封是李謩的外孙，李謩请李白起个好名，结果李白在许的身上题了一首诗，这首字谜诗做得有点文绉绉，文采为上品，但是当字谜讲算不得佳作。字谜要求谜面要白，内容要曲折，这样指向性就强。

> 太保令狐相出镇淮海日，支使班蒙与从事俱游大明寺之西廊，忽睹前壁题云："一人堂堂，两曜重光，泉深尺一，點（点）去冰旁，二人相连，不欠一边。三梁四柱烈火燃，添却双勾两日全。"诸宾至而顾之，皆莫能辩，独班支使曰："'一人'非'大'字乎？'两曜'者，日月，非'明'字乎？'尺一'者，寸土，非'寺'字乎？'點（点）'去冰旁，'水'字也，'二人相连'，'天'字也。'不欠一边'，'下'字也。'三梁四柱烈火燃'，'無（无）'字也。'添却双勾两日全'，'比'字也。以此观之，得非'大明寺水，天下无比'八字乎？"众皆恍然曰："黄绢之奇智，亦何异哉！"称叹弥日。询之老僧，曰："顷年，有客独游，题之而去，不言姓氏。"（唐冯翊《桂苑丛谈·班支使解大明寺语》）

> 顷年在京，权寄青龙寺日，见有客尝访寺僧，届宾署属主者，忽遽不遑留连。翌日复至，又遇要地朝客，不得展敬。别时又来，亦阻他事，客怒色，取笔题门而去，词曰："龜（龟）龙东去海，時（时）日隐西斜，敬文今不在，碎石入流沙。"僧众皆不能详，独有一沙弥能解之。众问其由，则曰："'龜（龟）龍（龙）去矣'，有'合'字。'時（时）日隐也'，有'寺'字也。'敬文不在'，'苟'字也。'碎石入沙'，'卒'字也。此不逊之言，辱吾曹矣！"僧人大悟，追前人，杳无踪由。客云："沙弥，乃懿皇朝文皓供奉。"（唐冯翊《桂苑丛谈·沙弥辩诗意》）

两桩事情都发生在寺庙中，此中有高人往来，充满禅机，这两个字谜或多或少带有这种玄秘的色彩。而指点迷津者，都是不甚起眼的人物，高深莫测，更增加了神秘气氛。

（尼妙寂之父与夫遇害）过期数月，妙寂忽梦父披发裸形，流血满身，泣曰："吾与汝夫湖中遇盗，皆已死矣。以汝心似有志者，天许复仇，但幽冥之意，不欲显言，故吾隐语报汝，诚能思而复之，吾亦何恨。"妙寂曰："隐语云何？"升曰："杀我者，车中猴，门东草。"（唐牛僧孺《玄怪录·尼妙寂》，唐李公佐《谢小娥传》同）

《初刻拍案惊奇》的"李公佐巧解梦中言，谢小娥智擒船上盗"的故事是根据唐牛僧孺《玄怪录·尼妙寂》改编，说了一个字谜破案的故事。唐代贞元十一年（795年）改成元和年间，俗姓叶之尼改为谢小娥，主要情节一致。说谢的父亲和丈夫等在鄱阳湖口被江洋大盗杀害，她侥幸逃脱。一个夜里梦见父亲对她说："你要晓得杀我的人姓名，有两句谜语，你牢牢记着：'车中猴，门东草。'"隔几日又梦见丈夫对她说："杀我的人姓名，也是两句谜语：'禾中走，一日夫。'"这十二字的谜语暗藏歹徒的姓名，成为破案的关键。她就把它写在纸上，藏在身边。几年中多方请求，无人解得。元和八年（813年），洪州判官李公佐解任东下，经过此地，解了此谜。他说杀她丈夫的是"申春"、杀她父亲的是"申蘭（兰）"："车中猴"，"車（车）"中去上下各一画，是"申"字；申属猴，故曰"车中猴"。"草"下有"門"，"門"中有"东"，乃"蘭（兰）"字也。又"禾中走"是穿田过；"田"出两头，亦是"申"字也。"一日夫"者，"夫"字加一画，下一"日"，是"春"字也。杀汝父，是申兰；杀汝夫，是申春，足可明矣。

托梦的事情当然是迷信，但是这个字谜共四句话，谜底是三个字，"车中猴"与"禾中走"言语不同，却是同一个字，使这个字谜更加隐晦，增加了故事的悬念。

《二刻拍案惊奇》也记了一个类同的案例。《二刻拍案惊奇》第廿一回"许察院感梦擒僧，王氏子因风获盗"记察院许巡按接到张善家主被杀的无头案，退堂后梦见两人来告四句诗。许巡按据诗推问，破了案子，拿住了杀人和尚月朗：

晚间朦胧睡去，只见一个秀才同着一个美貌妇人前来告状，口称被人杀死了。许公道："我正要问这事。"妇人口中说出四句道："无发青青，彼此来争。土上鹿走，只看夜明。"许公点头记着，正要问其详细，忽然不见。吃了一惊，飒然觉来，乃是一梦。

许公道："他曾到本地甚么庵观去处？"张善想了一想道："这秀才初到店里，要在幽静处闲走散心，曾同小人尼庵内走了一遭。"许公道："庵内尼姑，年纪多少？生得如何？"张善道："一个少年尼僧，生得美貌。"许公暗喜道："事有因了。"又问道："尼姑叫得甚么名字？"张善道："叫得真静。"许公想着，拍案道："是了，是了，梦中头两句'无发青青，彼此来争。''无发'二字应了尼僧；下面青字，配个争字，可不是静字？这人命只在真静身上。"就写个小票，掣了一根签，差个公人李信，速拿尼僧真静解院。

许公道："和尚叫甚名字？"真静道："名叫无麈（尘）。"许公听了和尚之名，跌足道："是了，是了，土上鹿走，不是麈（尘）字么？他住在那寺里？"真静道："住光善寺。"许公就差李信去光善寺里拿和尚无尘。吩咐道："和尚干下那事，必然走了，就拿他徒弟来问去向。但和尚名多相类，不可错误生事！那尼僧晓得他徒弟名字么？"真静道："他徒弟名月朗，住在寺后。"许公推详道："一发是了。梦申道：'只看夜明'，夜明不是月朗么？一个个字多应了。但只拿了月朗便知端的。"

察院许公拆了诗句中两个字，都是用加法合成，"青"加"争"为"静"，"土"加"鹿"为"麈（尘）"，抓住了破案关键。

北宋初年的陶穀是个博物家、文学家，有奇书《清异录》存世。与他有关的俗字典故特别多。

宋陶穀使于南唐国，因书十二字于官舍壁间，曰："西川狗，百姓眼，马包儿，御厨饭。"宋齐丘解之，十二字包四字云："獨（独）眠孤馆。"

(《琅邪代醉编·陶穀》,明郎瑛《七修类稿》同)

他出使南唐时,在馆舍墙上写了这十二字的字谜,"西川"是"蜀",加"犬"成"獨(独)"字;"百姓"是"民","眼"是"目",合起来是"眠"字;"马"字草写近似"子","包儿"是"瓜"字,结合起来是"孤"字;御厨饭当在光禄寺所属的某馆做就。"独眠孤馆"四字表达他孤独的情绪。

与《曹娥碑》相似,有一通《许太尉碑》,此东汉碑传至唐开元年间已经字迹磨灭,由其后裔重刻,在碑阴刻了八个字,留给世人。不幸到了南宋碑石又遭劫难,成了洗衣板。

> 徐铉父延休博物多学,尝事徐温为义兴县令,县有后汉太尉许馘庙,庙碑即许劭记,岁久字多磨灭,至开元中,许氏诸孙重刻之,碑阴有八字云:"谈马砺毕,王田数七。"时人不能晓,延休一见,为解之曰:"谈马即言午,言午'许'字。砺毕石卑,石卑'碑'字。王田乃千里,千里'重'字。数七是六一,六一'立'字。"此亦杨修辨斋臼之比也。(宋吴处厚《青箱杂记》卷七)

宋赵彦卫书中记载:

> 屡访许碑不可得,邑人张驹千里云:今县治之南有数丛冢,形制特大,《图经》以为许氏墓,上有一碑,字作汉张平子墓铭篆体,首云:司农夫人刘氏,山阴人。自后为韵语,漫灭不可读,所谓《太尉碑》,则不复可见矣。绍兴丙子冬,过颐山,访故人邵子门,有残碑,云:"舟行许氏墓侧,见有此石,居民以为浣垢之具,意谓人所弃而不有者,戏取以归,索水浇而读之,虽首尾不足,知其为《馘碑》也。"其文云:"历司农、卫尉、太仆,遂登太尉。"所谓"司农夫人"者,其馘之配乎?碑叙官爵,若"永乐少府",悉汉氏所有;字古隶与今文相错,旧隶漫处,则以今文足之,疑后人不忍凿去旧文,以今文刻于漫处,所谓"许碑重立"也。因模

取墨本，跋其后以遗邵子，使之知宝此石，无使后复有如子者负之趋去。（宋赵彦卫《云麓漫钞》卷九）

碑阴"谈马砺毕，王田数七"八字，包藏了许氏后裔的智慧，他们并不想明言此碑已非原石，因而降低价值，但是又不想不说，因而采取了这字谜的形式。

王安石变法，其中青苗法备受责难，反对派极力反对，他们采用当时流行的字谜形式，进行挖苦。

荆公柄国时，有人题相国寺壁云："终岁荒芜湖浦焦，贫女戴笠落柘条。阿侬去家京路遥，惊心寇盗来攻剽。"人皆以为夫出妇忧荒乱也。及荆公罢相，子瞻召还，诸公饮苏寺中，以此诗问之。苏曰："于贫女句，可以得其人矣。终岁十二月也，十二月为'青'字，荒芜，田有草也，草田为'苗'字。湖浦焦，水去也，水旁去为'法'字。女戴笠为'安'字，柘落木条剩'石'字。阿侬是吴言，合吴言为'误'字。去家京洛为'国'，寇盗为贼民，盖言'青苗法，安石误国贼民也'。"（宋袁褧《枫窗小牍》卷上）

这首字谜诗安排十分巧妙，从字面看，句意连贯，是丈夫出门后妻子忧虑的景象。但是经过苏轼的分析，点破了真实内容。从字谜的技巧来说，都用训释的途径寻找文字，如果没有指向，猜谜的难度很高。

字谜的黄金时期是从宋代开始的，这是文人和市民两方面力量共同推动的结果。

古代社会的谜语活动，明显可以分成知识阶层和市民阶层两个圈子。知识阶层的猜谜游戏一般在酒席间进行，相当于行酒令。一般市民的猜谜游戏在瓦肆进行。

商谜：旧用鼓板吹《贺圣朝》，聚人猜诗谜、字谜、戾谜、社谜，本是

隐语。有道谜、正猜、下套、贴套、走智、横下、问因、调爽。(宋灌圃耐得翁《都城纪胜·瓦舍众伎》)

鼓板奏乐,招聚猜谜,参与商谜的人数之多,可以想象。南渡之后,众多谜社兴起,《都城纪胜·社会》:"隐语,则有南北垢斋,西斋,皆似江右谜法,习诗之流,萃而为斋。"崇宁、大观以来,出现了许多专业的谜家,使得字谜活动的水平不断提高。

字谜的精华在制作,而不在猜。字谜的创作是一项艰巨的脑力劳动,立意要巧,具有文学作品的外壳,对文字形体组织方面有特别的要求。这些对普通人来讲,很难达到。

世俗善谑者多拆字为谜,然无文理极多,不足称。传说襄间同僚推坐者间举"僉(佥)"字谜:"一人立,三人坐,两人小,两人大,其中更有一二口,教子如何过。"恐多有所本,非一时所能撰,其正大明白,真善谑而有益者岂特可助谈话而已。(宋洪巽《旸谷谩录》)

文章中提出世俗的善谑者做的字谜无文理,不足称道。优秀的字谜要反复锤炼,反复提高,"非一时能撰",也非一人独立完成,字谜的创作是首要的问题。

北宋是我国俗字学大发展的时期,宋人的开放风气,使他们走出经典文字学圈子,进入与社会更加密切的俗字研究中去。他们根据自己对文字的体察和理解,分析文字的理性成分,建立起一个通俗易懂、贴切于现实生活的字学体系。王安石的《字说》问世,以标新立异闻名于学林,突破《说文》的权威,把文字推向普通民众。立足于现实社会的王安石同时也关注到大众性的字谜游戏,并且投入到字谜的创作中去。

王安石的字谜零星散落在笔记小说之中,其中有的作品可能只是托名,我们也不必认真,有一点可以推断,王安石关注了字谜,并且参与了创作。王安石、苏轼、黄庭坚、秦少游还有谜语专集《文戏集》。

王介甫作字谜云：

"兄弟四人两人大，一人立地三人坐。家中更有一两口，任是凶年也得过。"

又作谜云："常随措大官人，满腹文章儒雅。有时一面红妆，爱向风前月下。"

至于酒席之间，亦专以文字为戏。常为令云："有商人姓任名饪，贩金与锦至关，关吏告之曰：'任饪任入，金锦禁急'。"又云："亲兄弟日、日、昌，堂兄弟目、木、相。亲兄弟火、火、炎，堂兄弟金、仐、钤。"

又云："掘地去土，添水成池。"皆无有能酬者。又为字中一点谜云："寒则重重叠叠，热则四散分流。兄弟四人下县，三人入州，在村里只在村里，在市头只在市头。"

又为叠字下两点谜云："兄弟二人，同姓同名，若要识我，先识家兄。不识家兄，知我为谁？"

又媍（好）字谜云："左七右七，横山倒出。"甑字谜云："将军身是五行精，日日燕山望石城。待得功成身又退，空将心腹为苍生。"（宋庄季裕《鸡肋编》卷上）

《字谜》目字加两点，不作贝字看（上有加字下增两点是贺字）贝字欠两点，不作目字看（上有欠字又增二点是资字，出荆公）木了又一口，不作杏字猜，若作困字猜，便是呆秀才（木旁着"了"字、"又"字、"口"字是"極"（极）字）。（明徐充《暖姝由笔》）

"用"字谜云："一月复一月，两月共半边。上有可耕之田，下有长流之川。六口共一室，两口不团圆。"又云："重山复重山，重山向下悬。明月复明月，明月两相连。"

"日"谜云："东海有一鱼，无头亦无尾。除去脊梁骨，便是这个谜。"（宋周密《齐东野语·隐语》）

元达鲁花赤八剌脱国公倜傥爽迈，博闻强记。凡宴会以文为谑，满座风生。一日同寅后堂会饮,僚佐愿求一令以资劝酬。公曰:"吾不读书,弗能为令,但有两字隐语请众贤商之,解者免,弗解者请一巨觥。"众曰:"如命。"公曰:"一字有四个口字,一个十字;又一字有四个十字,一个口字。"在坐者皆不能解,悉就饮,饮竟叩之。公以箸画案上,乃"圖(图)""畢(毕)"二字也。(元高德基《平江记事》)

"二人同上树,两树又无人。换却两人字,令人无处寻。"乃"來""来""未"三字也。处州万象山庙,或题曰:"戌境本有心,须得一口来。佳人倚檐立,闷把门儿推。"云"感應(应)"字也。(清谈迁《北游录·纪闻上》"字谜")

杨南丰有"門(门)"字谜云:倚阑干,东君去也,霎时间,红日西沉,灯闪闪,人儿不见,闷恹恹,少个知心。

近有人作"德"字谜云:吴江人,七修心,如今两个人,合得一颗心。仔细看看,原是两个吴江人。以中有十四字也。盖谚有吴江人七肠之语,故云。他如"秦"字云:两画大,两画小。"孕"字云:先写了一撇,后写了一画。"他"字云:问管仲,俱有思致。(清褚人获《坚瓠十集》)

万历壬子,山东乡试,济南童谣云:"三人两小,太阳离岛。"是科解元乃长山徐海曙日升也。又某科有童谣云:"山佳木,一旦挑。上天差我送羊角。"是科解元,平度崔桓也。康熙庚子,又有童谣云:"一裹针,三条丝。"是科解元新城李嗣真,解副益都高三思也。天启辛酉,朱纯领解,亦有"一牛两尾"之谣。(清王士禛《池北偶谈·谈异五·童谣》)

这些童谣都是谜语,三人两小,是拆"徐"字,太阳离岛之意为海曙。山佳木,一旦挑,拆"崔"字为"山佳","桓"拆为"木"和"一旦"。一裹针指李嗣真,针、真谐音;三条丝,谐音三思。朱字可拆成"一牛两尾"。

幼闻一至十数目谜云:"百万军中卷白旗,又边豪富少人知。秦王斩了余元帅,辱罵(骂)将军失马骑。吾被人言欠口信,辛苦无干枉自嗟。毛女受刑腰际斩,分尸不得带刀归。一丸妙药无人点,千载终须一撇离。"近又见一谜云:"灯儿下金钱卜落,这苦心一一谁知道。到春来人日俱抛,欲罢时何时能自了。吾心正焦,有口向谁告。好相交,有上稍来没下稍。既皂难留白,少不得中间分一刀。从今休把仇人靠。千思万想,不如撇去了好。"(清褚人获《坚瓠壬集》卷四"数目谜")

这里有两个汉字是一到十的数字的字谜,都是采用字形分合办法。第一个谜均为减法:"百"减"白"为"一","天"减"人"为"二","秦"减"余"为"三","罵"减"馬"爲"四","吾"减"口"为"五","辛"减"干"为"六","毛"截减上部为"七","分"减"刀"为"八","丸"去一点为"九","千"去一撇为"十"。第二个谜既有减法又有加法:"下"去"卜"为"一","一"加"一"为"二","春"去"人""日"为三,"罷(罢)"减"能"为"四","吾"减"口"为"五","交"去下部分为"六","皂"减"白"为"七","分"去"刀"为"八","仇"去"人"为"九","千"去一撇为"十"。对比而言,后者要比前者复杂一点。

以上这些字谜无疑是优秀的作品,它们言语浅近,句子幽默,句式整饬,句义连续,设谜机巧,为经典性的字谜。它们可能不是全由文人创作,但是一定由文人润色加工。所以即使是大众化字谜的创作也离不开知识阶层,可以说缺乏这些人的文才,字谜的发生、发展都是不可能的。

社会上炽热的谜语活动也走进生意场,商人们开始用字谜来包装商品,吸引顾客,宋元时流行一种镜子,如钟样或桃形(杏叶样),镜背有三句字谜:

近见一镜,如钟样,鼻有大环,有隶字云"一生有十口,前牛无角,后走有口"十三字,下有一虎。其字恐甲午字谜也。(宋姚宽《西溪丛语》卷上)

赵德润藏,杏叶样,背有大铁环,乃挂镜也。上有铭云:"人有一口,前牛无八角,牛口走。"殊不可晓。下有一牛转头,前有草一丛,下篆"辟祟驱邪",两边亦有字。细考之,乃"丙午造"三字。其下牛与草,必寓年号耳。(宋周密《云烟过眼录》卷四)

江阴夏港商书墩宋葛氏家族墓,出土杏叶样铜镜(图9-1)。镜铭与湖南出土镜基本相同:两侧篆文"轩辕维造丹药,百炼成得者身昌",中间楷字"人有十口,前牛无角,后牛有口走"。但无古篆"辟祸去邪"四字。楷书铭下图为一鼎一鱼,鱼在波涛中游动。上有镜鼻,可以悬挂,即周密所谓挂镜。① 已知种种不同的字谜镜,铜、铁皆有,镜背文字、图案不同,只是谜语相同,足见宋代字谜镜十分流行,各家都在制造。

图9-1 葛氏家族墓字谜铜镜　　图9-2 湖南宋墓字谜铜镜

湖南省出土一件类似的铜镜,桃子形,镜背内一双线长方框,框内上方有楷书三行:"人有十口前,牛无角后,牛有口走。"(图9-2)三行字下有个

---

① 江阴博物馆《江阴文物精华》,文物出版社,2009年。

小方框内有一牛吃草。最下面是篆文"辟祸去邪",两侧篆书各一行"轩辕维法造丹药,百炼成得者身昌"。出土实物与文献记载小异,但是内容并无差别。三句谜语有两种谜底,一种说法,"一生有十口"或"人有十口"即"甲"字,"前牛无角"即"午"字,"后走有口"或"牛有口走"即"造"字。

清代是字谜盛行的时代,除了专门的谜会之外,人们平时以猜谜为乐,增加生活情趣,开发智力。清代小说《八洞天·培连理》中描述了表兄妹之间以字谜交流的详细过程,读来十分有趣。

小说中人莫豪患眼疾,黎竹表妹七襄赠一药方云:

木贼草去两头,何首乌用其尾,败龟板取其中。

字面似为詈词,实在是药材名称,都是眼科中妙药。

黎竹道:"如何是骂兄?"莫豪道:"木贼草去了两头是'贼'字,何首乌止用其尾是'乌'字,败龟板只取中间的'龟'字。"

莫豪回道:

"木除草去用中央,贼善医人贼亦良。何首取梢龟取腹,乌龟肚里有奇方。"黎竹代写罢,笑道:"他把个哑谜儿嘲兄,如今反被兄嘲了。"莫豪道:"这只算答他,我今也把个哑谜儿嘲他几句,看他如何答我。"便又念出四句道:"上有两山横对,下有半朵桃花。或作缩头龟子,鼋鼍不甚争差。"

黎竹含笑而去。次日又来说道:

"兄昨日的哑谜,家表弟一猜便着,道是嘲他姓的'晁'字,他细细解与我听说:"两山横对,是上面'日'字;半朵桃花,是下面'兆'字;龟子,鼂鼉者,因古体晁字,是日下加'黾'字,其形与'鼂''鼉'等字相类耳!"莫豪笑道:"亏他猜,却也聪明。"黎竹袖出一纸道:"他今也把尊姓的'莫'字,答嘲几句在此,也教我写来与兄看哩。待我念来你听。"说罢,便看着纸上念道:"似'美'不是美,如'英'不是英。纵使胸中有'子曰',可怜徒作'草'间'人'。"

"莫"字轮廓与"美""英"相像,实际不是,这就与美好品性无关了。"莫"字中间有"曰"可比"诗云子曰",但是在草头之下,明指委身草莽之间。故莫豪反其意,回答:

"似'美'正是美,如'英'正是英。人虽伏'草'下,其人是'大人'。"

这几句话的关键在"其人是大人",拆"莫"之下"大"字,本身是"大",其下又可分得"人"字,这样就把"莫"字解析为褒义了。

最后表妹七襄又将"莫"字拆句:

"有言可陈谟,无金不成镆。摹拟手空挥,摸索才终落。若应募卒力不堪,欲作幕宾巾折角。"

七襄这几句,正道破了莫豪的心事。第一句赞他的才,第二句怜他的贫。第三、第四句叹他沦落不偶,第五句说他不会弃文就武,第六句说他不屑为门馆先生。此非相嘲,实是相怜。

七襄用了加法,"莫"加"言"为"谟"——庙谟,加"金"为"镆"——镆铘宝剑,加"手"为"摹"——摹拟,加"才"(提手)为"摸"——摸索,加"力"为"募"——募卒,加"巾"为"幕"——幕宾。正中莫豪心怀。

再如《五色石》中的对谜:

祝生道："小生有几个字谜,烦小娘子送与小姐猜一猜,看可猜得着?"

第一个字谜道:上不在上,下不在下。不可在上,且宜在下。

第二个字谜道:

兄弟四个,两个落府。四个落县,三个落州。村里的住在村里,市头的住在市头。

第三个字谜道:

草下伏七人,化来成二十。将人更数之,又是二十七。

第四个字谜却是一首《闺怨》,其词曰:

一朝之忿致分离,逢彼之怒将奴置。妾悲自揣不知非,君恩未审因何弃?忧绪难同夏雨开,愁怀那逐秋云霁。可怜抱闷诉无门,纵令有意音谁寄?若断若连惹恨长,相抛相忘想徒系。一息自弃仍自怜,小窗空掩常挥泪。

鸾箫道:"第一谜是指字中那一画,第二谜是指字中那一点,第三谜是'花'字,第四谜是'心'字,合起来乃'一点花心'四字。"

鸾箫便于每一谜后各书四句,其破　画谜云:

在西之头,在丑之足。在亥之肩,在子之腹。

其破一点谜云:

其二在秦,其一在唐。其四在燕,其五在梁。

其破花字谜云:

五行属于木,四时盛在春。或以方彩笔,或以比佳人。

其破心字谜云:

灵台方寸山,斜月三星洞。变化终无穷,通达是其用。

(清笔炼阁主人《五色石·凤鸾飞》)

小说中一连出现了许多字谜,类型不同,解法也各样,可见小说作者构建字谜技巧之高,反映社会的读书人对字谜的兴趣之大。

元明以来,灯谜兴起。正月十五日为上元节,前后五个晚上要张灯,有好事者布置谜语,人们称之猜灯,谜也叫灯谜。谜社是稳定的字谜集会,包含字谜的谜集自明代起大量出现,有关谜格(谜语程式)的著作相继问世。

第三节 隐 语

《国语·晋语三》:"有秦客廋辞于朝,大夫莫之能对也,吾知三焉。"韦昭注:"廋,隐也。谓以隐伏谲诡之言问于朝也。"廋,匿也。宋孙奭:"大抵廋辞云者,如今呼笔为管城子、纸为楮先生、钱为白水真人,又为阿堵物之类也。"(《孟子·公孙丑上》注)南朝梁刘勰《文心雕龙·谐隐》:"谶者,隐也。遁辞以隐意,谲譬以指事也。"所谓隐语,用含糊词语把意思隐藏起来,用委婉的比方来指点事物,是一种含蓄的表达方式。

藁砧今何在,山上复有山。何当大刀头,破镜飞上天。(《古乐府》)

宋严羽《沧浪诗话·诗体》:"藁砧,僻辞隐语也。"宋王观国《学林·大刀》:"藁砧者,铁也。'藁砧今何在'者,问夫何在也。""山上复有山"就是两山相叠,是个"出"字。作者的本意只是含蓄地表达意思,是一种委婉的表述,不是为了难倒读者。它和谜语不同,因为它的机关不深,不用百般猜想。

(德光为皇帝,倍见疑)谓左右曰:"我以天下让主上,今反见疑;不如适他国,以成吴太伯之名。"立木海上,刻诗曰:"小山压大山,大山全无力。羞见故乡人,从此投外国。"携高美人,载书浮海而去。(《辽史·宗室传·义宗倍》)

辽太祖的长子耶律倍皇位未得,出走中原。在木柱上留了这首诗。诗中"小山压大山"与古乐府的"山上复有山"完全一样,也是个"出"字,婉言其出走。

  濬夜梦悬三刀于卧屋梁上,须臾又益一刀,濬惊觉,意甚恶之。主簿李毅再拜贺曰:"三刀为'州'字,又益一者,明府其临益州乎?"及贼张弘杀益州刺史皇甫晏,果迁濬为益州刺史。(《晋书·王濬传》)

  至元江南归附后,长子遇兵三刀而死。盖三刀为"州"字也。(元佚名《异闻总录》)

  缙云祝钥,乾道壬辰春就诠,梦人来报,已中第三等,又有持二刀授之者。既榜出,中选如梦。迨注官,射隆兴之新建尉、建昌之广昌、南剑之剑浦主簿,凡三阙,竟得剑浦,乃悟二刀之兆。(宋洪迈《夷坚丁志·祝钥二刀》)

这三个例子都以"刀"为梦,"三刀"为"州"字三分,"二刀"为"劍(剑)浦",二"劍(剑)"字含二刀。

刘遵古在大和四年(830年)节度东蜀军,借蜀人百余篇书。因大水浸湿曝晒。其中有《周易正义》一轴,字势殊妙,字体稍古,不是当代人用的书。书的卷尾有题识。

  云:"上元二年三月十一日,因读《周易正义》,从兹易号十二三,岁至一人八千口,当有大水漂溺之,后当有人舒转晒曝。衡阳道士李德初题。"

刘遵古召来下属观看,明白题识含义:

  "所谓'易号十二三,岁至一人八千口'者,一人八千口,盖大和字也;自上元历宝应、广德、永泰、大历、建中及元贞、元和、永贞、庆历、宝历至太和,凡更号改元一十有三矣,与其记语果相契合,然不知李道士

德初如何人耳,抑亦假其名以夸炫后世乎!"(唐张读《宣室志》卷九)

预言性的内容用隐语表示,"大和"年号拆为"一人八千口"。

姓名的隐语,不说真名,而用暗示的办法告诉别人。但是隐语使用要有约定性,缺乏这点就不起作用。汉末,吕布已经是董卓的最大危险,但是董卓毫无察觉,有人希望在不惊动吕布的前提下,让董卓知道。

董卓未诛,有书三尺布幡上作两"口"相衔之字,负之于道,歌曰:"布乎。"及吕布杀卓,负布者不复见。(《太平御览》卷三四一引《献帝春秋》)

有道士书布为"吕"字以示卓,卓不知其为吕布也。(《英雄记》)

这个隐语比较曲折,把"吕"拆成二"口",再用布指代"布"字。

晋惠帝永熙中,河内温县有人如狂,造书曰:"两火没地,哀哉秋兰。归形街邮,路人为叹。"

两火,武帝讳,兰,杨后字也。(《宋书·五行志二》)

隐语把晋武帝名"炎"字,指为"两火",杨后"兰",则明示。

非衣小儿坦其腹,天上有口被驱逐。(《新唐书·裴度传》)

(外郎云)"非衣两把火,杀人贼是我。"……(官人云)"'非衣两把火',这名字则在这头一句里面。这'衣'字在上面,'非'字在下面,不成个字;'非'字在上,'衣'字在下,可不是个'裴'字。那两把火并着两个'火'字,可也不成个字;上下两个'火'字,不是炎热的'炎'字!这杀人贼不是姓炎名裴,便是姓裴名炎。"(元关汉卿《四春院》第二折)

唐代大和中,有个叫柳光的误入深山的一个石室中,石壁上有很多雕刻的文字,他在袖子上抄了一首:

> 武之在卯,尧王八季,我弃其寝,我去其底,深深然,高高然,人不吾知,人不吾谓,由今之后,二百余祀,焰焰其光,和和其始,东方有兔,小首兀尾,经过吾道,来至吾里,饮吾泉以醉,登吾榻而寐,刻乎其壁,奥乎其义,人谁以辩,其东平子。(唐张读《宣室志》卷七)

这些句子里讲了一些唐代武德以来的情况外,其余就是针对二百年之后柳光名字而言。"东方有兔,小首兀尾"中"东方",甲乙木也。"兔"者,卯也。"卯以附木",是柳字也。"小首兀尾",是光也。

> 哲庙元符时,邓王薨,祈嗣于泰州徐守真世号徐神翁者。天意切至,徐曰:"上天已降嗣矣。"再三遣使迫询其故,即大书"吉人"二字上之,一时莫晓。后端王继立,始悟吉人者,太上皇御名也。(宋蔡絛《铁围山丛谈》卷一)

宋徽宗赵佶刚降生,神翁已知其名,"吉人"为"佶"之拆字。先知之名,古人用隐语。

> 余自幼闻钦宗乃喆和尚后身,独未知何所据耳。近观《国史后补》,见惠恭王皇后初怀妊,梦宣德正门大启,有两红旗,各书一"吉"字以入,是生钦宗。两"吉"字乃"喆"字也,则知钦宗乃喆和尚后身无疑。(宋袁文《瓮牖闲评》卷八)

旗上书字,"喆"分为两"吉",似乎是《献帝春秋》中"吕布"字的老套子。

崇宁初,茅山刘混康先生赴阙,一夕,拜章毕,诏问:"何久?"答曰:"值天门放春榜。"欲叩其所睹,乞书而密缄之,它日验其事。明年,殿唱毕,发视,止书二草二木,乃蔡嶷、柯棐也。(宋方勺《泊宅编》卷九)

因为天机不可泄漏,只能用隐语告知。二草二木,虽仅为姓名字之偏旁,也足以说明问题了。

先是元帝召一术士问以国事。对曰:"国家千秋万岁,垂祚无疆,除是日月并行,数始尽耳。"比我明兵至而元亡。盖日月并行乃"明"字隐语也。(明蒋一葵《长安客话·大明》)

明季崇祯庚辰岁,有闽僧贯一者,居鹫门,夜坐,见篱外坡陀有光,连三夕。怪之,因掘地得古砖,背印两圆花突起,面刻古隶四行,其文曰:'草鸡夜鸣,长耳大尾。干头衔鼠,拍水而起。杀人如麻,血成海水。起年灭年,六甲更始。庚小熙皡,太平千纪。'凡四十字。闽县陈衍盘生明末著《槎上老舌》一书,备记其语,至今癸亥,四十四年矣。识者曰:鸡酉字也,加草头大尾长耳,郑(郑)字也。干头甲字,鼠子字也。谓郑芝龙以天启甲子起海中为群盗也。明年甲子,距前甲子六十年矣。庚小熙皡,寓年号也。前年万正色克复金门、厦门,今年施琅克澎湖,郑克塽上表乞降,台湾悉平。六十午海氛一朝荡涤,此固国家灵长之福,而天数已预定矣,异哉!(清王士禛《池北偶谈·谈异·厦门砖刻》)

同样是预言天机,只能隐语,"明"分拆为"日""月"。

山阴徐文长名渭,尝隐括二字为"秦田水月"。按"田水月"为"渭","秦"隐"徐","秦""徐"均可拆为"三人禾"。徐渭有《田水月评西厢记》二卷,《田水月红梨记》。(清褚人获《坚瓠补集·隐括》)

具有传奇色彩的徐渭,字文清,更字文长,号青藤。明代文学家、书画家。把"徐"拆为"三人禾",再组成"秦"字;把"渭"拆成"田水月"。以"秦田水月"作真名的隐语。

> 出书一函,付嘱曰:"余有故人,与大人同里,烦一致寒暄。"问:"何姓名?"答曰:"王林。"……持以告母,母执书以泣,曰:"此汝家父报也。琳,我小字。"始恍然悟"王林"为拆白谜也。(清蒲松龄《聊斋志异·白于玉》)

此为遁入空门的丈夫给妻子的信,"王林"为妻子"琳"字隐语,不欲外人知晓。

隐语主要用来表示名物词,以指代词代替本名。这种离合字隐语的风尚早在汉魏已经形成,唐宋尤为流行。

"松"可以拆成"十""八""公",于是称松为"十八公"。

> 丁固梦松树生其腹上。人谓曰:"松字,十八公也,后十八年,其为公乎!"(《艺文类聚》卷八八引晋张勃《吴录》)
>
> 坐看十八公,俯仰灰烬残。(宋苏轼《夜烧松明火》)

"栂"(梅的异体字)拆开成"木""母",称梅树为"木母"。

> 山之乳兮葺太祠,木孙为栯兮木母楱。(唐元结《演兴·初祀》)

"松"也可拆开成"木""公",称为"木公"。

> (宋神宗问叶涛)曰:"自山路来,木公木母如何?"涛曰:"木公正傲岁,木母正含春。"木公,松也,木母,梅也。(元无名氏《湖海新闻夷坚续志·贵显·称旨除官》)

唐代建中年间，独孤彦到一个佛寺中，遇见二人。一人身长，穿黑衣，称姓甲，名侵许，第五。一人身阔而短，穿青衣，自称姓曾，名元。甲许说其先本是卢氏，少时以刚烈闻名，凡是滞而不通的事物，我必定侵犯使之许悟，为了避开仇家，才改姓甲氏。曾元说是陶唐氏之后，受姓于姚曾，所以与子孙以字为氏，因负气凌上，遭下流沸腾之谤废弃之后，处尘土之间，甘同瓦砾。独孤彦问寺僧，寺僧竟不知有这么两人。后来思量他们的名字，忽然醒悟。

所谓曾元者，岂非甑乎？夫文，以瓦附曾，是"甑"字也。名元者，盖以"瓦"中之画，致"瓦"字之上，其义在矣。甲侵许者，岂非铁杵乎？且以午木是"杵"字。姓甲者，东方甲乙木也。第五者，亦假"午"字也。推是而辩，其"杵"字乎。名侵许者，盖反其语为金截，以截附金，是"鑯（铁）"字也。总而辩焉，得非甑及铁杵耶？明日，即命穷其迹，果于朽坏中得一杵而铁者。又一甑自中分，盖用之馀者。彦大异之，尽符其解也。（《太平广记》卷三百七十一引唐张读《宣室志·独孤彦》）

老柳树怪叫柳将军，"柳"字拆成"木""卯"，故柳将军称为"木卯氏"。唐时洛阳的故宅中有鬼怪，自称柳将军，欲驱赶入住的卢虔。曰：

"柳将军愿见卢御史。"已而有大厉至，身长数十寻，于庭，手执一瓢。其从吏即引满而发，中其所执。其厉遂退，委其瓢。久之又来，俯轩而立，俯其首且窥焉，貌甚异，从吏又射之，中胸。其厉惊，若有惧，遂东向而去。至明，虔命穷其迹，至宅东隙地，有柳高百余尺，有一矢贯其上，所谓柳将军也。（唐张读《宣室志·柳将军》）

唯柳将军庙最灵，未欲辄废，故隐然得存，庙庭有杉一株，柯干极大，蔽阴甚广，蒋意将伐之，日昼卧琴堂中，梦异人被甲乘马，叩阶而下，长揖言曰："吾姓木卯氏，居此方久矣，幸司成赐庇，不敢忘德，后十五年当复来临。"（宋洪迈《夷坚甲志·柳将军》）

大部分隐语是时俗所出,明白易懂。但是有些隐语是前代的典故,历史悠久。

"丘八"作为"兵"的隐语,远出于十六国时期,五代时期又引用。

> 孔子名丘,八以配丘,此兵字也。路必有伏兵,深宜慎之。(《十六国春秋·后燕録·慕容垂上》)

> 王太祖问:"击抡之戏创自谁人?"大夫对曰:"丘八所置。"上为人笑。(后蜀何光远《鉴诫录·轻薄》)

> 头一考在丘八房,第二考在户房内。(明无名氏《风云会》第三折)

"色丝"相加为"绝"字,"子女"相加为"好"字,"色丝子女"是"绝好"二字。这是袭用了《世说新语》中"黄绢幼妇"的典故。

> 咱不如还在五娘那里,色丝子女。(《金瓶梅词话》第二三回)

> 西门庆道:"通色丝子女不可言。"(《金瓶梅词话》第六一回)

此类隐语数量众多,寻检古籍,可以再继续增加。清翟灏《通俗编》卷一:"《清异录》以粥为双弓米。今谓米曰八木,茶曰草木中人,乃其类。"

有些社会阶层特设隐语,用来表达一些敏感的词语。

> 紫芝又附耳道:"这妹子是用昔酉儿泡的。"……婉如笑道:"他这昔酉儿也同马扁儿一样,都是拆字格。"(《镜花缘》第七十回)

"醋"是情感上的敏感问题,所以使用隐语。凡是想回避的词语,习惯上喜欢使用隐语:

> 张俊民道:"胡子老官,这事在你作法便了。做成了,少不得'言身

寸'。"王胡子道:"我那个要你谢!你的儿子,就是我的小侄,人家将来进了学,穿戴着簇新的方巾、蓝衫,替我老叔子多磕几个头就是了。"(清吴敬梓《儒林外史》第三二回)

将"谢"字拆成"言身寸",仅仅是言辞委婉而已。

你做了老林,怎么还恁木木的。(《金瓶梅词话》第二十一回)
狄希陈倒还是"林大哥,木木的"。(《醒世姻缘传》第八十回)

呆头呆脑的人叫木头人,反应迟钝,也称木木的。"林大哥"或"老林"是木头人的隐语。

郑爱香道:"因把猫儿的虎口内火烧了两醮,和他丁八着好一向了,这日才散走哩。"(《金瓶梅词话》第三十二回)

"丁八"一直是一个难解的词,实际上是"不"的隐语。

妈说:"你只在俺家,俺倒买些甚么看看你,不打紧。你和别人家打热,俺傻的不匀了。真是'硝子石望南儿丁口心'!"(《金瓶梅词话》第三十二回)

"丁口心"是"可心"的隐语,把"可"拆成"丁口"。"可心",称人心意,可心人指情人。

再看下面款字,却是四句六语隐语,写道:"军无身而有首,受添足而多心。备德言与工貌,善谐声以比音。"因暗想道:"军字无中一竖,上加一点,非宣字乎?受字下多一撇,中添一心,非愛(爱)字乎?德、言、工、貌四者皆全,乃女之良者也,非娘字乎?谐声比音,乃作诗之法,即诗字也。合而言之,乃'宣爱娘诗'四字,是真一女子也。"(清随缘下士《林兰香》第七回)

这个隐语中有"宣""愛"(爱)二字的加减法拆字,具体描写字形。

按倒地下,足足才丁了二十大敲。(《醒世姻缘传》第七十八回)

挨打很难听,把"打"字分拆成"才""丁"。

来安儿把嘴谷都着不言语,问了半日才说:娘捎出四马儿来了。(《金瓶梅词话》第八十回)
先将四马相加,后把才丁来钉。(清李渔《玉搔头·缔盟》)

挨骂也不光彩,所以罵(骂)拆成"四""马",作隐语。
社会下层或者不正当的行业,需要用隐语来掩盖自己不光彩的、不良的甚至违法的行为。

我且抬到庙中,与道士共同商议,大家八刀。(《平妖传》第十七回)
兄来迟了,我已回复卖主,道孙家止肯八十,他还不肯,怎打得落?兄再去称扬一称扬,八十之外,与兄八刀。(《型世言》第三二回)
李箴回去就把和方帮八刀的那一锭银子兑了十两,与了李妈妈。(明金木散人《鼓掌绝尘》第三二回)

分赃之"分"拆上下成"八刀"。

生涯个个不相同,小子从来业贝戎。(明无名氏《赠书记·旅病托

栖》)

（王婆道）迎头儿跟着人说媒，次后揽人家些衣服卖，又与人家抱腰，收小的，闲常也会做牵头，做马泊六，也会针灸看病，也会做贝戎儿。（《金瓶梅词话》第二回）

"贼"字拆成"贝戎"。

我祖号为戈十贝。（清孟称舜《娇红记·访丽》）

"贼"字还可细拆为"戈十贝"，外人无法听懂。

不养蚕桑不种田，全凭马扁度流年。（元秦简夫《东堂老》第一折）
都是靠着虎丘做生意，虽则马扁居多，也还依傍着个影儿。（《豆棚闲话·虎丘山贾清客联盟》）
于马扁界中，别开一新面目。（清黄小配《〈大马扁〉序》）

"骗"字可再分为"马""户""册"。此例可见清孟称舜《娇红记》："我父号为马户册。"

美人道："寒家姓平，成都旧族也。妾乃文孝坊薛氏女。"……张运使道："他说所嫁是平氏子康，分明是平康巷了。又说文教坊，城中并无此坊，'文孝'乃是'教'字，分明是教坊了。平康教坊乃是唐时妓女所居。"（《二刻拍案惊奇》卷十七）

用"文孝坊"替代"教坊"。

少刻窗子一响，竟有许多污秽之物从楼上倾将下来，倾得众人满头满面。你说是些甚么污秽？原来是净桶里面的东西。叫作米田共。

(清李渔《无声戏·连城璧午集》)

用"米田共"替代"粪"。

第四节　离合诗

离合诗是把字拆开合成诗句,所以也称作拆字诗。通常是拆开字形,再与另一字的一半拼合,先离后合,故称。南朝梁刘勰《文心雕龙·明诗》:"离合之发,则明于图谶。"它拆字的体裁明显是受字谶的影响,它的兴起正是谶纬迷信盛行的东汉时代。唐王叡《炙毂子录·序乐府》:"离合诗,起汉孔融,离合其字以成文。"钱南扬说:"盖自新莽好谶,刘歆益之。光武用人,信之弥笃。图谶之言,于以大盛。是以汉末文人,恒好离合也。唯世之论者,辄以孔融之《群姓名氏》诗,为离合之所自始。"①现在能见到的最早的作品是东汉建安年间孔融的离合诗。离合诗除了保存在五言古诗之内,在四言韵文中也能找到。明胡侍《真珠船·离合体》就收列了东汉魏伯阳《参同契》及袁康《越绝书》内有关内容。

明吴讷《文体明辨序说》谈到了离合诗的分类:

按离合诗有四体:其一,离一字偏旁为两句,而四句凑合为一字,如"鲁国孔融文举""思杨容姬难堪""何敬容""闲居有乐""客悲他方"是也。其二,亦离一字偏旁为两句,而六句凑合为一字,如"别"字诗是也。其三,离一字偏旁于一句之首尾,而首尾相续为一字,如"松间斟""饮岩泉""砌私步"是也。其四,不离偏旁,但以一物二字离于一句之首尾,而首尾相属为一物,如县名药名离合是也。

---

① 钱南扬《谜史》第7页。

按吴讷之法离合诗可分四种:四句离合一字,六句离合一字,一句内离合一字,一句内离合一个复音词的名称。他的分类有两点可以补充,一方面可加上二句离合,另一方面可减掉复音词。这样还是四类:其一,一句离合一字;其二,二句离合一字;其三,四句离合一字;其四,六句离合一字。知道了这个规则,就容易释读离合之字。

渔夫屈节,水潜匿方。离"鱼"字(章樵《古文苑》注,下同)。与时进止,出行施张。离"日"字,"鱼""日"合成"鲁"。吕公矶钓,阖口渭旁。离"口"字。九域有圣,无土不王。离"或"字,"口""或"合成"國"。好是正直,女回于匡。离"子"字。海外有截,隼逝鹰扬。当离"乙"字,恐古文与今文不同,合成"孔"也。六翮将奋,羽仪未彰。离"鬲"字。蛇龙之蛰,俾也可忘。离"虫"字,合成"融"。玟璇隐曜,美玉韬光。去"玉"成"文",不须合。无名无誉,放言深藏。离"舆"字。按辔安行,谁谓路长。离"才"字,合成"舉(举)"。(汉孔融《离合作郡姓名字诗》)

此诗合成"鲁国孔融文举"六字,是离合诗的第三种。

委时去害,依托丘山。循游寥廓,与鬼为邻。化形为仙,沦寂无声。百世而下,遨游人间。敷陈羽翮,东西南倾。汤遭厄际,水旱隔并。柯叶委黄,失其华荣。各相乘负,安稳长生。(东汉魏伯阳《参同契序·自做启后章》)

"委时去害,依托丘山"离"委"字,"循游寥廓,与鬼为邻"离"鬼"字,四句合成"魏"字。"化形为仙,沦寂无声"离"人"字,"百世而下,遨游人间","百"字去"一",乃"白"字。此四句合成"伯"字。"敷陈羽翮,东西南倾。汤遭厄际,水旱隔并"合"阳"字。"柯叶委黄,失其荣华","柯"去"木"离"可"字。"各相乘负,安稳长生",两"可"为"哥"。负,"欠"也。"哥"与

"欠"合成"歌"。全诗合成"魏伯阳歌"四字,是离合诗的第三种。

  以去为姓,得衣乃成。厥名有米,覆之以庚。禹来东征,死葬其疆。不直自斥,托类自明。写精露愚,略以事类,俟告后人。文属辞定,自于邦贤。邦贤以口为姓,丞之以天。楚相屈原,与之同名。(汉袁康、吴平《越绝书·叙外传记》)

《四库全书总目提要》卷六六:"书末《叙外传记》以廋词隐其姓名,其云以'去'为姓,得'衣'乃成,是'袁'字也;厥名有'米',覆之以'庚',是'康'字也;禹来东征,死葬其疆,是会稽人也。又云(文属辞定),自于邦贤,以'口'为姓,承(丞)之以'天',是'吴'字也;楚相屈原,与之同名,是'平'字也。"《越绝书》是东汉袁康和吴平辑录整理战国时期的作品。

钱南扬云:"典午以降,其体大盛,汉魏六朝百三名字所载,潘岳有'思杨容姬难堪'六字离合,纯法孔氏。宋帝刘裕,有'客悲他方'离合,则变四言为骚体。"①"典午"是指司马的晋朝。他认为离合诗自晋代开始才大盛起来,以晋潘岳与宋刘裕为代表,由四言诗变化为骚体诗。此为离合诗之第二种。

  佃渔思化,人民穴处。意守醇朴,音应律吕。桑梓被源,卉木在野。锡鸾未设,金石拂举。害咎蠲消,吉德流普。溪谷可安,奥作栋宇。嫣然以憙,焉惧外侮。熙神委命,已求多祜。嘆(叹)彼季末,口出择语。谁能墨识,言丧厥所。垄亩之谚,龙潜岩阻。尟(鲜)义崇乱,少长失叙。(晋潘岳《离合诗》)

"佃渔思化,人民穴处。意守醇朴,音应律吕"离"思"字;"桑梓被源,卉木在野。锡鸾未设,金石拂举"离"楊(杨)"字。(按"锡"字误,当为"錫"

---

① 钱南扬《谜史》第9页。

字。)"害咎蠲消,吉德流普。溪谷可安,奚作栋宇"离"容"字。"嫣然以憙,焉惧外侮。熙神委命,已求多祜"离"姬"字。"嘆(叹)彼季末,口出择语。谁能墨识,言丧厥所"离"难"字。"坴亩之谚,龙潜岩阻。尠(鲜)乂崇乱,少长失叙"离"堪"字。此诗合成"思杨容姬难堪"六字,为离合诗之第三种。

　　霏云起兮泛滥,雨霭昏而不消。意气悄以无乐,音尘寂而莫交。守边境以临敌,寸心厉于戎昭。阁盈图记,门满宾僚。仲秋始戒,中园初凋。池育秋莲,水灭寒漂。旨归涂以易感,日月逝而难要。分中心而谁寄,人怀念而必谣。(南朝宋孝武帝《离合诗》)

"霏云起兮泛滥,雨霭昏而不消。意气悄以无乐,音尘寂而莫交"离"霏"之"非"、"意"之"心",合为"悲";"守边境以临敌,寸心厉于戎昭。阁盈图记,门满宾僚"离"守"之"宀"、"阁"之"各",合为"客";"仲秋始戒,中园初凋。池育秋莲,水灭寒漂"离"仲"之"人"、"池"之"也",合成"他";"旨归涂以易感,日月逝而难要。分中心而谁寄,人怀念而必谣"离"旨"之"亠"、"分"之"刀",合成"方",全诗离合为"悲客他方",是离合诗之第三种。

　　伎能本无取,支叶复单贫。柯条谬承日,木石岂知晨。狗马诚难尽,犬羊非赐驯。敩嚬既不似,学步孰能真。寔由紊朝典,是曰蠹彝伦。俗化于兹鄙,人涂自此分。(南朝梁萧巡《离合诗赠尚书令何敬容》)

"伎能本无取,支叶复单贫。柯条谬承日,木石岂知晨"离"柯"之"可"、"條(条)"之"人",合"何";"狗马诚难尽,犬羊非赐驯。敩嚬既不似,学步孰能真"离"狗"之"句"、"難(难)"之"艹"、"效"之"文"合"敬";"寔由紊朝典,是曰蠹彝伦。俗化于兹鄙,人涂自此分"离"实"之"宀"、"俗"之"谷",合"容"。全诗离合成"何敬容"三字,是离合诗之第三种。

开门枕芳野,井上发红桃。林中藤茑秀,木末风云高。屋室何寥廓,志士隐蓬蒿。故知人外赏,文酒易陶陶。朋友足谐晤,又此盛诗骚。朗月同携手,良景共含毫。栾巴有妙术,言是神仙曹。百年肆偃仰,一理讵相劳。(南朝陈沈炯《离合诗赠江藻》)

"开门枕芳野,井上发红桃。林中藤茑秀,木末风云高"离"闲"字;"屋室何寥廓,志士隐蓬蒿。故知人外赏,文酒易陶陶"离"居"字;"朋友足谐晤,又此盛诗骚。朗月同携手,良景共含毫"离"有"字;"栾巴有妙术,言是神仙曹。百年肆偃仰,一理讵相劳"拿"樂(栾)"字去言,换上"百"字之"白",离合成"樂(乐)"字。全诗合成"闲居有乐"四字,是离合诗之第三种。

黄叶从风散,暗嗟时节换。忽见鬓边霜,勿辞林下觞。躬行君子道,身负芳名早。帐殿汉官仪,巾车塞垣草。交情剧断金,文律每找寻。始知蓬山下,如见古人心。(唐权德舆《离合诗赠张监阁老》)

"黄叶从风散,暗嗟时节换。忽见鬓边霜,勿辞林下觞"离"黄"之"田"、"忽"之"心",合"思";"躬行君子道,身负芳名早。帐殿汉官仪,巾车塞垣草"离"躬"之"弓"、"帐"之"长",合"张";"交情剧断金,文律每找寻。始知蓬山下,如见古人心"离"交"之"八"、"如"之"口",合"公"。全诗离合"思张公"三字,是离合诗之第三种。

促席宴闲夜,足欢不觉疲。詠(咏)歌无馀愿,永言终在斯。(南朝宋贺道庆《离合诗》)

离"促"之"人"、"詠"之"言",合成"信",是离合诗之第三种。

好仇华良夜,子欢我亦欣。昊穹出明月,一坐感良晨。(《艺文类

聚》卷五十六引南朝齐石道慧《离合诗》)

离"好"之"女"、"昊"之"吴",合"娱"字,是离合诗之第三种。

沈寥云初净,水木备春光。尪定方无远,合浦不难航。
（南朝梁元帝《离合诗》）

离"沈"之"氵"、"尪"之"尢",合为"宠"。(按,"宠"别体从"穴"。)此为离合诗之第三种。

秦青初变曲,未有逐琴心。明年花树下,月月来相寻。(其一)
田家足闲暇,士友暂流连。三春竹叶酒,一曲鹍鸡弦。(其二)
（北周庾信《春日离合诗》二首）

第一首离"秦"之头、"明"之"日",合为"春"字;第二首只需离"春"之"日"为"日"。属离合诗之第三种,但有变化。

古人怨信次,十日眇未央。加我怀缱绻,口咏情亦伤。剧哉归游客,处子忽相忘。(南朝宋谢灵运《作离合诗》)

离"古"之"口"、"加"之"力"、"剧"之"刂",全诗离合"别"字,是离合诗之第四种。

离合诗以第三种为最多,这是比较常见的形式。南北朝是离合诗创作高峰,唐代尚见少量作品,以后就很少见到。因为离合多少带一点游戏的味道,文学上的价值不高。

第五节　图形化之离合诗

它的原则是诗中藏有拆字因素,分合组成诗句,也称拆字诗,因为机巧藏于句子头端,传统的叫法为藏头诗。明徐师曾《文体明辨》:"藏头诗,每句头字皆藏于每句尾字也。"藏头诗很难做到每句连贯,只有"玉连环"。"玉连环"诗句头尾共享一字,首尾连贯,无法断开。玉连环出典于《战国策·齐策六》:秦始皇尝使使者遗君王后玉连环,曰:"齐多知,而解此环不?"君王后以示群臣,群臣不知解。君王后引椎,椎破之,谢秦使曰:"谨以解矣。"玉连环用来比喻无法拆开的多个相连的环节。"玉连环"相传创始于盛唐诗人白居易,《宋史·艺文志》有"白氏玉连环七卷",《回文类聚》卷二收宋庠《寄范仲淹》,以及白居易《游紫霄宫》(图9-3),在宋末成书的杂纂《事林广记》"辞章类"中收"藏头回文借字诗"(图9-4)二图,其一"玉连环"即宋庠《寄范仲淹》诗。为了显示"玉连环"的连接无间断,连环图形是形象的表达方式。

唐白居易《游紫霄宫》诗

水洗尘埃道未尝,甘于名利两相忘。心怀六洞丹霞客,口诵三清紫府章。十里采莲歌达旦,一轮明月桂飘香。日高公子还相觅,见得山中好酒浆。

此玉连环为七言律诗,每句首尾两字需要分拆借用,首句"浆"是第八句之末字,第一句只取一半"水",末字"甞"("尝")下半部"甘"借为第二句句之首字,而下句"忘"末字"心"字又借为下句之首字,第三句句末"客"字中"口"再借为第四句首字。以此类推。《宋史·艺文志》有《白氏玉连环》七卷,可见"玉连环"的数量不少,恐怕大部分没有流传下来。

离合诗发展出各种类型,单从离合字的位置看,不仅在首尾,也可以在句中的不同位置,既可以用圆圈图形,也可以用十字图形以及其他

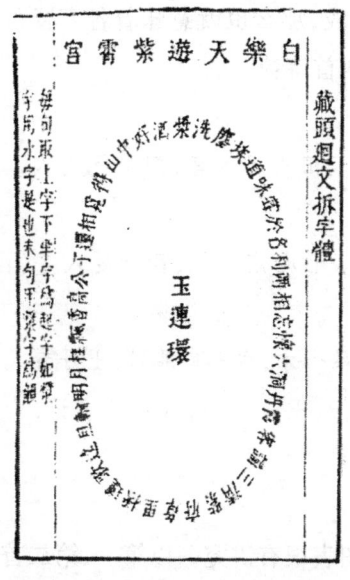
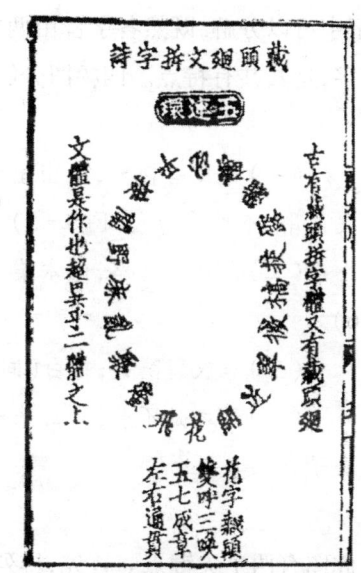

图9-3 《回文类聚》"玉连环"　　图9-4 《事林广记》中"玉连环"

图形表现。这些类型用通常的排列文字很难明确表达,不如图形简洁明了。

敦煌卷子 S.3835 卷背,抄有排列四组文字图,转录于下题"辛卯年十月廿八日"。本件之前,抄有《太平兴国九年马保定卖宅契》。据以推知"辛卯年"当为北宋淳化二年(991年),是为本件抄写之时,而原作当不晚于五代时期。

刘铭恕编《斯坦因劫经录》,疑此纸内容为回文诗,但无法按回文诗来释读,故在"回文诗"加注问号以示疑。黄永武编《敦煌遗书最新目录》称为《文字游戏四条》,却不知如何"游戏"。后来有人把它归入神智体,把那些无法解答的文字都叫神智体,当然不行。有人干脆称之为特型诗,叫法也过于空泛。其实它是地道的离合诗,通过文字的分合,创造诗句。

长期以来,人们不知怎样释读,李正宇找到了解读门径,寻到了关键。首先是分拆字形,重新组合新字。他从第二首诗着手,如"泉""柴""忘""要"四字,皆由两个单字合成,如白水合成"泉",此木合成"柴",亡心合成"忘",西女合成"要"。有的字可以分解成两字,进一步认识到,中间　行文

字,字字可以分解,既然各字皆由两字合成,那么也就意味着各字皆可分读为二字,是其共有特点。四幅图分解出四首诗:①

（一）日日昌楼望,山山出没云。田心思远客,门口问贞人。口之足法用,不见觅地人（图9-5）。

（二）白水泉当路,此木柴在深。亡心忘记忆,西女要人寻（图9-6）。

（三）非衣裴醋大,口白（同旨）吕秀才,白七皂罪过,王丹弄人子。

（四）旦之是不善,非心悲慈深,八王全法用,人曾会言语,山佳崔夫子。

此图有两个关键点。首先,排列的图表很有讲究。以第一、第二首诗为例,三行文字之中行都要离合,如"昌""出""思""问""足""觅"分拆为二字,加上它本身一字变为三字,与它下面左右二字连成五字诗句。但是每组读法是不同的,如第一组"昌"读成"日日昌（倡）",再左连"楼",然后横连"望",得出"日日昌楼望"。第二组"出"读成"山山"右连"云",再回到"出"原字读,然后左下连"没",得出"山山出没云"。因而离合诗要灵活掌握,配上韵脚。既然是离合诗,拆字是要素,作者使用当时通用字形,如"觅""足"是唐宋字形,不同于后代规范字形。如果不了解这点,依然是读不通的。以下图示第一、第二两组文字图:

敦煌卷子内的文献不一定是经典文献,一部分是普通人的创作,有许多不足之处。如第一首诗的最后一句,不应是"不见觅地之人",这个"之"字是多余的。

敦煌卷子P.3351v写卷中有一首《十字诗图》（图9-7）,据李正宇研究,该诗可能在北宋开宝七年（974年）抄写,抄写者为敦煌金光明寺沙弥王会长。

---

① 李正宇《敦煌特型诗破解》,《寻根》2001年第2期。

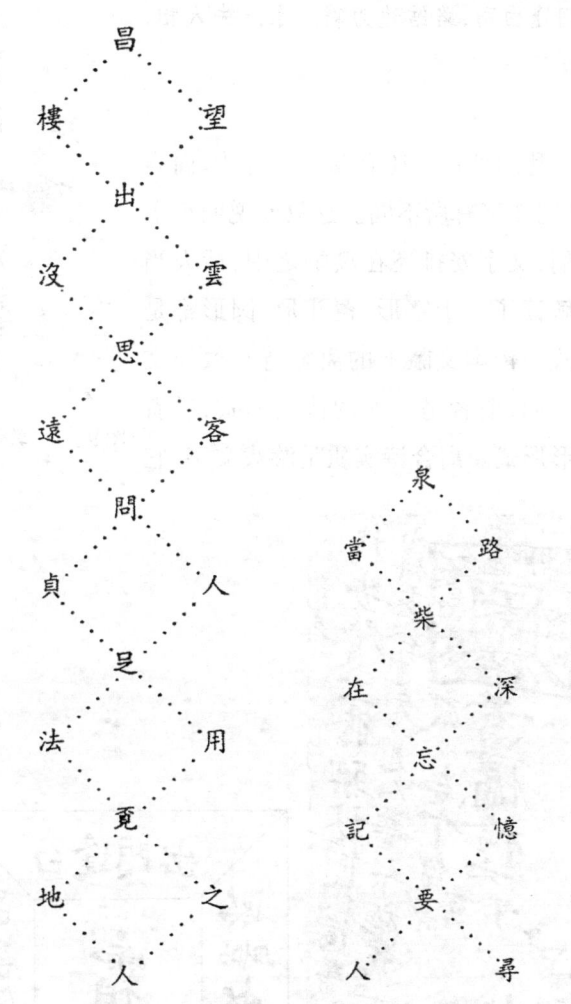

图 9-5　敦煌离字诗之一　　图 9-6　敦煌离字诗之二

这首《十字诗图》的文字纵横两行排成一个"十"字，纵行"天阴逢白霜寒露结为"、横行"王文僻开霜卿仁照日"，中心相交在"霜"字。"霜"字原文分作两段，提示离合读法。李正宇读为：天阴逢白雨，寒路（露）结为霜。日照仁卿相，雨开僻文王。

又有覆斗形离合诗（图 9-8）：

出门逢白雨,路结边为霜。水照先人相,霜来景女王。

在这张杂乱的纸片上还有圆形离合诗,内容基本相同,个别文字有所不同。这只能说明纸上写的都是草稿,文字安排还在斟酌之中,后人当然不能正确解读了。十字形、覆斗形、圆形都是离合诗的图式。传本文献上的离合诗与敦煌文献的离合诗不同,前者是一般的诗句形式,后者是本来的图形形式。离合诗实质是游戏文字,它

图9-7 敦煌《十字诗图》

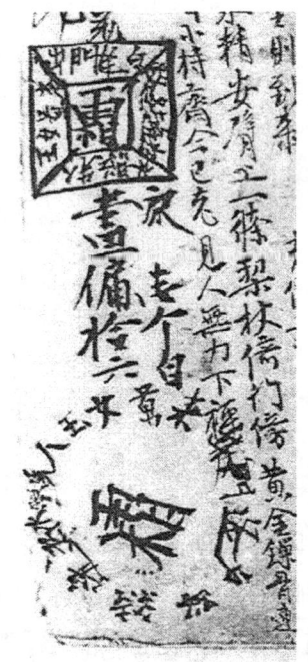

图9-8 覆斗形离合诗

的特殊格式带来的娱乐性,是必不可少的组成部分。敦煌文献内同一首诗,可以采用多种形式,体现了图形的多变性。明清时代游戏文字中,离

合诗是最受欢迎的一种,它们分别配以各色图表,形象直观,趣味性和娱乐性增加。它的创作进入了一个新的阶段,万树、李旸两位杂体诗专家创造的作品尤为专业。

清代万树《璇玑碎锦》中"镜蒂"也是圆盘形离合诗,中心一个"湘"字,向外有两圈文字,各 14 字,都是优美的篆体字(图 9-9)。

原注:"湘"字离合。"楚山"句起,右旋至"潇湘"字止。中左为"沐",右为"目",中为"木",右中为"相",左右为"泪",左为"水",右为"湘"。方位字代表湘中部首或组合,即为诗中字,如左中之"沐"字。"湘"字在中央,是镜钮位置,故称之为镜蒂。《竹枝词》:

图 9-9 圆盘形离合诗

楚山如沐晓苍苍,目断长沙木落黄。
借问相思多少泪,恰如流水下潇湘。

清代李旸"连理笺"也是一种隔行离合诗(图 9-10)。

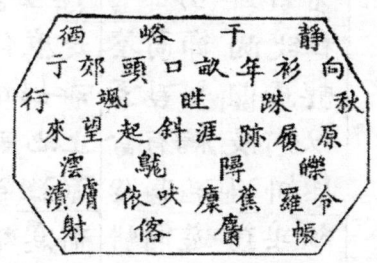

图 9-10 "连理笺"离合诗

其一:在八角形框内有字横排七行,各行字数不等,其中一、五、七行内四字,三行内除去两端"秋""行"二字外,都需要一字分拆两次读用,与二、

四、六、八行内八字合成诗句。如"静"拆做"青""争","皪"拆做"白""樂(乐)","帳"拆做"巾""辰"。这样一、三、五、七也凑成每横行八字,与二、四、六、八行内八字对应,形成一首七言律诗《秋行遇雨》:

　　争向秋原乐令辰,青衫朱履白罗巾。
　　一年足迹寻蕉鹿,十亩生涯阜廪囷。
　　谷口日斜龙吠客,山头风起鸟依人。
　　西郊立望云肤寸,彳亍行来水渍身。

其二:形式相同,原理相同,只是框内分拆文字的位置不同。二、四、六行字,如"礵""哂""讪"等字,一字分拆两读。形成七言律诗一首:

　　起间茅屋苑西头,叠石为山谷口幽。
　　禽鸟烦言春日暖,牛羊归路晚风柔。
　　捎云径竹青千尺,拂水岩松碧一楼。
　　饶有闲心花月醉,同人相约结良俦。

清代李旸藏头诗"纵横其亩",十二方亩中,一行正一行倒,构成回文(图9-11)。第一字分拆成二字,六字读作七字。原注:每句首二字合末一字。先自右向左,后自左向右。

七言排律《山居吟》:

　　白水当阶泻石泉,山人应是地行仙。
　　占风池上波微飐,因火窗前雨似烟。

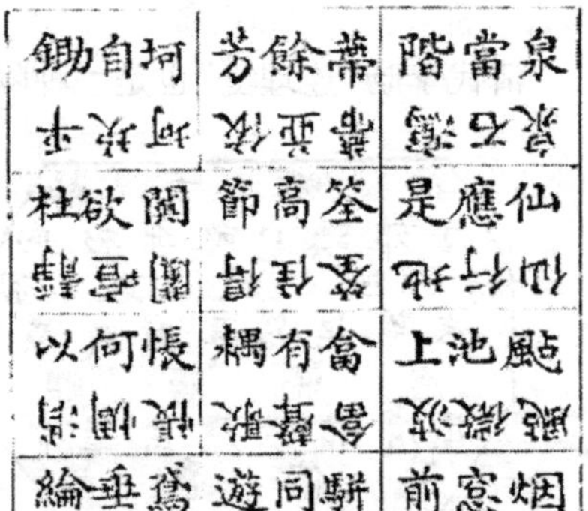

图9-11 "纵横其亩"离合诗

草带馀芳依兰蒂,竹全高节得佳筁。
合田有耦歌声畲,并马同游乐事骈。
土可自锄平坎坷,门真欲杜静喧阗。
心长何以消惆怅,弋鸟垂纶放纸鸢。
按:"畲"同"答"。

离合诗本来是分拆一字为两字,后来演变出新体,把诗句首尾分开的两字,合为一个双音节的名词。晚唐的陆龟蒙、皮日休一次唱和,成就了著名的药名、地名诗。这是吴讷所谓的第四种离合诗,都是诗句首尾二字相连,成为谜底。如陆龟蒙《药名离合夏日即事三首》:

乘屐著来幽砌滑,石罂煎得远泉甘。草堂只待新秋景,天色微凉酒半酣。
避暑最须从朴野,葛巾筠席更相当。归来又好乘凉钓,藤蔓阴阴著雨香。
窗外晓帘还自卷,柏烟兰露思晴空。青箱有意终须续,断简遗编一半通。

陆龟蒙诗合成药名有滑石、甘草、景天、野葛、当归、钓藤、卷柏、空青、续断。皮日休《奉和》:

季春人病抛芳杜,仲夏溪波绕坏垣。衣典浊醪身倚桂,心中无事到云昏。
数曲急溪冲细竹,叶舟来往尽能通。草香石冷无辞远,志在天台一遇中。
桂叶似茸含露紫,葛花如绶醮溪黄,连云更入幽深地,骨录闲携相猎郎。

皮日休诗合成药名有杜仲、垣衣、桂心、竹叶、通草、远志、紫葛、黄连、地骨。

南宋刘一止,其《苕溪集》内有一离合诗,他自称"拆字诗",比较别致:

> 日月明朝昏,山风岚自起。石皮破拈壁,古木枯不死。可人何当来,意若重千里。永言咏(詠)黄鹄,士心志未已。(宋刘一止《山居作拆字诗一首寄江子我郎中比尝以拆字语为戏然未有以为诗者请自今始》)

这首离合诗比较特别,诗的每一句中都有离合和合成的字同时出现。"日""月"合成"明","山""风"合成"岚","石""皮"合成"破","古""木"合成"枯","可""人"合成"何","千""里"合成"重","永""言"合成"詠(咏)","士""心"合成"志"。这种拆字诗过于讲究拆字组合的工夫,只能视为纯粹的文字游戏。

第六节　神智体

"神智"即超人的智慧,"神智体"是一种以文字字形变化融入诗歌的杂体诗。《回文类聚》卷三省记"右一首名神智体,以意写图,令人自悟"。神智体自宋代以来形成一种体式,称作"诗谜",它的谜面是一组古怪的字形,除了一些正常的字体外,还充斥了颠倒、欹侧、反书、缺笔、曲笔、大小、离断等等怪字。根据观察字形的种种迹象,领悟诗意,造句作诗。

神智体的出现不是偶然的,它原是拆字的一个分支,根据形体结构、笔画形态发掘文字的内涵。宋代笔记记载了曹仁杰根据字的形态测字的故事,他的那些分析方法已经与神智体没有什么两样。

闽士曹仁杰,淳熙末预秋榜待补,明年入都,贫无装资,假卖卜自给。在市售卦,一人来卜,为画一官人发怒,一"事"字甚大,而无挑脚,"忧"字半缺,一"喜"字下画不满。解之曰:"君恐当官事,其祸大如天,然忧不成,出此月,翻有获财之喜。"客请其说,曰:"官既怒为可忧,而事不圆,故知无害。忧去则喜至,以下画缺,须候改月乃吉。"客曰:"诚如所言,吾必奉谢。"欣然而去。后旬日,持二万钱来馈,不谈曲折,但云:"足下之术通神,都城卦肆满街,无如公者,当广扬盛名,少效寸力耳。"曹之友叩之,笑曰:"我本不能卜筮,而粗通相法,认彼是公吏,非有公事不求卜,视其面色,不见有灾厄,以是言之。"后访其人,果是府吏,因治狱受赇,怨家将告之,惧甚。府吏置不理,遂得钱三百千。(宋洪迈《夷坚志补·曹仁杰卜术》)

神智体以苏轼的《晚眺》诗最有名,它由一些歪斜残缺的字组成,隐含了一首七绝诗(图9-12)。

《晚眺》诗字面只十二个字,"亭"字瘦长,"景"字扁矮,"畫(画)"字下部少写了一个"人","老"字端正,但字形特大,"拖"字向左90度,"筇"字正常,"首"字向右180度,"雲(云)"字中间断开,"暮"字的"日"歪斜,"江"之"工"短竖生了一个折,"蘸"字倒写,"峯(峰)"字上的"山"歪落在一边。

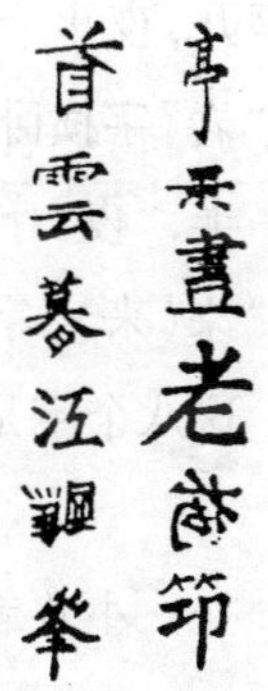

图9-12 《晚眺》

长亭短景无人画,老人横拖瘦竹筇。回首断云斜日暮,曲江倒蘸侧山峰。(苏轼《晚眺》诗)

神宗熙宁间北虏使至,每以能诗自矜,以诘翰林诸儒,上命东坡馆伴之,虏使乃以诗诘东坡,东坡曰:"赋诗亦易事,观诗稍难耳。"遂作《晚眺》诗以示之,虏使惶愧,莫知所之,自后不复言诗矣。(宋桑世昌《回文类聚》卷三)

《晚眺》诗示艁,"艁惶愧,莫知所之",并不说明他们不聪明,只是说明这种戏法人家不熟悉,而且,字形的那些变化不同的人能作不同的解释,解释理解一样表达的用语也有差别,所以它实际上不是文学创作,而只是利用字形做游戏。

传苏轼作《长亭诗》字面亦只十二个字(图9-13):

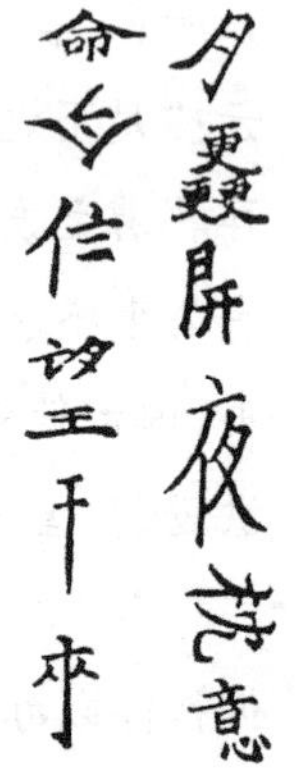

月斜三更门半开,长夜侧枕意心斜。短命到今无口信,望断干肠无人来。(传苏轼《长亭诗》)

重庆万县历代编修的《万县志》记有诗谜碑之事,民国《万县志》尚有如下记载:"竹岩亭题记:不审何在,据旧本录入,八字横作两列,正书,无题者姓名。文曰'竹岩亭开,夜事有来'。嘉靖癸亥孟秋书。""竹"字非常小,"岩"字横卧,"亭"字中间缺了两横,"開(开)"字只有一半,"夜"字拖了长垂,"事"字少了一横,"有"字斜写,"來(来)"字少写了一撇一捺。

图9-13 《长亭诗》

这八个字是谜面,谜底经陈一平先生回忆为:

小竹栽横岩,空亭门半开。长夜无一事,偏有一人来。

但是随着时代的更替,碑石不知失落何处。1987年5月当地农民集资开发太白岩名胜风景,在平安洞附近的荒草枯藤下挖出一块碑石,当时已经断成两截,拼合在一起,八个字中只见到"岩""开""有"三字完整,"事""来"二字存部分笔画,"竹""亭""夜"三字缺失。落款是"嘉靖癸亥秋之吉",与记载稍有不同。出土时,人们还不知道它就是历史有名的诗谜碑,准备把它填入粪坑,幸赖张明福先生及时发现,得以收藏保存。1990年将碑石修复,把缺字补齐(图9-14)。

清张起南《橐园春灯录》载《仿东坡神智体成一绝》(图9-15),可解读

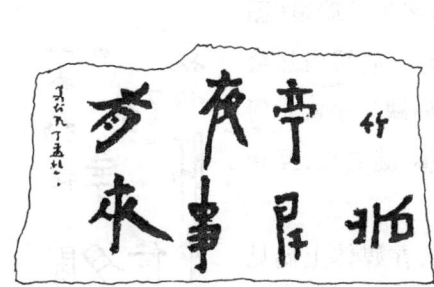

图 9-14 神智体诗谜碑　　图 9-15 《仿东坡神智体成一绝》

为:"才长心细无人会,石破天倾水倒流。小技偏从千古合,半同射覆半藏钩。"

清代初期的作者笔炼阁主人作《五色石》,全称《笔炼阁编述五色石》,全书八卷,每卷一个故事,《八洞天》是为续作,其中第六卷一个故事,瑞娘不服禹家琼姬小姐之才,在花笺上写出十二字的诗谜(图 9-16 其一),说:"若猜得出,我便服他。"琼姬见了这十二字,便写出四句诗:

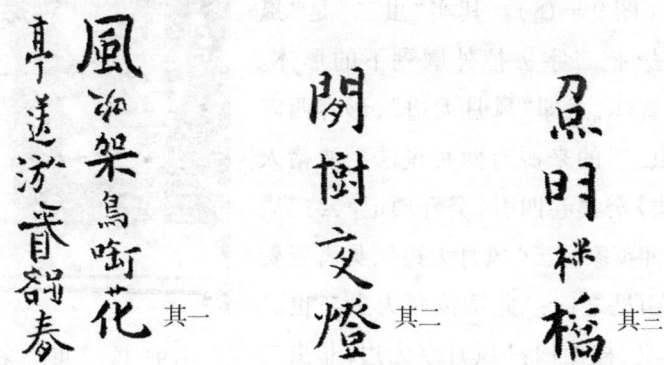

图 9-16 《八洞天》的三个神智体诗谜

(其一)"大风吹倒大木架,小鸟衔残小草花。长亭长送游子去,回路回看春日斜。"琼姬写毕,云:"此谜未足为异,昔长亭短景之诗,苏东坡已曾有过。今此诗未免蹈袭。如更有怪怪奇奇新谜,幸乞见示。"瑞娘又在花笺上写了四字(图 9-16 其二)。此四字内藏五言诗四句。琼姬写出此诗:"閒

(闲)門(门)月影斜,春樹(树)木叶脱。夜长人不来,燈(灯)残火半灭。"后来琼姬又写了四字为难瑞娘(图9-16其三)。此四字内藏五言诗四句。瑞娘当然会猜,写出谜底为:"残照日已无,半明月尚缺。小楼女何处? 断桥人未合。"两个女郎因此成为诗谜之交,互相敬爱。

现代人们已经很少知道神智体了,在媒体上偶见此类作品,令人惊喜。2005 年《江西法制报》曾刊登一首用现代印刷字加工而成的神智体诗(图9-17)。①

图 9-17 现代印刷字体的神智体

天长夜短门半开,小姐等到月斜歪。
山高路远没口信,愁断肝肠无人来。

杭州西湖三潭印月湖心亭有石碑一座,上刻乾隆手书"虫二",这字什么意思,往往难倒游人(图9-18)。其实"虫二"是"風月"的减法,把二字去掉外廓剩下的形体。这也是神智体,意即"风月无边",形容西湖胜景。"虫二"的来源有两种说法。清褚人获《坚瓠集》癸集卷四引《癸轩琐记》云:"唐伯虎题妓湘英家匾云'风月无边',见者皆赞美。祝枝山见之曰:'此嘲汝辈为虫二也。'湘英问其义,枝山曰:'风月字无边,非虫二乎?'湘英终以为美,不之易。"褚人获在"唐伯虎"下注云:"《支颐集》作钱鹤滩。"另说清平步青《霞外攟屑》卷四"风月无边":"越人好传谰语。如云徐天池游西湖,题某匾曰'蚕二',诘之,曰'风

图 9-18 "虫二"石刻

---

① 《江西法制报》15 版"开心地带",2005.3.18。

月无边'也。按,《宋稗类钞》卷二云:贾似道后乐园中山之坳曰'无边风月'。盖本朱子六先生画像赞。濂溪先生一首云:风月无边,庭草交翠,天池放诞,时或有之。好事者率取不经之说,无赖之事,移而属之,诬矣。《说文解字》风从虫,凡声。虫即虺之古文。《六书正伪》谓即虫字省文,谬。今作虫,字书无之,真无稽也。"平步青认为唐伯虎西湖题匾"虫二"是无稽之谈(谰语),可知湖心亭"虫二"碑在清代已经建立。褚人获由明入清,所述"虫二"确为明代之事,而"风月无边"在宋代已是文学名句。因此"虫二"内涵十分丰富,逸闻趣事环绕其间更使之增色不少。平步青书中的字形是"虫二",莫非"虫二"不是原来的写法?泰山万仙楼北盘路西侧石壁上,即刻"虫二"两个大字,为清代名士刘廷桂所书,光绪廿五年(1899年)刻于此,当为原来的写法。

文人熟悉文字,喜欢弄一些文字游戏来调剂生活。《璇玑图》式的文字游戏无外乎各种形式回旋、颠倒变化字序,其中也有翻转式的反体。

清代万树的《璇玑碎锦》收列了反书体,《八行笺》都是反书体。反书要正读,如反书"迟"读作"早","少"读作"老",名词要用相反意义,如"春"读"秋","古"读"今"等。"春晴"要读为反义"秋雨","断阳"读"连阴"等。这样这八行反书体就读成三首五言诗(图9-19):

图9-19 《八行笺》反书体

一

秋雨寒偏早,连阴薄暮同。今来先取醉,明月远浮空。

二

天高圆月白,坐久夜深长。举首东山上,新开绿酒香。

三

老我无他好,清尊向此君。喜添物外赏,月底细成文。

神智体以其特有的文字变化形体方法,表达诗句的内容,可谓神来之作。文字的形体变形大致就是扩大、缩小、拉长、压扁、颠倒、斜倚、缺笔、中断,能表示的意思有限,不能表达过于复杂的内容,这并不是能产的形式。神智体糅合了拆字、反书的因素,并且大量使用整字形态、笔画形态。

神智体也创造了一些新的因素,如把色彩掺入字体中。清代况花矼《春景》诗,书"山""水""桥""燕""鹂""日"六个字,各字下注明采用的青、绿、红、紫、黄等颜色,用"双钩"表示白色,"桥"下写"小"表示"桥小","日"下"写长"表示"日长"(图9-20)。由此组成两句七言诗:"青山绿水红桥小,紫燕黄鹂白日长。"①

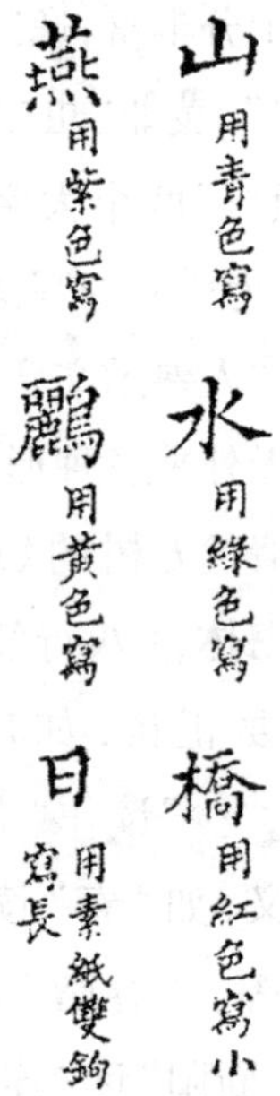

况花矼的神智体诗不仅以形体大小、长短等通常的演示方法创作,还通过字体渲染色彩传达诗句信号,这是神智体诗的新手法、新发展。限于手工版刻的条件,它的字形不采用直观形象,而采用小字说明,也是一种新颖创造。这种说明虽然比较直白,形象略微欠缺,但便于流传。但是彩色神智体与一般神智体一样,依然有局限性,首先色彩不能复杂,只能是基本颜色红、绿、青、紫、黄等,黑、白不易表示。颜色的异称较多,修辞有余地,观诗者却不易琢磨。色彩的运用需要各种颜料,赏心悦目,生动活泼,但是对于不事绘画者,却多了不少麻烦。

图9-20 彩色字的字谜

---

① 饶少平《古诗中的神智体》,《中国典籍与文化》2002年第4期。

第七节　字形笔画的寓意

汉字的结构由部件组合,组成部件的有笔画,即横、竖、撇、点、折等。古人认为不但从结构可以分析字义,部件与笔画也包含了各种各样的意思。如果哪个笔画发生了变化,那就必定发出了某种信息。

丁字的形体十分简单,楷书就是一横一竖带钩,但是汉隶之竖笔为大弯,至南北朝真书"丁"字变化,竖和小钩形成,大弯渐渐消失。但是带八分的弯势的写法依然流行。姜平子选择了竖加钩的真书写法,"丁字直而不曲"并非首创。

> 太元七年坚飨群臣于前殿乐奏赋诗。秦州别驾天水姜平子诗有丁字直而不曲。坚问其故,平子曰:"臣丁至刚不可以屈,且曲下者不正之物,未足献也。"坚笑曰:"名不虚行。"因擢为上第。(《晋书·苻坚载记下》)

丁字曲与弯只是书法,与人品无关,姜平子不过借机标榜自己刚正。

《宋书》载,刘劭为刘宋文帝长子,出生的第三日,帝去看视,簪帽本来戴得牢固,却无风而坠于劭侧,文帝心中不悦。开始叫他"劭",字为"召""刀",后改"刀"为"力"。(清卢文弨《刘宽碑跋》)

按《刘宽碑阴》,应劭仲瑗,"劭"从"力"。卢文弨认为,"召"旁作"刀",只有"邵"字,隶省成此字。"劭"之从"刀","刀"为利器,所以改从"力"。

赵谂,元祐九年擢进士第二名,时第一名毕渐,当时榜帖,偶然脱去"渐"字旁点水,天下遂传名云"毕斩赵谂"。谂后谋不轨伏诛,果符其

識。(宋曾敏行《独醒杂志》卷四)

元祐九年进士名单张榜,第一名毕渐,第二名赵谂,因为"渐"字脱落偏旁,连读成"毕斩赵谂",不想竟成为事实。

潭州士人龚舆,乾道四年冬,与乡里六七人偕赴省试。过宜春,谒仰山庙祈梦。舆梦至官府,见柱上揭贴纸一片,书"龚舆不得"四字,而"不"字不下稍不联接。既觉,殊不乐,自意必下第。及春榜至,舆中选,余人尽黜,始以语人,谓梦不验。好事者曰:'不字'断续如此,乃'一个'也。神言龚舆一个得举,岂不昭然?"(宋洪迈《夷坚志甲·龚舆梦》)

一个"不"字因为上下稍不连接,可以解释成"一""个"二字,这样可以使得祈梦正确,从下第转变为中举,真是天下奇闻。

杭州遭方腊之乱,谯门州宇皆被焚,翁彦国坏佛寺以新之。乃求梁师成书"宁海军大都督府"二榜,"军"字中心一笔上出,"督"字下从"日"。时谓"督无目,军出头"。继有叛卒陈通之变,乃取二牌焚之。(宋庄季裕《鸡肋编》卷下)

有时为了书法上的需要,字形会稍加改变,或者采用异体字。梁师成以书法闻名,宁海榜上"军"出头、"督"从"日"都是古已有之,如汉代《武荣碑》《夏承碑》《韩敕碑》都是这样的写法,可见"督无目,军出头"并没有道理,至于以后发生的事完全是附会上去的。

避讳是汉字特有的文字现象,凡是要用到皇帝或圣人名字的字,都要避开。这个传统由来已久,秦代碰到秦始皇嬴政之"政",要改用"端",汉代碰到汉高祖刘邦之"邦",要改成"国"。后代又发明了新的办法,避讳的字照用,但是要缺笔,以示恭敬。这种缺笔避讳字不仅在官场中流行,而且随着含有缺笔的字帖的广泛流传,也深入识字不多的百姓中去。人们受到启发,缺笔字扩大到寄托某些含义上去,常常出现在各个公开场合。山东曲阜孔府大门对联:"与国咸休安富尊荣公府第,同天并老文章道德圣人家"。中间的"富"字上少了一点,这一点并不是书法家的疏忽,也不是木匠的无知,而是孔府的特意安排。这副对子是清代大学士、著名文学家纪昀所书,少写一点是有道理的,其含义是富贵无边,希望孔家世世代代永远享受荣华富贵。

"門(门)"字两户相向,本无勾踢。宋都临安玉牒殿灾,延及殿门,宰臣以"門"字有勾脚,带火笔,故招火厄,遂撤额投火中乃息。后书门额者,多不勾脚。我朝南京宫城门额,皆詹孟举所书,北京大明门等额皆宋孔易所书,"门"字俱无勾脚。(《茶香室三钞》引明马愈《马氏日钞》)

紫禁城内门额多不带钩脚,随处可见。(图9-21)但是并非全部门额的"门"字都没有钩,如履顺门、昌祺门、皇极门等,"门"字都有钩脚。凡是带钩的"门"门额都是在乾隆年之后题写的,可能十全老人更加看重字法正确、书法合理,不相信带钩会引起火灾的迷信。①

有关"门"字,另有一种说法,明太祖开始命令中书詹希原写太学"集贤门","门"字的右竖微微有点勾起,太祖就说:"吾方欲招贤,原乃闭门,塞我贤路耶?"为

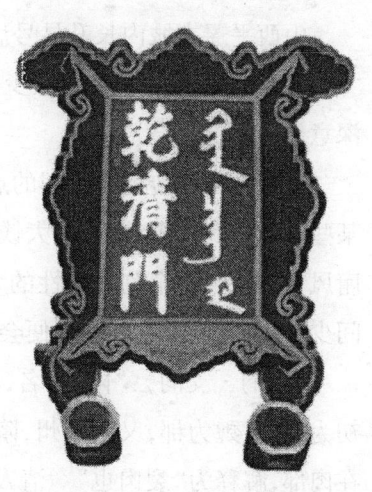

图9-21 故宫门匾上的"门"字

---

① 徐浩《故宫门匾上的门字都不带钩吗?》,《紫禁城》2001年第1期。

此就杀了这个中书,而且叫人拿粉把"门"字的钩涂掉(《国史旧闻·明初文字之狱》)。

1958年在虎门沙角炮台遗址发现一些骸骨和一墓碑,这些骸骨是鸦片战争中炮台守军的遗骸。1841年1月7日,英军袭击沙角炮台,守军600余人奋起还击,琦善拒发援兵,将士们英勇牺牲。守军的尸体大部分被英军焚毁,小部分由当地百姓掩埋并为他们立了墓碑。墓碑阴刻"道光二十三年六月吉旦,节兵义坟,节兵共七十五位合葬"。不过正中"節(节)兵義(义)坟"之"節"下面的部件写成"阝",把直笔写成弯笔,表示清廷曲节,没有民族的骨气,"義"下"我"缺了一点,寓意"无义"(图9-22),是对琦善等投降派贪生怕死,不增援兵,听任我军民遭到杀戮的丑恶行为的抗议。①

图9-22 节兵义坟碑

山西平遥古城内长升昌号后面的建筑有匾额上书"怡神静逸"四字,其"逸"字缺了最后一点,寓意少点安逸。如果不留意,很少有人注意其中深意。

有一些民间传说也是用的点画的变化,通过字中一点小小的动作,传达某些意思。有一个绅士,花大钱让人写了一块匾,"道德文章",但是这个附庸风雅的乡绅是个刻薄成性的人。木匠在刻字的时候将"德"字的"心"中间少了一点,会意的人一看便会笑出来,明白这个人道德上少了点,缺德!②

《广韵·支韵》:"隋,国名,本作随。《左传》曰:'汉东之国随为大。'汉初为县,后魏为郡,又改为州,隋文帝去辶。"《说文解字》上是有"隋"字的,在肉部,解释为"裂肉也"。清人段玉裁注谓"祭之馀也"。自此以后,"隋"字失去本意,成了一个朝代的专用名字。但作为国号,"随"字也并没有完

---

① 盛长峰《虎门炮台上的"节兵义坟"》,《中国青年报》1998.6.27。
② 朱怀兴《缺笔字中的风月》,《解放日报》1990.11.10。

全被禁用。吴曾《能改斋漫录》卷二：古无隋字，隋字古无之。文帝受禅以魏周齐，不遑宁处，恶之遂去走，单书隋字。犹后汉都洛，以火德故，去"水"加佳也。

隋大业七年（611年），虞世基撰文、欧阳询书丹的《姚辩墓志铭》，题作《随故左屯卫大将军左光禄大夫姚恭公墓志铭》。2013年扬州隋炀帝墓发现的《随故炀帝墓志》，书"隋"为"随"字，铭文中亦有"随大业十四年"字，证明隋朝之"隋"依然可以写作"随"。

巍，高大貌。《说文》："巍，高也，从嵬，委声。"此字古时"山"在"魏"下，睡虎地秦简、马王堆帛书、居延汉简均可见到用例，汉魏间还保持这种写法，如汉《鲁峻碑》、晋《郑舒墓碑》等。后代规范写法是以"巍"为正体，"魏下山"只是古体，少有使用，复古人士例外：

> 张有，字谦中，吴兴道士也。以篆名天下。为人退静好古，非古文所有字，辄阙不书。宣和中，年已七十余，中书侍郎林彦振丧其母魏国夫人，归葬于湖。将刻埋铭，请篆额，书"魏"字为"魏"下"山"。彦振以为不类今字，命去之，不从。彦振虽不乐，然度能书者无出其右，则召所亲委曲镌说之，且许厚谢。张不可，曰："世俗'魏'字，我法所无。林公不肯用，宜以见还，决不易也。"彦振知不可强，遂止。（宋洪迈《夷坚甲志·张谦中篆》）

张有是好古者，坚持书写"魏下山"是有缘故的，因为既然写的是篆额，就应该尊古，用古体。如果写通行的楷书，就要遵循通行的规范，写"魏上山"了。"魏上山"和"魏下山"说到底只是古今字体的差异，并没有寄托什么其他的意义。但是此字"山"之上下到了拍马之辈的手里，就大有文章了。

天启朝魏珰生祠遍天下。山东巡按李精白祝词云："尧天巍荡，帝德难名。""巍"字，"山"移下书，俱压上公之首，此等谄媚，真是想空心血者。(清梁绍壬《两般秋雨盦随笔》卷四"巍字改书")

宦官魏忠贤在明代后期权倾天下,党羽满天下,各地立生祠,群小阿谀奉承极尽其能。把"魏"字写成"魏下山"不过一例。

在书写的点画上捕风捉影,是字谶的遗风,人们把它作为斗争武器,或者人身攻击的手段,令人惊骇。

蔡京书神霄玉清万寿宫及玉皇殿之额,玉字旁一点笔画险急。有道士观之,曰:"此点乃金笔,而锋芒侵王,岂吾教之福哉?"侍晨李德柔胜之亲闻其言,尝以语先君。(宋陆游《老学庵笔记》卷九)

蔡京是北宋末年权臣,徽宗时官至太师,贬斥元祐群臣,导致靖康之变,大宋失国,所以天下视之为六贼之首。蔡京初受蔡襄笔法,后师法欧阳询,自成一法,后人或称"苏黄米蔡"之"蔡"为蔡京。北宋皇帝崇尚道教,道观的地位很高,由蔡京题额,无论他地位或书法,均属相称。道士议论蔡京的题额,由人亲闻,可能不是造谣。但是"玉"字之点是一字中点睛,十分讲究,至于锋芒侵王之说,亦为附会。道士此论尽管出于义愤,但实属荒谬,所以陆游把它纳入妖言之类,以示鄙薄。

马仲履(大壮)《天都载》:桃源县三义庙在河岸,夏文愍(言)赴召,舣舟瞻谒,手书"天地正气"一扁,又书联曰:"王业于今非蜀土,英灵到处是桃源。"刻于庙中。后一御史见之,惊曰:"字带刀锋,公殆不免乎?"未几果被刑。(清褚人获《坚瓠壬集》卷四"字带刀锋")

明代大臣夏言的政治遭遇是多种因素所致,点画出锋是书法风格,当时却有人硬把两者扯在一起。

长乐陈修园著《医药三字经》,盖为初学设也。其解人字云:"人具阴阳,人字左笔为阳,右笔为阴,阳清而轻,故左丿轻,阴浊而重,故右乀重,阳中亦有阴,故左丿先重而后轻,阴中亦有阳,故右乀先轻而后重,阴阳合而为人,即其字可悟也。"说甚新异,然理亦近是,古人造字,或果有此义耶?(清施鸿保《闽杂记》卷八)

又解心字云:"小篆心字乃亦一倒火字,盖心本属火,不欲炎上,故倒之也。庖牺氏一画开天,直则为丨,左右倚之,则为丿乀,缩之为、,曲之为乙。乙、圆而神,一丨丿乀方以直。天下字变化无穷,要无外一丨、乙丿乀结构者,惟心字欲动欲流,圆秒不拘,出诸字之外,正以心者新也,变化而日新也。"说亦近理。(清施鸿保《闽杂记》卷八)

中医以儒医为上,儒医饱有学养,能悟人所不悟。但是无论"人"字左右阴阳之说,篆文"心"字的解释,貌似有理,实际都出于杜撰。

拈字占晴雨,以字的起笔点、竖、撇等不同,来探知未来天气,作为游戏当然可以,当真的话就成气象预报了。

国朝缪艮涂说,有拈字占晴雨歌,其法:信手拈一字,以起笔为验。歌云:点(、)晴竖(丨)雨盖(宀)滂沱,撇(丿)雾横(一)风雨不多。惟有娇丝(糸)连夜雨,勾(亅)环(乚)午后唱晴歌。(清俞樾《茶香室续钞·拈字占晴雨》)

从以上的例子看,所谓字部件、笔画的寓意,基本上是信奉者自己的臆想,把自己的意思附会在字形上,或者对某些现象作主观的解释。不管如何,这是汉字俗字学中一个值得注意的问题。

第十章 织锦回文诗

第一节 汉晋文字织锦

缫丝织绸是我国先民的伟大发明之一。商代的甲骨文中已有蚕、桑、丝、帛的记载。殷商的青铜器曾发现丝织品的痕迹。故宫博物院收藏的周代玉刀，保留着提花织物的遗迹。这可以证明在 2500 年之前，先民已经掌握了提花技术。《左传·闵公二年》："归夫人鱼轩重锦三十两。"杜预注："重锦，锦之熟细者。"《诗·郑风·丰》"衣锦褧衣，裳锦褧裳"都说明春秋时期不但生产织锦，而且制造工艺臻于成熟。

  （周成王五年）有因祇之国，去王都九万里，献女工一人。体貌轻洁，被纤罗杂绣之衣，长袖修裾，风至则结其衿带，恐飘摇不能自止也。其人善织，以五色丝内于口中，手引而结之，则成文锦。其国人来献，有云昆锦，文似云从山岳中出也；有列堞锦，文似云霞覆城雉楼堞也；有杂珠锦，文似贯珠珮也；有篆文锦，文似大篆之文也。（晋王嘉《拾遗记》卷二）

从这个美丽的传说来看，恐怕早在先秦时代，我们的祖先已经有文字纹的织锦了。织锦是用染色的经纬线，经过提花、织造工艺织出的图案织物。汉代的织锦有很大的发展，设立织室、锦署，专门织造宫廷使用的织锦。就目前的发现，汉代大量生产文字纹织锦，不仅在内地使用，还输出到遥远的西域。自张骞出使西域沟通中原与欧亚的陆路交通之后，丝绸产品成为中原向西方输出的大宗贸易物品。从汉至唐，在今新疆境内的昆仑山北侧或天山南侧是丝绸之路的南北两路，遗留了大量古代的丝织品，经过考古发掘，使之不断地涌现在我们面前，引人注目的是有许多汉字纹织锦。

织物与文字结合的实物，最早的是墨书文字。1957年，湖南长沙左家塘楚墓中出土一叠丝织品。有深棕地、红黄色显花的菱纹锦。残长32.5厘米，宽23.3厘米，经密为每厘米138根，纬密为每厘米40根。褐地矩纹锦的残长为19.9厘米，宽8.2厘米，锦面上有墨书"女王氏"三字，经纬密度为每厘米80根和每厘米40根。最早的文字织锦在西汉初年长沙马王堆一号汉墓发现，墓内出土千金绦，长17厘米，宽0.9厘米，绦带底纹是由红地黑色折线组成的几何图案，幅面居中每隔5.8~6.5厘米的间隔，织出单个的或成双的"千金"字样，"千金"两字从右到左横排，宽不到3厘米。墓内有三副手套，掌面上下，锦饰内棺的贴毛锦边缘皆饰有此千金绦。同墓遣策称之为"千金绦饰"。裹尸体的麻布上也有千金绦，宽达2.7厘米，"千金"两字宽不到0.9厘米。①

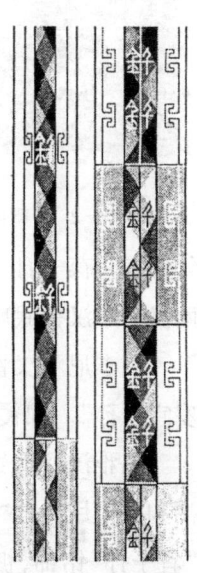

图10-1　千金绦

民丰北的尼雅1号东汉墓中出土了三种文字织锦。"延年益寿大宜子孙"锦，"延年益寿宜子孙"与"万世如意"锦。

尉犁县营盘15号墓一座东汉墓中出土一片残锦，有"寿"字"右"字。

若羌楼兰故城城郊孤台2号墓地出土锦残片，有字"长寿明光"。

民丰尼雅汉晋1号墓地1号出土锦袋，有夹织"金池凤"文字。

民丰尼雅汉晋1号墓地3号墓出土锦手套，间织隶书"世毋极锦宜二亲传子孙"。

楼兰平台古墓群调查与试掘中发现东汉"望四海贵富寿为国庆"锦（图10-2）、"延年益寿大宜子孙"锦、"延年益寿"锦及"长乐明光""永昌""延

---

① 《长沙马王堆一号汉墓》上册第51—53页。

 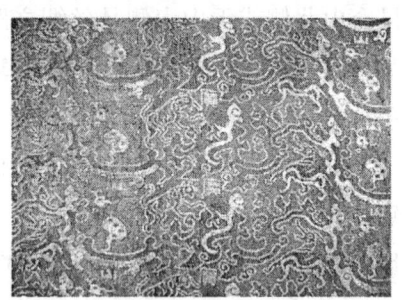

图10-2 "望四海贵富寿为国庆"锦　　　图10-3 "广山"锦

年益寿长葆子孙""长寿明光""登高富贵""续世""广山""泽"等字锦。①西汉末东汉初武威磨咀子汉墓出土了"广山"锦(图10-3)。②

民丰尼雅汉晋1号墓地3号墓出土锦衾,从右到左织"王侯合昏千秋万岁宜子孙"。锦覆面夹织汉文隶书"世毋极锦宜二亲传子孙"。

尼雅汉晋1号墓地8号墓男墓主锦缘毛长袍,衣领用"文大"铭锦,衣襟和袖口用绛地"延年益寿长葆子孙"铭锦,衣襟及下摆用绛地"安乐绣""宜子孙"铭锦,裤角缝蓝地"延年益寿长葆子孙"铭锦,出土锦帽有隶书"德""宜""子""生"等字。同墓出土锦护膊,花纹中有铭"五星出东方利中国"。墓内出土的"讨南羌"可能连在一起,其文为"五星出东方利中国……讨南羌……"(图10-4),那么,这个织锦的文字是很长的。

尉犁县营盘20号汉晋时期墓葬出土红锦带,红地,蓝、黄、绛三色显花云气动物纹,残留"登高"字样。

阿斯塔那前凉墓中出土了织有"富且贵宜侯王夫延命长"文字履。

阿斯塔那相当于高昌时期的18号墓葬中发现锦残片,中间嵌相对两组文字"胡王"。

阿斯塔那的其他高昌年间墓出土了连珠对孔雀"贵"字纹锦、50号墓"天""王"字锦、44号墓出土有"王"字锦、唐总章元年墓出土"同"字

---

① 侯灿《楼兰城郊古墓群发掘简报》,《文物》1988年第7期。
② 赵吴成《甘肃武威磨咀子东汉墓(M25)发掘简报》,《文物》2005年第11期。

图 10-4 "五星出东方利中国"织锦

纹锦。①

北朝十六国时期是织锦的发展期,锦的纹样十分丰富,包括文字锦在内继承了汉魏的传统,并有所发展。《邺中记》载:"石虎冬月施熟锦流苏斗帐,四角安纯金龙头,衔五色流苏,或用黄地博山文锦或用紫绨及小光明锦。又曰:织锦署在中尚方,大登高、小登高、大光明、小光明、大博山、小博山、大茱萸、小茱萸、大交龙、小交龙、蒲桃文锦、班文锦、凤皇锦、朱雀锦、韬文锦、桃核文锦。"其中"登高"即尉犁县营盘 20 号汉晋时期墓葬出土的"登高"字一类的文字纹锦。

从出土的大量的织锦(其中也有其他织物)实物来看,汉晋时期文字织锦是一个高峰时期,出土织物中文字的内容很少相同,文字少的只有一二字,多者如"五星出东方利中国""富且贵宜侯王夫延命长""世毋极锦宜二亲传子孙""王侯合婚千秋万岁宜子孙"等,有八字、十字、十一字,字体有隶书,也有篆体。这些文字与图案交错组合,需要十分繁复的织锦工艺,应该指出,新疆在汉晋之时尚处边陲,其出土的文字锦很难说是代表了当时的最高水平。那么是否有更精细、更复杂的文字锦呢?这就是下面要研究的织锦回文图了。

---

① 李遇春《新疆民丰县北大沙漠中古遗址墓葬区东汉合葬墓清理简报》,《文物》1960 年第 6 期;新疆维吾尔自治区博物馆《吐鲁番县阿斯塔那—哈拉和卓古墓清理简报》,《文物》1972 年第 1 期;《丝绸之路——汉唐织物》,文物出版社,1973 年;马承源、岳峰主编《丝路考古珍品》,上海译文出版社,1998 年;周金玲、李文瑛、尼加提·哈斯也提《新疆尉犁县营盘墓地 15 号墓发掘简报》,《文物》1999 年第 1 期。

第二节　解密璇玑图

《晋书·列女传·窦滔妻苏氏》:"窦滔妻苏氏,始平人也,名蕙,字若兰。善属文。滔,苻坚时为秦州刺史,被徙流沙,苏氏思之,织锦为回文旋图诗以赠滔。宛转循环以读之,词甚凄婉,凡八百四十字,文多不录。""秦州刺史窦滔妻,彭城令苏道之女,有才学,织锦回文诗以赎夫罪。"①《文选·江淹〈别赋〉》李善注引《织锦回文诗序》:"窦滔秦州被徙沙漠,其妻苏氏。秦州临去别苏,誓不再娶。至沙漠更娶妇。苏氏织锦端中作此回文诗以赠之。"《晋书》中只有离别之情,而无再娶被弃之苦,所以"序"言之事为虚诞,不足为信。有关回文诗,《晋书》仅仅说"宛转循环以读之,词甚凄婉,凡八百四十字,文多不录"。回文旋图在南北朝时期尚未见到,流传至今的《璇玑图》有武则天的序,可是它的来龙去脉是不清楚的。托称大周天册金轮皇帝的《璇玑图序》称其"织锦为回文,五彩相宜,莹心辉目。纵广八寸,题诗二百余首,计八百余言,纵横反覆,皆为文章。其文点画无缺,才情之妙,超今迈古,名曰《璇玑图》"。《织锦回文诗序》数言之中已经包含了重要的信息:此为织锦为之,织锦成文字,自东汉以来极为盛行,仅仅现在新疆出土的文字织锦的数量就相当可观,而且很少有相同的文字,可以说,当时文字织锦是常见之物,文字的内容根据需要,各有不同。文字锦用三色、四色、五色、八色等,以五色最为常见,回文织锦也是用了这最普遍的五色。出土的文字锦各有八、九、十、十一个字,一般是吉语,也有铭记一类,至少在汉魏时期人们已熟练地掌握了专门的织字制锦技术。不过,这个织锦非同寻常,其广幅,按唐代每尺30厘米计算,8寸仅为24厘米,而上面要安排800多字,每字最多只有0.8厘米见方,而且每一个字都不相同,这个编织的工艺要求是很高的。《晋

---

① 《太平御览》卷五二一引崔鸿《前秦录》。

书》云"织锦为回文",似乎是苏蕙本人亲自制作,但是这样一个贵夫人自己织锦的可能性很小。设计者肯定是她本人,她是一位才女,"所著文字五千余言",娴于文辞。织锦采用当时十分流行的回文体,内中闺情隐藏其间,让"读者不能悉通"。苏蕙很得意,笑曰:"徘徊宛转,自为语言,非我家人,莫之能解。"其中密码不破,外人无法读通,古来就是个谜。

回文诗十分复杂,究其原因,传本不一,或有残缺。治平中摹拓古本,"词句脱略,读不成文",苏轼所见江南本亦不全。南渡后士夫的家藏本各有不同,"有前序而无凡例者十常八九,故艰于句读,且复差舛,予参考订证几数十处"。①

璇玑织锦原来是五彩本,后人流传不复施彩,因此没法从彩色分诗句了。《回文类聚》收集了两种彩色本子。一种是元丰四年(1081年)李公麟所说唐传真本,有淡色分其篇章。书中色彩记录完备。

《回文类聚》又记:宋太宗妃广慧夫人至道元年(995年)所见"五色读法"之本。"苏蕙织锦回文及今已久,所以欲见其彩色宛然一如蕙之手著者,甚为难得。八月廿日驾幸翠微殿赏桂,诏令赋诗。见御案所置一幅五色相宣,读之易明,因照式记之,以志不忘。"书内对这种色彩有详细的记录。

苏蕙《织锦回文诗》所传旧矣,故少常公复传其画,緌是若兰之才益著。然其诗回旋书之,读者惟晓外绕七言,至其中方则漫弗可考矣。若沈公之博,亦谓辞句脱略,读不成文,殊不知此诗织成本五色相宣,因以别三四五七言之异。后人流传,不复施彩,故迷其句读,非辞句之脱略也。政和初予在洛阳,于居士王晋玉许得唐程士南效此诗,并申诫之释,而后晓然。是诗之初不舛脱,盖沈公未尝见此本耳。然申诫所释,但依士南之设色:其七言数火、其色反黄,四言数金,其色反绿,于五行为弗类。意苏氏诗图之色为不尔。今因冠诗于画,遂别而正之,三、四、

---

① 桑世昌《璇玑图考异》。

五、七言之诗,各随其行而为之色,观者见其色则诗之言数可知已。(宋黄百思《东观余论·跋〈织锦回文图〉后》)

政和七年(1117年)黄百思所言故少常沈公复传其画法,与"五色读法"相同。明冯惟讷《古诗纪》在"五色读法"下注"见《武功县志》",故此"五色读法"又称为武功县本。明清间人王弘《山志》二集"天宝回文诗"谓:"今武功有刻本,以五色分之,然文理强凑,但合韵耳。"此又一五彩本。

图 10-5 五彩本"璇玑图"

清嘉庆间裕文堂刊本《回文类聚》,分原、另、续三编。原编四卷为宋桑世昌所辑,另编为"织锦图"五彩套印;续编十卷,为清朱象贤续辑。另编中有五彩"璇玑图",注明"右李伯时本设色"。五彩套印技术出现很晚,肯定不是桑世昌原本所有,而是朱象贤根据李公麟所记敷色成图。这是目前唯一能见到的五彩璇玑图(图10-5)。卷首有朱氏序云:略谓桑氏原本流传至罕,明张三象重刊本镌刻潦草,增益挂漏,且以明人之作阑入宋人纂辑之内，所以编本辑，以还前人本来面目。①

苏蕙回文诗如何解读没有记载，《晋书》言"宛转循环以读之"，《璇玑图序》言"纵横反覆"，唐李冗言"织锦为回文诗，叙离间阻隔之意以寄之。其理纵横读之，皆有旨意。"（《独异志》卷下）均语焉不详，而且各说不一，传本的体例或缺或无，所以原来只能读出外圈之诗。如果摸索体例，璇玑回文诗可以有各种各样的理解，环绕、旋转、放射等等都是通道，但是每路暗藏机关。所以，如何体会"璇玑图"就成了关键，自宋元至明清，每每有人潜心研究，百方寻思，希望揭开玄机。宋人从璇玑的构成着手，循行搜索。

> 予究璇玑之义，如日星之左右行天，故布为经纬，由中旋外，以旁循四旁于其交会，皆契韵句，巡环反覆，窈窕纵横，各能妙畅。又原五彩相宣之说，分色以开其篇章。其在经纬者始于"玑、苏、诗、始"四字，其在节会者，右旋而出，随其所至，各成章什。外经则始于"仁""真"，至于"音""深"，中经自"钦""深"至于"身""愍"。内经自"诗情"至于"终始"，皆循方回文者也。四角之方，如"仁""真""钦""心"四韵成章，而回文者也。至于其经纬之图者，随色自分，则外之四角，窈窕成文，而文皆六言也。四旁者，相对成文，而文皆六言也。及交手成文，而文皆四言也。在中之四角者，一例横读而四言，在中之四旁者，随向横读而五言，惟"璇、玑、平、氏"四字不入章句。（宋李公麟《回文类聚·再叙》）

《回文类聚》的读法一度流传，明代王圻《三才图会·文史三卷》不仅收录了《璇玑图》，还全文照录了读法（图10-6、7、8、9、10、11、12、13、14）。

明代僧人起宗以意推求，分解成七个图。明代康万民为元代康海之孙，他进一步探求，又在第三图内增立一图。每图读法不同：图一读法，自"仁"字起顺读，每首四句，句七言；图二读法，自"钦"字起顺读，每首四句，句七言；图三读法，自初行退一字成句，句七言，每首四句，以下递退一句成章；增

---

① 上海崇源2003春季艺术品拍卖会《古籍善本·名家尺牍》1019。

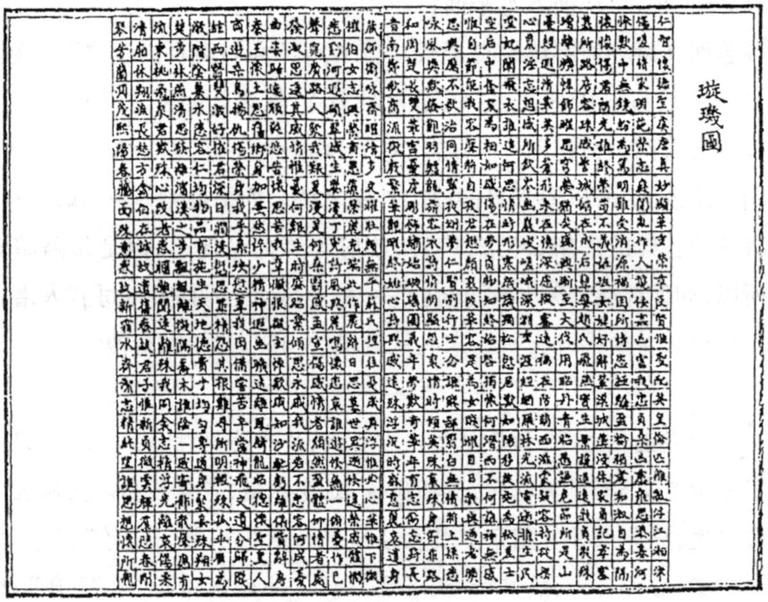

348 汉字民俗史

图 10-6 璇玑图

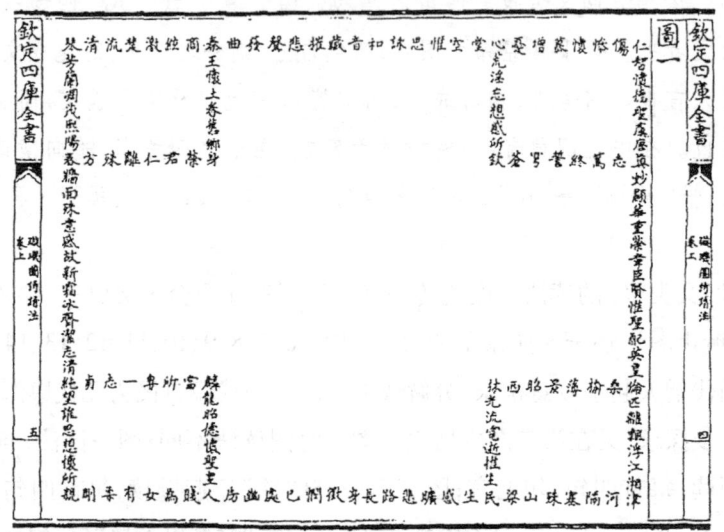

图 10-7 璇玑图读法一

第十章 织锦回文诗

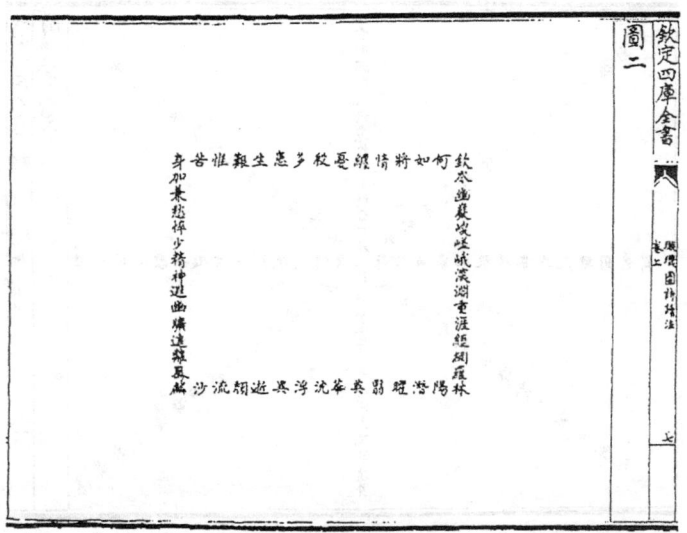

图 10-8 璇玑图读法二

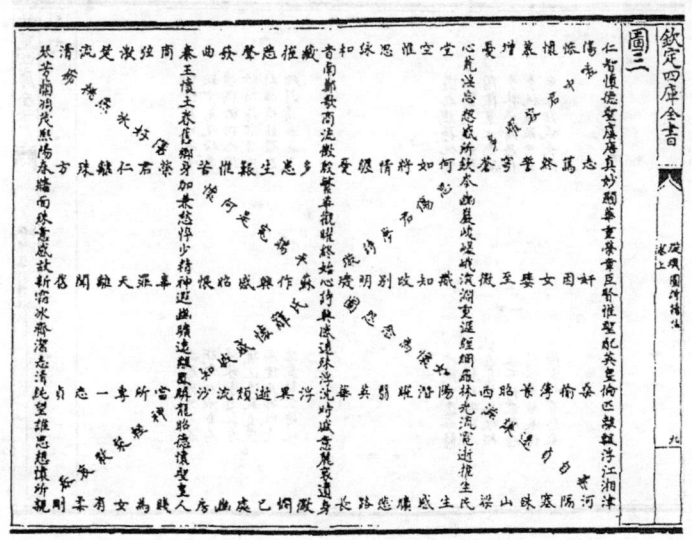

图 10-9 璇玑图读法三

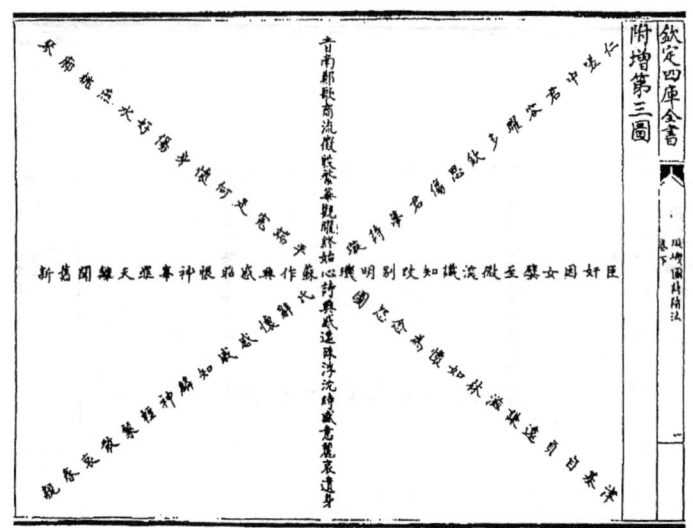

图 10-10　璇玑图读法四

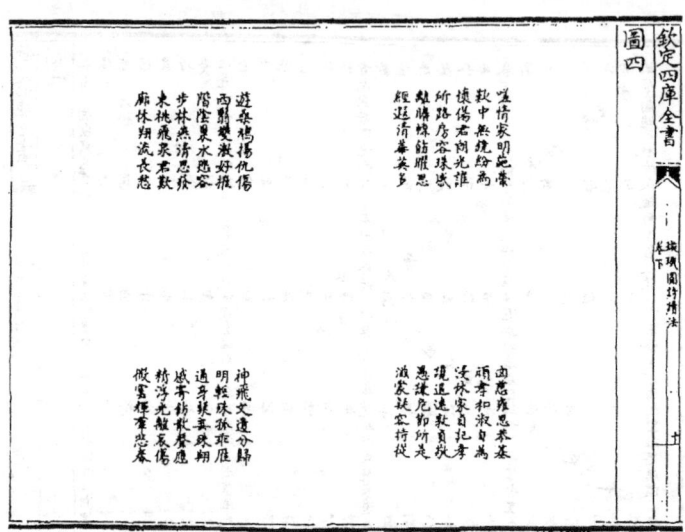

图 10-11　璇玑图读法五

第十章 织锦回文诗 351

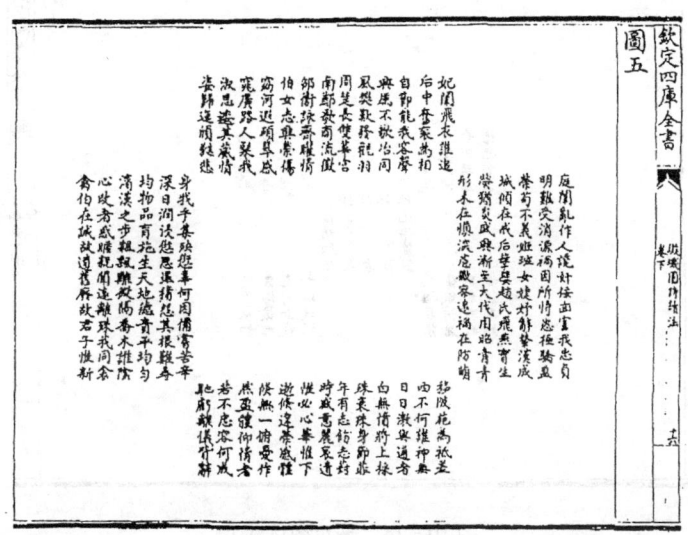

图 10-12 璇玑图读法六

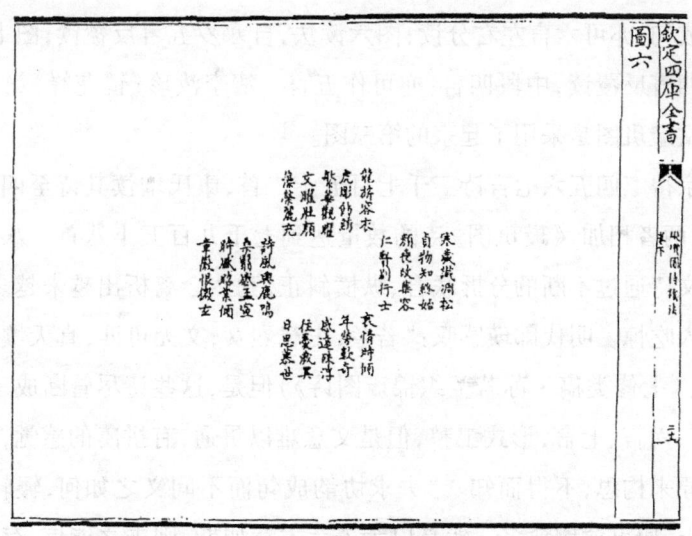

图 10-13 璇玑图读法七

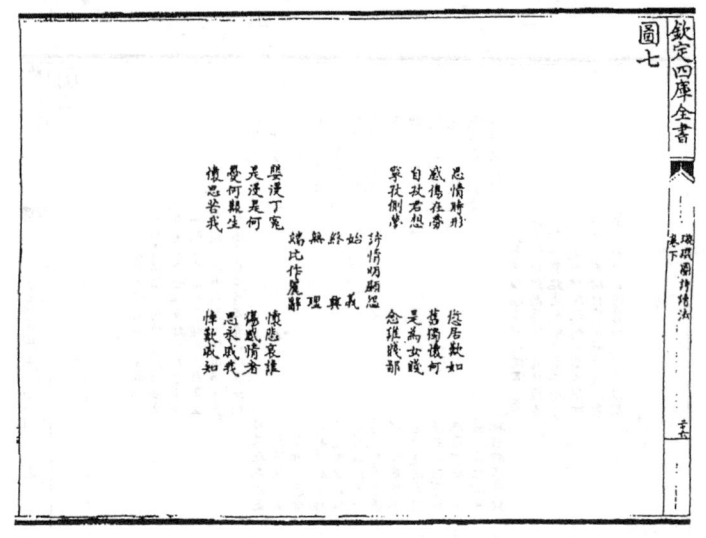

图 10-14 璇玑图读法八

图三读法,自诗兴起于中心一句,各顶字倒换互旋八面分读,七言四句;图四读法,自"嗟"字起,反覆读,亦可分读;图五读法,自中行各借一字互用,分读四言成句,亦可六言左右分读;图六读法,自寒岁五言反覆读;图七读法,自思感四言反覆读,中段四言,亦可作五言。清李汝珍《镜花缘》第四十一回的回文璇玑图是采用了起宗的第三图。

起宗得三四五六七言诗三千七百五十二首,康氏增读其诗至四千二百零六首,两者相加,《璇玑图》诗的数量达到七千九百五十八首。八百四十字的回文诗通过不断的分拆联合、纵横斜正,竟然会离析出越来越多的诗,实在令人吃惊。明代郎瑛感叹:"若兰,史载烈女,文无可匹,真天壤间之异人耳!"(《七修类稿·苏若兰织锦璇图诗》)但是,这些诗尽管断成三言、四言、五言、六言、七言,形式工整,但是文意难以贯通,有拼凑的感觉,是否真是苏蕙原来构思,不得而知。"夫求协韵成句而不问义之如何,辗转钩连,旁行斜上,原可愈增愈多。然必以为若兰本意如斯,则未之能信,存以为艺林之玩可矣。"(《四库全书总目·别集类一·璇玑图诗读法提要》)清人所言中肯,本来回文诗属于杂体一类,有点文字游戏的意味,而且深闺所作,寄托幽思,处处设谜,外人岂能窥知?

除了《回文类聚》所传的"璇玑图"外,清王士禛提及了朱淑真和管夫人写本。

朱淑真(一说朱淑贞,约1135—约1180),钱塘人,自号幽栖居士,宋代女诗人,与李清照齐名,有《断肠集》二卷传世。

辛亥冬,于京师见宋朱女郎淑贞手书《璇玑图》一卷,字法妍妩。有记云:"……其著文字五千余首,世久湮没,独是图犹存。唐则天常序图首,今已鲁鱼莫辨矣。初,家君宦游浙西,好拾清玩,凡可人意者,虽重购不惜也。一日,家君宴郡倅衙,偶于壁间见是图,偿其值,得归遗予。于是坐卧观究,因悟璇玑之理,试以经纬求之,文果流畅。盖璇玑者,天盘也。经纬者,星辰所行之道也。中留一眼者,天心也。极星不动,盖运转不离一度之中,所谓居其所而斡旋之。处中一方,太微垣也,乃叠字四言诗。其二方,紫微垣也,乃四言回文。二方之外四正,乃五言回文。四维乃四言回文。三方之外四正,乃交首四言诗,其文则不回也。四维乃三言回文。三方之经以至外四经,皆七言回文诗,可周流而读者也。绍定三年春二月望后三日,钱唐幽栖居士朱氏淑贞书。"首有"璇玑变幻"四小篆,后有小朱印。予向见《断肠集》不载此文。诸家撰闺秀诗笔者,皆未之载。宋桑世昌泽卿、明云间张玄超之象撰《回文类聚》亦未收此。家考功兄辑《然脂集》三百余卷,多征奥僻,因录一通归之。后有仇英实父补图四幅,亦极妙。按张萱、周昉、李伯时辈,皆有织锦回文图,英此图殆有所本也。(王士禛《池北偶谈》卷十五"朱淑贞璇玑图记")

清王士禛《居易录》管夫人手写璇玑图诗,五色相间,笔法工绝。湖南省博物馆藏汪蔚刊元赵孟𫖯、管仲姬合绘之"璇玑图"拓片,在若兰小像处有一段题记,宋贤题记和回文诗处也多了三四枚印章,唐人序文处加盖了私印,注明"咸丰五年初拓"。这当是江南本(图10-15)。①

织锦回文诗的出现,使苏蕙的故事广为流传,成为文学创作中常见的闺怨题材。苏蕙织锦回文诗的故事也收入画卷,根据北宋《宣和画谱》著录,宫廷收藏多幅"织锦回文图",都出于著名画师之手,有唐代张萱、周昉,宋代的李公麟(见《宣和画谱》卷五、卷六)。可惜作品都没有保存下来。

内蒙古赤峰市阿鲁科尔沁旗宝山2号辽墓,有"天赞二年"(923年)题记,是迄今发现的纪年辽墓中最早的契丹贵族墓。墓室壁画左上角黄地竖框内墨书题诗一首:"□□征辽岁月深,苏娘憔[悴]□难任。丁宁织寄回[文][锦],表妾平生缱绻心。"由此可知,这个壁画无疑是苏蕙寄织锦回文诗的情景。这是迄今唯一遗留下来的《织锦回文图》。② 契丹世隶唐朝,后与宋分南朝北朝依存,吸收了大量优秀的汉文化,因此这个壁画可能是仿照唐代画师的画作。

《璇玑图》从闺中传出,风靡大江南北,官绅士庶女儿纷纷效法,将幽怨、思念织入布帛,传递给对方。虽然这些模仿的"璇玑图"被大大简化了,

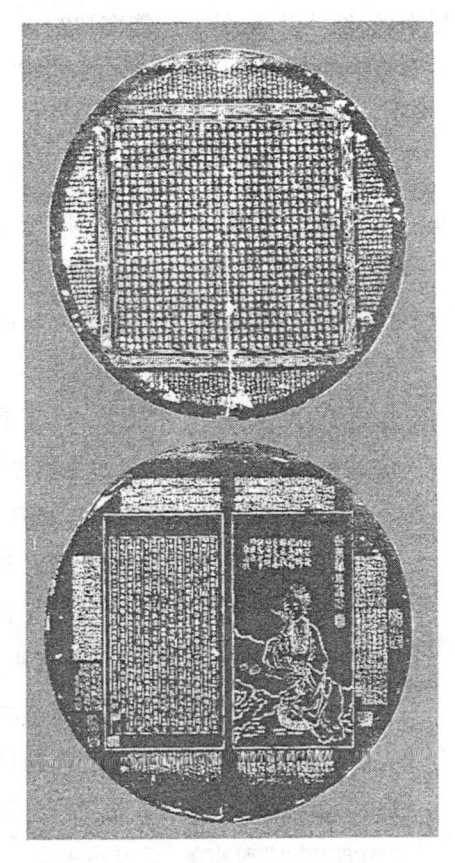

图10-15 "咸丰五年"江南本《璇玑图》

---

① 廖文伟《〈璇玑图〉千年回文织就爱情经典》,《文物天地》2003年第3期。
② 齐晓光、盖志勇、丛艳双《内蒙古赤峰宝山辽壁画墓发掘简报》,《文物》1998年第1期;吴玉贵《内蒙古赤峰宝山辽墓壁画"寄锦图"考》,《文物》2001年第3期。

但是上下左右,顺逆两之,纵横交错,心领神会,也可以读出几十首情诗。清末江南乡间流行用线制成的黑地或白地的"璇玑图",为大小四个方框套合,再与十字与井字交叉。中心一个"福"字,渐次围绕"竹报平安""花开富贵""欢喜姻缘",内含四季情歌四首。春季:"春景桃花黑暗红,不见我郎嘴川心。情郎不见前情话,把郎丢在九霄云。"夏季:"先天荷叶满池塘,不见我郎到此方。奴家两眼双流泪,心中思想好悲伤。"秋季:"秋有丹桂满题房,不见我郎泪汪汪。心中只想投江死,舍得自己难舍郎。"冬季:"冬季梅花对雪开,奴在绣房受孤怀。寸思寸想空叹气,我夫何不早回归?"(图10-16)商人看到商机,批量生产出售牟利。① 古代畲族少女在村塾附读,也识得一些汉字,她们在织带中织入文字,创造了汉字彩带,闻名于世。它出现于清代后期。各地流传字样稍有不同,在闽东,织带内织出"一去二三里,前村四五家""品目端庄,天成桂合"等字样;在浙西丽水织带内织有"百年好合,五世其昌"等字样。据说景宁东弄,一位蓝姓女子织造了《皇帝朝纪》文字织带:"风调雨顺,国泰民安,皇帝朝纪,宋元明清,顺治康熙,雍正乾隆,嘉庆道光,咸丰同治,光绪宣统,福禄寿喜,龙飞凤舞,荣华富贵,金玉满堂。"两行共达104字,中间还嵌入50多个类似文字织纹。此织带一出,曾轰动一时。②

图10-16 简化璇玑图

---

① 廖文伟《〈璇玑图〉千年回文织就爱情经典》,《文物天地》2003年第3期。
② "中华文化网"《现代的汉字织文彩带》。

第三节 回文诗

回文诗之作起于何时？

南朝梁刘勰云："回文所兴，则道原为始。"(《文心雕龙·明诗》)道原此人情况不明。不知何姓何时之人，有人怀疑道原为贺道庆之误，贺道庆确有四言回文诗，十二句，从尾到头，倒读也有韵。宋严羽《沧浪诗话·诗体》云："回文，起于窦滔之妻，织锦以寄其夫也。"前人谓苏蕙之前，已经有回文诗之作。桑世昌云："《松陵杂体诗序》云：晋傅咸有反覆回文诗，反覆其文者以示忧心展转也。'悠悠远迈，我独茕茕'是也。由是反覆性兴焉。温峤有回文虚言诗云'宁神静泊，损有崇亡'。由是回文兴焉。今世皆推本苏氏而不及二子，盖苏亦晋人，《诗苑》所谓旧有二体，则恐别有所自合而为一，则当始于苏也。"(《璇玑图考异》)实际上，从历代诗作来看，回文诗的兴起确在苏蕙之后。关键在于苏蕙是璇玑回文诗，其作品的形式和读法与一般回文诗大有不同。一般的回文诗只是从头到尾的顺读和从尾到头的倒读，充其量是一条线的顺逆往来，所谓往来反复而已。例如南朝齐王融《春游回文诗》：

正读

枝分柳塞北，叶暗榆关东。垂条逐絮转，落蕊散花丛。池莲照晓月，幔锦拂朝风。低吹杂纶羽，薄粉艳妆红。离情隔远道，叹结深闺中。

倒读

中闺深结叹，道远隔情离。红妆艳粉薄，羽纶杂吹低。风朝拂锦幔，月晓照莲池。丛花散蕊落，转絮逐条垂。东关榆暗叶，北塞柳分枝。

南朝梁元帝《后园作回文诗》：
正读

斜峰绕径曲，耸石带山连。花馀拂戏鸟，树密隐鸣蝉。

倒读

蝉鸣隐密树，鸟戏拂馀花。连山带石耸，曲径绕峰斜。

此后所作的回文诗，均以正倒往返吟咏，文意粗通，句末合韵而已。

璇玑回文图不只是倒读顺读，还有纵横读、斜正读、环绕读等，诗作不是一条线，而是一个平面，事实上，它正是布满字的正方形。所以，仅仅称之为回文诗是不确切的。

回文诗有许多变化，大致可以分为简单循环和复杂循环两种，简单循环是从盘中诗演化而来，形式上回旋（图10-17）。《回文类聚》卷二有"拟织锦图"两图，第一图稍长，第二图稍简，原理一样，以第二图分解，寻求回读途径。作者为宋孙复（992—1057）。旁注："'君承皇诏安边戍'读起，至'愿放儿夫及早还'止。"从左上右行第二字开始，横向读，再向右下读到"珊瑚帐里红尘满"，再向上倒读至"一心愿作沧海月"，再向左向下读，以此类推。至最左行倒读至"筝弦未断肠先断，怨结先成曲未成""先"字转大字，向下向右回读。此诗遵循"回"字笔顺行款。全诗为：

图10-17 拟织锦图

君承皇诏安边戍,送君远别河桥路。含悲掩泪赠君言,莫忘恩情便长去。

何期一去音信断,遣妾屏帏春不暖。璃瑶阶下碧苔生,珊瑚帐里红尘满。

此时道别每惊魂,将心何托更逢君。一心愿作沧海月,一心愿作岭头云。

岭云岁岁逢夫面,海月年年照得偏。飞来飞去到君旁,千里万里遥相见。

迢迢路远关山隔,恨君塞外长为客。去时送别芦叶黄,谁悟已经柳花白。

百花散乱逢春早,春意催人向谁道。垂杨满地为君攀,落花满地无人扫。

庭前春草正芬芳,抱得秦筝向画堂。为君弹得江南曲,附寄情深寄朔方。

朔方迢迢山难越,万里音书长断绝。银妆枕上泪沾衣,金缕罗裳缝皆裂。

三春鸿雁渡江声,此时离人断肠情。筝弦未断肠先断,怨结先成曲未成。

君今忆妾重如山,妾亦思君不暂闲。织将一本献天子,愿放儿夫及早还。

回文诗是最受欢迎的杂体诗,历代有大量吟咏,从南朝以来历代皆有名篇,名家无不留有佳作。《隋书·经籍志四》有"五岳七星回文诗一卷"、《旧唐书·经籍志下》记"回文诗集一卷,谢灵运撰",此为回文诗专门成卷者。宋代有专事回文诗而成名者。宋王称《东都事略》卷五五:"王博文,字仲明,曹州济阴人也。年十六,善属文,应举开封府,以回文诗百篇投试卷场屋中,谓之王回文。"《宋史·王博文传》:"博文年十六,善属文,举进士开封府,以回文诗百篇为公卷,人谓之王回文。"明代帝王特好回文诗,宣德帝集成一卷。《续通志》卷一六二:"明宣宗诗文一卷,御制回文诗一卷。"嘉靖帝回文诗作流传民间,以供娱乐游戏。明蒋一葵《长安客话·皇都杂记·连理回文诗》:"春夏秋冬各一首,但十字成四韵。回文诗顺读连下四字逆读连上四字,故成四韵。其春诗是世庙首倡,御制盖是宫体,则夏秋冬则严、夏、李三相以次应制者也。春诗曰:莺啼岸柳弄春晴,晓日明。夏诗曰:香莲碧水动风凉,夏日长。秋诗曰:秋江楚雁宿沙洲,浅水流。冬诗曰:红炉兽炭积寒冬,遇雪风。"直至清代依然有官员文人游艺其中,作以馈赠友朋,悬之赏玩。《品花宝鉴》第十六回:院子的东面是粉墙,西边月亮门内,内室有一扇屏风挡着,"炕上挂一幅蓝地白字的回文诗句,一幅冷金笺对子,是户部总理写的"。

璇玑回文诗本来是一幅文字图,它不是一条线,而是一个平面,文字在一个复杂的平面中可以构成种种关联,人们读出无穷的诗句宋。璇玑回文诗的最大特点是少字多读,有限的字数产生出大量诗句。少字多读要按照一定规则重读、复读,具体来说是对角复读、前后复读等等。南朝时期的砚铭、酒盘铭、镜铭有环读、对角读两种。南朝梁简文帝《纱扇铭》(图10-18),《回文类聚》只有文字,而《艺文类聚》文字之间注明了对读线,指明复读方法。《回文类聚》收录达摩《真性颂》(图10-19),注明"回环读之成四十首",是回环读。唐太宗的"回文千首"是一个玉环状的文字图,5字12行,其中文字均用弧线连接,反复交叉,表示复读的途径(图10-20)。这个图在明代汇编性图集《三才图会》已经出现,清代朱存孝把它收入《回文类聚补遗》,注云:"读法原无",依然不知如何读法。"璇玑回文诗"本来是一张图,根据图内文字的各种排列,采取不同读法,形成回文诗句。

回文诗本来是一种特殊的诗歌形式,而且因为特殊的读法,所以需要借助图示来传达。

《回文类聚》卷二"借字体",收录秦观《客怀》七言(图10-21),注云:"每句从前句第四字读起。如第一句'静思伊人阻归期',第二句'久阻归期忆别离'是也,后仿此。"全诗次句借用前句文字,第二句借用前句四字,第

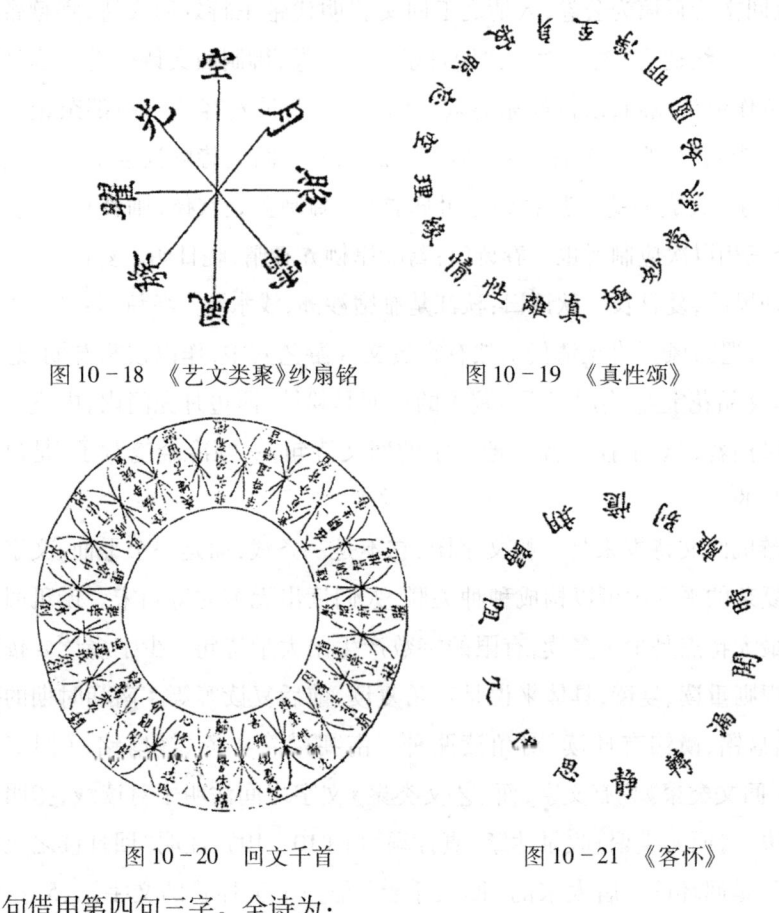

图 10-18 《艺文类聚》纱扇铭　　图 10-19 《真性颂》

图 10-20 回文千首　　图 10-21 《客怀》

一句借用第四句三字。全诗为：

　　静思伊久阻归期，久阻归期忆别离。忆别离时闻漏转，时闻漏转静思伊。

此诗首尾相连，有点像"玉连环"，但是它没有字的离合，所以不如"玉连环"那样句句之间不能分拆。此诗与顶针续麻有点相像，不过不如后者那样宽泛。其实，这种诗体早有先例，如李白《白云歌送刘十六归山》：

楚山秦山皆白云,白云处处长随君,长随君,君入楚山里,云亦随君渡湘水。湘水上,女罗衣,白云堪卧君早归。

第二句、第三句、第四句,后句重复前句之尾三字及一字,但不是每句如此。

秦观诗既是环读,又有文字重叠,所以称作"环叠字诗",也简称叠字诗。在《东坡答问录》的环叠字诗中有"坡妹与夫来往歌诗"三首,其一为秦少游叠字诗:

此诗前秦观《客怀》已经读出,不再重复。

其二为苏东坡妹采莲叠字诗:

读作:

采莲人在绿杨津,在绿杨津一阕新,一阕新歌声噉玉,歌声噉玉采莲人。

其三苏东坡采莲叠字诗:

读作:

赏花归去马如飞,去马如飞酒力微。酒力微醒时已暮,醒时已暮赏花归。

三首环叠诗正确的图为《回文类聚》那样圆圈形,排成两行平行式,恐怕不是书写稿的原貌。

一般的叠字诗文字重叠,前后反复,与坯叠诗不同的是诗之首尾两句不相贯通。如清万树"蕉叶"诗。

诗图为蕉叶四片,一片内含诗一首。自二至八横行,同一字排列,去除重复,一叶实有十字,十字读为四绝二十八字。原注:"斜纵卸一字读首句骏字起,次马字、三循字、四堤字,余仿此。"此取"璇玑图"之意,反复读字,要领在第一字、第二字、第三字、第四字依次为诗句首字作诗,一片叶子自上向右、向左皆可读。

图 10-22 《翠蕉杂咏》

《翠蕉杂咏》七绝四首(图 10-22):

骏马循堤柳啭莺,马循堤柳啭莺声。循堤柳啭莺声晓,堤柳啭莺声晓清。

野鸟群飞噪入林,鸟群飞噪入林深。群飞噪入林深处,飞噪入林深处寻。

短棹冲烟水远浮,棹冲烟水远浮鸥。冲烟水远浮鸥聚,烟水远浮鸥聚游。

满园花开傍竹篱,园花开傍竹篱垂。花开傍竹篱垂玉,开傍竹篱垂玉蕤。

此类通篇套叠的诗,有一种复读甚深的极端形式,图形化是一长串两个相同的字。旧题苏轼《问答录》,保留了这种诗体,《佛印歌》诗:

野野	鸟鸟	啼啼	时时	有有	思思	春春	气气	桃桃	花花
发发	满满	枝枝	莺莺	雀雀	相相	呼呼	唤唤	岩岩	畔畔
花花	红红	似似	锦锦	屏屏	堪堪	看看	山山	秀秀	丽丽

山山	前前	烟烟	雾雾	起起	清清	浮浮	浪浪	促促	潺潺
溪溪	水水	景景	幽幽	深深	处处	好好	追追	游游	傍傍
水水	花花	似似	雪雪	梨梨	花花	光光	皎皎	洁洁	玲玲
珑珑	似似	坠坠	银银	花花	折折	最最	好好	柔柔	茸茸
溪溪	畔畔	草草	青青	双双	蝴蝴	蝶蝶	飞飞	来来	到到
落落	花花	林林	里里	鸟鸟	啼啼	叫叫	不不	休休	为为
忆忆	春春	光光	好好	杨杨	柳柳	枝枝	头头	春春	色色
秀秀	时时	常常	共共	饮饮	春春	浓浓	酒酒	似似	醉醉
闲闲	行行	春春	色色	里里	相相	逢逢	竞竞	忆忆	游游
山山	水水	心心	息息	悠悠	归归	去去	来来	休休	役役

《佛印歌》读出常规的文字排列：

野鸟啼，野鸟啼，时时有思。有思春气桃花发，春气桃花发满枝。满枝莺雀相呼唤，莺雀相呼唤岩畔。岩畔花红似锦屏，花红似锦屏堪看。堪看山山秀丽，秀丽山前烟雾起。山前烟雾起清浮，清浮浪促潺潺水。浪促潺潺水景幽，景幽深处好，深处好追游。追游傍水花，傍水花似雪。似雪梨花光皎洁，梨花光皎洁玲珑。玲珑似坠银花折，似坠银花折最好。最好柔茸溪畔草，柔茸溪畔草青青。双上蝴蝶飞来到，蝴蝶飞来到落花。落花林里鸟啼叫，林里鸟啼叫不休。不休为回忆春光好。为忆春光好杨柳，杨柳枝枝春色秀。春色秀时常共饮，时常共饮春浓酒，春浓酒似醉，似醉闲行春色里。闲行春色里相逢，相逢竞忆游山水。竞忆游山水心息，心息悠悠归去来。归去来休休役役。

秦少游称赞云："未及梵僧歌，词重而意复，字字似联珠，行行如贯玉。"《四库全书总目提要》卷一四四云：《东坡问答录》一卷旧本题宋苏轼撰，诙谐谑浪，极为猥亵。又载《佛印诗》，及东坡《长亭诗》，词意鄙陋，亦出委巷小人之所为。伪书中之至劣者也。（按，书的作伪年代，估计在明末清初，杂体诗盛行之时。）

清乾隆间李旸《双声谱》就是仿作：

春春	雨雨	晴晴	时时	鸟鸟	鸣鸣	唤唤	起起	游游	春春
客客	满满	城城	桃桃	李李	争争	春春	艳艳	人人	面面
当当	垆垆	见见	客客	羞羞	春春	宴宴	开开	樽樽	泛泛
玉玉	醅醅	花花	下下	催催	妆妆	落落	梅梅	吹吹	入入
江江	城城	笛笛	肇肇	急急	惟惟	闻闻	笑笑	语语	喧喧
良良	觌觌	难难	馨馨	君君	欢欢	忍忍	泪泪	看看	花花
红红	糁糁	径径	惜惜	春春	残残	携携	君君	手手	欲欲
攀攀	堤堤	柳柳	送送	春春	归归	去去	歔歔	欷欷	芳芳
艹艹	销销	魂魂	路路	何何	处处	黄黄	莺莺	百百	啭啭
留留	难难	驻驻	春春	恼恼	人人	春春	思思	乱乱	纷纷

此诗与《佛印歌》一个模式，可以套用读法，不必再详录了。

第十一章 盘中诗

第一节 盘中诗来源

在圆形的器物上刻铸铭文,自然会产生环读。如果以此为源头,远则可以追溯到周代的铜器刻铭,近则来源于汉晋的漆器刻铭和镜铭。汉字铭文环书、环读在圆形器物铭文中具有悠久历史,成为汉字常见行款形式。首先,中土有环书,无论铜器或漆器、刻铭、书铭、铸铭皆循圆底、圆边环读,无涡旋式书写,铜镜环书不超过两圈,而且语言不连续。

"盘中诗"的特点是文字从中心向四周的涡旋式排列,它不是来源于中土,而是受外来文化的启发。

佛教的传入带来了许多新观念,在唐代有两件特别引人注目的热点:一是卐字,二是密咒。卐在古印度象征吉祥云海,为吉祥标志。佛教认为卐字相轮放大光明,普照世界。武则天把卐纳入汉字,武周载初年间,在创制的12新字中,将"月"改作㊉,此字由〇内加卐构成。从此卐进入汉字系统,并渗透到中土民俗之中。

佛教各种经咒用途略有不同,《大随求陀罗尼经咒》是佛教密宗的重要经咒,如经文所云:"若人持此明,或戴于颈臂,所求愿悉成,一切所希愿,悉皆得如意。"自传入东土以来,在中晚唐开始在民间流传,考古多次发现。1944年成都东门外望江楼附近唐墓出土梵文(天城体)经咒,用桑皮纸印刷。长34厘米,宽31厘米。中央印有小佛像,四周回绕梵书咒文。边上有一行汉字:"成都府成都县龙池坊卞家印卖咒体。"①

---

① 冯汉冀《记唐印本陀罗尼经咒的发现》,《文物》1957年第7期。

1967年沣西西安造纸厂唐墓出土了楮皮纸印刷的梵文（悉昙体）经咒（也叫"咒经"）。长32.3—32.7厘米、宽28.1—28.3厘米。经文安排比较特别，经文中心方框内绘供养男子受力士摩顶，经文分为四块，从中心的右上方起，回绕中心顺时针排列。经文空白处有手书汉字"荆思泰"（图11-1）。此为唐玄宗时印刷物。①

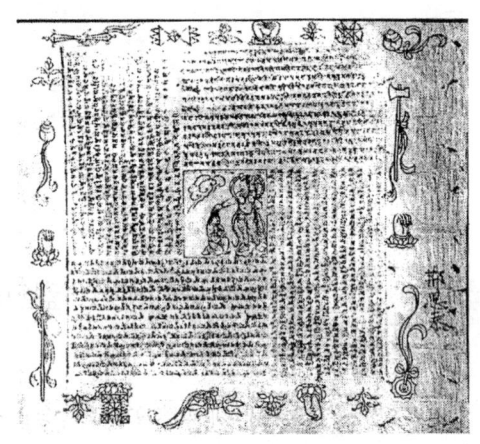

图11-1　西安造纸厂唐墓经咒

1983年西安沣镐路自来水一厂唐墓发现绢本梵文（悉昙体）经咒，经咒塞在鎏金臂钏的铜管中，26.5厘米见方。年代在唐末以前。经咒中央为菩萨像，中间四周为手书梵文经文，四面经文相互顺时针连接，呈卐字形。经文外有宝瓶、法轮、宝幡等法物。为中唐前后之物。②

敦煌石室发现的一件宋太宗太平兴国五年（980年）雕版《大隋求陀罗尼》经咒，长方形的经咒外框为金刚杵、莲花、天王图案，框内四角为莲花及梵书，中央为经咒，中心为八臂菩萨，围绕着19圈梵书经文。下方小方框内有汉字题《大随求陀罗尼》（图11-2），并记：

若有受持此神咒者，所在得胜。若有能书写带在头者，若在臂者，是人能成一切善事，最胜清净，为诸天龙王之所拥护，又为诸佛菩萨之所忆念，此神咒与众生最胜安乐，不为夜叉罗刹诸鬼神等为诸恼害，亦不为寒热等病之所侵损，厌惑咒咀不能为害，先业之罪受持消灭，持此咒者常得安乐，无诸疾病，色相炽盛，圆满吉祥，福德增长，一切咒法皆

---

① 安家瑶、冯孝堂《西安沣西出土的唐印本梵文陀罗尼经咒》，《考古》1998年第5期。
② 李域铮、关双喜《西安西郊出土唐代手写经咒绢画》，《文物》1984年第7期。

悉成就,有人受持供养宜护净。太平兴国五年六月二十五日雕版毕手记。①

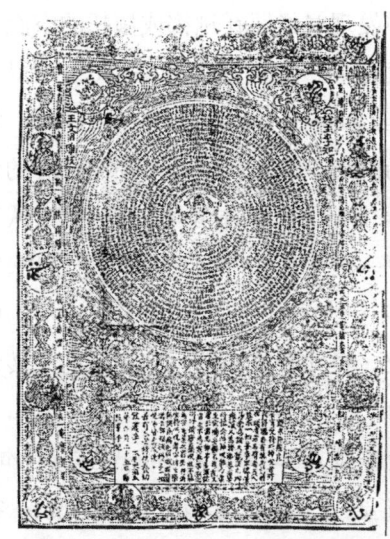 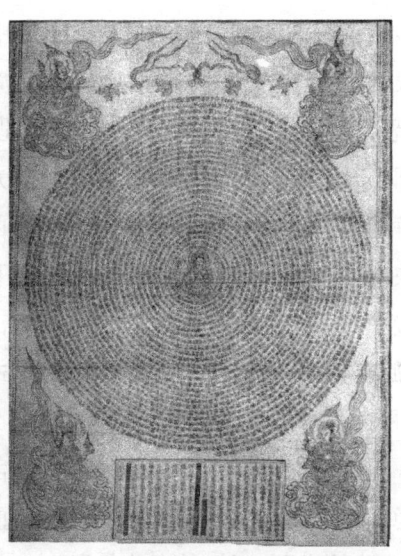

图 11-2　敦煌雕版《大隋求陀罗尼》　　图 11-3　瑞光塔《大隋求陀罗尼咒经》

　　1987 年苏州瑞光塔塔心窟穴的真珠舍利宝幢内发现《大隋求陀罗尼咒经》两件,皆皮纸印刷。一件为宋真宗咸平四年(1001 年)《大隋求陀罗尼咒经》,高 44.5 厘米,宽 36.1 厘米。四角为四天王,中央为咒经,咒经中心有释迦像,汉字咒文从中心顺时针逐圈向外排列,一行到底,各圈连接贯通(图 11-3)。两边各有一行字,右侧书"朝请大夫给事中知苏州军州事清河县开国男食邑三百户柱国赐紫金鱼袋张去莘"等职官名姓,其右为"进士郭宗孟书"。下部方框内印"剑南西川成都府净众寺讲经论持念赐紫义超同募缘传法沙门蕴仁……同入缘男弟子张日　宣……同入缘女弟子沈三娘……咸平四年十一月□日杭州赵宗霸开"。这件咒经有两个特点,一是涡旋式行款,一是汉字经文。另一件为景德二年(1005 年)梵文咒经,高 25 厘米,宽 21.2 厘米,正中方框内画经变故事,四周为梵文咒经,自上而下顺序

---

① 〔英〕奥雷尔·斯坦因著,中国社会科学院考古研究所译《西域考古图记》第 2 卷第 497 页,广西师范大学出版社,1998 年。

排列。有"宋景德二年八月日记"。①

至今《大隋求陀罗尼咒经》已经发现多处,多为纸本,绢本较少,呈现出逐步由手书向印刷发展的过程。墓葬中发现时经咒在钏镯或颚托的空腔或附设的小管中,宝塔内经咒则藏于宝幢之中。经文多为梵书,汉文难得发现,恐是密咒要用梵文原文的缘故。咒经的格式有两种,一种是方形,一种是圆形,唐代的咒经都是方形,宋代多为圆形。咒文行款均由围绕中心的佛菩萨像等,由内向外,逐圈推出。沣西西安造纸厂纸本咒经比较特殊,从第一块的左上方开始,模书13行后转到下一个版块,一次传递。可以看出,它直接模仿卐字的展开形式。其他咒经,不论方形或者圆形,都是以中央为圆心,旋转式展开,这也是卐字旋转的方式。经咒行款模仿卐字相轮的旋转形式,是为了增强法力。

咒经梵书环书字多、圈多,而且语言连续,圈与圈之间有记号连接语句,是隐性的涡旋行款。瑞光塔咒经尤其重要,它从形式上改盘旋为涡旋,一行到底,连续书写,还把梵书改作汉字。

道教与佛教是相互渗透的,佛教的经咒也为道教采用。在道教色彩的墓葬内也发现类似的涡旋式石刻文字。它有两种外形,有两种方向。四川成都双流南宋初年王宜人墓的买地券刻石,正方形,中间小正方框内有"青龙秉气,上□辟非,玄□延躯,虎啸八垂"。外圈三行正方右旋文字(图11-4)。② 四川平武明王玺家族墓为大型墓葬群,出土多方石刻,其中涡旋式刻石五件。一件为王玺、曹氏、蔡氏、田氏的合用买地券刻石,右旋,8行(图11-5)。四件为王玺、曹氏、蔡氏、田氏的女律令石刻,右旋,4行。以上刻石皆有天顺八年(1464年)纪年。③

咒经有两点与"盘中诗"相同。汉字习惯是直书,瑞光塔涡旋式咒经也是直书。梵书是横书,梵书经咒都是横书。"方角书"文字从一个视点出发,横书、直书交替使用。"盘中书"是盘旋横书,完全遵从梵书的习惯。

---

① 乐进、廖志豪《苏州市瑞光寺塔发现一批五代、北宋文物》,《文物》1979年第11期。
② 傅汉良《成都外东跳蹬河发现宋代墓葬》,《考古通讯》1956年第6期。
③ 张才俊《四川平武明王玺家族墓》,《文物》1989年第7期。

图 11-4 宋王宜人墓券

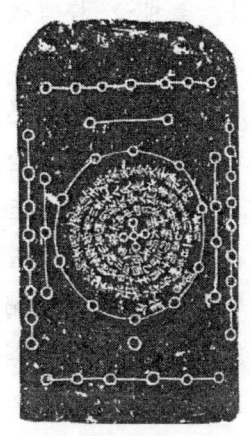
图 11-5 明王玺家族墓蔡氏女律令石刻

第二节 盘中诗种种

绍兴六年(1136年)曾慥纂众家著作成《类说》,在 51 卷载:"盘中诗,盘屈书之。诗云:山树高鸟鸣悲。末云:当从中央周四角也。"它比《玉台新咏》的"中央周四角",多了"盘屈书之"。宋严羽《沧浪诗话·诗体》亦云:"盘中,《玉台集》有此体,苏伯玉妻作,写之盘中,屈曲成文也。"严羽为南宋末年诗论家,要晚于曾慥。两者所说的"盘屈"或"屈曲",都是弯曲围绕的意思。两者的字面上无法判断是方还是圆,根据文献无法找到改方为圆的时间。不过依据瑞光塔汉字咒经推测,方盘改作圆盘的时间,大约在北宋中期。

《回文类聚》之"盘中诗"置于圆形盘中,自然成形(图 11-6)。而《玉台新咏》卷九苏伯玉妻《盘中诗》说法有异:

山树高,鸟鸣悲。泉水深,鲤鱼肥。空仓雀,常苦饥。吏人妇。会夫稀。出门望,见白衣。谓当是,而更非。还入门,中心悲,北上堂,西入阶。急机绞,杼声催。长叹息,当语谁。君有行,妾念之。出有日。还无期。结巾带,长相思。君忘妾,天知之。妾忘君,罪当治。妾有行,宜知之。黄者金,白者玉。高者山,下者谷。姓为苏,字伯玉。人才多,智谋足。家居长安身在蜀,何惜马蹄归不数。羊肉千斤酒百斛,今君马肥麦与粟。今时人,智不足。与其书,不能读。当从中央周四角。

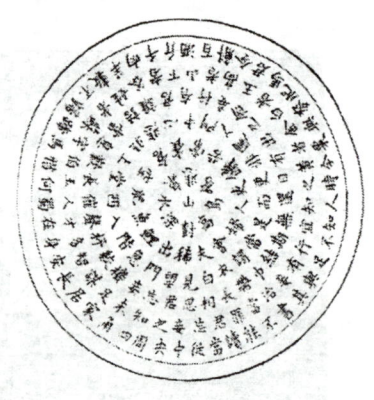

图11-6 传本文献中的《盘中诗》

诗之末尾专门注明:"今时人,智不足。与其书,不能读。当从中央周四角。"这句话很明显不是诗人原文,而是后人所加。此后人是徐陵,抑或徐陵之后人?不过"当从中央周四角"言之凿凿,不容怀疑。清代纪容舒《玉台新咏考异》认为此诗出处以《玉台新咏》为最古,当时旧本亦必又说此诗列傅玄与张载之间,其为晋人无疑。

传本文献《盘中诗》所见的附图为圆盘,盘内文字不相衔接,不能旋读,与文献记载不合。《回文类聚》四库提要:"盘中诗"是杂体诗中最有争议的体式,其诗见于《玉台新咏》,其图仅见于《回文类聚》,诗与图不协,令人疑窦重重。《四库提要》云:"苏伯玉妻《盘中诗》,据《沧浪诗话》,自《玉台新咏》以外,别无出典。旧本俱在,不闻有图,此书绘一圆图,莫知所本。考原诗末句称'当从中央周四角',则实方盘,而非圆盘,所图殆亦妄也。"

"原诗"是方盘,而图是圆盘,方圆不能兼容。方盘属于方器,它不能使用旋转机械制坯,古代很少生产。方盘是指四方之盘,在唐代开始出现,一般四角作圆形,如洛阳白居易故居出土过唐代印花委角瓷方盘。以后形制略有改变,如广州南汉康陵出土的汉白玉方盘,报告称之为洗。方盘在辽、宋流行,考古发掘中在辽代墓葬经常见到,如朝阳北塔辽墓发现的方盘,直斜壁平底,四角高翘,内地刻二蝶。

方盘制作难于圆盘,使用也不方便,故而方盘没有圆盘普及,使用方盘必有特殊意义。但是方盘在唐宋是确实存在的。

《回文类聚》之圆盘无角,不过"四角诗"是存在的。

宋代曾慥《类说》卷五一"盘中诗":"当从中央周四角也。""从中央到四角"的读法不正是"方角书"吗?

敦煌遗书 S·5644 有《方角书》一首,字迹清楚(图 11-7)。中心 36 字分纵横各六行,每行六字,外圈四角各有一字。右上方题"方角书一首",左下方记"怀庆书"。这是一首"盘中诗",按照诗图的线条指示,知道它从中心"江"字起始,向右再向下,再向左顺时针旋读。

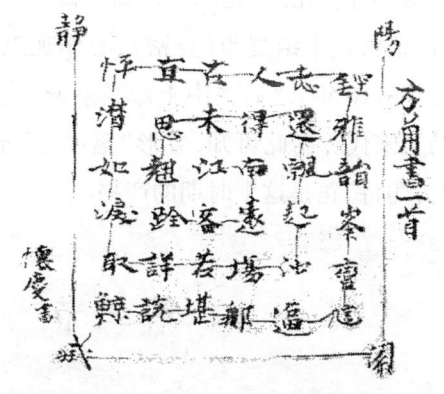

图 11-7 《方角书》一首

这是一首五言古诗:

江南远客跧,翘思未得还。飘起沙场苦,详取泪如潸。怦直古人志,铿雅韵峰峦。旭逼那堪说,鲸灭静阳关。

"方角书",罗振玉辑编《沙洲文录》题为"方角诗"。所谓"方角书"就是依照方角顺序书写,其内容是"诗","方角书"与"方角诗"命名的角度不同,实质完全一样。方角诗是盘中诗的一种形式。有人认为方角书顺序如篆书回字,所以叫它回文诗。方角书是 8 世纪边塞文人创作的五言古诗。回文诗并不是简单旋转释读,而是往返盘旋释读,两者有相似处,也有明显的区别,不能混为一谈。

"盘中诗"本来属于"隋求","盘中诗"作为通名的年代不会早过宋代。《宋史·艺文志六》"类事类"中有白氏"玉连环"七卷、白氏"随求"一卷。

后者下注"不知名"。可知白氏"随求"并非白氏(白居易)所创,托名而已。"玉连环"是智力游戏类杂体诗,"隋求"列其后,当然不是"隋求陀罗尼咒经",而是类似杂体诗,是模仿它的旋转形式。此类杂体诗最早在敦煌卷子中称为"方角书",好事者改变行款旋转式,并因袭了原来诗名。"盘中诗"是诗名,并非诗体名,此类回旋式杂体诗的名称叫"随求"。

"盘中诗"跟着时代变化而变化。唐代"咒经"是方形,"盘中诗"也是方形,宋代"咒经"是圆形,"盘中诗"也变作圆形。密宗以三密布教,口诵真言(语密)、手结契印(身密)、心作观想(意密),尤重口诵经咒。它在开元四年(716年)之后在中土形成宗派,旋转"咒经"在中唐出现,流行于晚唐乃至宋代。据此可知,方形"盘中诗"形成年月在中唐之后,8世纪的敦煌"方角诗"正是这个时期的产物。①

第三节　鏊鉴图

鏊鉴本是铜镜上的装饰性革带。《左传·庄公二十一年》云:"郑伯之享玉也,王以后之鏊鉴与之。"杜预注云:"肇带而以鉴为饰也。"

"鏊鉴图"是指铜镜背面的花纹,其文字首尾相连反复缠绕,成八个空结,外八个圈,圈内有八字。中心嵌莲花,外嵌八卦,莲花上也有八字(图11-8)。前有唐王勃序,云:"上元二载,岁次乙亥,十有一月庚午朔七日丙子,予将之交趾,旅次南海。有好事者以转轮钩枝八花鉴铭示予,云:当今之才妇人作也。观其藻丽,反覆文字,萦回句读,韵谐高雅,有陈规起讽之意,可以作鉴前烈,辉映将来者也。"后有唐令狐楚跋:"元和十三载二月八日,予为中书舍人翰林学士,夜直禁中,奏进旨检事。因开前库东阁于架上,阅古今撰集,凡数百家,偶于《王勃集》中卷末,获此鉴图并序。爱玩久之,翌日遂自模写贮于箱箧。宝历二年,乃命随军潘玄敏绘于缣素,传诸好事

---

① 梁梁《方角书一首试析》,《敦煌研究》1983年创刊号(总3号)。

者。""鏧鉴图"注:"花上八字,枝间八字,环旋读之,四字为句,递相为韵。"此谓莲花和枝间十六字的读法。又,"右鏧屈纠结为八枝者,左旋读之,自'篇'字至'词'字止,当就'支''脂'字韵,右旋读之,自'词'字起,至'篇'字止,当就'仙'字韵。"(《回文类聚》卷二)也是四字成句,逢韵而停。不过在出土文物中,唐代墓葬未发现此鉴铭,就其风格,似为宋镜。

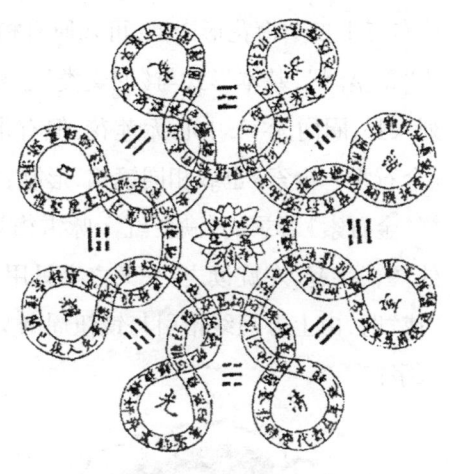

图11-8　鏧鉴图

故宫博物院收藏一面铜镜,是按照《回文类聚》鏧鉴图用精铜制作,中间嵌入"大清乾隆壬寅年制"款,这是好古的乾隆皇帝赏玩之物,以补偿鏧鉴缺失的遗憾,给后代留下一件难得的民俗文物(图11-9)。①

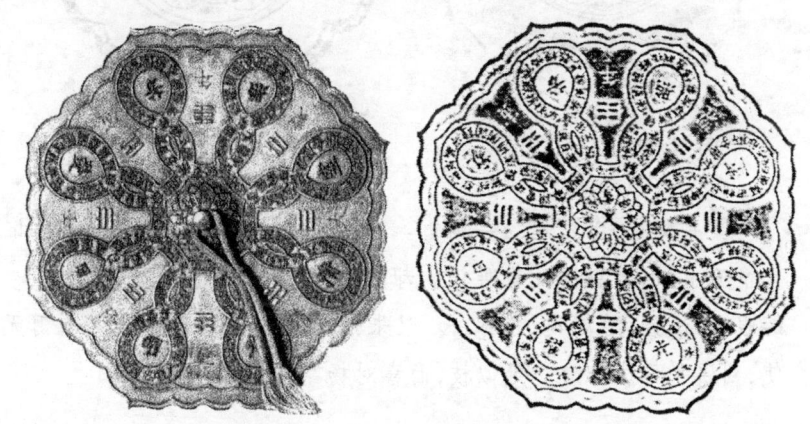

图11-9　清代"鏧鉴图"铜镜及拓本

1982年北京文物工作者在废铜堆中找到一件铜镜,直径21.7厘米,厚0.4厘米。镜边为菱花状,宽0.3厘米,高0.15厘米。突起的边楞上均匀

---

① 张丽《清宫铜器制造考》,《故宫博物院院刊》2013年第5期。

分布三十二个梅花形嵌槽,可知原有梅花形饰物(图 11－10)。① 镜背中央为"鼟鉴图",基本形式与《回文类聚》相同,也是八枝,有八圈,无八空结,周列八卦,圈内无字,中心无莲花,但有十三字。此铭少于《回文类聚》之铭。《金石索·金索》也载相同镜铭,形制、文饰、铭文大同小异(图 11－11)。根据《金石索》著录的《满江红·咏雪梅》推知,此词从坤、离二卦一圈的交叉处"雪"字起,左旋读之,交叉之字只用一次,归首先读经之句。到第八十字"成"时,由上方短线指引与镜钮周围文字左旋连读,到"忆"字止,全词九十三字:

图 11－10 《满江红》镜　　　图 11－11 《满江红·咏雪梅》镜

　　雪共梅花,念动是经年离拆。重会面,玉肌真态,一般标格。谁道无情应也妒,暗香埋没教难识。却随风,偷入傍妆台,萦帘额。　　惊醉眼,朱成碧,随冷暖,分青白。叹朱弦冻折,高山音息。怅关望河无驿使,剡溪兴尽成陈迹。见似枝,而喜对杨花,须相忆。

　　《金石索》之镜铭多有讹字,是原镜错误,还是刻版错误,笔者倾向于原镜之误。对照发现,出土镜铭"怅关望河无驿使"句中,"关望"二字颠倒,应作"怅望关河无驿使",镜铭自古多错字,不独宋代。两镜都不是最早的制

---

① 程长新《北京发现宋〈满江红〉词菱花铜镜》,《文物》1985 年第 1 期。

品,而是仿品,从此镜的复制情况,可以看到宋代"罄鉴图"是很流行的。黄百思云:"国初钱镇州惟治尝有宝子垂绶连环之诗,亦锦文之遗范,而世罕传。"(《东观馀论·跋织锦回文图后》)这个"宝子垂绶连环之诗"未见记载,如果"宝子"居中,"垂绶连环"围绕,与"罄鉴图"有点相像,很可能是同类的东西。

《满江红》词的"罄鉴图"比起《回文类聚》镜铭来,只有左旋读,而无右旋读,看似复杂,仅仅是线路迂回曲折而已,这使人想起了人形回旋文字来。

宋代《回文类聚》罄鉴图的铜镜至今没有发现实物,有一种"罄鉴图"铭文的简化版常可见到。它只有中心花上8字。宋代的铜镜设计比较生动活泼,形式多样化,不乏文字游戏的作品。商承祚见到的鼎形铜镜,两耳两足。项作飞龙,下有飞凤。两旁各有古篆四字"河澄皎月,波清晓雪"。(图11-12)商承祚说:"河、波、澄、清、皎、晓、月、雪同韵,据韵反复颠倒左右互读,共得一百九十二联。"并称魏晋以来各家回文诗,"犹不及此之匠心独运。每字配四十八句,一百九十二联,排比于后。"分"河""波""澄""清""皎""晓""月""雪",以下连句,一百九十二联,一一列出。① 不过,"雪"字宜释为"云"。两行末尾不必押韵,因为环读镜铭根本不可能全部落到同韵。此类铭文镜宋代很流行,考古经常发现,镜形也不止鼎形一种。

湖南发现的长方宋镜,镜钮两侧各为古篆一行:"河澄皎月,清波晓云。"(图11-13)②章丘市博物馆收藏的金代圆镜,弦外卷云纹,其外环绕铭文"河澄皎月,波清晓云"。(图11-14)③三面镜字外形不同,铭文却完全相同,"云"字形与古文合。

"河澄皎月"之语可能与唐代独孤及有关。独孤及(725—777),字至之,河南洛阳人,为唐代文章大家。玄宗天宝末,以道举高第,补华阴尉。代

---

① 商承祚《长沙古物闻见记·续记》第175—182页,中华书局,1996年。
② 孔祥星、刘一曼《中国铜镜图典》,文物出版社,1992年。
③ 李芳《章丘市博物馆收藏的部分古代铜镜》,《文物》2002年第12期。

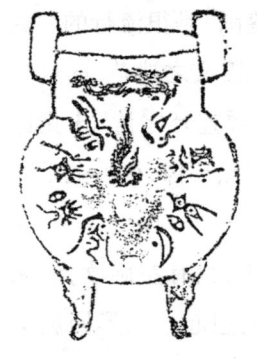  

图 11－12　鼎形铜镜　　图 11－13　长方形镜　　图 11－14　圆形镜

宗召为太常博士,礼部员外郎,历濠、舒二州刺史。以诗文闻名当时。安史之乱后,中原涂炭,民生凋敝,国家祈求太平。独孤及上表肃宗,作《为独孤中丞天长节进镜表》:"今宸极正而乾坤贞观,惊尘收而日月开朗,当白露盛序之秋,是黄河澄清之日,臣幸逢佳节,愿展微诚,谨遣某乙进上件二镜,一献圣皇,一献陛下,辄以愚恳,上续圣寿。"独孤及献金龙饰镜以表圣德,日月开朗、黄河澄清皆是太平盛世的祥瑞景象。所以"河澄皎月"寓意天下太平,君民安乐,用作镜铭富于吉祥的意味。

第四节　画中字

　　浙江温州梧田区宋白象塔不幸被拆除,1965 年拆塔结束,到 1987 年发表了清理简报。塔六面七层,每面塔壁内均砌有方形洞穴,窖藏各类文物,有北宋时期的泥塑彩绘菩萨像、漆器、木雕、砖雕、佛经、瓷器等,佛经中最引人注目的是《佛说观无量寿经》。此经为残页,高左 8.5 厘米、右 10.5 厘米、阔 13 厘米。尚存 166 字,为经之第四至九观一部分。宋体,字小而笔画粗细不一,形体长短大小也有不同。字首尾紧密相接,转折处出现倒字,有的地方出现一个或三个"○"号,整个文字呈反复回旋萦绕,没有规律(图

图 11-15 《佛说观无量寿经》残页

11-15)。① 这个残页的出土当时就引起学术界的高度重视,有人断定这是当前极为罕见的早期活字印刷本,此残经的绝对年代应是北宋崇宁二年(1103 年),上距毕昇首创活字版的庆历年间(1041—1048)约五十余年。② 这件残经的发现,留下了两个问题。第一,是活字印刷还是雕版印刷?尽管金柏东举证说明是泥活字印刷,但是争议依然存在。在 20 世纪 90 年代末,印刷史专家钱存训在《中国科学技术史·造纸与印刷》及《中华印刷史》两部印刷史著作中都肯定了泥活字的说法。持反对观点的学者则抓住字与字

---

① 徐定水、金柏东《温州市北宋白象塔清理报告》,《文物》1987 年第 5 期。
② 金柏东《早期活字印刷术的实物见证——温州市白象塔出土北宋佛经残叶介绍》,《文物》1987 年第 5 期。

之间紧密连接的事实,认为活字版做不到这一点。不过持活字说者提出这个活字不是拼版印刷,而是像盖印一样,逐字捺印上去的。但是反对者认为活字印刷的费用太高,排检困难,是不现实的。① 第二,为何文字成"回旋萦绕"状? 在1987年此残件发表之时,笔者已经看出,这"回旋萦绕"一定是形成图形,那么图形是什么? 很自然就想起元赵孟頫书《道德经老子像》,此像是赵孟頫以小楷组成勾线"画"成的老子立像,近看行行小字写得字字精到,气息沉稳,是不可多得的小楷作品,远观的话,整个作品又是一幅白描的老子像。此作品传世至今,为博物馆收藏,在"文革"之后曾经发表过,当时想把它找出来,作一个比较研究,但是找遍家中的藏书,还是不见踪影。想写的文章因此耽搁下来了。由彼及此,知道这个"回旋萦绕"的目的是勾画出一尊佛像。但是,是佛像的哪一部分呢? 此残件上端中间高,向两边略倾斜后下垂,给人的感觉就是佛像的上半身,也就是那种双肩包的通肩大衣。但是苦于没找到同时代的佐证。现在,有人不谋而合,看法基本相同。残件的文字所展示的为佛身上部的衣服褶纹,极似龙门石窟卢舍那佛像的前胸衣褶。如果下一番工夫,是可以复原出全身像的。这里有两个细节,一直是争论的焦点:一是"色"字为何横置,因为处于转折之处,"色"字起着指示方向的作用。二是文字中的"〇"号的问题,牛达生认为用作指示方向之用,一个"〇"表示左转,三个"〇"表示右转,这个说法纯属想当然。其实有"〇"号之处都是一行转折与另一行紧靠在一起,一条转折形成的折线同时可能接上两条平行线,在顶端加了"〇"号,就封死了一条平行线,以免错读。至于一个"〇",还是多个"〇",纯粹是看空隙的大小。从赵孟頫书《道德经老子像》来看,人体的头部等裸露部分,有须发等细微线条,不宜用字连接,一般来说,这幅《佛说观无量寿佛经》组字的佛像也当这样处理。

明代有"白衣观音像"传世,可惜未见实物,据说与"老子像""释迦像"(《佛说观无量寿经》)一样衣褶由经文连缀而成。从宋到明,这类文字画一

---

① 牛达生《一件罕见的佛祖版画残片——〈观经〉残页文字为什么要"回旋萦绕"?》,《中国文物报》2001.10.26。

直相沿不衰,似乎只在书斋中创作,只是写道佛经书,以神像、佛像为造像,供少数人供奉赏玩。

清代的文字画走出书斋,走向普通百姓,成为劝人为善,倡导优良民风的宣传品。清代末年流行的"劝诫杀食牛歌",整体是一头牛,除了牛头和牛尾加勒绘线外,其余线条均为歌词。为了加强效果,周围写了很多警语(图11-16)。①

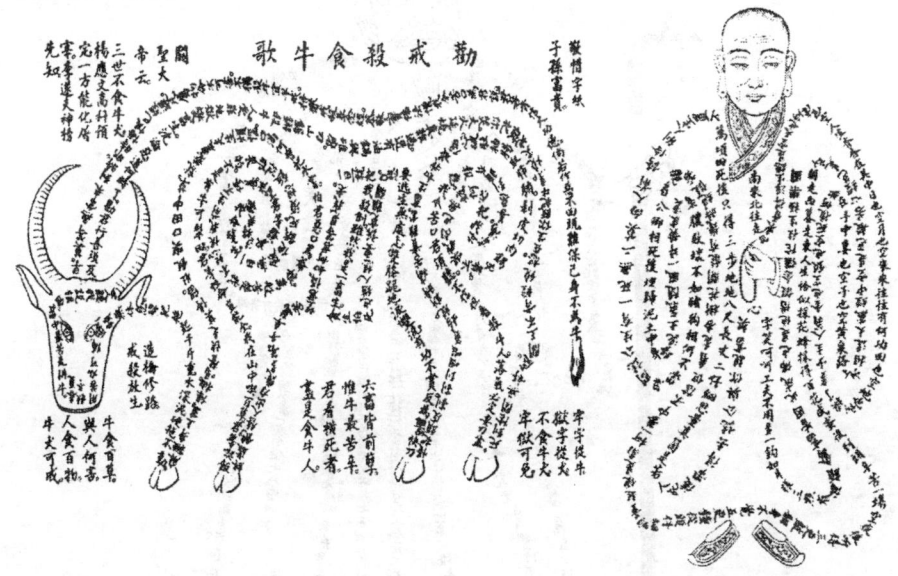

图11-16 劝诫杀食牛歌　　　　图11-17 劝世念佛文

"志公禅师劝世念佛文"的志公像,头部、领部及手足绘画外,其衣服皆以文字屈曲环绕而成(图11-17)。②

此类画中字,画与字结合一体,不识字的人看画,识字的人看字,形式生动活泼,为百姓喜闻乐见,是很受欢迎的民俗画。现在可以见到的"老来难"完全是此类作品。"老来难"是文字组成的一位老者形象,除头、双手、

---

① 〔法〕禄是遒著,据〔英〕甘沛澍英译本,陈海燕译,高洪兴校《命相占卜》第87页,上海科学技术文献出版社,2009年。
② 〔法〕禄是遒著,据〔英〕甘沛澍英译本,沈婕、单雪译,高洪兴校《岁时习俗》第42页,上海科学技术文献出版社,2009年。

双足及拐杖外,其余部分都由文字左旋组成句子,一韵到底,从措辞看,似是民国时期的作品(图11-18)。画面简陋、造型粗糙,是典型的民间艺术品。文字内容是感叹老人生理衰老带来的不便,呼吁建立敬老爱老的良好社会风尚。

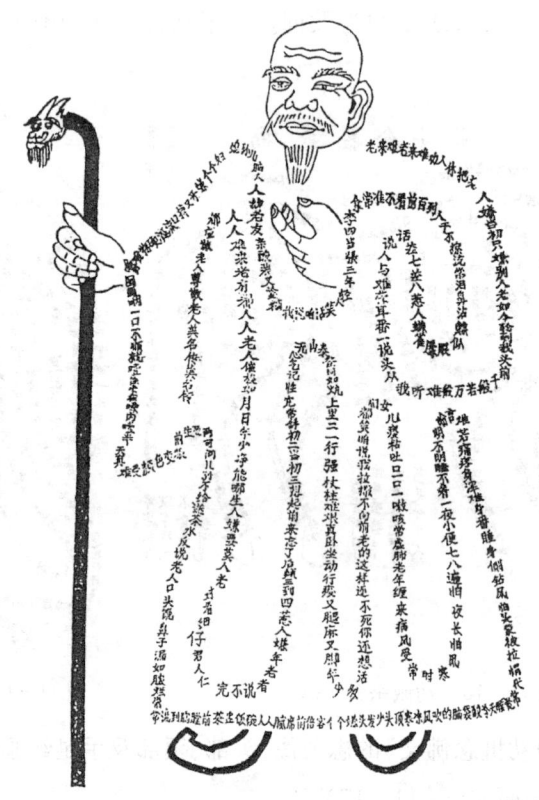

图11-18 老来难图

清代有一些杂体诗的著作多有此类图形,采用各种器物文字的造型,内部贯穿文字,可以按图搜索路线,通读全部诗文。如李旸"百廿龄"(图11-19),一个寿字图形,笔画内全是文字。图为一草书"寿"字,按照一定路线读,可以贯通整个"寿"字,笔画交叠处的字,可以读两次,所以它基本是单循环的读法。

原注:"交加读。实一百十三字,读作一百二十字。"

依照一笔书草字"寿"字笔顺读,自"翠"字起,到"二"字至,"花""遣""商""老""秀""齐""人"读两次。因此"寿"中113字实际读作120字。诗文如下:

翠柏登筵,黄花献酿,争睹升平人瑞。耆英叟、花樽遣兴,商山老芝餐肆志。喜年来、八十添筹,早消遣、名心抛除家累。只商略林泉,欢娱老景,鸠杖时饶佳致。

毓秀庭槐光奕世。羡骥子麟孙,丰神秀异。眉齐处、椿萱并茂,鹓飞际、曾元齐至。有何人、酒琖(盏)诗瓢,是少日知心,高人把臂。念来往风流,吾家老父,长此与君成二。

(末句化用金元好问诗:"与君成二老,来往亦风流。")

图11-19 "寿"字"百廿龄"

第十二章　拆字令到拆白道字

第一节　拆字令

　　拆字的起源可以追溯到春秋时代,它与经典文字学的字形分析不同,至晚在汉代已经成为风尚,初步形成了自己的规则。《后汉书·五行志》有"别字"之法,"皆从上起,左右离合",颜师古注曰:"便辞巧说,以析破文字之体形也。"南北朝有《破字经》,段玉裁认为"即今之拆字也"。汉代的拆字可预言吉凶,常关乎重大的人事变动和国运兴衰,多是以童谣等形式出现的政治谣言,实际上是谶言的一支。拆字令虽是拆字,但是它无关运命,是酒席间的文字游戏。拆字令的出现标志着拆字史上的一个转折点,拆字形式作为一种酒令,从沉重走到轻松,从黑暗走到光明。拆白道字也叫拆牌道字,有时就简称拆字。简单地说就是拆字造句,根据自己的意思来拆字成句。作者不用隐蔽身份,可以与当事人面对面,在公开的场合进行。它始终是一种嘲谑性的文字游戏,依靠作者的敏捷、睿智、善辩来取胜。

　　带有游戏色彩的拆字令是拆白道字的早期形态。酒令是宴饮中助兴的游戏,轮流作诗说词,输者罚酒。因为宴饮的欢娱气氛,宽松的环境,能容纳不含敌意、幽默风趣的调侃。明焦竑《焦氏笔乘续集·觞政》:"魏文侯与诸大夫饮,使公乘不仁为觞政,殆即今之酒令耳。"酒令可能早在先秦就存在,但是拆字酒令要晚得多,直到汉末三国时期才出现。《三国志·吴志·薛综传》载:

　　　　西使张奉于权前列尚书阚泽姓名以嘲泽,泽不能答。综下行酒,因劝酒曰:"蜀者何也?有犬为獨(独),无犬为蜀,横目苟身,虫入其腹。"

奉曰:"不当复列君吴邪?"综应声曰:"无口为天,有口为吴,君临万邦,天子之都。"于是众坐喜笑,而奉无以对。

本传引《江表传》记载稍有不同:

> 费祎聘于吴,陛见,公卿侍臣皆在坐。酒酣,祎与诸葛恪相对嘲难,言及吴、蜀。祎问曰:"'蜀'字云何?"恪曰:"有水者濁(浊),无水者蜀。横目勾身,虫入其腹。"祎复问:"'吴'字云何?"恪曰:"无口者天,有口者吴,下临沧海,天子之都。"

两处的记载有点不一样,无论张奉对薛综,还是费祎对诸葛恪,内容都一样,都是拆蜀汉之"蜀"和东吴之"吴"来贬低对方抬高己方。不过,对于国土或国号这严肃的问题,拆字却是世俗的。《说文》:"蜀,葵中蚕也。从虫,上目象蜀头形,中象其身蜎蜎。"就"蜀"字而言,字形分析还能凑合,但是无中生有地加了"犬"旁,意思就变了。相反,按《说文》,"吴"本不从"天",却拿俗体字作依据,把"吴"与天联系起来,引申到"君临万邦,天子之都",无形之中,使东吴高居蜀汉之上。吴、蜀两国联合抗魏,有一致的利益,同时又相互防范,貌合神离。这段在风趣辞令掩盖下的唇枪舌剑的外交争斗,充分反映了这种微妙的关系。

据唐冯贽《南部烟花记》载:"隋炀帝尝会饮,为拆字令,左右取离合之意,谓杳娘曰,我取杳娘为十八日;宫婢羅羅(罗罗)侍立,分羅(罗)字为四维。"这里把"杳"从上而下分拆为"十""八""日",把"羅"上下分拆为"四""维",都是比较简单的拆字法。值得注意的是,用名字拆字与三国以来以姓名作为拆字令的风尚一致,可见它们之间有明显的渊源关系。唐代酒令盛行,酒令的名目约有20多种,如历日令、罨头令、瞻相令、巢云令、手势令、旗幡令、不语令、急口令、四字令、招手令、骰子令、鞍马令、抛打令等等。[①]

[①] 王昆吾《唐代酒令艺术》,知识出版社,1995年。

拆字令也是其中之一。经过长期的发展，拆字令复杂多变，内容也变得丰富起来了。唐代末年杨行密命刺史攻钱镠，包围钱塘（今杭州）。刺史遣使者劝降，钱镠为之小饮送行，当时罗隐、皮日休在座，企图讽刺对方军队无能为力。

> 于是日休为令，取一字，四面被围而不失其本音，因曰："'其'字上加'草'为萁菜，下加'石'为碁子，左加'玉'为琪玉，右加'月'为期会。"罗隐取"于"字，上加"雨"为舞雩，下加"皿"为盘盂，左加"玉"为玗玉，右加"邑"为邘地。使者取"亡"字讥钱镠必亡。然"亡"上加"草"为芒，下加"心"为忘，右加"邑"为邙，左加"心"为忙，其令不通，合坐皆嘻笑之，使大惭而去。（《旧五代史·杨行密传》引《五代史补》）

这个使者本想用拆字酒令占一些便宜，可惜肚里的墨水有限，弄巧成拙，反成笑柄。不过，这种调侃腔调的拆字令以后不断出现在外交使节的筵席上：

> 陶穀使越，钱王因举酒令曰："白玉石，碧波亭上迎仙客。"陶对曰："口耳王，圣明天子要钱塘。"宣政间，林摅奉使契丹，国中新为碧室，云如中国之明堂。伴使举令曰："白玉石，天子建碧室。"林对曰："口耳王，圣人坐明堂。"伴使曰："奉使不识字，只有口耳壬，却无口耳王。"林词窘，骂之，几辱命。彼之大臣云："所争非国事，岂可以细故成隙？"遂备牒奏上，朝廷一时为之降黜。后以其骂虏进用，至中书侍郎。（宋赵彦卫《云麓漫钞》卷十）

宋陶穀使吴越，宋林摅使契丹，对方同样拆了"碧"字，宋使同样拆了"聖（圣）"字，结果大不一样。在赵宋强兵压境的形势下，宋使居高临下，陶穀就把"聖"拆成"口""耳""王"，借此说出"圣明天子要钱塘"的来意。宋与契丹形势相反，一直是宋弱契丹强，长期以来，宋大量贡纳岁币求得与契丹的和平。到了北宋后期，契丹在金的挤压下已经衰落，但是在宋使面前还是要摆摆威风。林掳拆"圣"字明显是袭用陶毅的故伎，口气也没有那么大，只说"口耳王，圣人坐明堂"。契丹人似乎不能容忍平起平坐的对称，所以出言不逊，开口就说"奉使不识字"，故意混淆经典文字和拆字的界限，斥"只有口耳壬，却无口耳王"。弄得林掳羞愧难对，破口骂人。这个外交花絮几乎变成了外交危机，只是迫于形势，契丹方面以低调收场。

入宋之后拆字令盛行不衰，内容多为风花雪月，平淡无奇，技巧的难度却提高了。黄庭坚酒令中用加减法拆字，加减之字押韵，而且拆法融入令句，限制条件苛刻。所以他的酒令居然无人能对，要在酒后由苏轼作答。

> 黄鲁直在众会作一酒令，云："'虱'去'乀'为'虫'，添'几'却是'風(风)'。风暖鸟声碎，日高花影重。"坐客莫能答。他日人以告东坡，坡应声曰："'江'去'水'为'工'，添'糸'即是'红'。红旗开向日，白马骤迎风。"虽创意为妙，而敏捷过之。（宋庄季裕《鸡肋编》卷下）

唐代的小令来自酒令，宋词中120个以"令"命名的曲调中，至少有一部分与酒筵有关。宋代的短词还保存酒令的遗风，有的与拆字令没有什么两样。如黄庭坚《两同心》："你共人女边着子，争知我门里挑心。"词句中"女边着子"合成"好"，"门里挑心"合成"闷"字。宋吴文英《唐多令》："何处合成愁，离人心上秋。"词句中"离人心上秋"合成"愁"字。

元明以来，拆字令作为酒令的一种流传不衰。可是，酒令是酒席间的助兴之物，大多有一定程式，酒酣耳热之中即兴而作，一般没有什么文学价值，兴尽席散，无人留意记取，酒令作品很少能保存下来。只有少量拆字令构思独特，妙语连珠，或者寓意深长，颇有可取，才得以流传。如：

> 韩襄毅公破大藤峡，蛮寇荡平，置酒称贺，诸官俱齐，独邵宪长后至，会天微雨，张盖而入，韩公心不平，即席出令曰："天阴雨下人撑伞

(伞),'伞'字中间有四人。有福之人人伏侍,无福之人伏侍人。"举酒属邵,邵应曰:"人逢喜事精神爽,'爽'字中间有四人。人前莫说人长短,只恐人前又有人。"陈方伯见二公各不悦,亦持杯还令曰:"从来乡党莫如齿(齿),'齿'字中间有四人。谁人背后无人说,那个人前不说人。"相与一笑而罢。(明周元炜《泾林续记》)

这个拆字令一次使用了三个含有四个"人"字的字,酒令的第一句出此字的时候,要用本义,第二句点明四"人"的结构,第三句、第四句在说明立意的同时要出现四次"人"字,与首句相呼应。这组拆字令选字有难度,组织句子也有相当的难度。再如:

陈祭酒询字汝同,松江人,善饮。酒酣耳热,胸中有不平事每对客发之,人有面语之,不少贷也,在翰林时尝忤权贵,出为安陆知州,同寮饯之,或倡为酒令,各用二字分合以韵相协,以诗书一句终之。陈学士循云:"轰(轰)字三个车,余斗字成斜,车车车,远上寒山石径斜。"高学士谷云:"品字三个口,水酉字成酒,口口口,劝君更尽一杯酒。"陈云:"矗字三个直,黑出字成黜,直直直,焉往而不三黜。"(明陆容《菽园杂记》卷六)

这个拆字令每令拆字两个,一为三个由相同部件组成的上小下大的结构,轰(轰)、品、矗;二为左右结构,斜、酒、黜。第一、二句点出所拆之字并交代拆法,第三句把第一字拆开成句,第四句由第二字组织成句,全令以第一字的一个部件意义和第二字的本义立意,首尾贯通,一气呵成。

拆字令有这么繁多的附带条件,没有相当的文字修养,没有熟练的技巧,是无法胜任的。所以,它不是一种常见的酒令,不可能有很广的行令者。但是,它在拆字游戏文中属于特别有文采的一类。

清代的文化发达,经学、字学与诗文创作都达到一个新的高峰,读书人、闺秀甚至伶人都有相当的文化修养。逢场作戏的拆字令学究化,不具备相当学识无法参与,这与前代轻松的酒会智力游戏形成了鲜明的对照。清代出现了许多专门的酒令著作,仅张潮就有四部酒令书:《酒律》《饮中八仙令》《唐诗酒底》《下酒物》,其中《下酒物》收录了言语文字酒令,不少是拆字令。如拆一字为两字之名:"一字药名令",人举一字,在该字中必须包藏着一个药名。"枛",药名是木瓜。"㑺",药名是人参。"一字藏人名令","琅",王良,春秋晋人。"桦",木华,西晋人。大量的酒令书使拆字令理论化、规则化、多样化,给社会上的酒令热推波助澜,促进酒令大发展,使之进入大成的阶段。

撇开各种名目的酒令名称,拆字令大致有几种类型。

一种是传统的拆字韵文。即张怡《玉光剑气集·俳谐》称之:"或倡酒令,用二字分合,以韵相协,终以诗句。"

一种是拆字猜谜四字句。如:

> 尝见陈刚中集有"二人土上坐,一月日边明"。杨东里集有"人从门内闪,公向水边沿"。(清褚人获《坚瓠丙集》卷三"对语")

> 陈秋碧善音律,一主政与同席,意轻之,乃作令曰:"单日为日,两日为昌,旁加口字,是好唱也。"秋碧应声道:"单火为火,两火为炎,旁加水字,是好淡也。"(张怡《玉光剑气集·俳谐》)

一种是加减拆字,参与者按照一定格式自己出字分拆,经过加减,不断变化。《品花宝鉴》中出现一字化三字的酒令,饮酒者轮流作令:

> 王桂保对着子云笑道:"我有个一字化为三个字的令,我说给你听,说不出者罚一杯。"子云道:"你且说来。"桂保道:"一个大字加一点是太字,移上去是犬字,照这么样也说一个。"子云笑道:"这是犬令,谁耐烦行他。"桂保笑嘻嘻的对着蕙芳道:"你说一个。"蕙芳想了一想,道:"一个王字加一点是玉字,移上去是主字,不比你那犬字好些吗?"桂保点点头道:"真好。"忽又笑道:"你可不该,刚才度香骂我,你又骂

了度香了。"蕙芳道:"我几时骂他?"众人也不解,桂保道:"他是主人,你说的是主字,连上犬字,不是骂他吗?"蕙芳也笑。子云骂桂保道:"你这小狐精,近来很作怪,偏有这些油嘴油舌。"宝珠道:"我有个木字,加一划是本字,移上去是未字。"子云笑道:"我有个脱胎法:未字减一笔是木字,移下来是本字。"众人大笑。琴言道:"我有个水字,加一点是氷(冰)字,移上去是永字。"次贤道:"这个永字些须欠一点儿,也只好算个薄水冰。然眼前的却也没有多少。"王恂道:"只怕就是这几个,被他们想完了。"桂保道:"我还有一个十字,加一划是士字,移上去是干字。"大家说道:"好。"蕙芳道:"我有个杳字,加一笔是查字,移上去是香字。"众人赞道:"更好。"宝珠道:"我有个丁字,加一笔是于字,移上去是亍字。"子云道:"这个字却冷些。"子玉道:"也可用。"宝珠道:"彳亍二字也不算冷。"琴言道:"我有个卜字,加一笔是上字,移下去是下字。"次贤道:"这个好得很。"桂保道:"我有个白字,加一笔是自字,移上去是百字。"蕙芳道:"略短些。"王恂道:"我有个曰字,加一笔是田字,移上去……"说到此顿住了,桂保道:"移上去是什么字?"王恂大笑,子玉道:"只要说透上去,便成个由字。"子云道:"我叫他拖下来成个甲字。"次贤笑道:"你们一个要上,一个要下,要争竟起来。我叫他一头往上,一头往下,作个申字何如?"众人大笑。(《品花宝鉴》第三十七回)

所谓一字化三,是把一个字变化为三个字,通过字内笔画的变化转换为新字。具体做法并不复杂,一是加,一是减(所谓脱胎),还有是移。本来汉字就是笔画组成,笔画的多寡,安排的位置,构成一个字形,各字字形之间本来差距不大。因而通过笔画的变化是可以由此及彼的。加减使笔画数变化,而移动使位置变换,由此三途,可以像万花筒一样,光怪陆离,奇趣横生。

《品花宝鉴》中的"四柱",也是新发明的套路酒令,这种自创套路构思巧妙,很受欢迎:

桂保对王恂道:"从前我在怡园,行那一个字化作三个字的令,你一个也没有想得出来。我如今又想了一个拆字法,分作四柱:叫作旧管、新收、开除、实在四项。譬如这个酒字。"一面说,一面在桌上写道:"旧管一个酉字,新收一个三点水,变成了一个酒字。开除了酉字中间的一字,实在是个洒字。"

春喜道:"我就从天字说起:旧管是个天字,新收一个竹字,便合成了笑字。开除了人字,实在是个竺字。"

琪官道:"我也有一个,旧管是个金字,新收了一个则字。"说到此,便写出了一个铡字:"开除了一个贝字,实在是个钊字。"

仲清道:"我说旧管是个射字,新收一个木字,是榭字。开除了身字,实在是村字。"

文泽道:"旧管是个圭字,新收一个木字,是桂字,开除了土字,实在是杜字。"

王恂道:"旧管是个寺字,新收一个言字,是诗字。开除了土字,实在是讨字。"

桂保道:"我说旧管是个一字,新收一个史字,是吏字。开除了口字,实在是丈字。"

琪官道:"我的旧管是串字,新收了心字,是患字。开除了口字,实在是忠字。"

春喜道:"我旧管是昌字,新收门字,是个阊字。开除了曰字,实在是间字。"

仲清道:"我旧管是贱字,新收三点水,是溅字。开除了贝字,实在是浅字。"

文泽道:"我旧管是波字,新收一个女字,是婆字。开除了波字,实在是女字。"又道:"开除皮字……正是汝字。"

王恂道:"旧管是眇字,新收三点水,是渺字。开除了目字,实在是沙字。"

桂保道:"旧管是士字,新收了口字,是吉字。开除了一字,实在是古字。"

琪官道:"旧管是胡字,新收三点水,是湖字。开除了沽字,是个月字。"

春喜道:"旧管是邑字,新收个才字,是扡字。开除了口字,实在是把字。"(《品花宝鉴》第五十回)

"四柱"号称新法,其实不新,旧管就是作为起点的原字,新收就是增加,开除就是减少,实在就是加减后的新字。拆字的技法中都有加法、减法,杜宝不过拿来作酒令罢了。

一种是拆字拖诗句、经书章句,字、句两者有没有意义关联都可以。这种酒令只要寻找出一个同结构类型的字就行,诗句是另加的,难度很低,适合识字不多、拆字技巧不精的人。《花月痕》中有两个例子。第十一回讲述水阁的聚会,采秋行"合欢令","这个字,要两边都一样,可以挪移的,听着:琵字喜相逢,东西两意同。拆开不成字,成字喝一杯。"又接着说道:"荷字飞觞:笑隔荷花共人语。"后续者分别是"蒜字喜相逢,东西两意同。拆开不成字,成字罚一杯。"后人又续"笁""弱""并""絲"。另外一种是掉书袋、引用经书类型。参与者要对四书五经有一定熟悉程度。第十九回记秋华堂聚会,从"四书"中寻句拆字。秋痕道:"我这令是一个字,如因缘'因'字,困卦'困'字,将里头一个字挖出来,却得有本事领起,叠句'四书'两句。说得好,大家公贺一杯,说得牵强及说不出者,罚三杯。"接连的酒令为:

"國",《四书》叠句:"或劳心,或劳力。"

"囚",《四书》叠句:"人焉瘦哉?人焉瘦哉?"

"圁",《四书》叠句:"有民人焉,有社稷焉。"

"圄",《四书》叠句:"始吾于人也,今吾于人也。"

"困",《四书》叠句:"水哉,水哉!"

"田",《四书》叠句:"十目所视力,十目所指。"

"曰",《四书》叠句:"一则以喜,一则以惧。"

酒令是聚会饮酒的一种智力游戏,根据人群的地位、文化程度,有雅俗之分。清代拆字令十分繁杂，无论文人还是粗知文字者，都会把拆字令当作行酒取乐之道。拆字令也从单纯文人圈子扩散到广泛的普通民众中去，拆字令发展体式也日臻完善。

第二节　拆字嘲谑

文人之间，特别是官员之间的交往讲究礼仪，这是华夏文明之邦的传统，但是，这个传统并不妨碍相互之间的拆字游戏。将对方的姓名拆字，相互嘲弄，幽默中有点刻薄，往往成为美谈。从文献上看，姓名文字的嘲谑在南北朝就出现了。徐之才自南朝梁入北朝，年幼时称神童，窥涉经史，聪辩强识，有过人之敏。"尤好剧谈体语，公私言聚，多相嘲戏。"

  嘲王昕姓云："有言则讦，近犬便狂，加颈足而为馬（马），施角尾而成羊。"卢（卢）元明因戏之才云："卿姓是未入人，名字之误，之当为乏也。"即答云："卿姓，在上为虐，在丘为虚，生男则为虏（虏），配马则为驢（驴）。"（《北史·艺术传下·徐之才》）

徐之才对"王"字加以发挥，加"言"旁、"犬"旁，变成了带有贬义的"讦"和"狂"字，又把"王"假设为某种动物，以笔画为动物的肢体，变成马和羊。卢元明嘲徐之才非常厉害，一开口就把"徐"字拆成"未入人"，直说他不是人。徐之才毫不示弱，用换法，把"卢"姓化为三个贬义字。

  （亮）累迁晋陵太守，在职清公，有美政。时有晋陵令沈嶙之性粗疏，好犯亮讳，亮不堪，遂启代之。嶙之怏怏，乃造坐云："下官以犯讳被代，未知明府讳。若为攸字，当作无散尊傍犬？为犬傍无散尊？若是有心攸？无心攸？乞告示。"亮不履下床跣而走，嶙之抚掌大笑而去。（《南史·王亮传》）

王亮之父名攸字昌达,沈巑之犯讳就是这个"攸"字。沈巑之知道自己官职不保,拿"攸"字大做拆字游戏,而且玩得很巧妙。根据清代大儒钱大昕的解释,"骸"是小腿,"无骸尊"就是"尊"字去掉"寸",剩下个"酋"字。"无骸尊傍犬"即酋旁犬为"猷"字,"犬傍无骸尊"即犬旁酋为"猶(犹)"。有心为"悠",无心为"攸","攸""悠""猷""猶"一串同音字。沈巑之假装不知王亮父讳"攸"字,故意问什么字,借机频频触其讳字,而且用"犬"作偏旁来戏弄王亮。(钱大昕《廿二史考异·南史二·王亮传》)

《南史·何敬容传》载:何敬容梁时官至尚书令,公勤于政事,有美绩,吏人称之。但是何敬容拙于草隶,浅于学术,贪悋为时所嗤鄙。"其署名'敬'字则大作'苟'、小为'文','容'字大作'父',小为'口'。陆倕戏之曰:公家苟既奇大,父亦不小。敬容遂不能答。"宋王楙《野客丛书》卷五"敬字"做了解释:"仆观《南史·何敬容传》:敬容为宰相,时所嗤鄙。其署名'敬'字,大作'苟',小作'文','容'字,大为'父',小为'口'。陆倕戏之曰:公家苟既大,父亦不小。是以狗字讥之也。又观《张敬儿传》:其母于田中梦犬子有娠,而生敬儿,故初名苟儿。又生一子名猪儿。宋明帝嫌苟儿名鄙,改为敬儿。观此二事,是以'敬'字之左文为'苟'且之'苟'字明矣。"陆倕,字佐公,南朝梁著名文学家。他瞧不起何敬容,把"敬"字拆出"苟"字,谐音"狗",从而贬低其人格。

这种风气在唐宋时期更为流行,其拆字之法,继承前代,也是分合改换,使一字变多字,契合说字的要求。

秋官侍郎狄仁杰嘲秋官侍郎卢(卢)献曰:"足下配马乃作驴。"献曰:"中劈明公乃成二犬。"杰曰:"'狄'字犬傍火也。"献曰:"犬傍有火,乃是煮熟狗。"(唐张鷟《朝野佥载》卷六)

事情由大名鼎鼎的贤臣狄仁杰挑起,他首句袭用北朝徐之才老办法,把卢(卢)献之卢(卢)加"马"为驢(驴)。卢献回击,把狄仁杰之姓"狄"一分为二,变成两只犬。"火"与"大"草书相似,颜之推《颜氏家训·书证》:"《诗》云:'有杕之杜。'江南本并木傍施大……而河北本皆为夷狄之'狄'"。此为右傍"犬""大"相混之例。狄仁杰抓住"火"不是"犬",对拆字而言,并无多少理由。反而招来一个新的拆法"犬"在"火"旁,成为煮熟狗的更糟结果。

入宋以来,以姓名相讥似乎是文人的雅谈,是斗智力、斗辩才的园地。宋周密《齐东野语·姓名相戏》:"前辈有以姓名为戏者,如陈亚有心,蔡襄无口之类甚多。"史籍所载较为著名的有三事:

> 郭忠恕尝以其姓嘲之曰:"近贵全为聩,攀龙即作聋。虽然三个耳,其奈不成聪。"崇义对曰:"仆不能为诗,聊以一联奉答。"即云:"勿笑有三耳,全胜畜二心。"盖因其名以嘲之,忠恕大惭,人许其机捷而不失正,真儒者之戏云。(《宋史·儒林传一·聂崇义》)

> 陈少常亚以滑稽著称,蔡君谟尝以其名戏之曰:"陈亚有心终是恶。"陈复之曰:"蔡襄无口便成衰。"时以为名对。(宋张师正《倦游杂录》)

> 辛巳正月癸未校书郎冯方云:刘攽尝因事戏王觌云:"公何故见卖。"王答云:"卖公值分文。"各指其名也。(宋周必大《二老堂杂志·以名相讥》)

郭忠恕是北宋初年的文字学家、画家。精于文字考证,通古文字,著有《佩觹》《汗简》。聂崇义是大儒,参定郊庙等国家礼制,撰《三礼图》。郭先发难,用"聶(聂)"姓做文章。以"耳"加"贵"成"聩"(天生耳聋)、加"龙"成"聋"(丧失听觉),使三个耳的"聂"和耳聋形成滑稽的对照。聂崇义抓住郭名的"忠""恕"二字的偏旁的二"心"加以发挥,使名"忠"与"二心"形成矛盾体。耳聋不过是生理问题,二心却是品质问题,比较起来,后者要严重得多,难怪郭忠恕大惭。而且这次游戏拆字,都合乎正统的字学,所谓"不失正",是难能可贵的。蔡襄是宋代著名书法家,"苏、黄、米、蔡"之一,他拆陈亚的"亚"字,用加法成"恶"字。陈亚拆蔡襄的"襄"字,用减法去掉二"口"成"衺"字。"亚"之与"恶",先古曾经相同,马王堆帛书《老子》乙本"天之所亚"之"亚",今本是"恶"字,这体现蔡襄的学养。"襄"之与"衺"从字学来说略逊一筹,不过他能当面回答,把没有什么任何逻辑关系的"襄"和"衺"转换,不失为机敏。而且,陈亚的七字与蔡襄的七字,词性、平仄相对,意义相反,是极见功力的工对,称为名对并不为过。刘攽拆王觌之"觌"为"见""卖",王觌拆刘攽之"攽"为"分""文",文义连贯,措辞幽默,令人捧腹。

  庄敏公讳缜,字玉汝,初求字于欧阳文忠公,公以小合幅纸书"玉女"二字送来,庄敏大不乐,明日相见,犹有愠容。文忠公曰:"出处无点水也,君何怪耶?"取笔添"女"字三点,相与一笑。盖《诗》中:"王欲玉女",但音发作"汝"也。前辈亦雅戏若此。(宋韩元吉《桐阴旧话》)

欧阳修给士大夫起了个"玉女"的字,玉女,按字面的理解是美女的意思,难怪引起不悦。这个"玉女"确实不是字面上的解释,他是用了《诗·大雅·民劳》的"王欲玉女,是用大谏"中的诗句。郑玄笺:"王乎我欲令女如玉然,故作是诗,用大谏正女。"意思是说,王想使汝具有玉一样的美德,所以用大谏来纠正(或说玉女是好女的意思,参阅清王先谦《诗三家义集疏》卷二二)。这里的"女"是"汝"的通假字,当然,按照宋代的用字规范应该写成"汝",那么起的字要写作"玉汝"才对。欧阳修实在是用通假字给人家开了个玩笑,等对方发急了,才加上三点。这个名字玩笑包含了很大的学问,所以后人称之为"雅戏"。

姓名的相互奚落,作文字游戏,最多有点尴尬,并无严重后果。但是,用名字拆字,以游戏决定命运,问题就非常严重了。北宋后期,新旧朋党之争十分剧烈,得势者升官,推行己法,失势者就遭贬谪。宋代的大文学家苏轼属旧党,反对新法,二次贬谪。第一次到黄州(今湖北黄冈),第二次到惠州(今广东惠州)、儋州(今海南儋州),其弟苏辙也贬官到雷州(今广东雷州)。刘挚不幸也陷党争遭谤,贬鼎州团练副使,新州(今广东新兴)安置。据说,这三人的贬官安置之地是章惇(字子厚)的主意,依照他们名字的拆字决定的。

  苏子瞻谪儋州,以"儋"与"瞻"字相近也。子由谪雷州,以"雷"字下有"田"字也。黄鲁直谪宜州,以"宜"字类"直"字也。此章子厚呆谑之意。当时有术士曰:"'儋'从立人,子瞻其尚能北归乎!'雷'字'雨'在'田'上,承天之泽也,子由其未艾乎!'宜'字乃'直'字,有盖棺之意也,鲁直其不返乎!"后子瞻北归,至毘陵而卒,子由退老于颍,十余年乃终。鲁直竟卒于宜。(宋罗大经《鹤林玉露》丙卷五)
  绍圣中,贬元祐人苏子瞻儋州,子由雷州,刘莘老新州,皆戏取其字之偏旁也。时相之忍忮如此。(宋陆游《老学庵笔记》卷四)

  章惇为王安石赏识,哲宗时入相,贬官安置由他决定。苏轼,字子瞻,去儋州,因为"瞻""儋"右半相同。苏辙,字子由,去雷州,因为"由""雷"下半相同,刘挚,字莘老,因为"莘""新"部分相似,去新州。北宋时期这些都是天涯海角的边远地区,是刻意的安排,并非拆字的结果。罗大经称章惇为"呆谑",比较宽容,陆游称之为"忍忮",比较客观,托拆字之名报复。那些术士的测字似乎很准,不过是事后诸葛亮而已。姓名的拆字游戏,从调侃到作弄,已经发生了质变,堕落为攻击对方的手段。南宋真德秀(字西山)是大臣,开党禁,提倡理学,与之同时代的魏了翁(字华父、号鹤山)是官员、思想家,二人的哲学观点相似,政治观点相同,为权臣史弥远所忌。梁成大,《宋史》谓"素苟贱忘耻",听说史弥远要构害真德秀,就说:"某若入台,必能办此事。"后果然穷凶极恶地大加陷害,充当了一个可耻的打手。血气方刚的太学诸生不畏权贵,起来反对,把梁成大之"大"加点成"犬",揭露他走狗的嘴脸。宋罗大经《鹤林玉露》丙卷二载其事:

  宋宝庆初,当国者欲攻去真西山、魏鹤山,朝士莫有任责,梁成大独欣然愿当之。遂除察院,击博无遗力。当时太学诸生曰:"'大'字傍宜添一点,曰'梁成犬'。"余谓犬之狺狺,不过吠其主耳,是有功于主也。今天不肖之台谏受权贵之指呼,纳豪富之贿赂,内则剪天子之羽翼,外则夺百姓之父母,是有害于主也,吾言犬亦羞与为伍矣。

通过对他名字中"大"字的拆字,很自然地把他变成一条狗,形象地刻画了他的丑恶本性。不过这是一种人身攻击,只可用于这种奸佞之徒,对常人是绝对不容许的。

嘲谑性的拆字总是从利己出发,在拆字的过程中凭文字形体的依托奚落对方,显得从容不迫,雅趣横生。发生在酒桌上的拆字游戏中,吃鱼的故事很有名,它巧妙地和"蘇(苏)"结合起来,通过"蘇(苏)"字的结构变化,把鱼拿到自己的面前。可能故事太精彩了,广为流传,所以它有两个说法。

姑苏李章,敏于调戏。偶赴邻人小集,主人者虽富而素鄙。会次章适坐其傍,既进馔,章视主人之前一煎鲑特大于众客者。章即请于主人曰:"章与主人俱苏人也,每见人书'蘇(苏)'字不同。其鱼不知合在左边者是在右边者是也。"主人曰:"古人作字不拘一体,移易从便也。"章即引手取主人之鱼示众云:"领主人指拨,今日左边之鱼,亦合从便,移过右边如何?"一座辍饭而笑,终席乃已。(宋何薳《春渚纪闻》卷四)

苏州李章,以口舌为生计,《介甫集》有《李章不第诗》,亦才子也。常游湖州,人皆厌其乞索。曾诣富人曹监簿家,曹方剖嘉鱼,闻其来遽匿鱼,出对之,章已入耳目。既坐,曹与论文,不及他事,冀其速去。谈及介甫《字说》,章因言世俗讹谬用字,如本乡蘇(苏)州,篆文鱼在禾右,隶书鱼在禾左,不知何等小子移过此鱼,曹拊掌共匕箸。(宋朱彧《萍洲可谈》卷三)

当然这种文字游戏通常是得不到实惠的,嘲弄对方,使人狼狈不堪,从而得到快意。不过,这种行为常常是不道德的,有点人身攻击的意味。如:

(陈之柔)指其所戴竹冠曰:"样制甚工新,不知名为何?"未及对,陈遽曰:"此有两名,曰笑冠、曰笃冠。"使者曰:"有何所证?"曰:"犬上加竹为笑,故名笑冠;马上加竹为笃,故名笃冠,真犬马所戴也。"(宋洪迈《夷坚三志己·道士竹冠》)

这位陈之柔把戴竹冠的道士当作一个上下结构的合体字,道士比作犬,竹、犬合成"笑"字(《说文·竹部》笑,从竹从犬),又比作马,竹、马合成"笃"字,用笑冠、笃冠来辱骂道士。他无故对竹冠大加嘲讽,使"道士惭沮而退",我看,感到羞辱的不应该是道士,而是陈之柔自己。

明清时期流行嘲谑,有的拆字技巧老练,措辞辛辣。如《坚瓠集》所记两例:

三人同在妓馆,戏问妓何所留宿,妓云:"你,你,你,都在我心肝里。吃一杯品字茶,叹一口川儿气,恨不得化得个姦(奸)字身儿,陪着个你、你、你。"(清褚人获《坚瓠壬集》卷三"你你你")

大宗伯于公,夫人姓秦,有二媵,或作"秦"字诗嘲曰:"二大能将二小容,三人齐把小于攻。若把小于攻出去,三人无日不春风。"(清褚人获《坚瓠壬集》卷三"秦字")

无论狎妓,还是纳妾,都是旧时的陋习。时人巧妙拆字,在嬉笑之中寄寓讽刺。巧的是二事均涉三人,一则是采用三个同部件的"品""川""姦",指点三人。一则将"秦"字拆为"三人"和"小于"("禾"字上部分拆为"于",下部分拆为"小")。

徐文贞(阶)拆咏嘉靖二字云:"士本朝堂一丈夫,口称万岁与三呼。一横直亘乾坤大,两竖斜飞社稷扶。加官加禄加爵位,立纲立纪立皇图。主人幸有千秋岁,明月当天照五湖。"(清褚人获《坚瓠丁集》卷三"拆嘉靖字"）

前五句分别取"士""口""一""丷""加"，合成"嘉"字，后三句分别取"立""主""月"，合成"靖"。徐阶为嘉靖臣子，拆字只用加法。立足自身，颂扬嘉靖皇帝。这种拆字没有戏谑，略有规劝的意味，可以算得巧妙的文字进谏。

沈启南（周）咏"田"字云："昔日田为富字足，今日田为累字头。拖下脚时成甲首，申出头来不自由。田安心上长思想，田在心中虑（虑）不休。当初只望田为福，谁料田多叠叠愁。"康熙初，吴中田产皆应其言。（清褚人获《坚瓠丁集》卷四"咏田字"）

田是富之源、福之本，从来多多益善，想不到世道变化，也有风险。咏"田"一则以加减伸缩把持田者患得患失的尴尬心态描写得活灵活现。

有王生行一者，美甚，人多嬖之。沈伯玉过其家，见斋额颜曰"比玉居"。伯玉曰："此额殊有意，移'比'字易出'居'内之'古'，分明是'屁古'二字。'玉'字亦'王''一'二字，分合言之，乃'王一屁古'四字也。"王亦不觉失笑。（清褚人获《坚瓠戊集》卷四"比玉居"引《谭概》）

"比玉居"斋名清雅至极，沈伯玉腾挪成"王一屁古"，寓意猥亵，实为糟粕。

拆字嘲笑，轻者是幽默，重者是讽刺，其后果，大不了相互开骂，平头百姓，也就如此。不过，如果对方是位高权重者，或者是皇帝，事情就麻烦了。朱元璋文化程度有限，却十分猜疑，尤其在文字上，特别认真，会鸡蛋里挑骨头，会无事生非，是文字狱的行家。"往往以文字疑误杀人，亦已不少。"他竟然在臣子的贺表、谢表等文章中抓字眼，寻取毛病。有从同音字联想的，如"法坤"当作"发髡"、"有道"当作"有盗"，有的同音加近义附会，如"光有天下,天生圣人,为世作则",误解为"生者,僧也。以我尝为僧也。光则薙发也,则字音近贼也。"文字狱中也有拆字取罪的。"僧来复谢恩诗:有殊域及自惭,无德诵陶唐之句。帝曰:汝用殊字,是谓我歹朱也。"清赵翼《廿二史札记》卷三二"明初文字之祸"之所谓"动生疑忌,而文字之祸起云"。

第三节 拆白道字

"拆白道字"就是把一个字分解为一个短语。拆白道字与顶针续麻一样,实际是一种修辞方式,平时在口头上说就是有语言艺术,善于言辞,是一种语言修养。这种专门用于语词的拆字游戏始于何时?现在通常看法是出于宋黄庭坚。

> 你共人女边着子,争知我门里挑心。(黄庭坚《两同心》词)

他拆"好""闷"二字为句,而且句意与男欢女爱意趣相谐,句子通顺,妙语若化。此句明白如话,无半点修饰。所以徐釚《词苑丛谈》卷三"品藻"斥之:"山谷'女边着子,门里挑心',鄙俚不堪入诵。"殊不知青年情爱,不必华饰,自然流露,更觉可爱,这真是作者高明之处。《两同心》词的拆白道字不是孤例,当时流行这种说法。例如:

> 〔生唱〕【两地锦】梦时节却未四更,此身两山上行。瞥见个人如虎类,被它伤却股肱。【川鲍老】君在两山,两山成出字。〔末白〕两个山是出字。(《张协状元》第四出)

《张协状元》是早期戏文,宋代书会才人所作,接近市民阶层,属于大众通俗文学。两山合为出字最早见于《古乐府》"山上复有山",契丹耶律倍之"小山压大山"也由此而来,《张协状元》的"两山"是有历史渊源的,在戏文中已经不是隐语,而是一种语言技巧,应该说它是早期的拆白道字。

拆白道字与隐语都是把字拆开,或者叠加,形式上十分相似,都是幽默和婉转的修辞方式。它们的区别是,隐语是故意回避,使原来名称隐秘起来,用拆字法换一个名词。拆白道字把原字分拆,成为一个短语,编造句子,要语义通顺,形象生动,能生发字义,渲染气氛。如:

金莲每日难挨绣帏孤枕,怎禁画阁凄凉,未免害些木边之目,田下之心。(《金瓶梅词话》第八三回)

"木边之目"合"木"与"目"为"相"字,"田下之心"合"田"与"心"为"思",八字为"相思"。

钊道:"……好淡嘴女又十撇儿。"伯爵道:"我是奴才……"(《金瓶梅词话》第四二回)

"女"加"又"成"奴"字,"十"加撇为"才"。

伯爵道:"这正是拆白道字,尤人所难。'舍'字在边,旁立着'官'字。不是个'舘(馆)'字?若有馆时,千万要举荐,因此说'有时定要求方便'。"(《金瓶梅词话》第五六回)

"舍"与"官"加起成"舘"。

〔生〕咳,明明的有妻,清河崔氏,坐堂招夫。〔吕〕便是崔氏也是你那胯下青驴变的,卢配马为驴。(明汤显祖《邯郸记·生寤》)

卢生梦中的妻子是马化生,吕洞宾把此马与卢生之卢,两字相加成"驴"字,顺理成章。

拆白道字可以将文字变为动作,也可以将说白变为动作:

一口大一口小,不是个吕字?旁边再一个口,我这茶绝品高茶。罢罢,大嫂,造个酥佥来与师父吃。(元马致远《吕洞宾三醉岳阳楼》第二折)

大卿上前拥抱,先做个吕字。(《醒世恒言·赫大卿遗恨鸳鸯绦》)

"吕"字分拆最早见于三国时的《英雄传》,成为后世拆字的常用字。用一个"品"字,来比喻吕洞宾喝茶,形象贴切。两口相对是亲嘴,古来不便说,所以用"吕"字传意。

拆白道字不仅分解字,也可以分解一个复词,不过这种例子很少见:

隐语只是简单地改换名称,而拆白道字即兴发挥,带有文学创作的意味。因而元明以来的戏曲文学中常会使用,作为一种创作手段。

拆白道字并非只限于拆字内,也可以连缀句中之字成词。

〔旦〕则为在南安府后花园梅树之下,梦见一秀才,折柳一枝,要奴题咏。留连宛转,甚是多情。〔净〕一溜溜女婴孩,梦儿里能宁奈。谁曾挂圆梦招牌?谁和你拆字道白?(明汤显祖《牡丹亭·冥判》)

杜丽娘的句子中"梅树""梦见""折柳",连起来是"柳梦梅"三字,判官称之为拆白道字。

元代时期拆白道字在民间流行,常见于戏剧之中。明代以来成为一种游戏技能,在民间歌谣中大为流行:

吴歌惟苏州为佳,杭人近有作者往往得诗人之体,女子拆开不成好,秋心合着却成愁。此亦赋体也。而黄山谷之词先有之,"你共人女边着子,争知我门里挑心"是也。(明田汝成《西湖游览志余·委巷丛谈》)

同时有人把拆白道字引向戏谑方向，显示出与拆字嘲谑合流的趋势。拆字嘲谑自古是文人相互取笑发谑的文字游戏，大多直白而形象，拆白道字的意趣大致相近，只是更加率直、浅显，甚至有点粗俗，可以说拆白道字是市井式的拆字嘲谑。总之，它的出现对拆字游戏的发展，有一定的推动作用。

顺治中，吾乡有尹姓者，开罪于友，士子作"尹"字谣以嘲之云："伊无人，羊口是其群。斩头笋，灭口君，缩尾便成丑。直脚半门开，一根长轿扛，扛个冷尸灵。""比唐人丑，虽有足，甲不全身"之句，更为刺骨。（清褚人获《坚瓠首集》卷一"尹奚谣"）

这个童谣式的口头创作与拆字作品、酒令句式有许多相同之处，显示它们的内在关系。它以"尹"姓为基字，用了加、减、改等手法，加以丑化。"尹"加"人"为"伊"，所以"无人"；加"羊""口"为"群"，故"羊口是其群"；加"竹"字头为"笋"，故语"斩头笋"；加"口"为"君"，故"灭口君"；减长撇，引出"缩尾便成丑"；把长撇改为"竖"，似"門（门）"字的一半，出"直脚半门开"；把中间长横抽出，变为"一根长轿扛，扛个冷尸灵"；与"唐"字相比，有长撇为"有足"，但是没有外部皮肤，故云"丑"。通过拆字的变化，在"尹"字上附加了"无人""羊群""斩头""灭口""缩尾""半门""冷尸灵"等，用心恶毒，语言刻薄，"刺骨"一词十分生动、贴切。

这种刻薄行径虽士人所为，实际与市井无异，市井中确也沾染了此种不良风气，耍弄文字技巧，作弄人取乐。如：

（温秀才）因问："老翁尊号？"伯爵道："在下号南坡。"西门庆戏道："老先生你不知，他家孤老多，到晚夕桶子掇出屎来，不敢在左边倒，恐怕街坊人骂，教丫头直掇到大南首县仓墙底下，那里泼去，因起号南泼。"温秀才笑道："此坡字不同，那泼字乃是点水边之发，这坡字却是土字傍边着个皮字。"西门庆道："老先生倒猜的着，他娘子镇日着皮

子缠着哩。"(《金瓶梅词话》第六七回)

市井无赖西门庆作弄应伯爵,从拆字下功夫,先把"南坡"之"坡"的土旁换成水旁,"南坡"变为"大南首县仓墙底下"泼屎,然后再去掉偏旁成一个"皮",引出"他娘子镇日着皮子缠着哩"这句无聊的话。其实讲调皮话,搬弄一些文字,只要留心,并不很难。因此,读书人往往斗不过识字不多的人。如:

吴中人士好为滑稽。向有一年少庠士,吻流也。一日遇所善僧,戏曰:"秃子之'秃'若为写。"僧应声曰:"即秀才'秀'字掉转尾去。"士为屈服。(明沈德符《野获编补遗·嗤鄙·侮人自侮》)

庠士年少气盛,以为善僧好欺,以"秃"讥笑光头僧人,不料僧人立即回击,改"秀"字下部"乃"为"几","秀"变成"秃",巧妙地回答了问题。估计僧人经常碰到类似的刁难,早就熟知如何对付了。

明清间拆字游戏的体裁和技巧又有发展。对联是由律诗的对句演变而来,对联长短、句式等富于变化,饱学的儒士、粗通文墨的普通市民皆乐于此道,使对联的创作达到空前繁荣。这个阶段出现了一些精彩的拆字对联,构思精巧,妙趣横生的作品层出不穷。如:

王初以才名自诩。目中实无千古;至此,神气沮丧,徒有汗涔。桓谡而慰之曰:"适有一言,请席中属对焉:'王子身边,无有一点不似玉。'"众未措想,绿云应声曰:"黽(黾)翁头上,再着半夕即成龜(龟)。"(清蒲松龄《聊斋志异·仙人岛》)

"王"变作"玉",使用加法,"黽(黾)"变作"龜(龟)",加中有变化,"无有一点不似玉"与"再着半夕即成龟",表面看与上句文意贯通,措辞贴切,实际上又说明字形的变化,特别是"一点"与"半夕"十分准确。此对词法工

整而文意相对,为佳对典型。再如:

> 谢金圃(墉)、吴玉纶、德定圃(保)、沈云椒(初)典试,颇不满于众口,作对云:"谢金圃抽身便讨,吴玉纶倒口就吞,德定圃人傍呆立,沈云椒衣里藏刀。"双关拆字,巧不可阶。(清梁绍壬《两般秋雨盦随笔》卷一"科场对")

四句字面上是漫画式的人物描写,形象夸张滑稽,十分有趣,使用了熟悉的词组和短语,语言亲切。暗写拆字,抽出每人的姓、名、字作离合、加减、颠倒变化。形式和内容达到高度的统一。

拆字中有一种字貌法,根据字形相似物来引申发挥,常会产生意想不到的效果。这种办法也在拆字游戏中使用。如:

> 杨南峰为人聪刻,邻居有一铁匠,得财暴富,里中为之庆号,因请于杨。杨题之云"酉斋"。人咸不解,或问何出,答曰:"横看是个风箱,竖看是个铁墩。"(清褚人获《坚瓠七集·酉斋》)

铁匠发财,附庸风雅,请人起个号,结果受人作弄。"酉"字横置,像设拉手的风箱;直立,方方正正,厚实如打铁的铁墩。"酉斋"虽然是雅号,却反映的是铁匠的本色。

元明以来的拆白道字和以前有很大不同,它的欣赏和游戏的主体不是文人雅士,而是文化修养不高的市民阶层。如元关汉卿《救风尘》第一折:"俺孩儿拆白道字,顶真续麻,无般不晓,无般不会。"元戴善夫《玩江亭》:"拆牌道字,顶针续麻,无所不通。"说的是风尘女子;《水浒传》第六十一回:"拆白道字,顶真续麻,无有不能,无有不会。"说的是大户人家;《金瓶梅词话》第八十回:"他家中还有第五个娘子潘金莲,排行六姐,生得极标致,上画儿般人材,诗词歌赋、诸子百家、拆牌道字、双陆象棋无不通晓。"说的是家庭主妇;《红楼梦》第二十三回:"宝玉每日只和姊妹丫鬟一处,或读书,或写字,或弹琴下棋,作画吟诗,以至描鸾刺凤,斗草簪花,低吟浅唱,拆字猜枚,无所不至,倒也十分快意。"这说的是少爷、小姐。记载明代社会风貌的《如梦录·节令礼仪》说,元月初九日以后,"俱赴上方寺,携榼担酒,或塔左右,畅饮讴歌、打谜、猜枚、行令、拆牌道字、顶针续麻,丝竹管弦声盈耳"。可见这是一种全社会广泛参加的游戏活动。

这种拆白道字的游戏是什么呢? 这是一种内容简单、语言风趣的拆字游戏。宋代兴起的俗字学是它的直接源头。所谓俗字学是与经典文字学相区别的通俗文字学。它有很鲜明的特点。首先,参与者不是正统的文字学家,而是一般文人,甚至普通民众。其次,对字形和字义的理解,不必根据历史经典,而是自己的理解,最有代表性的是王安石的《字说》。王安石是有名的改革家,是敢作敢为的人,声称天变不足惧、人言不足畏、祖宗之法不足守,主张变风俗、立法度。在怀疑汉唐经学的同时,力主抛开传统字学另辟蹊径。他的《字说·自序》说:"其声之抑扬、开塞、合散、出入,其形之横纵、曲直、邪正、上下、内外、左右,皆有义。皆本自然,非人私智所能为也。"《进字说表》又说:"人声为言,述以为字。字虽圣人之所制,本实出于自然。"结果他根据自己的体会作《字说》二十卷,用会意法,多穿凿附会之说,不经之言。如"人为之谓伪""波者水之皮""坡为土皮""同田为富""诗为寺人之言"等。王安石的俗字学说有其社会基础,此后,随意解字成为风尚。

    金陵人喜解字,习以为俗。曰"同田为'富'""分贝为'贫'""大坐为'奎'"。(宋陈师道《后山谈丛》卷二)

"富"从宀、畐声,可以分解为"同田","贫"《说文》云:从贝分、分亦声,财分少也。故"分贝为贫"与本义合。"奎"本来就是民间俗字,"大坐为奎"并无不当。金陵人之解字,把一切字看为会意字,并以自己的意思分解,与文字的本义是否相合并不在乎。

    字亦有义,田家耕用亥日,盖亥日之地直上是天仓星,以建辰日祭灵星,以求农耕。灵星是天田星,在于辰位,故"農(农)"字从"辰"。陈后山云金陵人喜解字,以同田为"富",分贝为"贫"。(宋无名氏《读书偶见》)

明清时期,经典文字学由衰转盛,尤其有清一代,研究《说文解字》的名家辈出,成果赫赫,但是依然有人想当然地分析文字。如:

二人土上"坐",一月日边"明";半夜生"孩",子亥二时难定,两家择"配",即己酉二命相当,皆佳。又闻有云,人曾作"僧",人弗可作"佛";女卑为"婢",女又可为"奴"。亦可喜。(明陆容《菽园杂记》卷八)

古人制字,"富"从田,言富自田起也。"田"从一口,言有田之人,又贵食之者寡也。(明敖英《绿雪亭杂言》)

凡涉人为,皆是作伪,故"伪"字从人从为。凡人之一身,只是火候失调遍生病,故"病"字从丙,言火也。(明李诩《戒庵老人漫笔》卷七"伪病字解")

参元未子曰:病字从丙,丙火也。百病皆生于火。沂阳生曰:病字内丙固火,外二点从水,内火盛而外水微,且相间隔,则病,水火既济则无病。仙家火候火降,则水升,水火一也,偏之则二,二则争。"(明王文禄《医先》)

"利"字从禾,利莫甚于禾,劝勤耕也,从刀,害莫甚于刀,戒贪得也。春山云:"酒从水,言易溺也,从酉,酉属金,亦是兵象。"(清弇山草衣《幽梦续影》)

人曾作"僧",人弗可作"佛",女卑为"婢",女又可为"奴",有点拆字意味。"富",从宀畐声,抛弃了宋代金陵人的"同田为富"之说,把"畐"拆成"一口田",人少田多,所以"富自田起"。"伪"《说文》"诈也,从人伪声",改说"从人从为",引申为"凡是人为,皆是诈伪"。"病"《说文》"从疒丙声",《医先》不仅把"疒"分拆出从水的二点,还把表示读音的"丙"表示"火",然后纳入疾病的水火学说。"利",《说文》"从刀。和然后利,从和省"。俗说却解为得利最多是种田(禾事),所以"利"字含义是劝农。"酒"《说文》"从水、酉,酉亦声。"俗说从水从酉本合字理,但是从水,说"易溺",从"酉",说"兵象",从而酒性之凶险,则为附会。当然也有拆字拆对的,不过这实在是少数。

> 高皇微行,见一民妇饲猪,上微笑,内竖误以上悦此妇,及入宫,孝慈问驾所经,内竖述其事,孝慈以金帛赐其夫,取妇侍上。上屡目之曰:"此妇似曾见之。"孝慈曰:"即前日某街饲猪者,妾以圣情所悦,故令入侍。"上笑曰:"误矣!我见此妇饲猪,因悟古人制字之义,'家'字从'宀'从'豕'。言无豕不成家也。不觉有契在心,故笑,非为妇也。"
> (清褚人获《坚瓠六集》卷四"家字从豕")

家字从豕从宀,其结构自甲骨文以来没有大的变化,所以由猪就能体会古代家字的含义。但是这种机会实在太少了,望文生义的结果,总会背离文字的原义。

日本和中国一样使用汉字,拆字之风也东传日本。日本庆寿与中国基本相同,六十称还历,七十作古稀,但是也有自己的特色,这是拆字的结果。他们把七十七叫喜寿,因为草书的"喜"字"㐂"可以拆成"七十七"三字,七十七岁即是喜,故称。又把八十八叫米寿,"米"字拆开正是"八十八"三字。九十九又叫白寿,因为九十九岁是百岁少一岁,"百"字去掉上面一横,就是"白"字,而且高龄耄耋皓首,所以这种说法十分贴切。

俚俗游戏的拆白道字闻其言而少见其例,难闻其详。比较有名的例子出于《西厢记》:

> 高低远近都休论,我拆白道字辨与你个清浑。〔净云〕这小妮子省得甚么拆白道字,你拆与我听。〔红唱〕君瑞是个"肖"字这壁着个立人(俏),你是个木寸马户尸巾。〔净云〕木寸马户尸巾,你道我是个村驴

屑。(元王实甫《西厢记》第五本第三折)

红娘的拆白道字共有四个字,称张君瑞是"俏",称和尚是三个字"村驴屑",褒贬分明。不过她先拆白二句:"肖字这壁着个立人""木寸马户尸巾",然后道字,对和尚直呼"村驴屑",而对张君瑞引而不发。红娘的拆白道字并没有讲出深奥的道理,只是用她的智慧,使简单的文字变成生动的语句,增强了语言表达力,基本上是一种修辞手段。当然拆白道字并不都是这么单纯,不然就难以作为一种游戏活动。拆白道字往往与打谜、猜枚、行令、顶针续麻相提并论,可知它们的类型相似,都是二人或二人以上的游戏活动,需要参与者之间的相互配合和相互竞争。我们不妨看看类型最接近的顶针续麻是怎么进行的。

狄希陈说:"我不合你打虎,你哨起我来了!我合你顶针绩麻,顶不上来的一钟。"相于廷道:"这也好,你就先说。"狄希陈道:"你是客,你还先说。"相于廷道:"我就起'两好合一好。'"狄希陈道:"好教贤圣打。"相于廷说:"打翁骂婆。"狄希陈道:"胡诌!甚么'打翁骂婆',这是你杜撰的!何不说'打爷骂娘'?"相于廷道:"你没打爷骂娘,我为甚么屈说你?"狄希陈说:"不准,罚一钟,另说。"相于廷吃了一杯酒,另说道:"打了牙,肚里咽。"狄希陈道:"验实放行。"相于廷说:"念出路引来了!这不是那个'咽'字。该罚一杯。"狄希陈道:"咱说过也许续麻,音同字不同的,也算罢了。"相于廷道:"阿,咱就算了。我也说个'刑于寡妻'。"狄希陈道:"妻贤夫祸少。"相于廷道:"正是!哥知道就好讲话了。"(《醒世姻缘传》第五十八回)

拆白道字应当和顶针续麻相似,也是上下对接,分出优劣,输者罚酒。拆那些字是规定的,怎么拆、怎么说却是随意的,可以充分体现各人的修养和聪明。拆白道字是一种智慧的游戏。

第十三章 文字呈祥

第一节 吉祥文字由来

文字是语言的书写符号。人们热爱、崇拜表示吉祥的文字,如"吉""福""寿"等字,希望得到相应的幸福。

"吉"是吉祥之意。《易·系辞上》:"吉,无不利。"

"吉",四川忠县涂井卧马函五号蜀汉墓出土铜壶,外底铸"大吉"二字,阮元《积古斋钟鼎彝器款识》卷九收"大吉壶",底有"大吉"二字阳款。大吉,就是大吉利,万事顺畅,逢凶化吉。《易·家人》:"富家,大吉。"《后汉书·皇甫嵩》讹言"苍天已死,黄天当立,岁在甲子,天下大吉"。汉晋时期有"大吉羊"铜洗,阮元《积古斋钟鼎彝器款识》卷九纳"汉洗":"'大吉羊',右大吉羊洗铭三字。案'羊'为'祥'之省,铭旁有双蟾蜍双鱼形。"此洗现今常有出土,四川昭化宝轮镇23号南北朝墓曾出土"大吉羊"铜洗一件。郑州市博物馆收藏东汉陶瓶,肩部阴刻"大吉利"三字,两侧装饰鱼纹。有"吉"字组成的还有"大吉利""大吉昌"等。[①] 汉晋之"吉羊"即"吉祥"。此词一直流行到明清。清人竹枝词中《燕台口号》一百首之九:"'吉祥'字贴卖糕人,薏酒添来菊叶新。"原注:"卖重阳糕者,上贴'吉祥'二字。"[②]

"宜春",为新春吉祥的寓意。在立春日书写"宜春"二字张贴,这个风俗始于南北朝。南朝梁宗懔《荆楚岁时记》:"立春之日,悉剪彩为燕,戴之,

---

① 参阅陆锡兴主编《中国古代器物大词典》之《器皿》,河北教育出版社,2001年;邢宏玉《介绍一件东汉"大吉利"陶瓶》,《文物》1990年第3期。

② 清佚名《清代北京竹枝词》,北京古籍出版社。

帖'宜春'二字。"《辽史·礼制六》："立春，妇人进春书，刻青缯为帜，像龙御之，或为蟾蜍，书帜曰'宜春'。"元乔吉《小桃红》曲："土牛泥塑润滋滋，香写'宜春'字。"此"香写"可能是指别岁时焚香有香烟袅绕，像出"宜春"二字。清项维贞《燕台笔录》引《北京岁华记》："先除夕一日曰小除，人家置酒宴，往来交谒，曰别岁。焚香于户外，曰天香。凡三日止。帖'宜春'字。小女儿写'好'字。""宜春"字既可以写，也可以剪。唐崔道融《春闺》："欲剪'宜春'字，春寒入剪刀。""宜春"字原来贴在发髻上，后来也贴在门上，这个习惯直到晚清尚未消失。

同样，在马槽上贴上"平安"，可保马匹的安宁。

黑豆喂来料未匀，兽医治病药方新。"平安"两字当槽贴，烧买烧刀献马神。（清无名氏《燕台口号》九三）

吉祥之字，本有神力，如果有仙人书写，那就神奇非凡，做生意的可以立马致富。宋洪迈《夷坚志补·傅道人》记一事，有一个客人来喝酒，拿笔写了"利市和合"四个字，嘱咐说："贴于铺壁，获息当百倍。"后来店主才知道此人原来是仙翁吕洞宾。"乃贴四字于壁，生意日丰。"不过这种好事毕竟稀罕，一般的吉祥字只能是寄托良好的愿望罢了。

第二节　福　字

"福"字，甲骨文、金文的字形像两手捧尊于示前，反映商周先民对求福的理解。以酒敬神，求得到神保佑，因为福是神赐予的。诚恐诚惶，生怕不够诚心，则无缘于福。《左传·庄公十年》："小信未孚，神弗福也。"周代的吉金铭文中充满求神降福的祈望。如"降余鲁多福亡彊""永令多福""以降大福""天赐之福"等等。《说文》："福，佑也。"有了福，有了上天的保佑，就意味拥有一切。《礼记·祭统》："福者，备也。备者，百顺之名也，无所不顺者谓之备。"它包括长寿、健康、富贵、好德、善终,即《书·洪范》所谓"五福":"一曰寿,二曰富,三曰康宁,四曰攸好德,五曰考终命。"额济纳汉简 2000ES7S:11 有"吉得福事"。《晋书·天文志中》:"岁星曰东方春木""主福"。岁星即木星,引主福,称为福星。唐李商隐《无愁果有愁曲北齐歌》:"东有青龙西白虎,中含福星包世度。"明代的风俗画中,福星的拟人化神像经常和寿星、禄星一起出现。魏晋南北朝佛教在中原普及,佛教中因果报应的观念逐渐深入人心,佛教徒行善修德,供养布施,企求福报,如播种田亩,得收获之利,故有福田之说。晋道恒《释驳论》:"三尊为众生福田供养,自修己之功德耳。"佛教亦以福召唤,佛寺称福界,功德称福业,佛界称福海。信众礼天拜佛,以求福庇。无论佛、道,还是教外百姓,都以福为念,对福的向往,对幸福的渴望,凝固在它的特有符号"福"字里。把"福"字作为幸福的象征,崇拜它,不知始于何时,不过 1954 年在巴县冬笋坝战国后期到西汉初的巴人墓地中已有发现。这些墓葬中出土了许多吉利语印,印文如"富贵""万岁"等,37 号墓出土了一个"福"字篆文印。① 可以说,至少在西汉初期就有对"福"字的特殊感情了。

入宋以来,文字崇拜蔚然成风,"福"字所含的吉祥又使它光耀万丈,人们都希望在它的照耀下生活,充实自己的心田。许多人家请人书写一个大大的"福"字,悬挂在屋里,似乎越大越神,以至有二百幅纸大的"福"字。

> 政和二年,襄邑民因上元请紫姑神为戏。既书纸间,其字径丈。或问之曰:"汝能更大书否?"即书曰:"请连粘襄表二百幅,当为作一'福'字。"或曰:"纸易耳,安得许大笔也!"曰:"请用麻皮十斤缚作,令径二尺许,墨浆以大器贮,备濡染也。"诸好事因集纸笔,就一富人麦场,铺展聚观。神至,书云:"请一人系笔于项。"其人不觉身之腾踔,往来场间,须臾字成,端丽如颜书。复取小笔书于纸角,云:"持往宣德门卖钱五百贯文"。(宋何薳《春渚纪闻》卷四"紫姑大书字")

---

① 沈仲常、王家佑《记四川冬笋坝出土的古印及古货币》,《考古通讯》1955 年第 6 期。

紫姑是乩仙，前文已介绍过，世俗认为她能通神，由她写"福"字会更加神奇。因为她经常书写"福"字，练出了一手好字，她把二百幅大的"福"字一挥而就，并不奇怪。城门口是交通要道，人来人往，是贸易的黄金宝地，《清明上河图》的繁荣市场就在这个地方。说宣德门是一个热闹的市场，大致不会错，而"五百贯"巨款，估计有市场的依据，不是乱开价。

字大福大，幻想就大，甚至梦想神人捧着个"福"字降临，使幸福突然到来。

  一夕，梦大神金甲煌煌，仪矩甚伟，持黑牌入室，其上唯书一"福"字，挂于壁。初时绝明白，须臾隐灭，与牌俱黑，遂悟。意以神造"福"字为嘉祥。（宋洪迈《夷坚支志戊·朱南功》）

宋代起"福"字也出现在平民的生活用具上。1983年调查了浙江金华铁店瓷窑遗址，有三座生产类似钧窑产品，其中三足鼓钉洗，装饰兽头和兽足，内外施满釉，有一件内底有图记戳印，在同心圆两圈内有一阴文"福"字。这种戳印是可以大量复制的，所以当时肯定生产了不少"福"字器皿。① 蒙古人入主中原，把八思巴字母带来了。故宫博物院藏的元代八思巴字印中有不少吉祥语印，其中有"福"字、"福寿"字，它钤于信函，对收信人表示祝福。② 江西湖田窑遗址发现的明代青花瓷器碗，盘内心常用青料书写"福""寿"等字。③ 民间的风俗渐渐进入社会上层，进入了皇宫。明无名氏《天水冰山录》记有"金福字壶一把"，定陵出土了中心书"福"字的银盘，皆可证明这一点。

"福"字从堂屋走到大门，这几步之遥，花费了多少年，难以估算。是否

---

① 贡昌《浙江金华铁店村瓷窑的调查》，《文物》1984年第12期。
② 叶其峰《故宫藏元八思巴字印及相关问题》，《文物》1978年第10期。
③ 徐长青、李放、肖发标、杨军《江西湖田窑址H区发掘简报》，《考古》2000年第12期。

因为堂内要挂书画对联,把它挤出大门?还是新年纳吉,新的流行?不管如何,在门上贴"福"字的风俗明代已经形成。曾经有一个可怕的传说:

清褚人获《坚瓠六集》载,朱元璋得天下,建都金陵,一次在上元节晚外出微行。当时流行隐语,相互出题解答以为戏乐。有一个谜是一张画,画一个女子赤脚抱了个大西瓜,看的人都哈哈大笑,引起了朱元璋的注意,一问说是嘲笑淮西妇人好大脚。朱的马皇后正是淮西人,明白这是在讥讽自己。于是下了狠心,让手下在那些安分的人家门上贴个"福"字,与那些参与猜谜的人区分开。到了第二天召集军士,专杀那些没有贴"福"字的人家。为了避祸,一到除夕,家家在门上贴"福"字,相沿成为习惯。这个传说是否可信,不必深究,总之明代民间贴"福"字已经非常流行,到腊月书写"福"字,到新年同春联一起张贴于门上,成为新春的新景象。

清代虽然是满人当了皇帝,但他们不但不排斥汉人的喜尚,反而发扬光大。他们喜爱汉字,对"福"字的崇拜十分认真,历代皇帝书写了大量的"福"字,皇宫和官邸,都能见到闪着金光的"福"字。

皇帝书"福"字始于康熙帝,雍正帝每年腊月底开笔书"福"字,成为成例,乾隆二年(1737年)确定于腊月初一日,皇帝于重华宫漱芳斋开笔书"福",有时也写些吉祥语春联。清代把皇帝写"福"字看得十分神秘,好像一张"福"字真的可以使人得福。康熙帝用来书"福"字的笔被奉为吉祥法物,笔端镌刻端楷填金四字"赐福苍生",棕毫,此笔代代相传,历代的皇帝每年都用这支笔写第一个"福"字。"以康熙年间'赐福苍生'笔,书'福'字斗方十幅,则用以张贴宫廷,从不颁赐臣下"。(清陈康祺《燕下乡脞录》卷八)写"福"字用的绢,涂以丹砂,绘以金龙。乾隆帝在阐福寺建成后,开笔书"福"之前,必到寺拈香敬佛。后来的皇帝也踵行此法,十二月朔皇帝开笔书"福"字。皇帝所书"福"字有两个用途,一是在宫殿、园囿各处张贴。据载,宫中贴"福"字的地方有成例,如乾清宫屏风上贴"福"字一张。一是赐予臣子,内外臣僚官至二品及内廷供奉可得赐"福"字。乾隆年间,安南国王阮光平、缅甸国王孟陨得赐"福"字,属于特例。"书福颁赐"有一套预定的程式。首先,由奏事处把受赐"福""寿"的王公大臣及内廷翰林等人的姓名签呈上,经皇帝朱笔圈定,分日颁赐。如果恰逢外省提督、巡抚有奏函报来,也可能得到恩赐"福"字。书"福"之日,皇帝升座重华宫或乾清宫,再书写"福"字,领赐人一直在乾清门阶下肃立等候,待皇帝书写完毕,进至御案前跪接,瞻御书毕,叩首谢恩,由二太监恭捧前行,随之而出。道光以前,直省文武大臣,得赏"福"字时,并赏鹿肉,寄寓"福""禄"之义。乾隆六次南巡,驻跸扬州,写"福"字颁赐地方官员、士绅等,受赐者装龙匾,悬挂厅堂,称之"福"字厅,感到无上荣耀。

"福""寿"相关,两字联用至少在宋代就出现了。重庆井口二号宋墓的藻井顶盖上有文字,一为"延长"、一为"福寿",字体为行楷,凸雕。① 元顺帝至元二年(1336年)朝廷禁止服"万寿""福寿"字服装(《元史·顺帝纪二》)。明无名氏《天水冰山录》记玉器有"玉福寿字金锁壶"。清代皇帝每以"福""寿"颁赐大臣,康熙四十四年(1705年),南巡苏州,见巡抚宋荦年逾古稀,而步履健壮,特赐"福寿"大字,后左右大臣也常被赐予"福寿"大字。明定陵出土的交领夹龙袍由"喜""寿"大字与"万""福"小字组成万寿福喜的图案。

皇帝书"福""寿"还要赏赐给皇后、嫔妃、阿哥、公主等人,也由太监把名单进呈,皇帝裁定。每年要写的"福""寿"很多,皇帝就指定南书房的翰林书写,这些受命而作的"福""寿"字也达一百多张。皇帝赐"福"字给臣子,是恩典,也是一种奖掖。雍正皇帝就此发表过一通言论:"年来冬月封印之后,政务略有余闲,朕手书'福'字,赐内外大臣,诸臣奏谢皆称受朕赐福之恩。此世俗之言,非正理也。朕何以福赐诸臣哉?不但朕也,即上天亦岂能以福赐诸臣哉?""朕之每年颁赐'福'字者,盖欲诸臣触目惊心,时时存获福之心,行可以获福之事"。(《雍正实录》卷五一)看来皇帝和大臣们都明白"福"字并不可能真的获福,只是一种恩荣象征而已。②

有些官员照例年年可得赐"福"字,历年积累,一家会有多张"福"字,对此,都毕恭毕敬地妥帖安置。钱塘人王文庄,乾隆乙丑一甲第三人及第,内

---

① 重庆市博物馆历史组《重庆井口宋墓清理简报》,《文物》1961年第11期。
② 左步青《书"福"颁赐》,《故宫博物院院刊》1981年第1期。

直二十四年,每年除夕得恩赐"福"字一幅,共积二十四幅,后来重新装潢,全部悬挂起来,满满一堂,称为"二十四福堂"。儿子担心起来,说:"此后拜赐,何以置之?"王文庄说:"别置一轩,名为余福。"次年春天他死了,否则真要另找房放"福"字了。①

图 13 - 1　彭蕴章题"福寿"碑

那些大官在节庆之日,也要向皇帝恭祝福寿,贡献礼物之外,也要进呈书法作品。不过这些墨迹很少遗留下来。苏州文庙现在尚存一碑,是咸丰二年(1852 年)十二月所立,下面落款"臣彭蕴章",中间顶天立地行楷书"福寿"两字(图 13 - 1)。彭为江苏长洲(今苏州)人,1851 年任军机大臣上行走。估计他就在此时写的这两个字,后来摹刻上石。

"百福",比喻福多。《诗·大雅·假乐》:"千禄百福,子孙千亿。"江苏盱眙沙岗西晋墓,墓砖模印直行横向正体,一侧"太康九年(288 年)五月□卯朔十二日丁丑作甓",另一侧"大吉祥,百福昌"。②《天水冰山录》记录有"金福字壶一把""金百福字壶一把",明代用"福"字、"百福"字装饰器具。

"万福"的说法,在《诗经》中多见,如《诗·小雅·蓼萧》:"和鸾雝雝,万福攸同。"又《诗·小雅·桑扈》:"兕觥其觩,旨酒思柔。匪傲匪傲,万福来求。"《汉书·王莽传下》礼曰:"承天之庆,万福无疆。""万福"是多福的意思。《南齐书·祥瑞志》:永明九年,"曲阿县民黄庆宅左有园,园东南广袤四丈,每种菜辄鲜异,虽加采拔,随复更生。夜中恒有白光,皎质属天,状似县绢,私疑非常。请师卜候,道士傅德占使掘之,深三尺,获玉印一钮,文曰'长承万福'。"首见"万福"进入印文,得广以传布。

---

① 清陈康祺《郎潜纪闻初笔》卷九、清吴长元《宸垣识略·知馀》。
② 秦士芝《盱眙发现一批西晋墓砖》,载《文物资料丛刊》(8),文物出版社,1983 年。

通榆兴隆山清代公主墓发现金蝙蝠寿字饰,由两只蝙蝠和一个"寿"字组合,蝙蝠谐音"福",合"寿"字组成"福寿"(图13-2)。①

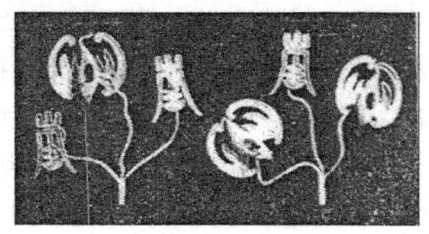

图13-2 "福寿"字饰

多福就是福大,洪福就是大福,定陵内出土织金妆花纱女夹衣的"齐天洪福"绣补,"齐天"即与天等高,"齐天洪福"等于是天般大的福气(图13-3),这种只有帝王才能夸口。

图13-3 "齐天洪福"绣补

广元元坝区樟树村明墓石棺床盖上镂空"福海"二字,与"寿山"对应(图13-4)。"福海"是美术字,"福"字中的"口"画作一个铜钱,告诉后人一个真理:有了钱才有福。"福海"比喻福气如大海,无比宽广。那想必是拥万贯家私的富裕人家了。②

有生命才能消受福气,万福、百福、福天福海再好,命短就没有意义。因而,福一定要与寿紧密结合,古人明白这个道理,在铜镜背面就铸有"福寿双

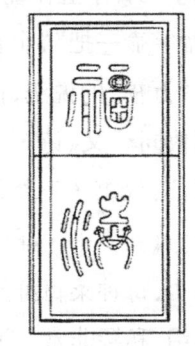

图13-4 "福海"石刻

---

① 张英《吉林通榆兴隆山清代公主墓》,《文物》1984年第11期。
② 陈卫东、张德如、祁振甫、韩海鸥等《广元市元坝区樟树村明墓发掘简报》,《四川文物》2014年第1期。

全"(图13-5),经常念诵,祈求遂愿。十堰市博物馆就藏有这样一面明代铜镜。①

图13-5 "福寿双全"铜镜　　图13-6 "福寿"字装饰物

"福寿"是有福有寿,是"福寿双全"的简称,这两字的装饰非常广泛。上海宛平南路明墓的"福寿"装饰物,四周有流云纹回护(图13-6),可惜不知用于何处。②

第三节　喜　字

《说文》:"喜,乐也。"喜,是快乐、喜悦的意思。

《南史·齐本纪下》萧昭业"矫情诈饰,阴怀鄙慝",父死,立为皇太孙。及武帝萧赜患病,为早就帝位,令女巫杨氏日夜祈祷,让武帝早死。他给妻何氏书,"于纸中作一大'喜'字,作小'喜'三十六字绕之"。他写了这么多的"喜"字表达无限兴奋的心情,可是这个郁林王,即位不久就死于非命。不过单独用"喜"字表示喜庆,是史载第一人。

广东汕头市郊金砂沙丘中出土了明代沉船的遗物,有五件"大明成化

---

① 龚德亮、杨海莉《十堰市博物馆藏铜镜》,《江汉考古》2009年第4期。
② 上海市文物管理委员会《上海明墓》,文物出版社,2009年。

年制"的青花碗,碗的外腹写了三个"喜"字,下面绘一支花卉衬托。①

"喜"字见于装饰用具,要比"寿""乐"晚,不过到了明代人们忽然对"喜"字热起来了。明代万历帝定陵皇后的服饰,有刺绣"万寿""福"和"喜"的龙袍,十分显眼,"喜"字竟然比"福"还大,是主人看重此字的表示(图13-8)。

两个"喜"字合成一个"囍"字可能要到清代才出现,明代只是分开的两个"喜"字。定陵中的白玉镶宝石"双喜"耳坠,由蝴蝶托着一个"喜"字,用透雕刻出"喜"字,十分难得(图13-7),证明明代"双喜"已经形成一个概念,并且充实到生活中,增加喜庆气氛,是表示新婚,比喻夫妻恩爱,还是一般含义,尚不得而知。

 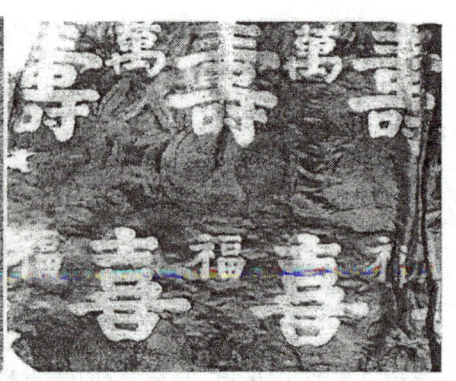

图13-7 双喜白玉耳坠　　图13-8 "万寿福喜"龙袍刺绣

"喜生贵子"铜镜,是明代的日用品(图13-9)。② 生儿育女,繁衍后代,子孙绵绵,当然是人生大喜事,不过只是一喜,应该四喜才算圆满。"喜生贵子"是关涉后代之事,而四喜却只图自身。宋代邵雍(1011—1077),字尧夫,谥号康节,自号安乐先生,为著名哲学家。他提出"四喜":"一喜长年为寿域;二喜丰年为乐国;三喜清闲为福德;四喜安康为福力。"(《击壤集》卷十)总结起来是,健康长寿、丰年、清闲和安康,这是平静安宁的生活境

---

① 曾广亿《广东珠海、汕头出土的元、明瓷器》,《文物》1974年第10期。
② 龚德亮、杨海莉《十堰市博物馆藏铜镜》,《江汉考古》2009年第4期。

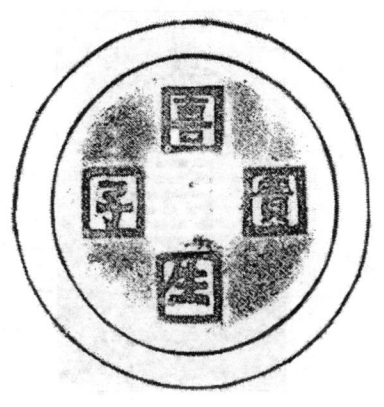 

图 13-9 "喜生贵子"铜镜　　　　图 13-10 "四喜"铜镜

况。后代人希冀大富大贵,又流行新"四喜",《四喜》诗解释了内容:"久旱逢甘雨,他乡遇故知。洞房花烛夜,金榜题名时。"风调雨顺、老友相遇、夫妻美满、仕途通畅,人生之美,几乎全备了。笔者看"四喜"可以各说各的,美好愿望都可以收纳进去。"四喜"装饰生活大概到清代才流行起来。康熙的《万寿盛典初集》卷五十四记录,十四贝子进献之物有:万寿围屏、万寿双喜鼎、双喜祝寿玉杯、四喜汉铜炉。四个"喜"字的"四喜"镜在清代十分受人喜爱,至今流传民间不在少数,图示"四喜"铜镜就是笔者的收藏(图13-10)。

清代"喜"字作图案成为新婚女性的装饰素材。《清稗类钞·婚姻类·满蒙汉八旗婚嫁》:"新妇易衣,其饰,富贵者有钿子。以珠翠扎成发饰。喜花。"什么叫喜花呢？喜花就是用红绒制成"喜"字或者"福"字,"喜"字多与喜庆有关,直接显示出新婚的气氛,是婚礼的标志。扬州是绒花的主要产地,直到现代还是如此,这种喜花可能就是扬州的产品。

多个"喜"字组合成为图案字,两个"喜"字并联成为"囍",是表示喜上加喜、双喜临门的意思,明清时期常见,多用于婚礼场合(图13-11、12)。清代同治皇帝冲龄即位,喜写吉祥文字,除了常见的"福""寿"字外,也写民间的"囍"字,将"福""寿""囍"赐与臣下或者在宫中张贴。成都水井街酒坊遗址出土了双喜字的瓷碗,外腹装饰了三个"囍"字,不过这是近现代地

图 13-11　清代"囍"字镜　　图 13-12　温州楠溪江畔古民居的"囍"字窗层中的遗物。①

第四节　寿　字

　　寿,年寿,年寿长久。所以《说文》云"久也"。人生在世,都希望长寿。在先秦的钟鼎铭文中"寿"字出现率是非常高的,如"寿考万年""眉寿无疆""眉寿万年""万年寿眉""寿眉万年无疆""永寿""万年眉寿",都有长久永恒的意思。但是,提到寿,一般是长寿。《书·洪范》"一曰寿",孔颖达疏:"年得长也。"《论语·雍也》"仁者寿"。祈求长寿就简称"寿",如《史记·高祖本纪》中"高祖捧玉觞,起为太上皇寿",即祝太上皇长寿。长寿是古人梦寐以求的理想,如《诗·小雅·田保》"如南山之寿"。

　　寿星也叫老人星。《史记·天官书》:"狼比地有大星,曰南极老人。老人见,治安;不见,兵起。"张守节《正义》:"老人一星,在弧南,一曰南极,为人主占寿命延长之应。"《史记·封禅书》:"于杜亳有三社主之祠、寿星祠。"

---

① 陈剑、李明斌、范桂杰《四川成都水井街酒坊遗址发掘简报》,《文物》2000年第3期。

司马贞《索隐》:"寿星,盖南极老人星也,见则天下理安,故祠之以祈福寿。"《晋书·天文志》:老人一星,"见则治平,主寿昌"。至晚在干宝的《搜神记》中把寿星描绘成一个拟人化的形象。在唐宋时期产生了寿星的神像,现在常见的寿星像基本是明代的造型,白胡须,秃顶,高额头上有三道皱纹,身材矮小,和蔼可亲。

福建崇安有闽越汉城,其北岗二号建筑遗址出土了戳印在板瓦上的"寿"字,字形规整,为长方形篆文。

蠡县吾侯家族墓地的一座东汉中期墓葬,出土了铜缕石衣等物,还采集到带有刻铭的三块砖,其中有一块"贵人大寿",八分书,刻写得舒展流畅。①

新疆尉犁 15 号墓一座东汉中晚期的墓葬中发现了一片织锦,土黄色地,浅棕、藏蓝色显花,图案以卷曲枝藤纹为主,中间填织瑞兽、立禽、团花,还有"寿"字、"右"字。"寿"字为篆体,随着图案的变化反复出现。此墓地处西域,在丝绸之路"楼兰"道的要冲,墓主可能是来自西方从事贸易的富商,他的外袍纹样有浓厚的希腊艺术风格,棺外覆盖有异域特色的狮子纹毯。可见,吉祥"寿"字已经流传到西域,甚至到更远的欧洲去了。②

到宋代,"寿"字已经成为祈求长命的象征。江西德安发现的咸淳十年(1240 年)的周氏墓内有一件银质帔坠(原报告误认为香熏),长 7.6 厘米、宽 5.3 厘米,镂空竹叶纹,上方有一个"寿"字。③

> 学作大字,为市井写匾额。薄游抵长沙,适张魏公居彼,愿见无因,稍扫隶人之门,以希一眄。值其诞日,宿造厅事,以红粉书"寿"字于地,广长二尺许。(宋洪迈《夷坚支志甲·戴之邵梦》)

---

① 文启明《蠡县汉墓发掘记要》,《文物》1983 年第 6 期。
② 周金玲、李文瑛、尼加提·哈斯也提《新疆尉犁县营盘墓地 15 号墓发掘简报》,《文物》1999 年第 1 期。
③ 李科友、周迪人、于少先《江西德安南宋周氏墓清理简报》,《文物》1990 年第 9 期。

明代"寿"字装饰形成风尚,明无名氏《天水冰山录》中金银玉器皿中不乏此类,有"寿字八宝盘""寿字耳杯""寿字桃杯""寿字仙鹤盘""寿字盏",考古发掘中也有实物发现,如湖南通道南明窖藏银蔡花寿字盘、广西兴安猫儿山正德年款寿字银盏(图13-13)。

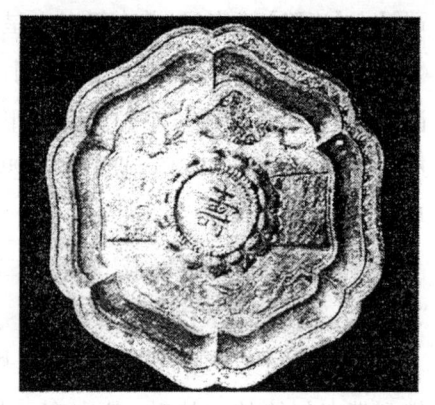

图13-13　湖南通道南明窖藏寿字银盘

同宋代一样,"寿"字也用于服饰,不过使用要大大地超过前代。《金瓶梅词话》第十回说到西门庆送给潘金莲一对寿字簪,"番石青填地、金玲珑寿字簪儿,乃御前所制,宫里出来的"。在明万历帝的定陵中确也出土了这类寿字簪。上海浦东陆家嘴的著名文学家陆深墓中有一件金镶寿字玉冠饰。寿字镂空,为工楷,字前按金天神一尊。① 在万历帝定陵的皇后棺中有白玉镶宝石"寿"字簪、白玉镶宝石"万寿"字簪(图13-14)。清代"寿"字愈加流行,传世清代寿字花簪,细链下挂豆荚,子实饱满,象征子孙满堂(图13-14)。吉林榆树上台子晚清墓内银"寿"字簪,就是一个真书大"寿"字,简洁直率(图13-14)。② 变形"寿"字纹在清代十分流行,高级织物尤以"寿"字为织纹,变化无穷(图13-16、17)。

百寿图

"壽(寿)"字的变化是汉字中最多的。字形长的叫长寿,长生不老;字形圆的叫圆寿,也叫团寿,象征无疾而终。字体有楷体、宋体、篆体、蝌蚪文、各种花体等等,可以说变化无穷。北宋英宗永厚下宫出土的铜雕花饰上已有后世常见的花纹体"寿"字(图13-15)。

百寿图是由一个大"寿"字,加上100个小"寿"字组成,小"寿"字要采

---

① 王正书《上海浦东明陆氏墓记述》,《考古》1985年第6期。
② 李东、解峰、王新胜《吉林省榆树市上台子墓群发掘报告》,《北方文物》2010年第1期。

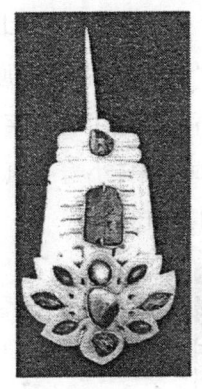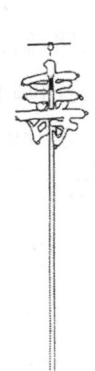

图 13-14　各种"寿"字簪饰

图 13-15　宋永厚陵铜雕花饰"寿"字

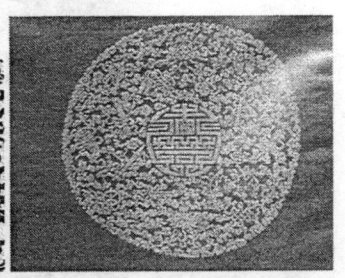

图 13-16　南京博物院藏清代团龙寿字库金缎

图 13-17　南京博物院藏清代大红织金万寿织金缎

用各种字体。百寿图起源很早,现在有百寿图的宋代石刻(图 13-18)。

百寿镇位于桂林西南永福县,全镇溪河交错,古树荫翳。聚居了汉、壮、瑶、回、侗、苗、满、仫佬族等多个民族。这里地名就"福""寿"双全。镇东北宁寿山脚下"百寿岩"内,有闻名中外的石刻"百寿图"。"百寿图"高175厘米、宽148厘米,相传宋代永宁知县史渭雇工匠,在岩内石壁上刻了大寿字,并请县内百名长寿老人各写一小寿字镶刻在大寿字笔画之中,小寿字真、草、八分、行、篆各体具备,小寿字旁还注明文体出处(图13-18)。①

图13-18 石刻"百寿图"

明代朱国祯详细记载了一轴的百体小"寿"字组成大"寿"字,与桂林永福的百寿图相似。

> 大"寿"字一轴,御史张敉之家藏者。张始祖曰子成,赘周景端氏,景端无子,尽产遗之,此亦其一。自子成传六世至敉,书画多蠹腐,此贮神龛中,得独完,取而装潢之。字崇四尺有七寸,广杀其寸之六,楷体黑文,其点画中皆小"寿"字,白文,一一作别体,满百无一同者。自庖牺

---

① 曹谋健《百寿图》,《中国文物报》1999.1.13;刘昆、田呢撰文/摄影《古镇永福百寿全》,《光明日报》2013.6.16。

成八卦,颉皇创六文,而字书浸繁。……盖书之作,比类象形而成文,物类无穷,则文字亦无穷也,奚啻百体哉!今"寿"字百体,多晚出而鲜古传,然非精书者不能为,考其间时有疏缪,盖传摹之本。然大字宏壮若楼阁,小字精微如刻镂,而一字百体,世所稀见,足以耸奇观、资博识,亦可谓难得者。(明朱国祯《涌幢小品·百寿》)

作者是明代万历年间进士,如果以这个时间上推六世,这幅画的制作时间当在明代前期。不过有关百寿图,还有更早的记载。清代钱曾《读书敏求记》云:《百寿字图》一卷,绍定巳丑,静江令史渭刻于夫子岩,正德丁卯,昆明赵璧又得二十四体,编成一书。俞樾云:"绍定,宋理宗年号,今世流传《百寿图》,未知即此否?"(清俞樾《茶香室丛抄》卷九)可见南宋绍定年间的《百寿字图》已经流行。但是目前见到的实物比较晚。明定陵出土了许多"寿"字的装饰物,多达几十种,有衣服的纹样,也有头饰,几乎被"寿"字包围,这些"寿"字各个不同的字形最引人注意。如织金罗立领女衣和织锦妆花缎方领女夹衣都是楷体,肥瘦风格不同,织金妆花绸方领女夹衣是方笔等粗的黑体,绿改机圆领女夹衣和暗花罗方领女衣绣云龙方补都是宝塔行古文,但结构不同,织金缎缂丝八团龙圆领夹龙袍万寿纹的"寿"字为葫芦形。

现在的古建筑上尚可见到清代遗留下来的百寿图,笔者到山西平遥考察,见到民宅中光绪年间建造的百寿字照墙,字迹工整端庄,保存基本完好(图13-19)。砖雕比起墨书,建造的难度更高,这是民俗文字的珍贵历史遗存。

内蒙古巴林右旗博物馆藏清代百寿图玉碗。玉碗用青玉制作,通高6.6厘米、口径12.2厘米。外壁口沿处刻有卍字连接的图案,外壁腹底为莲瓣纹,中部细刻108个篆书"寿"字。分三行排列,每行36字。内壁口沿处刻有48个"福"字。"福""寿"字都是阴刻,尚见错金的痕迹(图13-20)。"寿"字形体可以分为三类:一类婉转通畅,轻盈优美;一类回曲折叠,方正厚实;还有一类是鸟虫书,结构奇特。此件百寿图玉碗可能是固伦淑惠

图 13-19　平遥民宅百寿字照墙

公主从清宫中带出的。此公主是清太宗皇太极的第五女，顺治五年(1648年)下嫁巴林右翼旗扎萨克辅国公色布腾。康熙二十四年(1685年)回京

图 13-20　玉碗上的百寿字

探母病，公主死后，康熙三谏祭文，把她的遗体送归巴林右旗安葬。近二百年来，公主的不少遗物流入民间，这个玉碗可能就是其中之一。如果这个推测正确，这就是清代初期百寿图的真实书法。俞樾曾经收集古印的"寿"字，凑成百体，作百寿文，用西法照相印刷复制，流行沪上。

万寿图

"万寿"意为寿之永久，是长寿的祝福之词。它流行得很早，《诗·豳风·七月》"称彼兕觥，万寿无疆"，《诗·小雅·南山有台》"乐只君子，万寿无期"，句中都有"万寿"一词。后来皇帝的生日称为万寿节，但是"万寿"一词臣民依然可以使用。宋孔平仲《孔氏杂说》卷二四："上父母寿，可称

'万寿'。"元至元二年(1336年)朝廷下令禁止服"福寿"字,同时也禁止服装上装饰"万寿"字,这样它就成为帝王专用的装饰文字了。自从明初洪武年间制定万寿节庆典礼制之后,明清两代都遵此照办。万寿节的贡品是丰富多彩的,因为是祝寿,其中带有福寿题材的物品最多、最有特色。象征寿的图案有松、鹤、桃、九老图、群仙祝寿图等,更直接的是"寿"字组成的图案。景德镇御器厂是专烧宫廷用品的瓷窑。乾隆年间,在万寿贡物中有"洋彩万福万寿葫芦转璇瓶""洋彩万福万寿玲珑香筒"等。表示"万寿"大致有两种办法:一种是"寿"字加"万"字合成"万寿"。如定陵出土黄改机女夹衣纹样在桃子纹中有同样大小的一排"万"一排"寿"字,黄绸女丝绵袄纹样葫芦中竖写"万寿"二字,镶宝石金簪上有白玉"万寿"二字。

"卍"(也写作"卐")字加上"寿"字,自然成了"万寿"。如明定陵出土的织金缎缂丝八团龙圆领夹龙袍由"卐"字和"寿"字组成;绿改机女夹衣纹样由小"卐"字夹大"寿"字组成;织金妆花绸方领女夹衣纹样由"卍"字和"寿"字组成;缂丝十二章如意衮服上每个"寿"字上有一个小"卐"字;云纹罗圆领龙袍料绣柿蒂龙襕纹样中龙头上有一个大"寿"字,两侧各有一个小"卐"字;暗花罗方领女衣绣云龙方补纹中"卐""卍"二字下有一个"寿"字。① 故宫藏清代"洋彩万福万寿玲珑香筒"就是在镂空部位用金彩写一百个"寿"字,口、足处有蓝地"卍"字,又画了五只蝙蝠,作为福的象征。另一种是实当实地写上一万个"寿"字,为康熙皇帝寿辰特意烧制的青花万寿字大瓶,高77厘米,在瓶体的口沿、腹部、足部、颈部等处,用青花满满地写了一万个"寿"字。这些"寿"字纵横成列,随瓶体的凹凸有大小长短的变化,每个"寿"字形体各异。②

清吴振棫《养吉斋丛录》卷二五:康熙四十二年,群臣祝万寿,进庆祝万寿屏。这个屏风,应为木质雕刻工艺品。南京博物院藏有清代大红万寿字

---

① 中国社会科学院考古研究所、定陵博物馆、北京市文物工作队《定陵》,文物出版社,1990年。

② 刘伟《清代万寿节贡瓷浅议》,《故宫博物院院刊》2001年第1期。

织金缎,匹料密密麻麻的"寿"字,应该是万寿字的图案。

明清间刮起了书写大幅"寿"字之风,人们把大"寿"字作为祝寿的礼品赠送,很受欢迎。书写大"寿"字,需要大斗笔,运用腰力,比小字费力,善于此道者相互攀比,越写越大,甚至大到以丈计。

> 国朝王培荀《听雨楼随笔》云:雪衰道人,不知何许人,遨游吾淄,能写大字,径丈,小亦径二三尺。青州衡王诞日,道人于南山磨崖书大"寿"字,刻成,横画间可卧一人,至今如故。不知其何以书也。大字石刻,余多见之。传为万历时人,或以为仙。(清俞樾《茶香室三抄》"雪衰道人大寿字")

大"寿"字有两个特别之处。一是采用一笔书,一笔书笔画曲折连绵,笔不离纸,技法是狂草中来,道教符书也常常用之,"寿"字用一笔书,用意很明确,连绵不断以象征长寿。现在从考古实物看,一笔书最早出现在元代。扬州宋大城北门水门遗址考古出土一件高足青花瓷杯,内壁底书"寿"字,右向左逆入,从上到下,一笔写成,是一笔书"寿"字(图13-21)。① 明代嘉靖年间剔红盒上的"福""寿""禄"一笔书,字的上端生出竹、松、梅,根部盘在姜牙上,深入海水之中(图13-22)。② 这三字的一笔书更加夸张。由此可见,元明时期的一笔书有特别的含义,用来写"寿"字是一个惯例。

二是为了增加大"寿"字的内涵,把多个字组合在一个"寿"字内,这种道教色彩的写法大概在明代开始。吉安临江窑是吉州窑系的大窑场,在五代开始烧制瓷器,仿龙泉磁烧造始于元代,明初成功仿烧青花瓷。在明代窑址出土的瓷器的装饰纹样丰富,龙泉釉的青瓷盘上有"寿"字,字内由"长""命""富""贵"四字组成(图13-23)。稍晚的青花器皿上纹样品类更多,

---

① 汪勃、刘涛、印志华、池军《江苏扬州宋大城北门水门遗址发掘简报》,《考古》2005年第12期。

② 李久芳《明代漆器的时代特征及重要成就》,《故宫博物院院刊》1992年第3期。

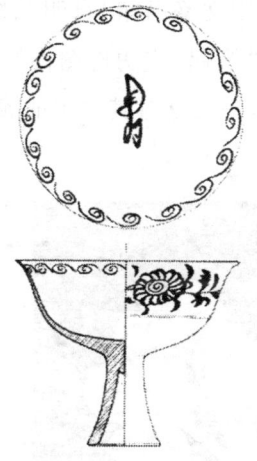

图 13-21　元代寿字高足杯　　图 13-22　松竹梅福禄寿剔红漆盒

吉祥文字有"正、福、寿、长命富贵、万福攸同、天下太平"等。① 文人书写"寿"字,不仅写进了组合的字,还常用一笔书书法,一字的笔画连绵不断。但因笔头蓄墨有限,往往墨水不济,笔画会出现断续飞白,显得苍老遒劲,犹如不老松。结果此类飞白"寿"字的写法成为一种特有的风格。

图 13-23　"长命富贵"青瓷盘

浙江淳安海瑞祠前有块大碑,上面苍劲有力的大字是"母寿七十"组合起来的草书,相传是海瑞为母亲七十大寿祝寿所书(图 13-24)。现在陈列在外的是翻刻石碑,比较清晰,也不失真。

西安碑林第五室有草书"寿"字碑,高 175 厘米,宽 93 厘米,内有"九十九、廿一"五字,同治三年(1864 年)马德昭书(图 13-25)。此碑左下侧有行草书题跋三行:"余幼读《尚书·洪范篇》,五福一曰寿,知福之集,以寿永也。甲子春,见旧迹有以'九十九、廿一'合为寿字,得花甲重周意。因仿其形似,以镌诸石。虽点画不工,其知绛县纪年之意,或庶几乎。"上款"同治

---

① 余家栋、王上海、张文江、杨军等《江西吉安市临江窑遗址》,《考古学报》1995 年第 2 期。

甲子仲春",下款为"西蜀马德昭书"。钤宽边阳文篆书印"自明",阴文印"马德昭印"。上端正中钤朱文篆书椭圆形章"钦赐'安勇巴图鲁'",边饰以龙纹。"安勇巴图鲁"是皇帝赐予马德昭的名号,是对其多年征战疆场、守护古都、屡立战功的肯定与嘉奖。①

图 13-24 "母寿七十"寿字　　图 13-25 "九十九、廿一"寿字

此"寿"字自上而下由"九十九、廿一"五字叠加而成,数字相加为一百二十,取花甲重周之意,寓意长寿。但是这个合体"寿"字不是马德昭创意。至于原作的字形如何,书法如何,何人所书,有待考证。此类"寿"字在名胜景点常可见之,如东坡赤壁有类似的"寿"字。

清代的皇帝也在腊月写"寿"字赐与大臣,但是,非到二品、年过七十是得不到赏赐的。一品大臣年过六十,遇旬寿,每有"赐寿"之典,除了如意、朝珠、寿佛及御书匾联之外,还有"福"字、"寿"字赏赐。(清吴振棫《养吉斋丛录》卷二五)

---

① 强跃、马志祥《碑林收藏的马德昭书法刻石》,《东方早报·艺术评论》2014.2.24。

第五节 卐 字

卐本身是一个简单符号,画两笔交叉的十,笔端添上装饰的短画,便成为卐。在我国距今约九千年的湖南彭头山文化遗址、青海乐都柳湾马家窑文化马厂中期墓地的彩陶器上都发现了此种符号。卐在多个民族的原始符号中都可以看到,几乎遍及所有古代文明地区,它大多不作为文字,本来只是众多几何线符号中的一种。不同地域、民族、宗教采用同一符号,这是形体上的巧合,意义是不同的。梵文中的卐,原为一种符咒,在梵文中的读音为"室利靺蹉洛刹囊",意为"胸部的吉祥标志",汉文意译"吉祥海云相"。卐字随佛教传入,南朝时已经把它纳入汉字之内。南朝时竟陵王萧子良《净住子净行法门·出三界外乐门》云:"修万行常愿具足,得佛胸卐字相若。"卐字的读法并不统一,武则天于长寿二年(693年)规定读同"万"字,唐释慧苑《大方广佛华严经音义》:"卐字本非字,大周长寿二年,主上权制此文,着于天枢,音之为万,谓吉祥万德之所集也。"武则天"月"制字前后不一,采用了两个字形,一个古式圆体,一个楷体,最初制字为"㊉",由〇和卐组成,但是㊉字中卐字甚不便写,往往变形为㊉㊉,圣历元年(698年)"㊉"改作"匣"这是为便于书写,用楷化字替代。卐符号在佛教造像、壁画中出现,成为吉祥的象征,随着佛教的信众传播。五代冯贽《云仙杂记》"洛阳岁节"引唐《金门岁节》:洛阳人家"端午术羹艾酒,以花丝楼阁插鬓。赠遗辟瘟扇,乞巧使蜘蛛结万(卐)字。"这个游戏是驱使蜘蛛以蛛丝缠绕成字,以寄托吉祥。

中唐以来,随着佛教的世俗化,卐字纹渐渐走向世俗社会,进入日常生活,成为装饰符号和纹样。大量的日常用品中开始装饰有卐字纹,卐字纹铜镜的流行是这种发展趋势的标志。宋普济《五灯会元》卷九:"其僧乃问师识字否?师曰:随分。僧乃右旋一匝,曰是甚么字?师于地上书十字酬之。僧又左旋一匝,曰:是甚字?师改十字作卍字。"镜有右旋和左旋两种,右旋的年代比较早,左旋比较晚。铜镜是一种特殊的用具,从汉代开始人们就认为铜镜凝聚日光,具有辟邪的魔力。小镜子平时佩于腰间,是护身的宝物。卐字具有法力,加工做铜镜纹样就不奇怪了。

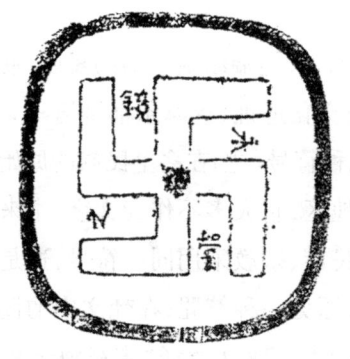

图13-26 刘家渠"永寿之镜"卐字镜

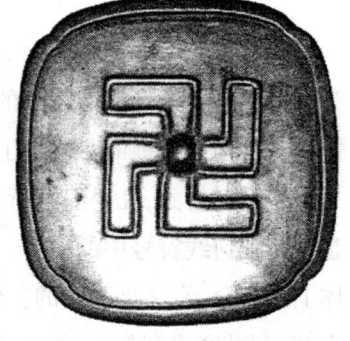

图13-27 襄阳征集卍字镜

赫山庙宝应二年(762年)唐墓出土葵口卐字方镜,最大直径为14.5厘米。① 刘家渠开成三年(838年)唐墓出土"永寿之镜"卐字镜(图13-26)。② 西安郊区唐墓发现的卐字镜,径14.3厘米、厚0.2厘米、圆钮,中心卐字,右旋。③

左旋卍字铜镜有湖北襄阳征集的唐代葵口卍字方镜。最大直径14.5厘米,素平缘,乌青色(图13-27)。④

北京海淀区南辛庄2号金墓出土一件卍字圆铜镜,直径15.6厘米,圆钮,以钮为中心装饰有双勾线卍字纹图案,其外为两圈细弦纹。卍外一周双环,边廓宽0.9厘米。⑤

宋洪迈《容斋三笔·佛胸卍字》:"《法苑珠林》叙佛之初生云:'开卍字于胸前,蹑千轮于足下。'又占相部云:'如来至真,常于胸前自然卍字,大人

---

① 盛定国《湖南益阳县赫山庙唐墓》,《考古》1981年第4期。
② 俞伟超《一九五六年河南陕县刘家渠汉唐墓葬发掘简报》,《考古通讯》1957年第4期。
③ 中国科学院考古研究所《西安郊区隋唐墓》,科学出版社1966年。
④ 闫虹《湖北襄阳文物处征集的青铜镜》,《文物世界》2008年第2期。
⑤ 秦大树《北京市海淀区南辛庄金墓清理简报》,《文物》1988年第7期。

相者,乃往古世蠲除秽浊不善行故。'予于《夷坚丁志》中载蔡京胸字,言:'京死后四十二年迁葬,皮肉消化已尽,独心胸上隐起一卍字,高二分许,如镌刻所就。'正与此同。以大奸误国之人,而有此祥,诚不可晓也。岂非天崩地坼,造化定数,故产此异物,以为宗社之祸邪!"可知宋代人对于卍字的迷信程度,这种观念促使卍字出现在更多器物之上。

卍字作为设计因素在建筑领域应用历史悠久,宋代权威著作正式把它列为一种建筑的格式。李诫《营造法式·彩画作制度》:"作王字或卍字,用于普通拍枋之外。"栏杆装饰万字纹,称为卍字栏杆。清厉鹗《月夜过吴梅查青棠馆》:"趁微凉,访书堂。淡月正昏黄。卍字阑干亚字墙,新词同唱,合欢花影转东廊。"建筑平面造成卍字形,平面呈十字,头端再直角形折弯,称为卍字堂、卍字亭,路径有卍字径。元虞集《铁牛禅师塔铭》记有"卍字堂前以衣付之"。清李斗《扬州画舫录·城南录》记有"万(卍)字亭",并记有"卍字径"。窗棂是建筑重点装饰的部分,在窗格内饰卍字。明文震亨《长物志·室庐》记有"卍字窗"。

图13-28 卍字不到头砖雕

清代流行卍字不到头的纹样,它是把卍字相互连接,曲线与直线交织在一起,富有节奏感,寓意吉祥。它是织物常见的纹样,也用在建筑材料装饰。南京博物院陈列卍字不到头砖雕,是清代大宅的遗物(图13-28)。

纹样是织物的装饰部分,卍字作为纹样织入罗锦等高级织物内,唐代已经有记录。《旧唐书·代宗纪》锦绫花纹有"万(卍)字"。元末张士诚母曹氏墓内袄子的面料用的是卍字绫。河北龙华鸽子洞出土的元代窖藏内,夹袄之面料是蓝地灰绿方菱格龙纹卍字花绫(图13-29)。明清以来的卍字纹使用更加普遍。在力功帝定陵的匹料中也有岁寒三友卍字纹缎(图13-

30)。①

图 13-29　元代卍字绫　　　　图 13-30　明代卍字缎

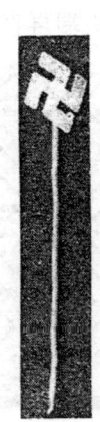

图 13-31　卍字簪　　　　图 13-32　卍寿女衣

卍字用作首饰纹样十分普遍,可直接制作卍字簪头,通榆兴隆山清代公主墓出土卍字金簪一对,并有金寿字头饰、金蝙蝠寿字饰,隐喻"福寿"(图13-31)。定陵内有绣云龙卍寿女衣,正龙图案上方一个仙桃,内写篆书"寿"字,上方左右分别有一卍和卍字,充分显示了皇家威风的寿考(图13-32)。②

---

① 田淑华、陶敏、王晓强、孙慧君《河北隆化鸽子洞元代窖藏》,《文物》2004年第5期;中国社会科学院考古研究所、定陵博物馆、北京市文物工作队《定陵》,文物出版社,1990年。
② 张英《吉林通榆兴隆山清代公主墓》,《文物》1984年第11期;中国社会科学院考古研究所、定陵博物馆、北京市文物工作队《定陵》,文物出版社,1990年。

第六节　吉祥合书

道教是汉民族原生的宗教,在民间有很深厚的基础。老百姓对天神的惶恐和崇拜,常常从对天神的代表——符书的敬畏开始。道教的秘文在民间的流行大致上有两个渠道,一是符书的应用,其中就含有秘文;二是道士直接给俗家写秘文,有的与鬼神无关,只是喜庆或节令的符号。民间对于前者,一般是敬而远之,非到必要不会去使用。明嘉靖四十五年(1566 年),"马道人为妖,远近大哄,各户多悬"䶛䶛䶛䶛"四字,以压之,三、四月方息"。(明朱国祯《涌幢小品·妖人物》)又清代吴中大疫,民居多在门首张贴"䶛䶛䶛"三个字,说可以驱邪。(清龚炜《巢林笔谈续编》)

合书是通行汉字合并书写形式,结构多样,有上下、左右合书,包孕合书,有嵌入合书,有借笔合书等。它与道教复文不同,一般只用通行字,不用道符。

道教中有镇邪之符,用于病邪、鬼魅、不吉之事,也有祝颂平安、预言富足的吉符。这些符在道观售卖,有的道师制作后赠送信众。信众受符,张贴在门扉、窗棂、房柱上,祈祷来年如意发财,生活富足。

道教流行的三道符,均为秘字。字与字之间相互借用笔画,紧密结合为一体,又请书法高手书写,甚是娱目。无论装饰还是寓意都十分受欢迎。一为招金符,"黄金萬兩"四字合写,表达渴求黄金的愿望。二为"祈财符","招財進寶"合写,求财富,保吉祥,使用最广,所有信徒的房子里都有悬挂。三为三福临门符,以"示"旁包孕"福""禄""寿"三字(图 13-33),并有老寿星图像。①

这种合书在以前的乡间尚能见到,笔者幼时在故乡江苏武进的乡村中

---

① 〔法〕禄是遒著,〔英〕甘沛澍英译本,程群汉译《中国民间崇拜——咒术概观》第 129、130、131 页,上海科学技术文献出版社,2009 年。

图13-33 道教三符

偶尔见到,用红方纸写的合书,有 ▨（黄金万两）、▨（招财进宝）等,常常会驻足观看,一旦明白,会心一笑。后来还能见到的有 ▨（日进斗金）、▨（大元宝）等等。特别是在新年见到,虽然不会因此生财,但是给人的感觉是喜洋洋的,这实际上是我们民族的一种乐观精神的体现。可惜经过社会变迁,美好的民俗渐渐消失。可贵的是这种合书并没有灭绝。

1988年2月,有人去北京门头沟区大乡村,见到一家新盖的院门墙上,有红纸竖写着四个合书:

　　　　对出　　我门　　生见　　财喜

仔细一看就能看出,这里把"出门见喜""对我生财"八个字,两两合在一起书写,因为镶嵌巧妙,书写得当,每个复文浑然一体,像一个字一样。据说写字的是一位老人,叫安福利,66岁,木匠。幼年曾上过三年学,识得几个字。老人说,他为第三个儿子新盖了房,写几个吉利字,但是单个字太"单",成双的字比单个更好。他又给人写了几个合书:

　　　　青气　　元南　　财主　　方便

他解释说,青气为天,元南为官,财主为富,方便为钱。但是,也有人解释为:方便为赐,财主为福,应该是"天官赐福"的意思。这句吉祥话正符合道教中天、地、水三官能为人赐福、赦罪、解厄的说法。老人是按照字面的意思来说,道理没有不同,两者皆可成立。

最后这位安大爷写了"五行"的合书:

木金水火土

杨村,在69岁老汉家的门屋里,有一字:

有有

是两个"有"字头顶头写,上下看都"有",这叫"倒有"。

在昌平某村,一位时年71岁的秦姓老大爷,他会写"学好孔孟"合书:

学好孔孟

这个合书中四个字巧妙地假借笔画,中心位置的"子"字,为"学""好""孔""孟"四字共有,但是,单个看字,形体完整,结构合理,并不是一时间的即兴之作,而是精心设计的书法作品。①

这类合书,后来称作联结字、团结字、合体字。其道教的影子十分明显,以上各种类型在前面的道教秘文中都可以找到用例。不过可能这些合书部分来自道教,部分来自民间的秘密组织。如"矗"作"天"的解释就与天地会一致。清代京郊一带是反清秘密组织活动的地区,义和团就是一例。义和团后来改"反清灭洋"为"扶清灭洋",但是它的基本性质并没有改变,不久又遭到镇压,转入地下。这些老人出生于清末民初,可能耳濡目染,道教的复文、会盟的秘密用字都见过。

陕西人把一种又宽又长的面条叫 biangbiang 面,关中农村的人爱吃,城里的人也爱吃,一些精明的生意人就把这种面引进城市,在西安、咸阳、宝

---

① 资料来自李元强《民俗中的合体字调查小记》,《国风》第1卷第5期第79—80页,20世纪八九十年代的内部刊物。

鸡等地开起了面馆,很受欢迎。但是 biangbiang(图13-34)这个字写出来恐怕没有人认识。这是一个合书,此类字在前面天地会的秘密字中出现过,如"结金兰"的复文,结构十分复杂,不知底细无法知道确切含义。这个 biangbiang 也一样,根据当地人解释,它的解释是一段顺口溜:

图13-34 面馆招牌

一点顶破天,黄河两头弯。八字张大口,言字往里走。你一扭,我一扭,你一长,我一长,中间坐着马大王。心字底,月字旁。一个钉钉挂衣裳,坐个车车到咸阳。

这个字何人发明、何人创造,无从考究。关中地区有关这个字的组成和说法也各有不同,收集起来的话多达数十种。① 这个字当然是道教秘文的模式,其中"马"字居中,地位重要,它在道教的符文中也是有特别意义的。估计最初是一个道符,后来流落民间,其含义就见仁见智了。

第七节 字 舞

字舞是一种按汉字字形列队的集体舞蹈。唐代高宗时武则天所作,属于立部伎《圣寿乐》。唐代的乐舞分为二部,乐府立奏,谓之立部伎,其余总称坐部伎。陕西三原发现的贞观四年(630年)的李寿墓中,有大量的壁画,

---

① 宿育海《秦人有面》,《新民晚报》第21版,1998.9.22。

在石椁上阴线刻出乐舞。椁内北壁为坐部乐伎,跽坐演奏,三排共十二人,乐器是:竖箜篌、直颈琵琶、曲颈琵琶、筝、钹、答腊鼓、腰鼓、贝。椁内东壁南部为立部乐伎,站立演奏,也是十二人分成三排。乐器是:笙、排箫、竖笛、钹、横笛、笙篥、琴、筝、曲颈琵琶、直颈琵琶、竖箜篌,属于燕乐系统的龟兹乐。与乐伎相配的有舞伎,也是女子组成,在椁内西壁北部。共六人,分为三列,两两相对,翩翩起舞。舞伎内着窄长袖衣,外套宽袖襦,腰束曳地长裙,一手高举,一手低垂,腰肢微曲,头略前倾,舞姿舒展柔软,是一种软舞。① 唐杜佑《通典》卷一四六"清乐"之"坐立部伎"中载:

《圣寿乐》高宗武后所作也。舞者百四十人,金铜冠,五色画衣,舞之行列必成字,十六变而毕。有"圣超千古,道泰百王,皇帝万岁,宝祚祢昌"。

《旧唐书·音乐志三》所载相同,只是"皇帝万岁"作"皇帝万年"。看来这字舞是在帝皇的寿诞上演出的,舞蹈者头戴镀金的铜冠,着五彩舞衣,边舞边变化队列,每次排成一个字,逐次完成"圣超千古,道泰百王,皇帝万岁,宝祚祢昌"这16字的字舞。晚唐段安节《乐府杂录·舞工》云:"有健舞、软舞、字舞、花舞、马舞",又云"字舞以舞人亚身于地布成字也"。又云"花舞,着绿衣偃身合成花字也"。"亚",即"压",亚身,即俯身贴地。宋顾文荐《负喧杂录·傀儡子》即谓"字舞者,以身亚地布成字也"。舞蹈者俯身卧地,使身体成为线段,连接成字。在列队成字的时候是无法行动的,处于一种相对的静止状态之中。就是说舞时不字,字时不舞。王建《宫词》十七:

罗衫叶叶绣重重,金凤银鹅各一丛。每遍舞时分两向,"太平万岁"字当中。

---

① 陕西省博物馆、文管会《唐李寿墓发掘简报》,《文物》1974年第9期。

舞蹈者身穿多层叶片形的罗衫,衫上绣满了花纹,在金黄色凤凰和银白色鹅的两组舞蹈造型向两边分开时,中间依次排出"太平万岁"四个字。王建的《宫词》不仅补充了字舞的具体形式,还透露了和唐高宗时不同的文字内容。"太平万岁"四字,字数要比以前少,内容也不是单纯的歌颂帝王、祝福长寿,而是偏向于祈求社会安宁、长久稳定的含义。因此,字舞的文字内容已经超越皇帝个人,扩展到整个大唐帝国了。这和唐朝的国运有密切的关系,盛唐时疆域广大,傲视东方,帝王要充分地享受,长生不老。中唐以来,内外战争连年不断,皇帝东逃西躲,性命几乎难保,疆域日蹙,朝廷大权旁落,自然首先希望天下长久太平了。

唐代的字舞并不是单纯的娱乐舞蹈,而是有其深刻的含义的。

> 礼以训俗,乐以移风。粤我皇兮是崇,字以形言,舞以象德。肇开元兮是则,是知圣人之合舞也。既所以诞敷文教,亦所以拟象周旋。自我作古,示不相沿。岂比汉主习五行之典,虞后陈两阶之前。干戚之容虽备,文字之旨未全,何以哉。
> 雷转风旋,应鼍鼓以赴节;鸾回鹤举,循鸟迹以成文。周瑜之顾不作,苍颉之字爰分。竦万方之壮观,邈千古之未闻。其渐也,左之右之,以引一翼。整神容而裔裔,被威仪而抑抑。启皓齿以迎风,腾星眸而吐月。摇动赴度,或乱止以成行;指顾应声,乃徐行而顺节。且歌者所以导志,舞者所以饰情。观其容也,或以移乎风俗;察其字也,或以表乎贞明。(唐平冽《开元字舞赋》)

云南自古是少数民族、汉族共同生活的地区,使用汉字历史悠久,时间不晚于秦汉。隋唐时期,地方和中央朝廷建立了更加密切的关系,促使汉字进一步地深入当地的社会生活。武后圣历元年(698年)立的《王仁求碑》,碑刻文字采用了武后新字,还使用了中原的俗体字,可以说明文字使用与中原完全一致。云南一带的南诏曾是乌蛮建立的地方政权,向往中原礼乐,全面引进唐朝文化,曾先后派遣几千人到成都"习孔子之诗书",当地出现了"人知礼乐,本唐风化"的景象。贞元九年(793年)异牟寻归唐,奉献"夷中歌曲""天南滇越俗歌"。此时,与南诏相邻的骠国(在今缅甸)也有归唐之意。异牟寻就遣使剑南节度使韦皋与骠国同时进献乐人。骠国乐属于佛教音乐,对云南各族都有影响。

  于是皋作《南诏奉圣乐》,用正律黄钟之均。宫、徵一变,象西南顺也;角、羽终变,象戎夷革心也。舞六成,工六十四人,赞引二人,序曲二十八叠,舞"南诏奉圣乐"字。舞人十六,执羽翟,以四为列。舞"南"字,歌《圣主无为化》;舞"诏"字,歌《南诏朝天乐》;舞"奉"字,歌《海宇修文化》;舞"圣"字,歌《雨露覃无外》;舞"乐"字,歌《辟土丁零塞》。皆一章三叠而成。(《新唐书·南蛮下·骠》)

舞者执羽稽首,象征朝觐,组字时击掌拱手。韦皋的《南诏奉圣乐》是在夷中歌曲的基础上改编而来,跳舞者着南诏衣,代表南诏君臣,而字舞所出的汉字,唐和南诏共同使用,足以代表南诏的心愿。这个字舞到长安演出,唐德宗亲临观看,以后保留在宫廷乐舞中。

入宋,字舞之制尚存。宋周密《齐东野语》卷十"字舞":

  州郡遇圣节锡宴,率命猥妓数十群舞于庭,作"天下太平"字,殊为不经。

周密引《乐府杂录》,知道"此事由来久矣"。宋顾文荐《负喧杂录·傀儡子》:

  今庆寿锡燕,排场作"天下太平"字者也。

清俞正燮《癸巳存稿》卷七"字舞"也说:"其言圣寿乐舞,回身换衣,作字如画。此宋时乐舞圣节舞字所仿也。"可知宋代字舞继承唐制,圣节就是圣寿节,即皇帝、太后的生日,为了祝贺圣寿,也在这一天进行字舞。不过范围要广得多,地方州郡都在舞蹈,推想皇宫中会有规模更大的舞乐。但是地方字舞的质量大大降低了,从人数上来讲,只有几十人,与唐代的140人相比要少得多。而且,舞蹈者不是专业的舞伎,而是非专业的妓女,妓女身份低贱,权宜之作也不会有上乘的表演。堂堂圣节,有关国体,竟然落得猥琐的行径。文字的内容为"天下太平",接近唐后期的"太平万岁",但是这个词组在有宋一代具有特别的意义。《宋史·五行志三》记载,太平兴国六年(981年)、治平四年(1067年)、熙宁十年(1077年)、宣和二年(1120年)、绍兴十四年(1144年),瑞安、汀州、惠州、永州、虔州等地陆续发现解木有"天下太平"字,被视为天书祥瑞。因此州郡歌舞"天下太平",普天同庆,意义非常。

高丽为兄弟之邦,深受汉文化影响。高丽朝野崇尚歌舞,对盛唐的字舞不会无动于衷,很可能当时已经传入。据载,文宗三十一年(1077年),曾在内廷观舞:

  三十一年二月乙未,燃灯,御重光殿观乐。教坊女弟子奏王母队歌舞,一队五十五人,舞成四字,或"君王万岁",或"天下太平"。(《高丽史·乐志二·用俗乐节度》)

字舞与唐朝相同,都由教坊在内廷舞蹈,不过规模略小,只有五十五人。不难看出,高丽的两套字舞分别是在唐代、宋代从中国引进的。唐之"皇帝万岁"变为"君王万岁","皇帝"改成"君王",是出于尊唐考虑。"天下太平"完全与宋的文字相同。

元蒙入主中华,奉蒙古八思巴字为国字,但是字舞依然遵循前朝旧制,用汉字。元朝皇帝每年去上都(今内蒙古正蓝旗东北闪电河北岸)避暑,教坊乐工、舞伎随行。到御天门时,百官下马而行,独有皇帝骑马,教坊舞女前导,舞伎且歌且舞,舞出"天下太平"字样(元张德辉《边堠纪行》、元杨允孚

《滦京杂咏》)。元代的字舞是行进中展开的,更富有动感。

清代的字舞出现在多种场合,在剧场依然是"天下太平"字舞,这是沿袭了宋代以来的传统,在宫苑以外表演,具有很大的民间娱乐色彩。同时字舞的内容和场合扩大了,孔庙祭祀也有字舞。"尝闻孔庙祭丁时,奏乐舞'大哉孔子'四字,初谓事不经,以为近儿戏。后读王建《宫词》,知舞字之制,由来已久。"(姚燮《今乐考证》引王棠语)古代孔子的地位,仅次于帝王,所以孔庙的字舞可能是获得特别许可,不是随意而作。字舞的内容限于颂扬孔子之道,"大哉孔子"是歌颂孔子的感叹词,在庄严肃穆的乐舞之中,透出一些世俗的气氛。

宫廷字舞是在帝王郊苑中进行的,是上元节的娱乐节目。上元清晨,在圆明园宫门排列几十个烟火架,点燃后先是如五色栏杆,后有宝塔楼阁的形象,其中有笼鸽和喜鹊从烟火间飞出。到了晚上才开始字舞,因为是举灯而舞,所以称之为"灯舞"。

> 日既夕,则楼前舞灯者三千人列队焉,口唱《太平歌》,各执彩灯,循环进止,各依其缀兆,一转旋则三千人排成一"太"字,再转成"平"字,依次作"万""岁"字,又以次合成"太平万岁"字,所谓"太平万岁字当中"也。舞罢,则烟火大发,其声如雷霆,火光烛半空,但见千万红鱼奋迅跳跃于云海内,极大下之奇观矣。(赵翼《簷曝杂记》卷一"烟火")

参与舞蹈者有三千人之多,足见规模宏大,执彩灯,唱"太平",声色俱佳。舞字依照字句的顺序,通过旋转来完成,真令人眼花缭乱,最后还有爆发式的烟火衬托,极尽人间之美。

后来字舞安排在上元节,或者在万寿节,还是保持灯舞的形式。不过,字的内容有很大的增加,除旧有的"太平万岁"外,还有"万寿无疆"等等。字样登录在册,供御览选择。

每岁上元或万寿节,令乐工舞灯。衣五色画衣,分行成字,凡数十变,有"太平万岁,万寿无疆"诸字。以黄绫册书成字样,陈诸御案,以备观览。(《清稗类钞·服饰类·舞灯衣》)

慈禧太后十分迷信,又非常奢华,她面前的字舞也比较特别,表演者不是人,而是鱼。光绪三十年(1904年)十月初十,为慈禧七十大寿,群臣及外国使节会聚颐和园,为慈禧祝寿。上午,万寿山对面的昆明湖距离岸边五六丈远的湖面上突然鲤鱼急促游动,先是喁喁而上,不久开始跳跃。鱼的活动是有规律的,众多的鲤鱼组成了一个大的"寿"字。这是太监李莲英设计的"鲤鱼跳'寿'字舞"。这个鱼舞是经过精心安排的。在这水域内先两层网圈分养一批鲤鱼,每日三次喂鱼虫,鱼吃虫成习。同时,叫木匠、竹匠用青竹扎成一个"寿"字竹架,竹架上装小钩,钩上挂小袋。寿诞前几日,停止给鱼喂食。寿诞当日早晨,在"寿"字竹架上挂满装好鱼虫的布袋。到时间使小太监潜入水中逐次去网放鱼,鲤鱼为了争食布袋中渗出的鱼虫,浮上水面,相互抢夺,沿着竹架形成了大大的"寿"字。①

拼字龙灯舞是以龙身拼字的龙灯舞,温州龙湾以拼字龙灯舞而闻名,民间称为"永嘉场拼字龙灯"。据传当地拼字龙灯舞始于明代,原本是献给告老还乡的文渊阁大学士张璁(1475—1539)的寿礼。光绪《永嘉县志》中拼字龙灯舞在清朝康熙年间已经有明确记录,至今也有三百多年历史了。以前在正月闹元宵时才有舞龙,现在七月十五汤和庙会上也有拼字龙灯舞表演,拼字龙灯舞也由家族传承扩大到其他群体中去。拼字龙灯舞具结构特殊,龙头、龙尾与龙身分开,各自成一节,龙灯内装烛灯,龙头随着龙珠上下翻滚,在舞动中拼成吉利的字眼。舞龙之前,前有大红灯笼开道,五彩旗幡相拥,鼓乐齐鸣。前有人背着一丈多高的"敕令",上书"敕封护国佑民陈八大王龙灯出巡",敕令旗后是两个蜡烛等照明物的"头牌",头牌上写着"风调雨顺、国泰民安"等字。龙灯过处,村村摆香案迎龙。摆香案处,一般由

---

① 金琦摘编《老佛爷寿诞出奇观,鲤鱼欢跳"寿"字舞》第6版,《文汇报》1995.7.15。

唱书先生唱故事或颂词"参龙"。由灯师领龙,走街串巷,挨家逐户演唱别具一格的曲调。舞龙的数量已经从原来一条增加到五条。五龙同舞,变成了四字同拼,更丰富了拼字龙灯文字内容。在龙灯翻腾滚动中不断拼出一个个的字,连起来就是"天下太平""人口太平""元正大吉""上元大吉""开业大吉""光天化日""代天行化""万众一心""五谷丰登"等吉祥语。[①] 在庙会或特别隆重的场合,还要加演"光天化日"和"代天行化"八个字,字字清晰明辨。

---

① 方舟撰文/摄影《拼字龙灯舞》,《温州都市报》2009.3.11;邵吟筠《民俗舞蹈奇葩——温州拼字龙灯舞》,《光明日报》2013.2.2。

主要参考文献

许地山《扶箕迷信底研究》,商务印书馆1940年

周澍《苍颉传说汇考》,《史学年报》1941年第7期

容肇祖《占卜的源流》,《历史语言研究所集刊》第1本1分册

沈仲常、王家佑《记四川冬笋坝出土的古印及古货币》,《考古通讯》1955年第6期

于非闇《中国画颜色的研究》,朝花美术出版社,1955年

曾昭燏、蒋宝庚、黎忠义《沂南古画像石墓发掘报告》,文化部文物管理局出版,1956年

郭宝钧等《1954年春洛阳西郊发掘报告》,《考古学报》1956年第2期

傅汉良《成都外东跳蹬河发现宋代墓葬》,《考古通讯》1956年第6期

冯汉冀《记唐印本陀罗尼经咒的发现》,《文物》1957年第7期

陕西省文物管理委员会《长安县三里村东汉墓葬发掘简报》,《文物参考资料》1958年第7期

王玉清《西安南郊庞留村的唐墓》,《文物参考资料》1958年第10期

洪剑民《略谈成都近郊五代至宋的墓葬形制》,《考古》1959年第1期

李遇春《新疆民丰县北大沙漠中古遗址墓葬区东汉合葬墓清理简报》,《文物》1960年第6期

新疆维吾尔自治区博物馆《新疆吐鲁番阿斯塔那北区墓葬发掘简报》,《文物》1960年第6期

朱江《江苏高邮邵家沟汉代遗址的清理》,《考古》1960年第10期

重庆市博物馆历史组《重庆井口宋墓清理简报》,《文物》1961年第11期

叶小燕《河南陕县刘家渠汉墓》,《考古学报》1965年第1期

耀生《耀县石刻文字略志》,《考古》1965年第3期

王善才《武汉地区四座南朝纪年墓》,《考古》1965年第4期

中国科学院考古研究所《西安郊区隋唐墓》,科学出版社,1966年

新疆维吾尔自治区博物馆《吐鲁番县阿斯塔那—哈拉和卓古墓清理简报》,《文物》1972年第1期

新疆维吾尔自治区博物馆出土文物展览工作组《丝绸之路——汉唐织物》,文物出版社,1973年

亳县博物馆《亳县凤凰台一号汉墓清理简报》,《考古》1974年第3期

曾广亿《广东珠海、汕头出土的元、明瓷器》,《文物》1974年第10期

王玉清、荀若愚《唐阿史那忠墓发掘简报》,《考古》1977年第2期

叶其峰《故宫藏元八思巴字印及相关问题》,《文物》1978年第10期

乐进、廖志豪《苏州市瑞光寺塔发现一批五代、北宋文物》,《文物》1979年第11期

唐金裕《汉初平四年王氏朱书陶瓶》,《文物》1980年第1期

禚振西《陕西户县的两座汉墓》,《考古与文物》1980年创刊号

秦晋《凤翔南古城遗址的钻探与试掘》,《考古与文物》1980年第4期

左步青《书"福"颁赐》,《故宫博物院院刊》1981年第1期

黄烈《略论吐鲁番出土的"道教符箓"》,《文物》1981年第1期

吴荣曾《镇墓文中所见的东汉道巫关系》,《文物》1981年第3期

陈直《汉初平四年王氏朱书陶瓶考释》,《考古与文物》1981年第4期

盛定国《湖南益阳县赫山庙唐墓》,《考古》1981年第4期

广州市文物管理委员会、广州市博物馆《广州汉墓》,文物出版社,1981年

赵殿增《四川洪雅宋墓发掘简报》,《考古》1982年第1期

禚振西《曹氏朱书罐考释》,《考古与文物》1982年第2期

梁梁《方角书一首试析》,《敦煌研究》1983年创刊号(总3号)

李域铮、关双喜《西安西郊出土唐代手写经咒绢画》,《文物》1984年第7期

张英《吉林通榆兴隆山清代公主墓》,《文物》1984年第11期

贡昌《浙江金华铁店村瓷窑的调查》，《文物》1984年第12期

石谷风《程奂轮的两幅书法剪纸》，《徽学丛刊》第一辑，1985年

程长新《北京发现宋〈满江红〉词菱花铜镜》，《文物》1985年第1期

王正书《上海浦东明陆氏墓记述》，《考古》1985年第6期

钱南扬《谜史》，上海文艺出版社，1986年

刘礼纯《江西瑞昌县李洋湖南宋墓》，《考古》1986年第11期

谢志民《江永"女书"概述》，《中央民族学院学报》1987年第1期

徐定水、金柏东《温州市北宋白象塔清理报告》，《文物》1987年第5期

方去疾《鸟虫书起源探索》，《书法》1987年第5期

金柏东《早期活字印刷术的实物见证——温州市白象塔出土北宋佛经残叶介绍》，《文物》1987年第5期

侯灿《楼兰城郊古墓群发掘简报》，《文物》1988年第7期

秦大树《北京市海淀区南辛庄金墓清理简报》，《文物》1988年第7期

陆锡兴《拆字与相字》，《文史知识》1989年第1期

林泊、李德仁《临潼发现初平元年墓》，《文博》1989年第1期

张涌泉《"别字"正名》，《语文建设》1989年第4期

赵丽明《"女书"的文字学价值》，《华中师范大学学报》1989年第6期

张才俊《四川平武明王玺家族墓》，《文物》1989年第7期

蔡运章《东汉永寿二年镇墓文瓶陶文考略》，《考古》1989年第7期

李元强《民俗中的合体字调查小记》，《国风》第1卷第5期，20世纪八九十年代内部刊物

中国社会科学院考古研究所、定陵博物馆、北京市文物工作队《定陵》，文物出版社，1990年

赵丽明、宫哲兵《女书——一个惊人的发现》，华中师范大学出版社，1990年

翁善良、罗伟先《成都东郊北宋张确夫妇墓》，《文物》1990年第3期

李科友、周迪人、于少先《江西德安南宋周氏墓清理简报》，《文物》1990年第9期

钟肇鹏《谶纬论略》,辽宁教育出版社,1991年

甘肃省文物考古研究所《敦煌汉简》,中华书局,1991年

中国社会科学院考古研究所洛阳考古队《1984至1986年洛阳市区汉晋墓发掘简报》,《考古学集刊》第7辑,科学出版社,1991年

王育成《唐宋道教密篆文释例》,《中国历史博物馆馆刊》总第15、16期,1991年

阎宏斌《宝鸡县出土"天帝使者"铜印》,《文博》1991年第3期

〔美〕方夏莲著、王海霞译《福禄寿民间神像考》,《美术史论》1991年第3期

王世杰《河北沧县前营村唐墓》,《考古》1991年第5期

谢志民《"女书"是一种与甲骨文有密切关系的商代古文字的孑遗和演变》,《中央民族学院学报》1991年第6期

陈其光《汉字的又一个分支——女字》,《中央民族学院学报》1992年第5期

吴水存《江西九江发现元代青花瓷器》,《文物》1992年第6期

董高、张洪波《辽宁朝阳北塔天宫地宫清理简报》,《文物》1992年第7期

孔祥星、刘一曼《中国铜镜图典》,文物出版社,1992年

张勋燎《川西宋墓和陕西、河南唐墓出土镇墓文石刻之研究——道教考古专题研究之三》,《南方民族考古》第五辑,四川科学技术出版社,1993年

王育成《洛阳延光元年朱书陶罐考释》,《中原文物》1993年第1期

甘肃省文物考古研究所、甘肃省博物馆、中国文物研究所、中国社会科学院历史研究所《居延新简——甲渠候官》,中华书局,1994年

丰家骅《漫话字舞》,《文史知识》1994年第12期

史金波、白滨、赵丽明《奇特的女书——全国女书学术考察研究会论文集》,北京语言学院出版社,1995年

赵丽明《女书与女书文化》,新华出版社,1995年

袁啸波《民间劝善书》，上海古籍出版社，1995年

安康水电站库区考古队《陕西紫阳白马石汉墓发掘简报》，《考古学报》1995年第2期

余家栋、王上海、张文江、杨军等《江西吉安市临江窑遗址》，《考古学报》1995年第2期

刘昭瑞《"东治三师"、"三五将君"、"大一三府"、"南帝三郎"考》，《考古》1995年第3期

连劭名《考古发现与早期道符》，《考古》1995年12期

商承祚《长沙古物闻见记·续记》，中华书局，1996年

于光远《六十二年前的两件事》，《文汇报》1996年7月13日

冯广宏、王家佑《四川道教古印与神秘文字》，《四川文物》1996年第1期

王家佑《江津县朝元观》，《四川文物》1997年第1期

梁继红《武威出土的汉代衣物疏木牍》，《陇右文物》1997年第2期

梁耀、陈其光《女字与女红图案》，《中央民族大学学报》1997年第3期

范三畏《天水"羲皇故里"觅踪》，《文史知识》1997年第6期

赵振华《河南洛阳市东汉孝女黄晨、黄芍合葬墓》，《考古》1997年第7期

马承源、岳峰主编《丝路考古珍品》，上海译文出版社，1998年

〔英〕奥雷尔·斯坦因著，中国社会科学院考古研究所译《西域考古图记》，广西师范大学出版社，1998年

邓绍基《万县太白岩上的"神智体"诗碑》，《中国典籍与文化》1998年第2期

辛艺华《福、禄、寿、喜、财——民间装饰字体的文化蕴涵》，《文史知识》1998年第2期

辛艺华《借形寓意与谐声相关——民间装饰字体的审美特征》，《文史知识》1998年第3期

安家瑶、冯孝堂《西安沣西出土的唐印本梵文陀罗尼经咒》，《考古》

1998年第5期

周金玲、李文瑛、尼加提、哈斯也提《新疆尉犁县营盘墓地15号墓发掘简报》,《文物》1999年第1期

成都市文物考古工作队《成都市石羊乡新加坡工业园区宋墓发掘简报》,《四川文物》1999年第3期

成都市文物考古工作队《成都北郊甘油村发现北宋宣和六年墓》,《四川文物》1999年第3期

钟牟《"苍颉四目"试解》,《文献》1999年第3期

岳钊林《巴中"九天玄女地券"考》,《四川文物》1999年第5期

陆锡兴《硕人镜考》,《学术集林》17卷,上海远东出版社,2000年

陈剑、李明斌、范桂杰《四川成都水井街酒坊遗址发掘简报》,《文物》2000年第3期

辛德勇《惜字律二种》,《中国典籍与文化》2000年第4期

雷晴波《天地会银票》,《收藏》2000年第4期

刘小磊《河南博物院新藏唐代墓志》,《中原文物》2000年第6期

刘伟《清代万寿节贡瓷浅议》,《故宫博物院院刊》2001年第1期

石磊、阎毓民《西安西郊枣园唐墓清理简报》,《文博》2001年第2期

吴玉贵《内蒙古赤峰宝山辽墓壁画"寄锦图"考》,《文物》2001年第3期

王忠民《奇特女书,世界第一》,《羊城晚报》2001年9月15日

牛达生《一件罕见的佛祖版画残片——〈观经〉残页文字为什么要"回旋萦绕"?》,《中国文物报》2001年10月26日

徐浩《故宫门匾上的门字都不带钩吗?》,《紫禁城》2001年第1期

李正宇《敦煌特型诗破解》,《寻根》2001年第2期

陆锡兴《"黄君法行"朱字刻铭砖的探索》,《考古》2002年第4期

新疆文物考古研究所《新疆尉犁县营盘墓地1995年发掘简报》,《文物》2002年第6期

阮国林《南京殷巷西晋纪年墓》,《文物》2002年第7期

李芳《章丘市博物馆收藏的部分古代铜镜》,《文物》2002 年第 12 期

陆锡兴《拆字令到拆白道字》,《中国典籍与文化》2002 年第 3 期

饶少平《古诗中的神智体》,《中国典籍与文化》2002 年第 4 期

姜捷《关于定陵陵制的几个因素》,《考古与文物》2003 年第 1 期

廖文伟《〈璇玑图〉千年回文织就爱情经典》,《文物天地》2003 年第 3 期

上海崇源 2003 春季艺术品拍卖会《古籍善本·名家尺牍》,2003 年

陆锡兴《反左书钩沉》,《书法丛刊》2004 年第 4 期

王仲雄、王军《成都市二仙桥南宋墓发掘简报》,《考古》2004 年第 5 期

张勋燎、白彬《成都宋墓出土真文石刻与"太上真元大道"》,《考古》2004 年第 9 期

刘双智《陕西长武郭村唐墓》,《文物》2004 年第 2 期

刘卫鹏、李朝阳《咸阳窑店出土的东汉朱书陶瓶》,《文物》2004 年第 2 期

马啸《吐鲁番 59TAM303 墓所出道教符箓考释》,《西域研究》2004 年第 4 期

田淑华、陶敏、王晓强、孙慧君《河北隆化鸽子洞元代窖藏》,《文物》2004 年第 5 期

陆锡兴《"初平元年"朱书瓶的真伪问题》,《中国历史文物》2004 年第 5 期

王家鹏《亮相大洋彼岸的皇宫神佛》,《紫禁城》2004 年第 5 期

赵吴成《甘肃武威磨咀子东汉墓(M25)发掘简报》,《文物》2005 年第 11 期

汪勃、刘涛、印志华、池军《江苏扬州宋大城北门水门遗址发掘简报》,《考古》2005 年第 12 期

王琳祥《苏东坡〈寿星图〉上"德寿殿宝"初义考》,《中国文物报》2005 年 3 月 23 日

田兆元《铺灯绝技亟须保护》,《社会科学报》2005 年 4 月 28 日

文衍源《关帝庙竹叶诗新考》,《梅州日报》2005 年 7 月 15 日

陆锡兴《吐鲁番古墓纸明器研究》,《西域研究》2006 年第 3 期

张奋撰文/摄影《"敬惜字纸"和字纸炉》,《温州日报》"瓯越副刊·风土"2006 年 06 月 20 日

李绪成、刘雨茂、荣远大、陈云洪《四川成都北宋宋京夫妇墓》,《文物》2006 年第 12 期

雷武新《唐桥陵五方精石》,《书法丛刊》2007 年第 1 期

萧军《永乐宫壁画》,文物出版社,2008 年

惠毅《西安新发现大唐睿宗黄天真文镇墓刻石》,《西北大学学报(哲社)》2008 年第 1 期

鄂州市博物馆《湖北鄂州汀祖南宋吕文显墓发掘简报》,《江汉考古》2008 年第 1 期

闫虹《湖北襄阳文物处征集的青铜镜》,《文物世界》2008 年第 2 期

〔法〕禄是遒著,〔英〕甘沛澍英译本,张旭虹译,李天纲校《中国民间崇拜——符咒说文》,上海科学技术文献出版社,2009 年

〔法〕禄是遒著,〔英〕甘沛澍英译本,高洪兴译《中国民间崇拜——婚丧习俗》,上海科学技术文献出版社,2009 年

〔法〕禄是遒著,〔英〕甘沛澍英译本,王安定译,李天纲校《中国民间崇拜——中国众神》,上海科学技术文献出版社,2009 年

〔法〕禄是遒著,〔英〕甘沛澍英译本,沈婕、单雪译《中国民间崇拜——岁时习俗》,上海科学技术文献出版社,2009 年

〔法〕禄是遒著,〔英〕甘沛澍英译本,陈海燕译、高洪兴校《中国民间崇拜——命相占卜》,上海科学技术文献出版社,2009 年

〔法〕禄是遒著,〔英〕甘沛澍英译本,程群汉译《中国民间崇拜——咒术概观》,上海科学技术文献出版社,2009 年

江阴博物馆《江阴文物精华》,文物出版社,2009 年

上海市文物管理委员会《上海明墓》,文物出版社,2009 年

布衣的 BLOG《大德里的石刻》,(2009-08-16 20:04:09) http://blog.

sina.com.cn/kyxu

陆锡兴《九叠篆的来龙去脉》,《南方文物》2009年第1期

王平《达州出土的四方买地券考略》,《四川文物》2009年第2期

方舟文、摄影《拼字龙灯舞》,《温州都市报》2009年3月11日

龚德亮、杨海莉《十堰市博物馆藏铜镜》,《江汉考古》2009年第4期

刘卫鹏《陕西高陵出土的东汉建和三年朱书陶瓶》,《文物》2009年第12期

齐东方《吐蕃墓葬中竟出现道符》,《广州日报》2009年5月23日

李东、解峰、王新胜《吉林省榆树市上台子墓群发掘报告》,《北方文物》2010年第1期

王元林《前凉道符考释》,《文物》2011年第4期

吕文平《关帝〈风雨竹诗画〉小究》,《文物世界》2011年第2期

陆锡兴《缪篆新考》,载《出土文献与古文字研究》第4辑,上海古籍出版社,2011年

刘卫鹏《两方唐代镇墓石考记》,《考古与文物》2011年第2期

黄敬强《字内能存千古事,炉中叮化万年书——从化字炉管窥连州辉煌的历史文化》,《南方文物》2011年第4期

气贺泽保规《新发现的彭尊师墓志及镇墓石——兼谈日本明治大学所藏墓志石刻》,《唐史论丛》第十四辑,陕西师范大学出版社,2012年

四川省文物考古研究院、井研县文物管理所《四川井研县金井坪宋代墓地发掘简报》,《四川文物》2012年第1期

李金凤、白彬《河南卫辉县大司马明清墓葬出土朱书板瓦初探》,《四川文物》2012年第1期

刘仲宇《符箓平话》,宗教文化出版社,2013年

龚扬民、白彬《贵州遵义南宋杨粲墓道教因素试析》,《四川文物》2013年第4期

张丽《清宫铜器制造考》,《故宫博物院院刊》2013年第5期

张全民《〈唐故普康公主墓志铭〉与道教五方真文镇墓石》,《唐史论

丛》第十六辑,2013 年

陆锡兴《从出土文物看〈说文〉殳书》,《民俗典籍文字研究》第 11 辑,商务印书馆,2013 年

邵吟筠《民俗舞蹈奇葩温州拼字龙灯舞》,《光明日报》2013 年 2 月 02 日

梅春林《题拓片〈关羽诗竹〉》,《楚天都市报》2013 年 6 月 5 日

刘昆、田呢撰文/摄影《古镇永福百寿全》,《光明日报》2013 年 6 月 16 日

巫鸿《宝山辽墓的释读和启示》,《东方早报》2013 年 7 月 29 日

刘衍文《前因后果,都写在脸上?》,《东方早报》2013 年 11 月 24 日

陈卫东、张德如、祁振甫、韩海鸥等《广元市元坝区樟树村明墓发掘简报》,《四川文物》2014 年第 1 期

祁海宁、龚巨平《南京"王景弘地券"的发现与初步认识》,《东南文化》2014 年第 1 期

陆锡兴《盘中诗探源》,《中国典籍与文化》2014 年第 4 期

岳涌《南京市雨花台区宁丹路东晋墓发掘简报》,《东南文化》2014 年第 6 期

强跃、马志祥《碑林收藏的马德昭书法刻石》,《东方早报·艺术评论》2014 年 2 月 24 日

引用古籍与版本

《十三经注疏》，中华书局影印本
《国语》，上海古籍出版社排印本
《战国策》，上海古籍出版社排印本
汉司马迁《史记》，中华书局排印本
汉班固《汉书》，中华书局排印本
南朝宋范晔《后汉书》，中华书局排印本
西晋陈寿《三国志》，中华书局排印本
唐房玄龄等《晋书》，中华书局排印本
梁沈约《宋书》，中华书局排印本
梁萧子显《南齐书》，中华书局排印本
唐姚思廉《梁书》，中华书局排印本
唐姚思廉《陈书》，中华书局排印本
唐李百药《北齐书》，中华书局排印本
唐令狐德棻等《隋书》，中华书局排印本
唐李延寿《南史》，中华书局排印本
唐李延寿《北史》，中华书局排印本
后晋刘昫等《旧唐书》，中华书局排印本
宋欧阳修、宋祁《新唐书》，中华书局排印本
宋薛居正《旧五代史》，中华书局排印本
宋欧阳修《新五代史》，中华书局排印本
元脱脱等《宋史》，中华书局排印本
元脱脱等《辽史》，中华书局排印本
元脱脱等《金史》，中华书局排印本
明宋濂等《元史》，中华书局排印本

清张廷玉等《明史》，中华书局排印本
晋常璩《华阳国志》，四部丛刊本
宋司马光《资治通鉴》中华书局排印本
清毕沅《续资治通鉴》，中华书局排印本
《艺文类聚》，上海古籍出版社排印本
《太平御览》，中华书局影印本
《太平广记》，中华书局排印本
《全唐诗》，上海古籍出版社影印本
宋陈元靓《事林广记》，中华书局影印本
《古今图书集成》，中华书局活字排印本
《四库全书总目》，中华书局影印本
《历代诗话续编》，中华书局排印本
《云笈七签》，商务印书馆四部丛刊缩印本
《道藏》，上海古籍书店影印本
《清稗类钞》，中华书局排印本
逯钦立辑校《先秦汉魏晋南北朝诗》，中华书局排印本
《淮南子》，诸子集成本
汉韩婴撰、许维遹校释《韩诗外传集释》，中华书局排印本
汉王充《论衡》，诸子集成本
汉魏伯阳《参同契》，上海古籍出版社《说郛三种》影印本
汉袁平等《越绝书》，上海古籍出版社排印本
晋束皙《发蒙记》，上海古籍出版社《说郛三种》影印本
南朝宋刘义庆著、徐震堮校笺《世说新语校笺》，中华书局排印本
南朝宋鲍照《鲍参军集注》，上海古籍出版社
南朝梁刘勰著、范文澜注《文心雕龙注》，人民文学出版社排印本
北魏杨衒之著、范祥雍校注《洛阳伽蓝记》，上海古籍出版社排印本
前秦苏蕙撰、明康万民释《璇玑图诗读法》，四库全书本
北齐颜之推著、王利器集释《颜氏家训集释》，上海古籍出版社排印本

唐李冗《独异志》,中华书局排印本

唐张续《宣室志》,中华书局排印本

唐牛僧孺《玄怪录》,中华书局排印本

唐李复言《续玄怪录》,中华书局排印本

唐房千里《投荒杂录》,上海古籍出版社《说郛三种》影印本

唐柳宗元《龙城录》,上海古籍出版社《说郛三种》影印本

唐佚名《河东记》,上海古籍出版社《说郛三种》影印本

唐张鷟《朝野佥载》,丛书集成本

唐段成式《酉阳杂俎》,中华书局排印本

唐袁郊《甘泽谣》,上海古籍出版社《说郛三种》影印本

《全唐诗》,上海古籍出版社影印本

五代王仁裕《开元天宝遗事》,上海古籍出版社排印本

宋王谠著、周勋初校正《唐语林校正》,中华书局排印本

宋欧阳修《归田录》,中华书局排印本

宋苏轼《东坡志林》,中华书局排印本

宋王闢之《渑水燕谈录》,中华书局排印本

宋程大昌《演繁露》,学津讨源本

宋何薳《春渚纪闻》,中华书局排印本

宋沈括著、胡道静校正《梦溪笔谈校正》,上海古籍出版社排印本

宋蔡絛《铁围山丛谈》,中华书局排印本

宋方勺《泊宅编》,中华书局排印本

宋吴处厚《青箱杂记》,中华书局排印本

宋孙光宪《北梦琐言》,中华书局排印本

宋文莹《湘山野录》,中华书局排印本

宋洪巽《旸谷漫录》,上海古籍出版社《说郛三种》影印本

宋周煇著、刘永翔校注《清波杂志校注》,中华书局排印本

宋陆游《陆游集》,中华书局排印本

宋洪迈《容斋随笔》,四库全书本

宋袁文《瓮牖闲评》，上海古籍出版社排印本

宋范正敏《遁斋闲览》，上海古籍出版社《说郛三种》影印本

宋严羽著、郭绍虞校释《沧浪诗话校释》，人民文学出版社标点本

宋洪迈《夷坚志》，中华书局排印本

宋周必大《二老堂杂志》，丛书集成本

宋叶梦得《石林燕语》，中华书局排印本

宋刘斧《青琐高议》，上海古籍出版社排印本

宋庄季裕《鸡肋编》，中华书局排印本

宋罗大经《鹤林玉露》，中华书局排印本

宋李心传《建炎以来朝野杂记》，丛书集成本

宋范成大《范石湖集》，上海古籍出版社排印本

宋刘诗昌《芦浦笔记》，中华书局排印本

宋韩元吉《桐阴旧话》，丛书集成本

宋杨万里《诚斋诗集》，中华书局四部备要本

宋叶绍翁《四朝闻见录》，中华书局排印本

宋胡仔《苕溪渔隐丛话后集》，人民文学出版社排印本

宋朱彧《萍洲可谈》，丛书集成本

宋岳珂《愧郯录》，四库全书本

宋袁褧《枫窗小牍》，丛书集成本

宋王明清《投辖录》，上海古籍出版社排印本

宋阙名《瑞桂堂暇录》，上海古籍出版社《说郛三种》影印本

宋周密《武林旧事》，浙江人民出版社排印本

宋周密《齐东野语》，中华书局排印本

宋周密《癸辛杂志》，中华书局排印本

宋郭彖《睽车志》，丛书集成本

宋尤玘《万柳溪边旧话》丛书集成本

宋桑世昌《回文类聚》，四库全书本

宋陈元靓《事林广记》，中华书局影印本

元无名氏《湖海新闻夷坚续志》，中华书局排印本
元孔齐《至正直记》，上海古籍出版社排印本
元周达观《诚斋杂记》，上海古籍出版社《说郛三种》影印本
元伊世珍《嫏嬛记》，上海古籍出版社《说郛三种》影印本
元高德基《平江记事》，上海古籍出版社《说郛三种》影印本
《关汉卿戏剧集》，人民文学出版社排印本
《元曲选》，中华书局排印本
明敖英《绿雪亭杂记》，上海古籍出版社《说郛三种》影印本
明田艺蘅《留青日札》，上海古籍出版社影印本
明陆容《菽园杂记》，四库全书本
明何良俊《四友斋丛说》，中华书局排印本
明余继登《典故纪闻》，中华书局排印本
明焦竑《焦氏笔乘》，丛书集成本
明陈荩纂《修愿馀编》丛书集成本
明刘侗、于奕正《帝京景物略》，北京古籍出版社排印本
明沈德符《野获编》，中华书局排印本
明陈洪谟《治世馀闻》，中华书局排印本
明郎瑛《七修类稿》，上海书店排印本
明陆容《菽园杂记》，中华书局排印本
明陆粲《庚巳编》，中华书局徘印本
明朱国祯《涌幢小品》，广陵古籍书店影印本
明周元炜《泾林续记》，丛书集成本
明冯梦龙《古今小说》，人民文学出版社排印本
明凌濛初《初刻拍案惊奇》，海峡文艺出版社排印本
《西湖二集》，浙江人民出版社排印本
明兰陵笑笑生《金瓶梅》，齐鲁书社排印本
明西周生《醒世姻缘传》，上海古籍出版社排印本
明佚名《如梦录》，中州古籍出版社排印本

明李诩《戒庵老漫笔》，中华书局排印本
明王文禄《医先》，《说郛续》，上海古籍出版社《说郛三种》影印本
明耿定向《志学》，《说郛续》，上海古籍出版社《说郛三种》影印本
《新编分门古今类事》，丛书集成本
清谈迁《北游录》，中华书局排印本
清朱彝尊《曝书亭集》，四部丛刊缩印本
清屈大均《广东新语》，中华书局排印本
清褚人获《坚瓠集》，广陵古籍出版社影印本
清王士禛《池北偶谈》，中华书局排印本
清纪昀《阅微草堂笔记·滦阳消夏录》，上海古籍出版社排印本
清赵翼《陔馀丛考》，中华书局排印本
清赵翼《檐曝杂记》，中华书局排印本
清施洪保《闽杂记》，福建人民出版社排印本
清吴振棫《养吉斋丛录》，浙江古籍出版社排印本
清顾禄《清嘉录》，上海古籍出版社排印本
清梁章钜《浪迹丛谈》，中华书局排印本
清潘荣陛《帝京岁时纪胜》，北京古籍出版社排印本
清蒲松龄《聊斋志异》，上海古籍出版社排印本
清阮葵生《茶馀客话》，中华书局排印本
清周亮工《字触》，丛书集成本
清周亮工《书影》，上海古籍出版社排印本
清张允祥《广惜字说》，檀几丛书本
清宋永岳《志异续编》，广陵古籍书店影印本
清薛福成《庸盦笔记》，广陵古籍书店影印本
清邹弢《三借庐笔记》，广陵古籍书店影印本
清俞樾《茶香室丛钞》，广陵古籍书店影印本
清弇山草衣《幽梦续影》，丛书集成本
清朱素臣著、张燕瑾、弥松颐校注《十五贯校注》，上海古籍出版社

清李斗《扬州画舫录》,江苏广陵古籍刻印社排印本
清范寅《越谚》,上海文艺出版社影印本
清姚元之《竹叶亭杂记》,中华书局排印本
清刘廷玑《在园杂志》,《辽海丛书》本
清陈其元《庸闲斋笔记》,中华书局排印本
清梁绍壬《两般秋雨盦随笔》,上海古籍出版社排印本
清毛祥麟《墨馀录》,上海古籍出版社排印本
清吴大成《古玉图考》,上海同文书局石印本
清项维贞《燕台笔录》,丛书集成本
清陈康棋《郎潜纪闻》,中华书局排印本
清佚名《清代北京竹枝词》,北京古籍出版社排印本
《清稗类钞》第8册,中华书局排印本
唐张彦远《法书要录》卷二引,人民美术出版社排印本
唐裴铏《裴铏传奇》,上海古籍出版社排印本
汪辟疆校录《唐人小说》,上海古籍出版社排印本
宋辛弃疾《稼轩长短句》,上海人民出版社排印本
宋陆游《老学庵笔记》,丛书集成本,商务印书馆排印本
宋王楙《野客丛书》,上海古籍出版社排印本
宋陈元靓《事林广记》,中华书局影印本
宋叶寘《坦斋笔衡》,商务印书馆涵芬楼本
《永乐大典戏文三种校注》中华书局排印本
清俞正燮《癸巳存稿》,商务印书馆丛书集成本
宋孟元老《东京梦华录》,中华书局排印本
王明编《太平经合校》,中华书局排印本
宋张君房编,李永晟点校《云笈七签》中华书局排印本
宋高承《事物纪原》卷八,中华书局排印本
清翟灏《通俗编》商务印刷馆丛书集成本
旧题苏轼《答问录》,商务印刷馆丛书集成本

元关汉卿《关汉卿戏剧集》，人民文学出版社排印本
元王实甫《西厢记》，山西古籍出版社排印本
明蒋一葵《长安客话》，北京古籍出版社排印本
明汤显祖《汤显祖集》上海人民出版社排印本
明陶宗仪《说郛三种》，上海古籍出版社排印本
明兰陵笑笑生《金瓶梅词话》，人民文学出版社排印本
明凌蒙初著、王古鲁搜录编注《二刻拍案惊奇》，古典文学出版社排印本
明冯梦龙《醒世恒言》，人民文学出版社排印本
明西周生《醒世姻缘传》，上海古籍出版社排印本
明金木散人《鼓掌绝尘》，江苏古籍出版社排印本
清文康《儿女英雄传》，中华书局排印本
清赵翼《廿二史札记》，世界书局排印本
清王弘《山志》，中华书局排印本
清张怡《玉光剑气集》，中华书局排印本
清方以智《方以智全集》，上海古籍出版社排印本
清褚人获撰，李梦生点校《坚瓠集》，上海古籍出版社排印本
清顾禄《清嘉录》，江苏古籍出版社排印本
清吴敬梓《儒林外史》，人民文学出版社排印本
清文康著，何草点校《儿女英雄传》，中华书局排印本
清随缘下士《林兰香》，中华书局排印本
清笔练阁主人《五色石等二种》，江苏古籍出版社排印本
清李渔《无声戏》，中华书局排印本
清陈森《品花宝鉴》，中华书局排印本
《吴友如画宝》上海古籍书店影印本

后 记

　　光阴荏苒，白驹过隙，《汉字的隐秘世界——汉字民俗史》出版已经过去十一个年头了，这些年我几乎是马不停蹄，一直在匆忙之中度过。文字研究始终是我学术核心之一，没有忘记对汉字民俗史的思考和资料的积累，现在可资补充、可作调整的内容有相当篇幅。修改情况大致如下：一、在每个章节都补充了新的材料，可以更加全面反映古代的汉字民俗的面貌；二、大部分章节充实重写：汉字崇拜、符与符箓、道家之秘字、道家特色书法、谜中之字、织锦回文诗、文字呈祥；三、新增的内容有日光镜之殳书、反体与反书、倒文、书法特技、社会秘密字、盘中诗来源、画中字等；四、删去文字狱、武则天造字；大幅度删削的有朱书文一节。五、经过十多年思考，观点有完善和更新，就不一一介绍了。这样更名后的《汉字民俗史》，就以一个全新的面貌呈现在读者面前。

陆锡兴于仙霞西路寓所
2018 年 4 月